출처 : 공자성적도

위편삼절(韋編三絶)

공자가 만년에 역경을 좋아하여 단, 계사, 상, 설괘, 문언편을 지었다. 오직 『역경』만은 가죽으로 엮은 끈이 여러 번 끊어졌다. (孔子晩而喜易 序彖繫象說卦文言 獨易韋編三絶)

四書 大學·論語 孟子·中庸

初版 1刷 2021年 2月 25日

編 著 者 : 儒教經典飜譯委員會
發 行 人 : 孫 晉 瑀
發 行 : 成均館
住所 : 서울시 종로구 성균관로 31
電話 : 02-760-1472
登錄 : 1979년 9월 15일 제1-239호
홈페이지 : www.skk.or.kr

供 給 處 : 성균관출판부 電話 : (02)765-7013
電送 : (02)745-7013

定價 70,000원

ISBN 978-89-85083-42-3 03140

색 인
索 引

ㄹ

ㅁ

ㅂ

ㅈ

ㅍ

ㅎ

출처 : 공자성적도

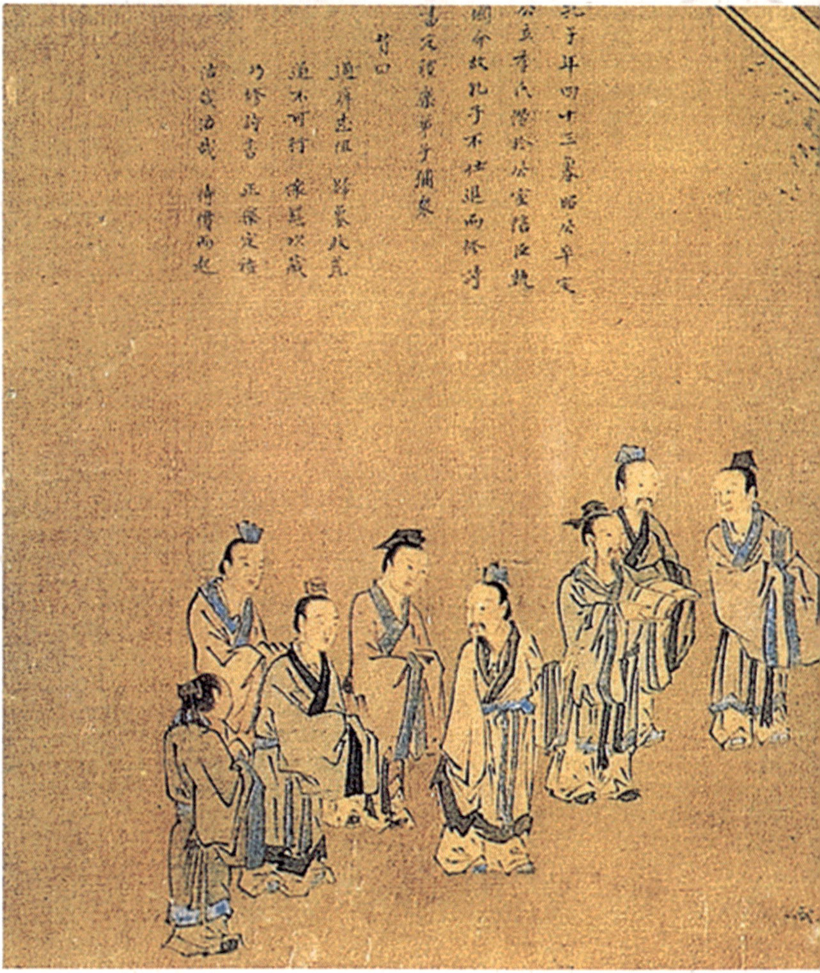

퇴수시서(退修詩書)

노나라 정공 당시, 계손씨는 공실과 대신들을 장악하여 분수에 맞지 않게 제사와 정벌 등 국가 정사를 마음대로 하였다. 공자는 이런 예악이 무너진 상황을 차마 보지 못하여, 관리가 되는 것을 구하지 않고, 전심으로 詩와 書를 다듬어 예악을 정하였다.

四書

大學
論語
孟子
中庸

成均館

발 간 사
發刊辭

인류의 위대한 스승인 공부자(孔夫子, 기원전 551-479)께서 말씀하신 '학이시습지 불역열호(學而時習之 不亦說乎)'라는 구절은 한국인이라면 누구나 익숙할 것입니다.

『논어(論語)』의 제일 첫 부분에 나오는 이 문구에 대해 '시간이 생겼을 때 가끔 공부하면 된다'고 흔히 오해를 하지만 원래의 취지(趣旨)는 '배우고 나서 항상 공부하고 익혀야 한다'는 뜻입니다.

공부를 제대로 하기 위해서는 좋은 교재가 있어야 하는데, 송(宋)나라 주자(朱子, 본명 주희(朱熹) 1130-1200)가 정리하신 〈사서(四書)〉는 유교의 대표적인 경전(經傳)이면서 동시에 인류 보편의 가치를 담은 책으로 오랫동안 사랑받았으나 한문으로 전해지면서 한글세대인 현대의 한국인들이 이해하는데 상당한 어려움이 있었습니다.

가르치는 현장에서 문제의식을 느낀 학자들에 의해 번역본을 출간되기도 하였으나 '한문 어투 중심'이거나 '모호한 해석', 그리고 한문에 익숙하지 못한 현대인들에게 도움이 되는 '음(音)'이 빠진 채 진행되어 안타까움을 느끼던 중 뜻있는 분들의 제안과 의견을 모아 공부자와 유교의 전통을 지키는 성균관(成均館)에서 〈사서〉 번역을 진행하였고, 오랜 시간 많은 분들의 노력 덕분에 이제 그 결과물을 세상에 내놓습니다.

한편으로는 감개무량(感慨無量)하고, 또다른 한편으로는 '성현(聖賢)의 말씀을 제대로 표현했는가?'라는 두려움도 있지만 「코로나19」라는 초유의 전염병을 극복하고, 인류의 고유한 본성을 회복하는데 조금이라도 도움이 되었으면 합니다.

이번 발간에 이어 삼경(三經), 오경(五經) 등의 기본 경전과 필독서들을 계속 번역 출간할 계획이며, 이미 세상에 나온 책의 오류를 바로잡는 노력도 지속하겠습니다.

이 책이 나오도록 힘써주신 필자들을 비롯한 모든 분들에게 감사드립니다.

아울러 여러분의 격려와 질정(叱正)을 바랍니다.

2021年 봄의 문턱에서

성균관장(成均館長) 손진우(孫晉瑀) 謹識

자례
次例

1. 大學

2. 論語

3. 孟子

4. 中庸

일·러·두·기

- 이 책은 율곡언해(栗谷諺解)를 저본으로 하였습니다.
- 번역은 원문에 충실하게 하되 주자의 주석을 많이 참고하였습니다.
- 원문 옆에 한자음을 붙여서 읽기 편하게 하였습니다.
- 직역은 원문에 충실하게 하되 현대 한국어의 맞춤법에 근거하였습니다.
- 원문 해독에 도움이 되기 위하여 왼쪽에 어려운 글자 풀이를 하였습니다.
- 원문과 해석을 한 페이지에서 보기 쉽도록 위쪽에 원문을, 아래쪽에 번역문을 실었습니다.
- 『대학』, 『논어』, 『맹자』, 『중용』의 순서로 실었습니다.

大學

經(경) 1章(장)

大學之道(대학지도)는 在明明德(재명명덕)하며 在親民(재친민)하며 在止於至善(재지어지선)하니라 知止而后(지지이후)에 有定(유정)이니 定而后(정이후)에 能靜(능정)하며 靜而后(정이후)에 能安(능안)하며 安而后(안이후)에 能慮(능려)하며 慮而后(려이후)에 能得(능득)이니라 物有本末(물유본말)하고 事有終始(사유종시)하니 知所先後(지소선후)면 則近道矣(즉근도의)리라。

큰 학문의 길은 내면의 밝은 덕을 밝혀내는 데 있으며, 백성을 새롭게 하는 데 있으며, 가장 좋은 상태에 머무르는 데 있다。 머물 곳을 안 다음에 방향을 정할 수 있으니, 방향을 정한 다음에 안정될 수 있고, 안정된 다음에 편안할 수 있고, 편안해진 다음에 생각할 수 있고, 생각한 다음에 얻을 수 있다。 사물에는 근본과 말단이 있고, 일에는 시작과 끝이 있으니 먼저 해야 할 것과 뒤에 할 일을 안다면 도에 가까울 것이다。

- 后 : 後와 같음
- 慮 : 생각할 려

古之欲明明德於天下者는 先治其國하고 欲治其國者는 先齊其家하고 欲齊其家者는 先修其身하고 欲修其身者는 先正其心하고 欲正其心者는 先誠其意하고 欲誠其意者는 先致其知하니 致知는 在格物하니라 物格而后에 知至하고 知至而后에 意誠하고 意誠而后에 心正하고 心正而后에 身修하고 身修而后에 家齊하

• 格 : 바를 격。 이를 격

• 齊 : 가지런할 제

옛날에 내면의 밝은 덕을 세상에 밝혀내고자 했던 사람은 먼저 자기의 나라를 다스렸고、 자기 나라를 다스리고자 하는 사람은 먼저 자기 집안을 가지런하게 하였고、 자기 집안을 가지런하게 하고자 하는 사람은 먼저 자신을 단련했고、 자기 자신을 단련하고자 하는 사람은 먼저 자기 마음을 바르게 했고、 자기 마음을 바르게 하고자 하는 사람은 먼저 자신의 뜻을 진실되게 하였고、 자신의 뜻을 진실되게 하고자 하는 사람은 먼저 자신의 지식을 이루었으니、 지식을 이루는 방법은 사물의 이치를 연구하는 데 달려있다。 사물의 이치를 연구한 다음에 앎이 지극해지고、 앎이 지

고 家齊而后에 國治하고 國治而后에 天下平이니라 自天子以至於庶人히 壹是皆以修身爲本이니라 其本亂而末治者 否矣며 其所厚者薄이요 而其所薄者厚이 未之有也니라。

극해진 다음에 뜻이 진실해지며, 뜻이 진실해진 다음에 마음이 바르게 되고, 마음이 바르게 된 다음에 자기 자신을 단련할 수 있고, 자기 자신을 단련한 다음에 집안이 가지런해지고, 집안이 가지런해진 다음에 나라가 다스려지고, 나라가 다스려진 다음에 온 천하가 평안해 진다. 천자에서부터 일반 서민에 이르기까지 모두 다 자기 자신을 단련하는 것을 근본으로 삼는다. 근본이 어지러운데 말단을 다스릴 수 있는 경우는 없으며, 두텁게 해야 할 곳에 엷게 하고, 엷게 해야 할 곳에 두텁게 하는 일은 없었다.

●壹 : 한 일 ●薄 : 엷을 박
●厚 : 두터울 후

傳1章

康誥曰 克明德이라하고 太甲曰 顧諟天之明命이라하고 帝典曰 克明峻德이라하니 皆自明也니라。

傳2章

湯之盤銘曰 苟日新이어든 日日

• 誥 : 고할 고
• 顧 : 돌아볼 고
• 諟 : 이 시
• 峻 : 높을 준
• 盤 : 대야 반

『서경』의 「강고」편에서 『능히 덕을 밝힐 수 있다』고 하였고, 「태갑」편에서는 『이 하늘의 밝은 명을 돌아보라』고 하였으며, 「제전」편에서는 『능히 큰 덕을 밝힐 수 있다』고 하였으니, 모두가 자기 자신을 밝힌다는 뜻이다。

탕왕의 목욕통에 새긴 글에서 『진실로 날마다 새롭게 하고 나날이 새롭게 하며, 또 날로 새롭게 하라』고 하였고, 『서경』「강고」편에서는 『새로워

新(신)하며 又日新(우일신)이라하고 康誥曰(강고왈) 作新(작신)民(민)이라하고 詩曰(시왈) 周雖舊邦(주수구방)이나 其命(기명)維新(유신)이라하니 是故(시고)로 君子(군자)는 無所不(무소불)用其極(용기극)이니라。

진 백성을 진작시켜라』고 하였으며、『시경』에서는 『주나라가 비록 오랜 된 나라이지만 그들이 받은 하늘의 뜻을 계속 새롭게 혁신하였다』고 하였으니、이런 이유로 군자는 가장 좋은 방법을 쓰지 않는 경우가 없다。

傳(전) 3 章(장)

詩云(시운) 邦畿千里(방기천리)여 惟民所止(유민소지)라하도다 詩云(시운) 緡蠻黃鳥(면만황조) 止于丘隅(지우구우)로다하거

- 邦: 나라 방
- 畿: 경기 기
- 緡: 낙시줄 민。여기서는 면으로 발음
- 蠻: 오랑캐 만。면만은 새 울음 소리
- 隅: 모퉁이 우

『시경』에서 말하였다。『나라의 도읍지 주변 천리 땅이여、오직 백성들이 머물 수 있는 곳이로다。』또 『꾀꼴 꾀꼴 우는 꾀꼬리여、울창한 숲 속에 머무는구나』라 하거늘 공자께서 말씀하시기를 『머무르는 데 있어서 새들도

늘 子曰 於止에 知其所止로소니 可以人而不如鳥乎아하시니라 詩云 穆穆文王이여 於緝熙敬止라하니 爲人君하연 止於仁하시고 爲人臣하연 止於敬하시고 爲人子하연 止於孝하시고 爲人父하연 止於慈하시고 與國人交엔 止於信이러시다 詩云 瞻彼淇澳한대 菉竹猗의 猗로다 有斐君子여 如切如磋하며 如

- 穆: 화목할 목
- 於: 감탄사 오
- 緝: 이을 집
- 瞻: 볼 첨
- 淇: 강이름 기
- 燠: 모퉁이 욱
- 菉: 푸를 록
- 猗: 아름다울 의
- 斐: 문채날 비
- 磋: 갈 차

자기가 머물 곳을 아는데 사람으로서 새만도 못해서야 되겠는가?』라고 하였다. 『시경』에서 『깊고도 멀리 볼 수 있는 인품의 문왕이여, 아! 계속 빛나며 경건하게 머무셨네』라고 하였으니, 문왕께서는 임금이 되어서는 인에 머물고, 신하가 되어서는 공경함에 머물고, 아들이 되어서는 효도에 머물고, 부모가 되어서는 자애로움에 머물고, 나라의 사람들과 사귈 때에는 믿음에 머무셨다. 『시경』에서 말하였다. 『저 기수 물가를 보니 푸른 대나무가 무성하구나. 빛나는 군자여! 자른 듯하고, 미는 듯하며, 쪼는 듯하고, 가는 듯하구나. 엄밀하고 굳세며, 밝고 성대하니 꽉 찬 학문으로 군자여

琢如磨로다 瑟兮僩兮며 赫兮喧兮라 有斐君子여 終不可諠兮라하니 如切如磋者는 道學也요 如琢如磨者는 自修也요 瑟兮僩兮者는 恂慄也요 赫兮喧兮者는 威儀也요 有斐君子終不可諠兮者는 道盛德至善을 民之不能忘也니라 詩云 於戲 前王不忘이라하니 君子는 賢其賢而親其親

- 琢 : 쫄 탁
- 瑟 : 엄숙할 슬
- 僩 : 너그러울 한
- 喧 : 빛날 훤
- 諠 : 잊을 훤
- 道 : 말할 도
- 恂 : 두려울 준(순)
- 慄 : 두려울 률
- 於戲 : 감탄사로 오호로 발음

끝내 잊을 수 없구나.』「자른 듯하고 미는 듯하다」는 것은 학문을 말한 것이요, 「쪼는 듯하고 가는 듯하다」는 것은 자신을 단련하는 것이요, 「엄밀하고 굳세다」는 것은 두려워함이요, 「밝고 성대하다」는 것은 위엄 있는 모습이요, 「꽉 찬 학문으로 빛나는 군자여 끝내 잊을 수 없다」는 것은 성대한 덕과 지극히 선한 것을 백성이 잊지 못한다는 것을 말한 것이다. 『시경』에서 말하였다. 『아아! 예전의 훌륭한 임금을 잊지 못하겠구나.』 군자는 그의 어진 것을 어질게 여기고, 그가 친한 것을 친하게 여기며, 소인은 그의 즐거움을 즐겁게 여기고, 그가 이롭게 여긴 것을 이롭게 여긴다. 이 때문에

하고 小人(소인)은 樂其樂而利其利(락기락이리기리)라 此(차)以沒世不忘也(이몰세불망야)니라。

잊지 못하는 것이다。

傳(전) 4 章(장)

子曰(자왈) 聽●訟●(청송)이 吾猶人也(오유인야)나 必也使(필야사)無訟乎(무송호)인저하시니 無情者不得盡其辭(무정자부득진기사)는 大畏民志(대외민지)니 此謂知本(차위지본)이니라。

●聽：들을 청

●訟：송사할 송

공자께서 『송사를 처리하는 것은 나도 남과 같겠지만, 나는 반드시 송사 자체가 일어나지 않도록 할 것이다』라고 했으니 진실하지 못한 사람이 자기가 하고 싶은 말을 다하지 못하는 것은 백성의 뜻을 매우 두려워하기 때문이다。 이것이 바로 근본을 안다고 하는 것이다。

傳5章

此謂知之至也니라。

間嘗竊取程子之意 以補之하니 曰所謂致知在格物者는 言欲致吾之知인댄 在卽物而窮其理也라 蓋人心之靈이 莫不有知요 而天下之物이 莫不有理하니 惟於理有未窮이라 故其知有不盡也니 是以大學始

• 竊 : 훔칠 절
• 窮 : 다할 궁
• 靈 : 신령 령

이것을 앎이 지극하다고 하는 것이다。

그 사이에 내가 조심스럽게 정자의 뜻을 취하여 다음과 같이 보충하였다。 이른바 앎을 이루는 것이 사물의 이치를 연구함에 있다고 한 것은、나의 앎을 이루고자 하면 사물에 직접 나아가 그 사물의 이치를 연구해야 한다는 말이다。 대개 마음의 영험함은 알지 못할 것이 없고、세상의 모든 사물은 이치를 갖지 않은 것이 없다。 오직 그 이치를 연구하는 것이 완전하지 않기 때문에 앎도 완전하지

教(교)에 必使學者(필사학자)로 即凡天下之物(즉범천하지물)하여 莫不因其已知之理(막불인기이지지리)하여 而益窮之(이익궁지)하여 以求至乎其極(이구지호기극)하나니 至於用力之久(지어용력지구)하여 而一旦豁然貫通焉(이일단활연관통언)이면 則衆物之表裏精粗(즉중물지표리정조) 無不到(무부도)하고 而吾心之全體大用(이오심지전체대용)이 無不明矣(무불명의)리니 此謂物格(차위물격)이며 此謂知之至也(차위지지지야)니라。

않게 되었다。 그러므로 대학에서 처음 가르칠 때에는 반드시 배우는 사람들로 하여금 세상의 모든 사물에 나아가 이미 알고 있는 이치에 근거하여 더욱 연구해서 완전한 데에 이르도록 해야 한다。 그렇게 노력하기를 오래도록 지속하다 어느 날 아침에 환하게 깨달아 모두 알게 되면 모든 사물의 겉과 속、 정밀한 것과 거친 것에 이르기까지 알지 못함이 없고、 내 마음의 온전한 본체와 큰 쓰임이 분명해지지 않을 수 없을 것이다。 이것을 사물과 마주했다고 하는 것이며、 이것을 앎이 지극하다고 하는 것이다。

• 豁然 : 발음은 「활연」。 환하게 깨달았다는 뜻

• 粗 : 거칠 조

• 원문에는 없는 내용인데 주자가 보충한 내용。 격물보망장이라 함

傳(전) 6 章(장)

所謂誠其意者(소위성기의자)는 毋自欺也(무자기야)니 如惡惡臭(여오악취)하고 如好好色(여호호색)이 此之謂(차지위) 自謙(자겸)이니 故(고)로 君子(군자)는 必愼其獨也(필신기독야)니라 小人閒居(소인한거)에 爲不善(위불선)하되 無所不至(무소부지)라가 見君子而后厭然揜其不善(견군자이후암연엄기불선)하고 而著其善(이저기선)하나니 人之視己(인지시기) 如見(여견)

●欺 : 속일 기
●惡 : 미워할 오
●謙 : 겸손할 겸
●閒 : 한가할 한
●厭然 : 음은「암연」。은폐하고 감추는 모양
●揜 : 가릴 엄

이른바 그 뜻을 성실하게 한다는 것은 스스로를 속이지 않는다는 뜻이니 나쁜 냄새를 싫어하듯 하고、 보기 좋은 것을 좋아하는 것과 같이 하는 것이다。 이것을 스스로 만족하는 것이라고 말한다。 그러므로 군자는 반드시 혼자 있을 때에도 삼간다。 소인은 한가하게 있을 때 나쁜 짓을 하여 하지 못할 것이 없다가、 군자를 만난 뒤에 아무렇지 않게 자기의 나쁜 점을 숨기고 착한 것만을 드러내지만、 남들이 자기를 보는 것이 속마음을 꿰뚫어 보듯 환하니 무슨 도움이 되겠

其肺肝然(기폐간연)이니 則何益矣(즉하익의)리오 此謂誠於中(차위성어중)이면 形於外(형어외)니 故君子(고군자)는 必愼其獨也(필신기독야)니라 曾子曰(증자왈) 十目所視(십목소시)며 十手所指(십수소지)니 其嚴乎(기엄호)인저 富潤屋(부윤옥)이요 德潤身(덕윤신)이라 心廣體胖(심광체반)하나니 故君子(고군자)는 必誠其意(필성기의)니라。

는가? 이것을 『마음속에서 성실하면 밖으로 드러난다』고 하는 것이다。 그러므로 군자는 반드시 그 혼자 있을 때에도 삼간다。 증자가 말하였다。『열 개의 눈이 바라보며、열 개의 손이 가리키고 있으니 엄중하구나!』 부유함은 집을 윤택하게 하고、덕은 몸을 윤택하게 하니、마음이 넓어지면 몸이 보기 좋게 된다。 그러므로 군자는 반드시 그 뜻을 성실하게 해야 한다。

● 肺肝 : 폐간。 허파와 간。
● 嚴 : 엄할 엄

● 潤 : 젖을 윤
● 胖 : 퍼질 반

傳(전) 7 章(장)

所謂修身이 在正其心者는 身有所忿懥하면 則不得其正하며 有所恐懼하면 則不得其正하며 有所好樂하면 則不得其正하며 有所憂患하면 則不得其正이니라 心不在焉이면 視而不見하며 聽而不聞하며 食而不知其味니라 此謂修身이 在正其心이니라。

(소위수신 재정기심자 신유소분치 즉부득기정 유소공구 즉부득기정 유소호요 즉부득기정 유소우환 즉부득기정 심부재언 시이불견 청이불문 식이부지기미 차위수신 재정기심)

●懥：성낼 치 ●恐：두려울 공 ●懼：두려워할 구 ●樂：좋아할 요

이른바 자신을 단련하는 것이 자기 마음을 바르게 하는데 있다는 것은、마음에 화나는 일이 있으면 바르게 되지 못하고、두려워하는 일이 있으면 바르게 되지 못하고、좋아하는 일이 있으면 바르게 되지 못하고、근심하는 일이 있으면 바르게 되지 못한다는 말이다。마음이 제자리에 있지 않으면 보아도 보이지 않고、들어도 들리지 않으며、먹어도 그 맛을 알지 못한다。이것이 자신을 단련하는 것은 자기 마음을 바르게 하는 데 달려있다고 말하는 것이다。

傳8章(전8장)

所謂齊其家(소위제기가) 在修其身者(재수기신자)는 人(인)이 之其所親愛而辟焉(지기소친애이벽언)하며 之其所賤惡而辟焉(지기소천오이벽언)하며 之其所畏敬而辟焉(지기소외경이벽언)하며 之其所哀矜而辟焉(지기소애긍이벽언)하며 之其所敖惰而辟焉(지기소오타이벽언)하나니 故(고)로 好而知其惡(호이지기악)하며 惡而知其美者(오이지기미자)는 天下(천하)에 鮮矣(선의)니

- 辟：치우칠 벽
- 賤：천할 천
- 惡：미워할 오
- 矜：불쌍히 여길 긍
- 敖：놀 오
- 惰：게으를 타
- 鮮：드물 선

이른바 자기 집안을 가지런하게 하는 것이 자신을 단련하는 것에 달려 있다는 것은, 사람은 보통 친하고 사랑하는 것에 치우치고, 천하게 여기거나 미워하는 것에 치우치고, 두려워하고 공경하는 것에 치우치고, 슬퍼하고 불쌍히 여기는 것에 치우치고, 거만하고 게으른 것에 치우치기 때문이다。 그러므로 좋아하면서도 그의 나쁜 점을 알고, 미워하지만 그의 좋은 점을 아는 사람은 세상에 드물다。 그러므로 옛 속담에 『사람이 자기 자식의 나쁜 점을 알지 못하며, 자기

라

故諺(고언)에 有之(유지)하니 曰(왈) 人(인)이 莫知其(막지기)

子之惡(자지악)하며 莫知其苗之碩(막지기묘지석)이라하니라

此謂身不修(차위신불수)면 不可以齊其家(불가이제기가)니라。

傳(전) 9 章(장)

所謂治國(소위치국)이 必先齊其家者(필선제기가자)는 其(기)

家不可教(가불가교)오 而能教人者(이능교인자) 無之(무지)라

故(고) 君子(군자)는 不出家而成教於國(불출가이성교어국)하나

● 諺 : 속담 언 ● 碩 : 클 석

논의 싹이 자라는 것을 알지 못한다」라고 하였다。 그렇기 때문에 자신을 단련하지 못하면 집안을 가지런히 할 수 없다고 말하는 것이다。

이른바 나라를 다스리는 것이 자기 집안을 가지런하게 하는 데 있다는 것은, 자기 집안 사람을 가르치지 못하면서 남을 가르칠 수 있는 사람이 없기 때문이다。 그러므로 군자는 집을 나가지 않고서도 나라의 가르침을 이룰 수 있다。 곧 효도는 군주를 섬기는

니 孝者는 所以事君也요 弟者는 所以事長也요 慈者는 所以使衆也니라 康誥曰 如保赤子라하니 心誠求之면 雖不中이나 不遠矣니 未有學養子而后嫁者也니라 一家仁이면 一國이 興仁하며 一家讓이면 一國이 興讓하고 一人이 貪戾하면 一國이 作亂하나니 其機如此하니 此謂一言僨事

●嫁：시집갈 가 ●讓：사양할 양 ●戾：어그러질 려 ●機：틀 기

것과 연결되고、공손함은 어른을 섬기는 것과 연결되며、자애로움은 대중을 이끄는 것과 연결되기 때문이다。『서경』「강고」편에서 『갓난아이를 돌보듯이 하라』고 하였으니 마음을 다해 정성껏 구하면 비록 완전하지는 않더라도 거기서 멀지 않을 것이다。그래서 자식 기르는 방법을 배운 뒤에 시집가는 사람은 없지만 자식을 잘 키울 수 있다。한 집안이 어질게 되면 한 나라가 인으로 흥기하고、한 집안이 겸양하게 되면 한 나라가 겸양으로 흥기하며、한 사람이 탐욕스럽고 사나우면 한 나라가 난을 일으키게 된다。일의 기미가 이와 같으므로 『한마디의 말이 일을 그르치고、한 사람

며 一人定國(일인정국)이니라 堯舜(요순)이 帥天下以仁(솔천하이인)하신대 而民從之(이민종지)하고 桀紂帥天下以暴(걸주솔천하이포)한대 而民從之(이민종지)하니 其所令(기소령)이 反其所好(반기소호)면 而民不從(이민부종)이라 是故君子(시고군자)는 有諸己而后求諸人(유저기이후구저인)하며 無諸己而后非諸人(무저기이후비저인)하나니 所藏乎身(소장호신)이 不恕(불서)요 而能喻諸人者(이능유저인자) 未之有也(미지유야)니라 故治國(고치국)이 在齊其家(재제기가)니라 詩云(시운) 桃之夭夭(도지요요)

●帥 : 거느릴 솔
●暴 : 사나울 포
●藏 : 감출 장
●喩 : 깨우칠 유
●夭 : 어릴 요. 「夭夭」는 젊고 예쁜 모습

이 나라를 안정시킨다』고 하는 것이다. 요임금과 순임금께서 세상을 인으로 다스리자 백성들이 그를 따랐고, 걸과 주가 천하를 포악함으로 다스리자 백성들이 그를 따랐다. 명령이 자기가 추구하는 것에 반하면 백성들은 따르지 않는다. 그러므로 군자는 스스로 갖춘 다음에 남에게 요구하며, 스스로 거리낄 것이 없어야 비판한다. 자기 스스로 남을 이해하는 마음을 간직하지 않고서 남을 깨우칠 수 있는 사람은 없다. 그러므로 나라를 다스리는 것은 그 집안을 가지런하게 하는 데 달려있는 것이다. 『시경』에 『복숭아꽃의 아름다움이여! 그 잎이 무성하도다. 이 아가씨 시집감이여!

여 其葉蓁蓁(기엽진진)이로다 之子于歸(지자우귀)여 宜其家人(의기가인)이라하니 宜其家人而后可以教國人(의기가인이후가이교국인)이니라 詩云(시운) 宜兄宜弟(의형의제)라하니 宜兄宜弟而后可以教國人(의형의제이후가이교국인)이니라 詩云(시운) 其儀不忒(기의불특)이라 正是四國(정시사국)이라하니 其爲父子兄弟足法而后(기위부자형제족법이후)에 民法之也(민법지야)니라 此謂治國(차위치국)이 在齊其家(재제기가)니라。

● 蓁 : 우거질 진。「蓁蓁」은 아름답고 성대한 모습

● 忒 : 어그러질 특

그 집안사람을 마땅하게 하리로다』라고 하였으니、그 집안사람을 마땅하게 한 다음에 나라의 사람들을 가르칠 수 있는 것이다。『시경』에 『형으로서 마땅하게 행동하고、동생으로서 마땅하게 행동한다』고 하였으니、형으로서 마땅하게 행동하고 동생으로서 마땅하게 행동한 다음에 나라의 사람들을 가르칠 수 있다。『시경』에 『그 거동이 어긋나지 않으므로 사방의 나라를 바르게 할 수 있다』라고 하였으니、부모되고 자식되고 형되고 동생된 됨됨이가 본받을 만해야 백성들이 그것을 본받는 것이다。이것을 나라를 다스리는 것은 그 집안을 가지런하게 하는 데 달려있다고 말한다。

傳(전) 10 章(장)

所謂平天下(소위평천하) 在治其國者(재치기국자)는 上(상)老老而民興孝(노노이민흥효)하며 上長長而民興(상장장이민흥)弟(제)하며 上恤孤而民(상휼고이민)이 不倍(불배)하나니 是以(시이) 君子(군자) 有絜矩之道也(유혈구지도야)니라 所惡於上(소오어상)으로 毋以使下(무이사하)하며 所惡於下(소오어하)로 毋以事上(무이사상)하며 所惡於前(소오어전)으로 毋以先(무이선)

- 恤：불쌍히여길 휼
- 倍：배반할 배
- 絜矩：잴 혈。법 구。「絜矩」는 자로 물건을 재는 것
- 絜矩之道：자신의 마음을 미루어 남의 마음을 헤아리는 척도

이른바 세상을 평안하게 하는 것이 그 나라를 다스리는데 있다고 하는 것은、윗사람이 노인을 노인답게 대접하면 백성들은 효를 실천하고、윗사람이 연장자를 연장자답게 대접하면 백성들이 공손함을 실천하고、윗사람이 외로운 사람을 불쌍히 여기면 백성들도 윗사람을 배반하지 않을 것이기 때문이다。그러므로 군자는 자신의 마음을 미루어 남의 마음을 헤아리는 척도「혈구지도」를 가진다。윗사람이 싫어하는 것으로 아랫사람을 부리지 말고、아랫사람이 싫어하

後하며 所惡於後로 毋以從前하며 所惡於右로 毋以交於左하며 所惡於左로 毋以交於右니 此之謂絜矩之道니라。

詩云 樂只•君子여 民之父母라하니 民之所好를 好之하고 民之所惡를 惡之니 此之謂民之父母니라 詩云 節彼南山이여 維石巖巖이로다 赫赫

• 只: 다만 지。 여기서는 어조사 지

는 것으로 윗사람을 섬기지 말며, 앞사람이 싫어하는 것으로 뒷사람이 먼저 하도록 하지 말고, 뒷사람이 싫어하는 것을 앞사람이 따르도록 하지 말며, 오른쪽 사람이 싫어하는 것으로 왼쪽 사람을 사귀지 말고, 왼쪽 사람이 싫어하는 것으로 오른쪽 사람을 사귀지 않아야 하니, 이것을 자신의 마음을 미루어 남의 마음을 헤아리는 척도[혈구지도]라 한다。

『시경』에 『즐거우신 군자여, 백성의 부모로다。』라고 하였으니 백성들이 좋아하는 것을 좋아하고, 백성들이 싫어하는 것을 싫어하기 때문에 백성들의 부모라고 했던 것이다。『시경』에 『깎아지른 듯 우뚝한 저 남산이여, 바

師尹(사윤)이여 民具爾瞻(민구이첨)이라하니 有國者(유국자)不可以不愼(불가이불신)이니 辟則爲天下僇矣(벽즉위천하륙의)니라 詩云(시운) 殷之未喪師(은지미상사)에 克配上帝(극배상제)러니 儀監于殷(의감우은)이어다 峻命不易(준명불이)라하니 道得衆則得國(도득중즉득국)하고 失衆則失國(실중즉실국)이니라 是故君子(시고군자)는 先愼乎德(선신호덕)이니 有德(유덕)이면 此有人(차유인)이요 有人(유인)이면 此有土(차유토)요 有土(유토)면 此有財(차유재)요 有財(유재)면 此有用(차유용)이니라。

- 師尹：주나라 태사 윤씨
- 僇：죽일 륙
- 克：능할 극。「能」과 같이 쓰임
- 師：무리 사
- 監：볼 감。본받다。
- 峻：높을 준
- 易：쉬울 이

위가 험하고 험하구나。빛나고 빛나는 태사 윤씨여、백성들이 모두 그대를 바라본다。』고 하였으니、나라를 다스리는 사람은 삼가지 않을 수 없으니、치우치게 행동하면 세상의 큰 죄인이 될 것이다。『시경』에 『은나라가 백성을 잃지 않았을 때는 상제와 짝을 이룰 수 있었으니 마땅히 은나라를 모범으로 삼아야 한다。큰 명은 보존하기가 쉽지 않다。』고 하였으니、백성을 얻으면 나라를 얻고、백성을 잃으면 나라를 잃는다는 것을 말한 것이다。그러므로 군자는 먼저 덕을 삼가는 것이니、덕이 있으면 백성이 생기고、백성이 있으면 영토가 생기며、영토가 있으면 재물이 생기고、재물이 있으면

德者는 本也요 財者는 末也이니 外本內末이면 爭民施奪이니라 是故 財取則民散하고 財散則民聚니라 是故言悖而出者는 亦悖而入하며 貨悖而入者는 亦悖而出이니라 康誥曰 惟命不于常이라하니 道善則得之하고 不善則失之矣니라 楚書曰 楚國은 無以爲寶요 惟善以爲寶라하

● 奪：빼앗을 탈
● 聚：모일 취
● 悖：어그러질 패
● 道：말할 도

쓰임이 있는 것이다。

덕은 근본이요 재물은 말단이니、근본을 무시하고 말단을 중시하면 백성들을 다투게 하고 약탈을 행하게 할 것이다。그러므로 재물이 모이면 백성이 흩어지고、재물이 흩어지면 백성들이 모인다。그렇기 때문에 말이 어긋나게 나가면 또한 어긋나게 돌아오고、잘못되게 들어온 재물은 또한 어긋나게 나가는 것이다。『서경』「강고」편에서 『천명은 일정불변하지 않은 것이다』라고 하였으니、착하면 천명을 얻고 착하지 않으면 천명을 잃게 됨을 말한 것이다。『초서』에서는 『초나라는 달리 보배로 삼을 것이 없고、오직 착한 사람을 보배로 삼는다』고 하였

니라 舅犯(구범)曰(왈) 亡人(망인)은 無以爲寶(무이위보)요 仁親(인친)以爲寶(이위보)라하니라。

秦書(진서)曰(왈) 若有一个臣(약유일개신)이 斷斷兮(단단혜) 無他技(무타기)나 其心(기심)이 休休焉(휴휴언)其如有容(기여유용)焉(언)이라 人之有技(인지유기)를 若己有之(약기유지)하며 人之彦聖(인지언성)을 其心好之(기심호지) 不啻若自其口(불시약자기구)出(출)이면 寔能容之(식능용지)라 以能保我子孫(이능보아자손)黎民(려민)이니 尙亦有利哉(상역유리재)인저 人之有技(인지유기)

- 舅犯：晉나라 文公의 외삼촌
- 个：낱개
- 斷斷：정성스럽고 한결같은 모습
- 休：아름다울 휴
- 彦：선비 언
- 啻：뿐 시
- 尙：오히려 상。거의 상

다。진나라 문공의 외삼촌인 범이 말하기를、『망명한 사람[문공]은 보배로 삼는 것이 없고、어버이를 사랑하는 것을 보배로 여긴다』고 하였다。

『서경』「진서」편에서 말하였다。『만약 한 신하가 있는데 한결같이 성실하고 다른 재주는 없지만 그 마음이 너그러워서 남을 포용할 수 있을 것 같아서 다른 사람이 가지고 있는 재주를 마치 자기가 소유한 것처럼 여기며、다른 사람의 훌륭하고 뛰어난 점을 진정으로 좋아하여 마치 자기 입에서 나온 것보다도 더 좋아한다면、이것은 남을 진정으로 용납하는 것이므로 나의 자손과 백성들을 보전할 수 있을 것이니、또한 이로움이 있

를 媢疾以惡之(모질이오지)하며 人之彥聖(인지언성)을 而違之(이위지)하야 俾不通(비불통)이면 寔不能容(식불능용)이라 以不能保我子孫黎民(이불능보아자손려민)이니 亦曰殆哉(역왈태재)인저하니

唯仁人(유인인)이야 放流之(방류지)하여 迸諸四夷(병저사이)하여 不與同中國(불여동중국)하나니 此謂唯仁人(차위유인인)이야 爲能愛人(위능애인)하며 能惡人(능오인)이니라

見賢而不能擧(견현이불능거)하며 擧而不能先(거이불능선)이

- 媢 : 강샘할 모
- 違 : 어길 위
- 俾 : 하여금 비
- 殆 : 위태할 태
- 黎民 : 검을 려。백성 민。「黎民」은 많은 백성
- 放流 : 추방할 방。내칠 류
- 迸 : 쫓을 병。내쫓다의 뜻

을 것이다。한편 다른 사람이 가진 재주를 시기하여 미워하며、남의 훌륭하고 뛰어난 점을 거부하여 통하지 못하게 하면、이것은 남을 용납하지 못하는 것이므로 나의 자손과 백성을 보전하지 못할 것이니 또한 위태로울 것이다。』

오직 어진 사람이라야 이런 사람들을 추방하여 사방 오랑캐 지역으로 내쫓아서 나라 가운데서 같이 살지 못하게 할 수 있을 것이다。이렇기 때문에『오직 어진 사람이라야 다른 사람을 사랑할 수 있으며、다른 사람을 미워할 수 있다』고 한다。어진 사람을 보고도 등용하지 못하며、등용하더라도 우선으로 하지 못하는 것은 태만

命也요 見不善而不能退하며 退而不能遠이 過也니라 好人之所惡하고 惡人之所好 是謂拂人之性이라 菑必逮夫身이니라 是故로 君子有大道하니 必忠信以得之하고 驕泰以失之니라。

生財有大道하니 生之者衆하고

• 命 : 정현은 慢、정자는 怠로 해야한다고 했는데 모두 태만하다는 뜻
• 拂 : 떨 불
• 菑 : 재앙 재
• 逮 : 미칠 체(태)
• 驕 : 교만할 교
• 泰 : 클 태。사치하고 방자스럽다는 뜻

한 것이요、착하지 않은 사람을 보고도 물리치지 못하며、물리치되 멀리 내치지 못하는 것은 잘못이다。남이 싫어하는 것을 좋아하며、남이 좋아하는 것을 싫어하는 것을 일러 사람의 본성을 어긴다고 하니、재앙이 반드시 그에게 미칠 것이다。그러므로 군자에게는 큰 도리가 있으니、반드시 충(忠)과 신(信)으로써 그 도리를 얻고、교만함과 방자함 때문에 그 도리를 잃는다。

재물을 생산하는 것에 큰 도리가 있으니 생산하는 사람은 많고 먹는 사람이 적으며、신속하게 만들고 천천히 쓰면 재물이 항상 풍족할 것이다。어진 사람은 재물을 가지고 자신

食之者寡하며 爲之者疾하고 用之者舒하면 則財恒足矣리라 仁者는 以財發身하고 不仁者는 以身發財니라 未有上好仁而下不好義者也니 未有好義요 其事不終者也며 未有府庫財 非其財者也니라。

孟獻子曰 畜馬乘은 不察於鷄豚

● 寡: 적을 과
● 疾: 빠를 질
● 舒: 더딜 서
● 府庫: 창고 부。창고 고
● 畜: 기를 휵
● 맹헌자: 노나라의 어진 대부
● 乘: 탈 승
● 鷄豚: 닭 계。돼지 돈。작은 가축을 말함

을 일으키고, 어질지 못한 사람은 자신을 가지고 재물을 일으킨다。윗사람이 인을 좋아하는데 아래 사람이 의를 좋아하지 않는 경우가 없으니 의를 좋아하는데 일이 종결되지 못하는 경우가 없으며, 창고의 재물이 그의 재물이 아닌 일은 없다。

맹헌자는『수레를 끄는 말을 기르는 사람은 닭과 돼지를 기르지 않고, 얼음을 쓰는 집안에서는 소와 양을 기르지 않고, 백승의 집안은 세금 거두는 신하를 기르지 않으니, 세금 거두는 신하를 두기보다는 차라리 도둑질하는 신하를 두는 것이 낫다』고 했는데, 이는 나라는 이익을 이로움으로 여기지 않고 의로운 것을 이로움

하고 伐冰之家는 不畜牛羊하고 百乘之家는 不畜聚斂之臣이니 與其有聚斂之臣으론 寧有盜臣이라하니 此謂國不以利爲利요 以義爲利也니라 長國家而務財用者는 必自小人矣니 彼爲善之 小人之使爲國家면 菑害幷至라 雖有善者라도 亦無如之何矣리니 此謂國不以利爲利요 以義爲利也니라。

으로 여긴다는 말이다。나라의 어른이 되어 재물을 사용하는데 힘을 쓰는 사람은 반드시 소인으로부터 시작된다。저 소인에게 나라를 다스리게 하면 하늘의 재앙과 해로움이 함께 다가와 비록 착한 사람이 있어도 또한 어찌할 방법이 없을 것이다。이것을 일러『나라는 이익을 이로움으로 여기지 않고 의로움을 이로움으로 여긴다』라고 한다。

•聚斂 : 거둘 취。거둘 렴

•「彼爲善之」위아래에 빠진 글자나 오자가 있다。

論語

第1章 學而 (제1장 학이)

① 子曰 學而時習之면 不亦說乎아 有朋自遠方來면 不亦樂乎아 人不知而不慍이면 不亦君子乎아。

(자왈 학이시습지면 불역열호아 유붕자원방래면 불역락호아 인부지이불온이면 불역군자호아)

② 有子曰 其爲人也孝弟요 而好犯上者鮮矣니 不好犯上이요 而好作亂者未之有也니라 君子務本이니 本

(유자왈 기위인야효제요 이호범상자선의니 불호범상이요 이호작란자미지유야니라 군자무본이니 본)

- 說 : 기쁠 열
- 慍 : 성낼 온
- 有子 : 공자의 제자
- 犯 : 범할 범
- 弟 : 공손할 제。悌(제)와 같음
- 鮮 : 드물 선

공자께서 말씀하셨다。『배우고 때에 맞게 그것을 익히면 또한 기쁘지 않겠는가? 벗이 먼 곳에서부터 온다면 또한 즐겁지 않겠는가? 남이 알아주지 않더라도 화를 내지 않는다면 또한 군자가 아니겠는가?』

유자가 말하였다。『사람됨이 효와 제를 잘 행하면서 윗사람 범하기를 좋아하는 사람은 드물 것이고、윗사람 범하기를 좋아하지 않고서 난을 일으키는 것을 좋아하는 경우는 아직 없었다。군자는 근본에 힘쓰니 근본이 세워지면 방법이 생기니、효와 제

立而道生(립이도생)하나니 孝弟也者(효제야자)는 其爲仁(기위인)之本與(지본여)인저。

③ 子曰(자왈) 巧言令色(교언영색)이 鮮矣仁(선의인)이니라。

④ 曾子曰(증자왈) 吾日三省吾身(오일삼성오신)하노니 爲人謀而不忠乎(위인모이불충호)아 與朋友交而不信乎(여붕우교이불신호)아 傳不習乎(전불습호)애니라。

⑤ 子曰(자왈) 道千乘之國(도천승지국)하되 敬事而信(경사이신)하

• 巧言：교묘하게 꾸며대는 말
• 令色：남에게 잘보이기 위해 아첨하는 표정이나 태도
• 曾子：공자의 제자
• 省：살필 성

• 謀：꾀할 모
• 傳：전할 전
• 乘：수레 승
• 千乘之國：병거 일천 대를 갖출 힘이 있는 나라。제후의 나라를 말함

는 인을 행하는 근본이다。』

공자께서 말씀하셨다。『꾸민 말이나 거짓된 표정에서는 인을 찾기 어렵다。』

증자가 말하였다。『나는 날마다 세 가지 측면에서 스스로를 돌아본다。다른 이를 위해 일을 하면서 마음을 다하였는가? 벗과 사귀면서 미덥게 행동했는가? 배운 것을 작 익혔는가?』

공자께서 말씀하셨다。『천승의 수레를 낼 수 있는 큰 나라를 다스릴 때는 일을 공경스럽게 하여 신뢰를 주고、물자를 절약하여 사람을 사랑하며、백성을 부릴 때에는 적절한 때에 맞게 해야 한다。』

며 節用而愛人(절용이애인)하며 使民以時(사민이시)니라。

⑥ 子曰(자왈) 弟子入則孝(제자입즉효)하고 出則弟(출즉제)하며 謹而信(근이신)하며 汎愛衆(범애중)하되 而親仁(이친인)이니 行有餘力(행유여력)이어든 則以學文(즉이학문)이니라。

⑦ 子夏曰(자하왈) 賢賢(현현)하되 易色(역색)하며 事父母(사부모)하되 能竭其力(능갈기력)하며 事君(사군)하되 能致其身(능치기신)하며 與朋友交(여붕우교)하되 言而有信(언이유신)이면 雖曰未學(수왈미학)이나 吾必謂之學矣(오필위지학의)라하리라。

●使：부릴 사
●謹：삼갈 근
●汎：뜰 범。널리라는 뜻
●子夏：공자의 제자
●竭：다할 갈

공자께서 말씀하셨다。『젊은 사람들은 집에 들어와서는 효도하고、밖에 나가서는 공손하게 처신하며、삼가고 미덥게 행동하고、널리 대중을 사랑하되 어진 사람과 친하게 지내도록 하라。이렇게 하고 남는 힘이 있거든 곧 학문을 하는 것이다。』

자하가 말하였다。『어진 사람을 어질게 여기되 이성을 좋아하는 마음과 바꿀 수 있고、부모를 섬기되 자기의 힘을 다할 수 있으며、임금을 섬기되 자기 몸을 바칠 수 있고、벗들과 사귈 때 그 말에 신의가 있다면 비록 그가 교육을 받지 못했다 해도 나는 반드시 그가 잘 배운 사람이라 말할 것이다。』

⑧ 子曰 君子不重則不威오 學則不固니라 主忠信하며 無友不如己者하며 過則勿憚改니라。

(자왈 군자부중즉불위 학즉불고 주충신 무우불여기자 과즉물탄개)

⑨ 曾子曰 愼終追遠이면 民德이 歸厚矣리라。

(증자왈 신종추원 민덕 귀후의)

⑩ 子禽이 問於子貢曰 夫子至於是邦也에 必聞其政하시나니 求之與아 抑與之與아 子貢曰 夫子 溫良恭儉讓

(자금 문어자공왈 부자지어시방야 필문기정 구지여 억여지여 자공왈 부자 온양공검양)

- 威 : 위엄 위
- 固 : 굳을 고
- 憚 : 꺼릴 탄
- 子禽 : 공자의 제자
- 子貢 : 공자의 제자
- 夫子 : 공자를 말함
- 溫 : 따뜻할 온
- 良 : 어질 량
- 讓 : 겸손할 양

공자께서 말씀하셨다。『군자는 신중하지 못하면 위엄이 없고 배워도 견고하지 못하다。 충과 신을 위주로 하고、자기보다 못한 이를 벗으로 삼지 말며、잘못이 있으면 고치기를 꺼리지 말라。』

증자가 말하였다。『마침을 신중하게 처리하고 오래도록 기억하면 백성의 덕이 후한 데로 돌아올 것이다。』

자금이 자공에게 물었다。『부자께서 어떤 나라에 가시면 반드시 그 정치에 대해 듣는데 이것은 스스로 구하신 일입니까? 아니면 주어진 일입니까?』 자공이 말하였다。『부자께서는 따뜻하고 어질고 공손하며 검소하고 겸손한 성품을 바탕으로 얻으

以得之시니 夫子之求之也는 其諸異乎人之求之與인저。

⑪ 子曰 父在觀其志하고 父沒觀其行이니 三年無改於父之道라야 可謂孝矣니라。

⑫ 有子曰 禮之用이 和爲貴하니 先王之道 斯爲美라 小大由之니라 有所不行하니 知和而和오 不以禮節之면 亦不可行也니라。

• 沒：죽을 몰

신 것이니 부자께서 구하신 일은 다른 사람들이 구하는 것과는 다른 것이오。』

공자께서 말씀하셨다。『부모가 살아계실 때는 그 뜻을 살피고 부모가 돌아가신 뒤에는 그 행동을 돌아보는데 3년 동안 부모의 도를 고치지 않아야 효자라고 할 수 있다。』

유자가 말하였다。『예를 적용하는데에서는 조화를 귀하게 여긴다。선왕의 도리는 이것을 아름답게 여겨 크고 작은 일들이 여기에 근거하였다。행하지 않아야 할 일이 있으니 조화하는 것만 알아서 조화하려 하고 예로써 절제하지 못한다면 또한 행할만한 일이 아니다。』

⑬ 有子曰(유자왈) 信近於義(신근어의)면 言可復也(언가복야)오 恭近於禮(공근어례)면 遠恥辱也(원치욕야)오 因不失其親(인불실기친)이면 亦可宗也(역가종야)니라。

⑭ 子曰(자왈) 君子食無求飽(군자식무구포)하며 居無求安(거무구안)하며 敏於事而愼於言(민어사이신어언)이오 就有道而正焉(취유도이정언)이면 可謂好學也已(가위호학야이)니라。

⑮ 子貢曰(자공왈) 貧而無諂(빈이무첨)하며 富而無驕(부이무교) 何如(하여)하니잇고 子曰(자왈) 可也(가야)나 未若貧而(미약빈이)

- 恥 : 부끄러울 치
- 辱 : 욕되게 할 욕
- 飽 : 배부를 포
- 敏 : 빠를 민
- 諂 : 아첨할 첨
- 驕 : 교만할 교

유자가 말하였다。『신의를 지키는 것이 의에 가까우면 말을 실천할 수 있고、공손함이 예에 가까우면 치욕을 멀리 할 수 있고、근거로 삼는 것에서 자신이 친하게 대해야 할 이들을 잃지 않는다면 역시 으뜸이라 할 수 있다。』

공자께서 말씀하셨다。『군자가 먹을 때에 배부름을 구하지 않으며、머무는 데에 편안함을 구하지 않고、해야 할 일에 대해서는 민첩하게 하고 말은 신중하게 하며、도가 있는 곳에 나아가 바르게 한다면 학문을 좋아한다고 말할 수 있다。』

자공이 말하였다。『가난하지만 아첨하지 않고 부유하지만 교만하지 않

樂(락)하며 富而好禮者也(부이호례자야)니라 子貢曰(자공왈) 詩云(시운) 如切如磋(여절여차)하며 如琢如磨(여탁여마)라하니 其斯之謂與(기사지위여)인저 子曰(자왈) 賜也(사야)는 始可與言詩已矣(시가여언시이의)로다 告諸往而知來者(고저왕이지래자)온여。

⑯ 子曰(자왈) 不患人之不己知(불환인지불기지)요 患不知人也(환부지인야)니라。

• 磋 : 갈 차
• 琢 : 다듬을 탁
• 磨 : 갈 마

다면 어떻습니까?』 공자께서 말씀하셨다。『그것도 괜찮지만, 가난하면서도 즐길 수 있고 부유하면서도 예를 좋아하는 것만은 못하다。』 자공이 말하였다。『「시경」에 「끊듯이 가는 듯이 하고 쪼는 듯이 가는 듯이 하다」라고 한 말이 이와 같은 경지를 말한 것인지요?』 공자께서 말씀하셨다。『사야! 이제 비로소 더불어 시를 논할 수 있을 있겠구나。 지나간 일을 알려주니 앞으로 올 일을 아는구나。』

공자께서 말씀하셨다。『남이 자기를 알아주지 않는 것을 근심하지 말고、 자신이 남을 알지 못하는 것을 근심해야 한다。』

第2章 爲政(제2장 위정)

① 子曰(자왈) 爲政以德(위정이덕)이 譬如北辰(비여북신)이 居其所(거기소)어든 而衆星共之(이중성공지)니라。

② 子曰(자왈) 詩三百(시삼백)에 一言以蔽之(일언이폐지)니 曰(왈) 思無邪(사무사)니라。

③ 子曰(자왈) 道之以政(도지이정)이오 齊之以刑(제지이형)이면 民免而無恥(민면이무치)니라 道之以德(도지이덕)이오 齊之(제지)

- 譬 : 비유할 비
- 北辰 : 북극성
- 蔽 : 덮을 폐
- 邪 : 간사할 사
- 道 : 인도할 도
- 免 : 면할 면

공자께서 말씀하셨다. 『덕으로 정치하는 것을 비유하면 북극성이 제자리에 있으면 뭇 별들이 그것을 향하는 것과 같다.』

공자께서 말씀하셨다. 『「시경」 삼백 편을 한마디 말로 표현한다면 생각에 거짓이 없다는 것이다.』

공자께서 말씀하셨다. 『이끌기를 정사로 하고 가지런 하기를 형벌로 하면 백성들이 형벌을 면하려고만 하고 부끄러움은 없을 것이다. 덕으로 이끌고 예로써 가지런하게 한다면 부끄러움도 알고 또 바르게 될 것이다.』

以禮면 有恥且格이니라。

④ 子曰 吾十有五而志于學하고 三十而立하고 四十而不惑하고 五十而知天命하고 六十而耳順하고 七十而從心所欲하되 不踰矩호라。

⑤ 孟懿子問孝한대 子曰 無違니라 樊遲御러니 子告之曰 孟孫이 問孝於我어늘 我對曰 無違라호라 樊遲曰 何

• 格 : 바를 격
• 惑 : 미혹할 혹
• 踰 : 넘을 유
• 矩 : 법도 구
• 孟懿子 : 노나라 대부
• 違 : 어길 위
• 樊遲 : 공자의 제자
• 御 : 어거할 어
• 孟孫 : 맹의자를 말함

공자께서 말씀하셨다. 『나는 15세에 학문에 뜻을 두었고, 30에 목표를 세웠고, 40에는 의혹되지 않았고, 50에 천명을 알았고, 60에는 다른 의견을 잘 수용할 수 있었고, 70에는 마음이 하고 싶은 대로 해도 법도를 넘지 않았다.』

맹의자가 효에 대해서 묻자 공자께서 말씀하셨다. 『어김이 없어야 한다.』 번지가 수레를 몰고 있을 때 공자께서 그에게 말씀하셨다. 『맹의자가 나에게 효에 대해서 묻기에 내가 어김이 없어야 한다고 대답해 주었다.』 번지가 말하였다. 『무엇을 말씀하신 것입니까?』 공자께서 말씀하셨다. 『살아 계실 때에도 섬기기를 예에 따라

謂也(위야)잇고 子曰(자왈) 生事之以禮(생사지이례)하며 死葬(사장)之以禮(지이례)하며 祭之以禮(제지이례)니라。

⑥ 孟武伯(맹무백)이 問孝(문효)한대 子曰(자왈) 父母(부모)는 唯其疾之憂(유기질지우)시니라。

⑦ 子游問孝(자유문효)한대 子曰(자왈) 今之孝者(금지효자)는 是(시)謂能養(위능양)이니 至於犬馬(지어견마)하여도 皆能有養(개능유양)이니 不敬(불경)이면 何以別乎(하이별호)리오。

⑧ 子夏問孝(자하문효)한대 子曰(자왈) 色難(색난)하니 有(유)

- 葬：장사지낼 장
- 孟武伯：맹의자의 아들
- 憂：근심할 우
- 子游：공자의 제자
- 難：어려울 난

하고、돌아가셔서 장사지낼 때에도 예에 따라 하고、제사지낼 때에도 예에 따라 하라는 말이다。』

맹무백이 효에 대해서 묻자 공자께서 말씀하셨다。『부모는 오직 자식의 질병을 걱정한다。』

자유가 효에 대해서 묻자 공자께서 말씀하셨다。『요즘에는 물질적 봉양을 효라고 하는데 개나 말도 모두 길러줄 수 있으니 공경하지 않는다면 짐승과 다를 것이 무엇인가?』

자하가 효에 대해서 묻자 공자께서 말씀하셨다。『얼굴색을 살피는 일이 어려우니 일이 있을 때는 그대들이 부모의 수고를 대신하고 술과 밥이 있을 때 부모에게 먼저 드시게 하

事(사)어든 弟子服其勞(제자복기로)하고 有酒食(유주사)어든 先生饌(선생찬)을 曾是以爲孝乎(증시이위효호)아。

⑨ 子曰(자왈) 吾與回言終日(오여회언종일)에 不違如愚(불위여우)로되 退而省其私(퇴이성기사)한대 亦足以發(역족이발)하니 回也不愚(회야불우)로다。

⑩ 子曰(자왈) 視其所以(시기소이)하며 觀其所由(관기소유)하며 察其所安(찰기소안)이면 人焉廋哉(인언수재)리오 人焉廋哉(인언수재)리오。

- 勞 : 수고로울 로
- 食 : 밥 사。 명사로 사용할 때는 「사」로 발음
- 饌 : 먹을 찬
- 與 : ~와。 접속사
- 回 : 공자의 제자 안회
- 察 : 살필 찰
- 焉 : 어찌 언
- 廋 : 숨길 수

는 것으로써 효를 행한다고 할 수 있겠는가?』

공자께서 말씀하셨다。『내가 안회와 종일토록 이야기를 나누어도 어김이 없어서 어리석은 사람 같지만 물러간 뒤에 그의 사생활을 살펴보았더니 또한 충분히 들은 바를 실천하니 안회는 어리석지 않도다。』

공자께서 말씀하셨다。『그가 행하는 것을 보며、그가 연유한 바를 관찰하며、그가 편안하게 여기는 것을 자세히 살펴본다면 사람이 어떻게 숨길 수 있겠는가? 사람이 어떻게 숨길 수 있겠는가?』

⑪ 子曰(자왈) 溫故而知新(온고이지신)이면 可以爲師矣(가이위사의)니라。

⑫ 子曰(자왈) 君子(군자)는 不器(불기)니라。

⑬ 子貢(자공)이 問君子(문군자)한대 子曰(자왈) 先行其言(선행기언)이요 而後從之(이후종지)니라。

⑭ 子曰(자왈) 君子(군자)는 周而不比(주이불비)하고 小人(소인)은 比而不周(비이부주)니라。

⑮ 子曰(자왈) 學而不思則罔(학이불사즉망)하고 思而不(사이불)

- 溫：익힐 온
- 故：옛 고。古와 같은 뜻
- 子貢：공자의 제자
- 周：두루 주
- 比：편당지을 비
- 罔：어두울 망

공자께서 말씀하셨다。『옛 것을 익숙하게 알고서 새로운 것을 알면 스승으로 삼을 만하다。』

공자께서 말씀하셨다。『군자는 그릇과 같이 한정되지 않는다。』

자공이 군자에 대해서 묻자 공자께서 말씀하셨다。『자신의 말 행하는 것을 먼저 하고 그 다음에 따른다。』

공자께서 말씀하셨다。『군자는 두루 사귀되 편당짓지 않으며、소인은 편당짓되 두루 사귀지 못한다。』

공자께서 말씀하셨다。『배우고 스스로 생각하지 않으면 어둡고、자기 생각만 하고 배우지 않으면 위태롭다。』

學則殆니라。

⑯ 子曰 攻乎異端이면 斯害也已니라。

⑰ 子曰 由아 誨女知之乎인저 知之爲知之요 不知爲不知是知也니라。

⑱ 子張이 學干祿한대 子曰 多聞闕疑오 愼言其餘면 則寡尤하고 多見闕殆오 愼行其餘면 則寡悔니 言寡尤하며 行寡悔면 祿在其中矣니라。

- 殆 : 위태할 태
- 攻 : 닦을 공
- 誨 : 가르칠 회
- 女 : 너 여。2인칭대명사
- 祿 : 녹봉 록
- 闕 : 빠질 궐
- 尤 : 허물 우
- 殆 : 위태할 태
- 悔 : 뉘우칠 회

공자께서 말씀하셨다。『이단을 전문적으로 연구하면 이는 해가 될 뿐이다。』

공자께서 말씀하셨다。『유야。 내가 너에게 앎에 대해 알려주겠다。 아는 것을 안다고 하고 모르는 것을 모른다고 하는 것, 이것이 바로 앎이다。』

자장이 녹을 얻는 방법을 배우고자 하니 공자께서 말씀하셨다。『많이 듣고서 의심스러운 것을 빼고 신중하게 그 나머지를 말한다면 허물이 적고, 많이 보고 위태로운 것을 빼고 신중하게 그 나머지를 행한다면 후회가 적다。 말에 허물이 적고 행동에 후회가 적으면 녹은 그 가운데 있을 것이다。』

⑲ 哀公이 問曰 何爲則民服이리잇고 孔子對曰 擧直錯諸枉하면 則民服하고 擧枉錯諸直하면 則民不服이니이다。

⑳ 季康子 問使民敬忠以勸인댄 如之何리잇고 子曰 臨之以莊則敬하고 孝慈則忠하고 擧善而教不能則勸이니라。

㉑ 或謂孔子曰 子는 奚不爲政이시니

- 哀公 : 노나라 임금
- 錯 : 놓을 조
- 枉 : 굽을 왕
- 季康子 : 노나라 대부
- 莊 : 성할 장
- 奚 : 어찌 해

애공이 물었다. 『어떻게 하면 백성들이 잘 따를 수 있을까요?』 공자께서 대답하셨다. 『곧은 사람을 등용하여 거짓된 사람 위에 두면 백성들이 잘 따를 것이고, 거짓된 이를 등용하여 곧은 사람 위에 둔다면 백성들은 따르지 않을 것입니다.』

계강자가 물었다. 『백성들을 경과 충으로 권면하게 하려면 어떻게 해야 합니까?』 공자께서 말씀하셨다. 『그들에게 임하기를 철저하고 바르게 하면 경을 행할 것이고, 능력 있는 사람을 등용하여 부족한 이를 가르친다면 백성들을 권면하게 될 것입니다.』

어떤 사람이 공자에게 말하였다. 『선생께서는 어찌하여 정치를 하지

잇고 子曰 書云 孝乎인저 惟孝하며 友于兄弟하여 施於有政이라하니 是亦爲政이니 奚其爲爲政이리오。

㉒ 子曰 人而無信이면 不知其可也케라 大車無輗하며 小車無軏이면 其何以行之哉리오。

㉓ 子張이 問十世를 可知也니잇가 子曰 殷因於夏禮하니 所損益을 可知也며 周因於殷禮하니 所損益을 可

• 輗：수레 끝 쐐기 예 • 殷：성할 은。나라이름
• 軏：끌채 끝 월 • 損：덜 손

않습니까?』 공자께서 말씀하셨다。『「서경」에 이르기를 「효인저! 오직 효도하며 형제에게 우애하는 것을 정치에 베푼다」고 하였으니、이것 역시 정치를 하는 것인데 어찌 직접 정치를 하는 것만이 정치이겠는가?』

공자께서 말씀하셨다。『사람으로서 믿음이 없다면 그가 옳은지를 알 수 없다。큰 수레에 멍에를 메는 끌채가 없으며 작은 수레에 멍에를 메는 끌채가 없다면 무엇으로 수레를 움직일 수 있겠는가?』

자장이 물었다。『열 세대의 뒤를 알 수 있습니까?』 공자께서 말씀하셨다。『은나라는 하나라의 예를 본받았으므로 그 빼고 더한 것을 알 수 있으며、

知也(지야)니 其或繼周者(기혹계주자)면 雖百世(수백세)라도 可知也(가지야)니라。

㉔ 子曰(자왈) 非其鬼而祭之(비기귀이제지)는 諂•也(첨야)요 見義不爲(견의불위)는 無勇也(무용야)니라。

第3章(제3장) 八佾(팔일)

① 孔子謂季氏•(공자위계씨)하시되 八佾舞•於庭(팔일무어정)하

•諂 : 아첨할 첨
•季氏 : 노나라의 대부 계손씨(季孫氏)
•八佾舞 : 나라의 큰 제사에 추는 춤。64명이 8열로 서서 아악에 맞추어 춘다。

주나라는 은나라의 예를 본받았으므로 그 빼고 더한 것을 알 수 있으니、주나라를 계승하는 나라라면 비록 백세대 뒤의 일이라도 알 수 있다。』

공자께서 말씀하셨다。『제사지낼 귀신이 아닌데 제사지내는 것은 아첨하는 것이고、의로움을 보고도 행하지 않는 것은 용기가 없는 것이다。』

공자께서 계씨를 두고 말씀하셨다。『계씨가 팔일무를 뜰에서 추게 하였으니 이것을 용인 할 수 있다면 어떤 것을 용인하지 못하겠는가?』

니 是可忍也온 孰不可忍也리오。

② 三家者以雍徹이어늘 子曰 相維辟公이어든 天子穆穆을 奚取於三家之堂고。

③ 子曰 人而不仁이면 如禮何며 人而不仁이면 如樂何리오。

④ 林放이 問禮之本한대 子曰 大哉라 問이여 禮與其奢也론 寧儉이요 喪

●雍：온화할 옹。시경에 나오는 장 이름
●徹：거둘 철
●相：도울 상
●維：어조사
●穆穆：언어나 용모가 단정하고 깊은 모습
●林放：노나라 사람
●奢：사치할 사

세 대부의 집에서 『시경』「주송」편의 「옹」을 연주하며 제사를 마치자 공자께서 말씀하셨다。『「돕는 것은 오직 제후들이요、천자는 깊이 있고 점잖으시다。」는 노래를 어찌 세 대부의 집안에서 취하는가?』

공자께서 말씀하셨다。『사람으로서 어질지 않다면 예와 같은 것을 어떻게 행할 것이며、사람으로서 어질지 않다면 음악과 같은 것을 어디에 쓸 것인가?』

임방이 예의 근본을 묻자 공자께서 말씀하셨다。『위대하도다 그 질문이여! 예는 사치하기 보다는 검소한 것이 좋고 상례는 잘 치르는 것보다 슬퍼하는 것이 좋다。』

與其易也(여기이야)론 寧戚(영척)이니라。

⑤ 子曰(자왈) 夷狄之有君(이적지유군)이 不如諸夏之亡也(불여제하지무야)니라。

⑥ 季氏(계씨) 旅於泰山(여어태산)이어늘 子謂冉有(자위염유) 曰(왈) 女不能救與(여불능구여)아 對曰(대왈) 不能(불능)호이다 子曰(자왈) 嗚呼(오호)라 曾謂泰山(증위태산)이 不如林放乎(불여임방호)아。

⑦ 子曰(자왈) 君子無所爭(군자무소쟁)이나 必也射乎(필야사호)

- 易 : 쉬울 이
- 戚 : 슬플 척
- 諸夏 : 중국을 말함
- 旅 : 제사이름
- 冉有 : 공자의 제자
- 射 : 쏠 사

공자께서 말씀하셨다. 『오랑캐에게 임금이 있더라도 중국에 임금이 없는 것 보다 못하다.』

계씨가 태산에서 여제를 지내려 하자 공자께서 제자 염유에게 말씀하셨다. 『그대가 하지 못하도록 할 수 없겠는가?』 염유가 대답했다. 『할 수 없습니다.』 그러자 공자께서 말씀하셨다. 『아! 일찍이 태산의 신이 예를 묻는 임방보다도 못하다고 생각하느냐?』

공자께서 말씀하셨다. 『군자는 다투는 경우가 없지만 반드시 활쏘기로 경쟁을 해야 할 때에는 읍하고 사양하며 대에 올라가고 내려와 술을 마시니 그 경쟁이 군자답구나.』

인저 揖讓而升(읍양이승)하여 下而飮(하이음)하나니 其爭(기쟁)也(야) 君子(군자)니라。

⑧ 子夏問曰(자하문왈) 巧笑倩兮(교소천혜)며 美目盼兮(미목반혜)여 素以爲絢兮(소이위현혜)라하니 何謂也(하위야)잇가 子曰(자왈) 繪事後素(회사후소)니라 曰(왈) 禮後乎(예후호)잇가 子曰(자왈) 起予者(기여자)는 商也(상야)라 始可與言詩已矣(시가여언시이의)로다。

⑨ 子曰(자왈) 夏禮(하례)를 吾能言之(오능언지)나 杞不足(기부족)

• 揖: 읍할 읍
• 升: 오를 승
• 倩: 예쁠 천
• 盼: 눈 예쁠 반
• 絢: 무늬 현
• 繪: 그림 회

자하가 물었다. 『「아름다운 미소에 보조개여, 아름다운 눈 또렷하네! 흰 바탕으로 아름다운 문채를 만들었네!」라는 시는 무슨 뜻입니까?』 공자께서 말씀하셨다. 『그림 그리는 일은 흰 바탕 뒤에 하는 것이다.』 자하가 말하였다. 『그러면 예가 나중이라는 말입니까?』 공자께서 말씀하셨다. 『나를 일깨우는 자는 상이로구나. 비로소 함께 시를 이야기 할 수 있겠구나.』

공자께서 말씀하셨다. 『하나라의 예를 내가 말할 수 있지만 기나라에서 증명하기에 부족하고, 은나라의 예를 내가 말할 수 있지만 송나라에서 징험하기에 부족한 것은 전적과

徵也며 殷禮를 吾能言之나 宋不足徵也는 文獻不足故也니 足則吾能徵之矣로리라。

⑩ 子曰 禘自既灌而往者론 吾不欲觀之矣로다。

⑪ 或이 問禘之說한대 子曰 不知也로다 知其說者之於天下也에 其如示諸斯乎인저하시며 指其掌하시다。

⑫ 祭如在하시며 祭神如神在러시다

• 文獻 : 「文」은 전적을 말하고, 「獻」은 현자를 말함
• 禘 : 종묘이름 제사 체
• 灌 : 물댈 관

어진 사람이 부족하기 때문이다。 충분하다면 내가 증명할 수 있다。』

공자께서 말씀하셨다。『체제사에서 술을 따르는 의식이 지나고부터는 그 광경을 보고자 하지 않는다。』

어떤 사람이 체제사의 내용에 대해서 묻자 공자께서 말씀하셨다。『나도 잘 모르겠다。 그 내용을 아는 사람은 세상을 대함에 있어서 이것을 바라보는 것과 같을 것이다』라고 하시며 손바닥을 가리키셨다。

조상에게 제사지낼 때는 조상이 와 계신 듯이 하며, 신에게 제사지낼 때는 신이 계신 듯이 하셨다。 공자께서 말씀하셨다。『내가 제사에 참여하지 않으면 제사를 지내지 않은 것과

子曰(자왈) 吾不與祭(오불여제)면 如不祭(여부제)니라。

⑬ 王孫賈問曰(왕손가문왈) 與其媚於奧(여기미어오)론 寧媚於竈(영미어조)라하니 何謂也(하위야)잇고 子曰(자왈) 不然(불연)하니 獲罪於天(획죄어천)이면 無所禱也(무소도야)니라。

⑭ 子曰(자왈) 周監於二代(주감어이대)하니 郁郁乎文哉(욱욱호문재)라 吾從周(오종주)하리라。

⑮ 子入大廟(자입태묘)하사 每事(매사)를 問(문)하신대 或(혹)

- 王孫賈 : 위(衛)나라 사람
- 媚 : 아첨할 미
- 奧 : 아랫목 오
- 竈 : 부엌 조
- 獲 : 얻을 획
- 禱 : 빌 도
- 監 : 볼 감
- 郁 : 성할 욱。「郁郁」은 찬란한 모습
- 廟 : 사당 묘

같다。』

왕손가가 물었다。『집안 서쪽 모퉁이 귀신에게 아첨하는 것보다 차라리 부엌귀신에게 아첨하는 것이 낫다는 말은 무엇을 의미하는지요?』 공자께서 말씀하셨다。『그렇지 않습니다。하늘에 죄를 얻으면 빌 곳이 없습니다。』

공자께서 말씀하셨다。『주나라는 하나라와 은나라 두 왕조를 본받았으니 찬란하도다、그 문화여! 나는 주나라를 따르리라。』

공자께서 태묘에 들어가서 매사를 물었더니 어떤 사람이 말하였다。『누가 추나라 사람의 아들을 두고 예를 안다고 하였는가? 태묘에 들어가 매사를 묻는구나。』 공자께서 그 말을 듣

曰(왈) 孰謂鄹人之子知禮乎(숙위추인지자지례호)오 入大廟(입태묘)每事問(매사문)이온여 子聞之(자문지)하시고 曰是禮也(왈시례야)니라。

⑯ 子曰(자왈) 射不主皮(사부주피)는 爲力不同科(위력부동과)니 古之道也(고지도야)니라。

⑰ 子貢(자공)이 欲去告朔之餼羊(욕거곡삭지희양)이어늘 子曰(자왈) 賜也(사야)아 爾愛其羊(이애기양)가 我愛其禮(아애기례)하노라。

●鄹：나라이름 추
●皮：가죽 피。여기서는 과녁
●告朔：초하루
●餼：보낼 희
●餼羊：희생으로 바치는 양
●愛：아낄 애

고 말씀하셨다。『그것이 바로 예이다。』

공자께서 말씀하셨다。『활 쏠 때에 과녁의 가죽 뚫는 것에 주력하지 않는 것은 힘의 등급이 다르기 때문이니 이것이 바로 옛날의 도이다。』

자공이 초하루에 제사에 올리는 희생양을 없애려 하자、공자께서 말씀하셨다。『사야、너는 그 양을 아끼려느냐? 나는 예를 아끼련다。』

⑱ 子曰(자왈) 事君盡禮(사군진례)를 人以爲諂也(인이위첨야)라 하나다。

⑲ 定公(정공)이 問君使臣(문군사신)하며 臣事君(신사군)하되 如之何(여지하)리잇고 孔子對曰(공자대왈) 君使臣以(군사신이) 禮(례)오 臣事君以忠(신사군이충)이니이다。

⑳ 子曰(자왈) 關雎(관저)는 樂而不淫(락이불음)하며 哀而(애이) 不傷(불상)이니라。

㉑ 哀公(애공)이 問社於宰我(문사어재아)하신대 宰我對(재아대)

- 定公：노나라 임금
- 關雎：시경의 첫머리 편명
- 淫：음란할 음
- 傷：상할 상
- 社：토지신 사。나무를 심어 그 신을 상징함
- 宰我：공자의 제자

공자께서 말씀하셨다。『임금 섬길 때 예를 다하는 것을 사람들은 아첨한다고 여기는구나。』

정공이 물었다。『임금이 신하를 부리고 신하가 임금을 섬기는 방법은 어떤 것입니까?』 공자께서 대답하셨다。『임금은 신하를 예로써 부리고 신하는 임금을 충으로 섬겨야 합니다。』

공자께서 말씀하셨다。『「시경」「관저」의 시는 즐기지만 지나치게 나아가지 않고 슬프지만 상하는 지경에 이르지는 않는다。』

애공이 재아에게 사에 대해서 묻자 재아가 대답했다。『하후씨는 소나무를 사용하였고、은나라 사람들은 잣나무를 사용하였고、주나라 사람들은

曰(왈) 夏后氏(하후씨)는 以松(이송)하고 殷人(은인)은 以柏(이백)하고 周人(주인)은 以栗(이율)하니 曰(왈) 使民戰栗(사민전율)이니이다 子聞之曰(자문지왈) 成事不說(성사불설)하며 遂事不諫(수사불간)이니 旣往不咎(기왕불구)로다。

㉒ 子曰(자왈) 管仲之器(관중지기) 小哉(소재)인저 或曰(혹왈) 管仲(관중)이 儉乎(검호)잇가 曰(왈) 管氏有三歸(관씨유삼귀)하며 官事不攝(관사불섭)하니 焉得儉(언득검)이리오 然則管仲(연즉관중)이 知禮乎(지례호)잇가 曰(왈) 邦君(방군)이아 樹塞門(수색문)이어늘

● 戰栗：두려워 떠는 것。栗은 慄과 통함
● 諫：간할 간
● 咎：허물 구
● 管仲：춘추시대 제나라 대부
● 攝：겸할 섭
● 樹：세울 수。병풍을 말함
● 塞：막을 색

밤나무를 사용하였는데 백성들에게 전율토록 하고자 한 것이다。』 공자께서 그 말을 들으시고 말씀하셨다。『이미 이루어진 일은 말하지 않고、 그칠 수 없는 일은 간언하지 않으며、 이미 지나간 일은 허물하지 않는다。』

공자께서 말씀하셨다。『관중의 그릇이 작구나。』 어떤 사람이 말하였다。『관중은 검소했습니까?』 공자께서 말씀하셨다。『관씨는 삼귀라는 좋은 건물을 가졌고、 관직의 일을 겸하지도 않았으니 어찌 검소하다고 하겠는가?』『그러면 관중은 예를 알았습니까?』 공자께서 말씀하셨다。『나라의 임금이라야 병풍으로 문을 가릴 수 있는데 관씨 또한 병풍으로 문

管氏亦樹塞門(관씨역수색문)하며 邦君(방군)이아 爲兩君之好(위양군지호)에 有反坫(유반점)이어늘 管氏亦有反坫(관씨역유반점)하니 管氏而知禮(관씨이지례)면 孰不知禮(숙부지례)리오。

㉓ 子語魯大師樂曰 樂(자어노태사악왈 악)은 其可知也(기가지야)니 始作(시작)에 翕如也(흡여야)하여 從之(종지)에 純如也(순여야)하며 皦如也(교여야)하며 繹如也(역여야)하여 以成(이성)이니라。

㉔ 儀封人(의봉인)이 請見曰 君子之至於斯(청현왈 군자지지어사)

- 坫: 대 점. 반 점은 술잔을 돌려 놓는 곳
- 孰: 누구 숙
- 翕: 합할 흡
- 大師: 태사로 발음함. 음악을 관장하는 장
- 翕: 합할 흡
- 皦: 또렷할 교
- 繹: 풀어낼 역
- 儀: 위(衛)나라의 읍 이름
- 見: 뵐 현

을 가렸고, 나라의 임금이라야 두 나라의 임금이 우호를 맺을 때 술잔을 올려놓는 반점을 둘 수 있는데 관씨 또한 반점을 설치했으니 관씨가 예를 안다면 예를 말지 못할 사람이 누구일까?』

공자께서 노나라 태사에게 음악에 대하여 말씀하셨다. 『음악은 그 과정을 알 수 있습니다. 처음에는 합해지는 듯 시작하다가 이어서 순수해지는 듯 하다가 풀려지는 듯 하다가 이윽고 완성됩니다.』

의 땅의 봉인이 뵙기를 청하여 말하였다. 『군자가 이곳에 오시면 내가 일찍이 만나보지 않은 적이 없었다.』 수행자가 공자를 뵙도록 해주자 그가

也(야)에 吾未嘗不得見也(오미상부득견야)라 하여늘 從者(종자) 見之(현지)한대 出曰(출왈) 二三子(이삼자)는 何患於喪乎(하환어상호)리오 天下之無道也久矣(천하지무도야구의)라 天將以夫子爲木鐸(천장이부자위목탁)이시리라。

㉕ 子謂韶(자위소)하시되 盡美矣(진미의)며 又盡善也(우진선야)라하시고 謂武(위무)하시되 盡美矣(진미의)요 未盡善也(미진선야)라하시다。

㉖ 子曰 居上不寬(자왈 거상불관)하며 爲禮不敬(위례불경)하며

●二三者 : 그대들
●木鐸 : 목탁。백성을 가르치고 깨우치는데 두드리고 다님
●韶 : 풍류이름 소。순임금이 지었다는 음악
●武 : 무왕이 지었다는 음악
●寬 : 너그러울 관

나와서 말하였다。『여러분들은 어찌 잃을 것을 근심하는가? 천하에 도가 없어진지 오래되었으니 하늘이 장차 부자를 목탁으로 삼으실 것이다。』

공자께서 순임금의 음악인 소에 대하여 말씀하셨다。『아름다움의 극치이고 또 선함의 극치로다』라 하시고 무왕의 음악에 대해서는『아름다움의 극치이나 선의 극치는 아니다』라고 하였다。

공자께서 말씀하셨다。『윗자리에 있으면서 너그럽지 못하고、예를 행하면서 공경스럽지 못하며、상례에 임해서도 슬퍼하지 않는다면 내가 무엇을 가지고 살펴보겠는가?』

臨喪不哀면 吾何以觀之哉리오。

第4章 里仁

① 子曰 里仁爲美하니 擇不處仁이면 焉得知리오。

② 子曰 不仁者는 不可以久處約이며 不可以長處樂이니 仁者는 安仁하고 知者는 利仁이니라。

- 臨 : 임할 임
- 擇 : 택할 택
- 焉 : 어찌 언
- 約 : 묶을 약。여기서는 곤궁하다는 뜻

공자께서 말씀하셨다。『마을은 인한 것이 아름다우니 잘 선택하여 인한 곳에 머물지 않는다면 어떻게 지혜롭다고 하겠는가?』

공자께서 말씀하셨다。『인하지 못한 사람은 곤궁한 생활을 오래 견딜 수 없고、오래도록 즐거움에 처할 수 없으니、인한 사람은 인을 편안하게 여기고 지혜로운 사람은 인을 이롭게 여긴다。』

③ 子曰 惟仁者아 能好人하며 能惡人이니라。

④ 子曰 苟志於仁矣면 無惡也리라。

⑤ 子曰 富與貴是人之所欲也나 不以其道得之어든 不處也하며 貧與賤是人之所惡也나 不以其道得之라도 不去也니라 君子去仁이면 惡乎成名이리오 君子는 無終食之間違仁이니

● 惟 : 오직 유
● 惡 : 미워할 오
● 苟 : 진실로 구

● 惡乎 : 오호。어디에서、어떻게 등으로 해석함

공자께서 말씀하셨다。『오직 인한 사람이라야 사람을 좋아할 수 있고 사람을 미워할 수도 있다。』

공자께서 말씀하셨다。『진실로 인에 뜻을 두면 악이 생겨날 수 없다。』

공자께서 말씀하셨다。『부귀는 사람이 원하는 것이지만 올바른 방법으로 얻은 것이 아니라면 거기에 처하지 않으며、빈천은 사람들이 싫어하는 것이지만 올바른 방법으로 얻지 않았더라도 그것을 떠나지 않는다。군자가 인을 떠나서 어찌 이름을 이룰 것인가? 군자는 밥 먹는 사이라도 인을 떠나지 않으니、급할 때에도 반드시 인에 근거하며 위급한 상황에서도 반드시 인에 근거한다。』

造次(조차)必於是(필어시)하며 顚沛(전패)必於是(필어시)니라。

⑥ 子曰(자왈) 我未見好仁者(아미견호인자)와 惡不仁者(오불인자)케라 好仁者(호인자)는 無以尙之(무이상지)오 惡不仁者(오불인자)는 其爲仁矣(기위인의) 不使不仁者加乎其身(불사불인자가호기신)이니라 有能一日(유능일일)에 用其力於仁矣乎(용기력어인의호)아 我未見力不足者(아미견력부족자)케라 蓋有之矣(개유지의)어늘 我未之見也(아미지견야)아。

⑦ 子曰(자왈) 人之過也(인지과야) 各於其黨(각어기당)이니 觀(관)

• 造次：조차。황급한 시간
• 顚沛：전패。엎어지고 자빠짐
• 尙：더할 상
• 蓋：덮을 개。여기서는「아마도」로 해석함
• 過：허물 과
• 黨：무리 당

공자께서 말씀하셨다。『나는 아직 인을 좋아하는 사람과 인하지 못함을 미워하는 사람을 보지 못했다。인을 좋아하는 사람은 더할 것이 없고、인하지 못함을 미워하는 사람은 인을 행할 때에 불인함이 자기 몸에 쌓이지 않게 해야 한다。하루라도 인을 행하는데 자신의 힘을 쏟을 수 있는가? 나는 힘이 부족한 사람을 아직 보지 못했노라。아마도 그런 사람이 있겠지만 나는 아직 보지 못했다。』

공자께서 말씀하셨다。『사람의 허물은 각각 자신과 친한 사람에게서 비롯되니 가까운 사람의 허물을 볼 수 있다면 이는 인을 아는 것이다。』

過(과)에 斯知仁矣(사지인의)리라。

⑧ 子曰(자왈) 朝聞道(조문도)면 夕死(석사)라도 可矣(가의)니라。

⑨ 子曰(자왈) 士志於道而恥惡衣惡食(사지어도이치악의악식)者(자)는 未足與議也(미족여의야)니라。

⑩ 子曰(자왈) 君子之於天下也(군자지어천하야)에 無適也(무적야)하며 無莫也(무막야)오 義之與比(의지여비)니라。

⑪ 子曰(자왈) 君子(군자)는 懷德(회덕)하고 小人(소인)은 懷土(회토)하며 君子(군자)는 懷刑(회형)하고 小人(소인)은 懷惠(회혜)니라。

- 議 : 의논할 의
- 適 : 갈 적。 여기서는 오로지 주장한다는 뜻
- 比 : 좇을 비
- 莫 : 말 막。 여기서는 긍정하지 않음의 뜻
- 懷 : 품을 회
- 惠 : 은혜 혜

공자께서 말씀하셨다。『아침에 도를 들으면 저녁에 죽어도 좋다。』

공자께서 말씀하셨다。『선비가 도에 뜻을 두었다고 하면서 나쁜 옷과 나쁜 음식을 부끄럽게 여기는 사람과는 의미있는 대화를 할 수 없다。』

공자께서 말씀하셨다。『군자는 천하의 일에 대하여 반드시 해야만 한다는 것도 없고 하지 말아야 한다는 것도 없으니 의와 더불어 짝을 이룰 뿐이다。』

공자께서 말씀하셨다。『군자는 마음에 덕을 품고 소인은 마음에 땅을 품으며、군자는 형벌을 생각하고 소인은 은혜를 생각한다。』

⑫ 子曰 放於利而行이면 多怨이니라。
(자왈 방어리이행이면 다원이니라。)

⑬ 子曰 能以禮讓이면 爲國乎에 何有며 不能以禮讓爲國이면 如禮에 何리오。
(자왈 능이예양이면 위국호에 하유며 불능이예양위국이면 여례에 하리오。)

⑭ 子曰 不患無位요 患所以立하며 不患莫己知요 求爲可知也니라。
(자왈 불환무위요 환소이립하며 불환막기지요 구위가지야니라。)

⑮ 子曰 參乎아 吾道는 一以貫之니라 曾子曰 唯라 子出커시늘 門人이 問
(자왈 삼호아 오도는 일이관지니라 증자왈 유라 자출커시늘 문인이 문)

- 放: 놓을 방。 여기서는 따를 방
- 怨: 원망할 원
- 何有: 何難之有。 무슨 어려움이 있겠는가。
- 唯: 오직 유。 여기서는 빨리 대답함

공자께서 말씀하셨다。『이익을 따라서 행동하면 원망이 많이 생긴다。』

공자께서 말씀하셨다。『예를 지켜 사양함으로써 나라를 다스릴 수 있다면 무슨 어려움이 있겠으며, 예를 지켜 사양함으로써 나라를 다스릴 수 없다면 예와 같은 규범이 무슨 소용이겠는가?』

공자께서 말씀하셨다。『직위가 없는 것을 걱정하지 말고 그 자리에 설 수 있는 능력을 갖출 것을 걱정하며, 자기를 알아주는 사람이 없는 것을 걱정하지 말고 무엇으로 인정받을 수 있을지를 구하라。』

공자께서 말씀하셨다。『증삼아! 내 도는 일관되어 있느니라。』 증자가

曰何謂也(왈하위야)잇고 曾子曰(증자왈) 夫子之道(부자지도)는 忠恕而已矣(충서이이의)시니라。

⑯ 子曰(자왈) 君子(군자)는 喻於義(유어의)하고 小人(소인)은 喻於利(유어리)니라。

⑰ 子曰(자왈) 見賢思齊焉(견현사제언)하며 見不賢而(견불현이) 內自省也(내자성야)니라。

⑱ 子曰(자왈) 事父母(사부모)하되 幾諫(기간)이니 見志(견지) 不從(부종)하고 又敬不違(우경불위)하며 勞而不怨(노이불원)이니라。

• 而已矣 : ~일 뿐이다。
• 喻 : 깨우칠 유。 여기서는 밝다는 의미
• 幾諫 : 기간。 부드럽게 간함

『예』하고 대답했다。 공자께서 나가시자 제자들이 물었다。『무엇을 말씀하신 것입니까?』 증자가 말하였다。『선생님의 도는 충서일 뿐이라네。』

공자께서 말씀하셨다。『군자는 의에 밝고 소인은 이익에 밝다。』

공자께서 말씀하셨다。『어진 사람을 보면 그와 비슷해지기를 생각하며、어질지 못한 사람을 보면 속으로 스스로를 반성해야 본다。』

공자께서 말씀하셨다。『부모를 섬기되 간할 일이 생기면 은밀하게 하고 부모가 내 뜻을 따라주지 않더라도 더욱 공경하여 어기지 말아야 하며 수고스럽더라도 원망하지 않아야 한다。』

⑲ 子曰 父母在어시든 不遠遊하며 遊必有方이니라。
(자왈 부모재어시든 불원유하며 유필유방이니라。)

⑳ 子曰 三年無改於父之道可謂孝矣니라。
(자왈 삼년무개어부지도가위효의니라。)

㉑ 子曰 父母之年을 不可不知也니 一則以喜요 一則以懼니라。
(자왈 부모지년을 불가부지야니 일즉이희요 일즉이구니라。)

㉒ 子曰 古者言之不出은 恥躬之不逮也니라。
(자왈 고자언지불출은 치궁지불체야니라。)

- 遊 : 놀 유
- 知 : 알 지。 여기서는 기억하다의 뜻
- 喜 : 기쁠 희
- 懼 : 두려워할 구
- 逮 : 미칠 체

공자께서 말씀하셨다。『부모가 계시면 멀리 돌아다니지 않아야 하며、혹 멀리 가더라도 반드시 자기가 머무는 곳을 알려드려야 한다。』

공자께서 말씀하셨다。『3년 동안 아버지의 도를 고치지 않아야 효라고 할 수 있을 것이다。』

공자께서 말씀하셨다。『부모의 연세를 알지 못해서는 안 된다。한편으로는 기쁘고 다른 한편으로는 두렵기 때문이다。』

공자께서 말씀하셨다。『옛날에 사람들이 말을 쉽게 하지 않았던 것은 몸소 행하는 것이 거기에 미치지 못하는 것을 부끄러워했기 때문이다。』

㉓ 子曰 以約失之者鮮矣니라。(자왈 이약실지자선의)

㉔ 子曰 君子는 欲訥於言而敏於行이니라。(자왈 군자 욕눌어언이민어행)

㉕ 子曰 德不孤라 必有隣이니라。(자왈 덕불고 필유린)

㉖ 子游曰 事君數이면 斯辱矣요 朋友數이면 斯疏矣리라。(자유왈 사군삭 사욕의 붕우삭 사소의)

- 鮮 : 드물 선
- 訥 : 말 더듬을 눌
- 敏 : 빠를 민
- 孤 : 외로울 고
- 隣 : 이웃 린
- 數 : 자주 삭
- 疏 : 성글 소

공자께서 말씀하셨다. 『절제된 행동에는 실수가 적다.』

공자께서 말씀하셨다. 『군자는 말은 어눌하더라도 행동은 민첩하게 하고자 한다.』

공자께서 말씀하셨다. 『덕이 있는 사람은 외롭지 않으니 반드시 이웃이 있다.』

자유가 말하였다. 『임금을 섬길 때에 자주 간언하면 모욕을 당할 수 있고, 친구 사이에 자주 충고하면 소원해진다.』

第5章 公冶長 (제5장 공야장)

① 子謂公冶長하시되 可妻也니 雖在縲絏之中이나 非其罪也라하시고 以其子妻之하시다 子謂南容하시되 邦有道에 不廢하고 邦無道에 免於刑戮이라하시고 以其兄之子妻之하시다。

② 子謂子賤하시되 君子哉라 若人이

- •公冶長：공자의 제자
- •縲：포승 류
- •絏：맬 설
- •南容：공자의 제자
- •戮：죽일 륙
- •子賤：공자의 제자

공자께서 공야장을 평가하여 『사위로 삼을 만하다。비록 포승줄에 묶인 적이 있지만 그의 죄가 아니다』라 하시고 자신의 딸을 그에게 시집보내셨다。공자께서 남용을 평가하여 『나라에 도가 있을 때에는 버려지지 않을 것이고、나라에 도가 없을 때에는 형벌로 죽는 화를 면할 것이다』라 하시고 형의 딸을 그에게 시집보내셨다。

공자께서 자천을 평가하여 『군자답구나 이 사람이여！노나라에 군자가 없었다면 이 사람이 이러한 덕을 어디에서 배웠겠는가？』라고 하셨다。

여 魯無君子者(노무군자자)면 斯焉取斯(사언취사)리오。

③ 子貢(자공)이 問曰(문왈) 賜也(사야)는 何如(하여)하니잇고 子曰(자왈) 女(여)는 器也(기야)니라 曰(왈) 何器也(하기야)잇고 曰(왈) 瑚璉也(호련야)니라。

④ 或曰(혹왈) 雍也(옹야)는 仁而不佞(인이불녕)이로다 子曰(자왈) 焉用佞(언용녕)이리오 禦人以口給(어인이구급)이라가 屢憎於人(누증어인)하나니 不知其仁(부지기인)이어니와 焉(언)

- 앞의「斯」는「이 사람」, 뒤의「斯」는 德을 가리킴
- 女 : 너 여。「汝」와 같음
- 瑚 : 산호 호
- 璉 : 호련 련。「瑚璉」은 종묘에서 사용하는 제기
- 雍 : 공자의 제자
- 佞 : 말잘할 녕
- 禦 : 막을 어
- 口給 : 구급。구변。말솜씨가 풍부하고 민첩함
- 屢 : 여러 루
- 憎 : 미워할 증

자공이 물었다『저는 어떻습니까?』공자께서 말씀하셨다。『그대는 그릇이다。』자공이 말하였다。『어떤 그릇입니까?』공자께서 말씀하셨다。『호련과 같은 귀한 그릇이다。』

어떤 사람이 말하였다。『옹은 어질지만 말재주가 없습니다。』공자께서 말씀하셨다。『어찌 말재주를 사용하겠는가? 화려한 언변으로 사람을 대하면 자주 사람들의 원망을 살 것이니 그가 어진지는 모르겠지만 어찌 말재주를 사용하겠는가!』

用佞(용녕)이리오。

⑤ 子使漆雕開仕(자사칠조개사)하신대 對曰 吾斯(대왈 오사)之未能信(지미능신)이로이다 子說(자열)하시다。

⑥ 子曰 道不行(자왈 도불행)이란데 乘桴浮于海(승부부우해)하리니 從我者(종아자)는 其由與(기유여)인저 子路聞之(자로문지) 喜(희)한대 子曰 由也好勇(자왈 유야호용)이 過我(과아)나 無所取材(무소취재)로다。

⑦ 孟武伯(맹무백)이 問子路仁乎(문자로인호)잇가 子曰(자왈)

● 漆雕開 : 공자의 제자
● 說 : 기쁠 열
● 乘 : 탈 승
● 桴 : 뗏목 부
● 浮 : 뜰 부

공자께서 칠조개로 하여금 벼슬을 하게 하셨는데 칠조개가 대답하였다。『저는 이 일을 잘 할 수 있을지 아직 자신이 없습니다。』라고 하자 공자께서 기뻐하셨다。

공자께서 말씀하셨다。『도가 행해지지 않으니 뗏목을 타고 바다로 떠내려가 볼까! 나를 따를 사람은 유일 것이다。』 자로가 그 말을 듣고 기뻐하였다。 그러자 공자께서 말씀하셨다。『유는 용기를 좋아하는 것이 나보다 낫지만 취할만한 재주는 없구나。』

맹무백이 『자로는 인한 사람입니까?』라고 묻자 공자께서 말씀하시기를 『알 수 없습니다』라고 하셨다。 다시 묻자 공자께서 말씀하셨다。『유는

不知也로라 又問한대 子曰 由也는 千乘之國에 可使治其賦也어니와 不知其仁也케라 求也는 何如하니잇고 子曰 求也는 千室之邑과 百乘之家에 可使爲之宰也어니와 不知其仁也케라 赤也는 何如하니잇고 子曰 赤也는 束帶立於朝하여 可使與賓客言也어니와 不知其仁也케라。

⑧ 子謂子貢曰 女與回也로 孰愈

• 賦 : 군사 부
• 束 : 묶을 속
• 愈 : 나을 유

천승의 나라에서 군대를 다스리게 할 수는 있지만 그가 인한 사람인지는 모르겠습니다。』『구는 어떻습니까?』 하자, 공자께서 말씀하셨다. 『구는 천실의 읍과 백승의 집안에서 재상이 될 수는 있지만 그가 인한 지는 잘 모르겠습니다。』『적은 어떻습니까?』하자, 공자께서 말씀하셨다. 『적은 예복에 띠를 묶고 조정에 서서 손님과 더불어 대화하도록 할 수는 있지만 그가 인한 지는 잘 모르겠습니다。』

공자께서 자공에게 말씀하셨다. 『그대와 안회 중에 누가 더 나은가?』 자공이 대답했다. 『제가 어찌 감히 안회와 같기를 바라겠습니까? 안회는 하나를 들으면 열을 알고 저는 하나

오 對(대)曰(왈) 賜(사)也(야)何(하)敢(감)望(망)回(회)리잇고 回(회)也(야)는 聞(문)一(일)以(이)知(지)十(십)하고 賜(사)也(야)는 聞(문)一(일)以(이)知(지)二(이)하노이다 子(자)曰(왈) 弗(불)如(여)也(야)니 吾(오)與(여)女(여)弗(불)如(여)也(야)하노라。

⑨ 宰(재)予(여)晝(주)寢(침)이어늘 子(자)曰(왈) 朽(후)木(목)을 不(불)可(가)雕(조)也(야)며 糞(분)土(토)之(지)牆(장)을 不(불)可(가)杇(오)也(야)니 於(어)予(여)與(여)에 何(하)誅(주)리오 子(자)曰(왈) 始(시)吾(오)於(어)人(인)也(야)에 聽(청)其(기)言(언)而(이)信(신)其(기)行(행)이러니 今(금)吾(오)於(어)

- 與 : 허락할 여
- 寢 : 잠잘 침
- 朽 : 썩을 후
- 雕 : 새길 조
- 糞 : 똥 분
- 牆 : 담 장
- 杇 : 흙손 오
- 誅 : 벨 주

를 듣고 둘을 알뿐입니다。』 공자께서 말씀하셨다。『같지 않다。 나도 그대가 안회와 같지 않다는 것을 인정하노라!』

재여가 낮잠을 자고 있자 공자께서 말씀하셨다。『썩은 나무로는 조각을 할 수 없고、 거름흙으로 쌓은 담장은 흙손질을 할 수가 없는 법이니 내가 재여에게 무엇을 꾸짖겠는가?』 공자께서 말씀하셨다。『처음에 내가 사람을 볼 때는 그의 말을 듣고 그의 행실을 믿었는데 이제는 사람을 볼 때 그의 말을 듣고 그의 행실을 관찰하니 이는 재여 때문에 바뀐 것이다。』

人也(인야)에 聽其言而觀其行(청기언이관기행)하노니 於予(어여)與(여)에 改是(개시)와라。

⑩ 子曰(자왈) 吾未見剛者(오미견강자)케라 或(혹)이 對曰(대왈) 申棖(신정)이니이다 子曰(자왈) 棖也(정야)는 慾(욕)이어니 焉得剛(언득강)이리오。

⑪ 子貢曰(자공왈) 我不欲人之加諸我也(아불욕인지가저아야)로 吾亦欲無加諸人(오역욕무가저인)하노이다 子曰(자왈) 賜也(사야)아 非爾所及也(비이소급야)니라。

● 剛：굳셀 강
● 申棖：신정。공자의 제자
● 棖：문설주 정
● 慾：욕심 욕
● 爾：너 이

공자께서 말씀하셨다。『나는 아직 강한 사람을 보지 못하였다。』 어떤 사람이 말하였다。『신정이 있습니다。』 공자께서 말씀하셨다。『신정은 욕심이 많은 것이니 어찌 강하다고 하겠는가?』

자공이 말하였다。『저는 다른 사람이 저에게 가하기를 원하지 않는 것을 저 역시 남에게 가하지 않으려 합니다。』 그러자 공자께서 말씀하셨다。『사야! 그대가 할 수 있는 것이 아니로다!』

⑫ 子貢曰(자공왈) 夫子之文章(부자지문장)은 可得而聞也(가득이문야)어니와 夫子之言性與天道(부자지언성여천도)는 不可得而聞也(불가득이문야)니라。

⑬ 子路(자로)는 有聞(유문)이오 未之能行(미지능행)하여선 唯恐有聞(유공유문)하더라。

⑭ 子貢(자공)이 問曰(문왈) 孔文子(공문자)를 何以謂之文也(하이위지문야)니잇고 子曰(자왈) 敏而好學(민이호학)하며 不恥下問(불치하문)하니 是以謂之文也(시이위지문야)니라。

⑮ 子謂子産(자위자산)하시되 有君子之道四焉(유군자지도사언)

• 恐 : 두려울 공
• 孔文子 : 위(衛)나라 대부
• 子産 : 정(鄭)나라 대부

자공이 말하였다. 『선생님의 문장은 들을 수 있었지만 성과 천도에 대해서 말씀하신 것은 들을 수 없었다.』

자로는 듣고 배운 것이 있는데 아직 그것을 실천하지 못했을 때는 더 듣고 배우는 것을 두려워하였다.

자공이 물었다. 『공문자는 왜 「문」으로 불리는지요?』 공자께서 말씀하셨다. 『민첩하면서 배우기를 좋아하고 아랫사람에게 묻는 것도 부끄러워하지 않았다. 그렇기 때문에 「문」이라고 한 것이다.』

공자께서 자산을 평가하여 말씀하셨다. 『군자의 도 네 가지를 지녔으니 몸가짐은 공손하고, 윗사람 섬길 때는 공경했으며, 백성을 관장하는 것은 은

하니 其行己也恭(기행기야공)하며 其事上也敬(기사상야경)하며 其養民也惠(기양민야혜)하며 其使民也義(기사민야의)니라。

⑯ 子曰(자왈) 晏平仲(안평중)은 善與人交(선여인교)로다 久而敬之(구이경지)온여。

⑰ 子曰(자왈) 臧文仲(장문중)이 居蔡(거채)하되 山節藻梲(산절조절)하니 何如其知也(하여기지야)리오。

⑱ 子張(자장)이 問曰(문왈) 令尹子文(영윤자문)이 三仕爲(삼사위)

● 晏平仲 : 제(齊)나라 대부
● 臧文仲 : 노나라 사람
● 蔡 : 큰 거북 채。점을 치는 거북
● 節 : 기둥머리。기둥위에 받쳐 돌보와 마룻대를 괴는 목재
● 藻 : 마름풀 조。여기서는 마름풀을 그려 장식했다는 의미
● 梲 : 동자기둥 절。들보위에 세우는 짧은 기둥
● 令尹 : 관직 명
● 子文 : 초나라의 대부

혜로웠고、백성을 부리는 것은 의에 맞았다。

공자께서 말씀하셨다。『안평중은 남과 사귀기를 잘하는구나。오래되어도 공경하였다。』

공자께서 말씀하셨다。『장문중이 커다란 거북을 보관하였는데 그 네 귀퉁 꼭대기에 산을 새기고 들보 위의 짧은 기둥에는 수초를 새겼으니 그가 어떻게 지혜롭다고 하겠는가?』

자장이 물었다。『영윤인 자문이 세 번 벼슬하여 영윤이 되었지만 기뻐하는 기색이 없었고、세 번 그 자리에서 물러났는데도 성내는 기색이 없었습니다。이전 영윤의 정사에 대해서는 반드시 새로운 영윤에게 알려주었으

令尹(영윤)하되 無喜色(무희색)하며 三已之(삼이지)하되 無慍色(무온색)하고 舊令尹之政(구영윤지정)을 必以告新令尹(필이고신영윤)하니 何如(하여)하니잇고 子曰(자왈) 忠矣(충의)니라 曰(왈) 仁矣乎(인의호)잇가 曰(왈) 未知(미지)어니와 焉得仁(언득인)이리오 崔子弑齊君(최자시제군)이어늘 陳文子(진문자) 有馬十乘(유마십승)이러니 棄而違之(기이위지)하여 至於他邦(지어타방)하면 則曰(즉왈) 猶吾大夫崔子也(유오대부최자야)라하고 違之(위지)하며 之一邦(지일방)한댄 則又曰(즉우왈) 猶吾(유오)

- 已 : 그칠 이
- 慍 : 성낼 온
- 崔子 : 제나라 대부
- 弑 : 죽일 시
- 陳文子 : 제나라 대부
- 棄 : 버릴 기
- 違 : 떠날 위
- 之 : 갈 지

니 어떻습니까?』 공자께서 말씀하셨다.『충성스런 사람이다.』 자장이 또 물었다.『인한 사람입니까?』 공자께서 말씀하셨다.『잘 모르겠지만 어찌 인하다고 하겠느냐?』『최자가 제나라 임금을 시해하자 진문자는 가지고 있던 말 10승을 버리고 그 나라를 떠나 다른 나라에 이르러 말하기를 「우리나라의 대부 최자와 같구나.」하고 떠났으며 다른 나라에 이르러서도 「우리나라의 대부 최자와 같구나.」라 말하고 떠나버렸다고 하는데 어떻습니까?』 공자께서 말씀하셨다.『청렴한 사람이다.』 자장이 말하였다.『인한 사람입니까?』 공자께서 말씀하셨다.『잘 모르겠지만 어찌 인하다고 하

大夫崔子也라하고 違之하니 何如하니잇고 子曰 淸矣니라 曰 仁矣乎잇가 曰 未知어니와 焉得仁이리오。

⑲ 季文子三思而後에 行이러니 子聞之曰 再斯可矣니라。

⑳ 子曰 甯武子邦有道則知하고 邦無道則愚하니 其知는 可及也어니와 其愚는 不可及也니라。

㉑ 子在陳하사 曰 歸與歸與인저 吾

● 季文子 : 노나라 대부 계손씨
● 甯武子 : 위(衛)나라 사람

겠느냐?』

계문자가 세 번 생각한 뒤에 행한다고 하니 공자께서 이 말을 듣고 말씀하셨다. 『두 번이면 충분하다.』

공자께서 말씀하셨다. 『영무자는 나라에 도가 있을 때는 지혜롭게 행동하고, 나라에 도가 없을 때는 어리석은 듯하였으니 그의 지혜는 따라갈 수 있지만 그의 어리석음은 따라갈 수 없다.』

공자께서 진나라에 머물면서 말씀하셨다. 『돌아가자, 돌아가자! 우리 당의 젊은이들이 뜻은 크지만 실천은 소략하여 빛나는 문장을 만들지만 그것을 마름질할 줄은 모르는구나.』

黨之小子狂簡하여 斐然成章이오 不知所以裁之니라。

㉒ 子曰 伯夷叔齊는 不念舊惡이라 怨是用希니라。

㉓ 子曰 孰謂微生高直고 或이 乞醯焉이어늘 乞諸其鄰而與之온여。

㉔ 子曰 巧言令色足恭을 左丘明이

- 狂: 미칠 광。「狂簡」은 뜻은 크지만 일에는 치밀하지 못하다는 뜻
- 斐: 문채날 비
- 裁: 마를 재
- 伯夷叔齊: 고죽군의 두 아들
- 用: 「以」와 통함
- 微生高: 노나라 사람
- 乞: 빌 걸
- 醯: 초 혜
- 足: 지나칠 주
- 左丘明: 춘추좌전의 저자 혹은 노나라의 태사(太史)

공자께서 말씀하셨다。『백이와 숙제는 남의 옛 잘못을 염두에 두지 않았기 때문에 원한이 적었다。』

공자께서 말씀하셨다。『누가 미생고를 정직하다고 말하는가? 어떤 사람이 식초를 빌리러 왔는데 이웃집에서 빌려다 주더라!』

공자께서 말씀하셨다。『말을 교묘하게 꾸미고、얼굴빛을 거짓으로 꾸미며、공손함이 지나친 것을 좌구명이 부끄러워했는데 나 역시 이것을 부끄러워한다。원망하는 마음을 감추고 그 사람과 벗으로 지내는 것을 좌구명이 부끄러워했는데 나 역시 이것을 부끄러워한다。』

恥之(치지)러니 丘亦恥之(구역치지)하며 匿怨而友(닉원이우)其人(기인)을 左丘明(좌구명)이 恥之(치지)러니 丘亦恥之(구역치지)하노라。

㉕ 顔淵季路侍(안연계로시)러니 子曰(자왈) 盍各言爾志(합각언이지)오 子路曰(자로왈) 願車馬衣輕裘(원거마의경구)를 與朋友共(여붕우공)하여 敝之而無憾(폐지이무감)하노이다 顔淵(안연)이 曰(왈) 願無伐善(원무벌선)하며 無施勞(무시로)하노이다 子路曰(자로왈) 願聞子之志(원문자지지)하노이다 子曰(자왈) 老者(노자)

●匿:숨을 닉
●顔淵:공자의 제자
●季路:공자의 제자 자로를 달리 부르는 말
●盍:어찌 아니할 합
●裘:가죽옷 구
●敝:해질 폐
●憾:한할 감
●伐:자랑할 벌
●施:베풀 시

안연과 계로가 공자를 모시고 있을 때 공자께서 말씀하셨다。『어찌 그대들의 뜻을 말하지 않는가?』 자로가 말하였다。『수레를 타고 가벼운 가죽 옷 입는 것을 친구와 함께 하다가 망가지더라도 유감이 없기를 바랍니다。』 안연이 말하였다。『잘한 일을 자랑하지 않고 공로를 과시하지 않고자 합니다。』 자로가 말하였다。『선생님의 뜻을 듣고 싶습니다。』 공자께서 말씀하셨다。『노인들을 편안하게 해 드리고、친구에게 믿음을 주고、젊은이들을 잘 포용해주고자 한다。』

安之하며 朋友信之하며 少者懷之니라。

㉖ 子曰 已矣乎라 吾未見能見其過而內自訟者也케라。

㉗ 子曰 十室之邑에 必有忠信如丘者焉이어니와 不如丘之好學也니라。

第6章 雍也

① 子曰 雍也는 可使南面이로다 仲弓

- 訟：송사할 송
- 南面：임금이 북쪽에서 남쪽을 바라보고 정치를 한다는 의미에서 임금의 자리를 뜻함
- 공자의 제자 염옹

공자께서 말씀하셨다。『그만두어라! 나는 아직 자기의 잘못을 보고서 안으로 스스로를 꾸짖는 사람을 보지 못했다。』

공자께서 말씀하셨다。『열 집 쯤 사는 작은 마을에도 반드시 나와 같이 충과 신을 실천하는 자가 있겠지만 나처럼 배움을 좋아하는 사람은 없을 것이다。』

공자께서 말씀하셨다。『옹은 임금의 지위에 앉을 만하구나。』 중궁이 자상백자에 대하여 묻자 공자께서 말씀하셨다。『괜찮은 사람이지만 간략하다。』 중궁이 말하였다。『공경함에 처

이 問子桑伯子한대 子曰 可也簡이니라 仲弓이 曰 居敬而行簡하여 以臨其民이면 不亦可乎잇가 居簡而行簡이면 無乃大簡乎잇가 子曰 雍之言이 然하다。

② 哀公이 問 弟子孰爲好學이니잇고 孔子對曰 有顏回者好學하여 不遷怒하며 不貳過하더니 不幸短命死矣라 今也則亡하니 未聞好學者也니이다。

• 子桑伯子 : 노나라 사람
• 遷 : 옮길 천
• 亡 : 「無」와 같음

하고 간략함을 행하여 백성에게 임한다면 또한 괜찮지 않을까요? 간략함에 처하면서 또한 간략함을 행한다면 너무 간략한 것은 아닐까요?』 공자께서 말씀하셨다。『옹의 말이 옳다。』

애공이 물었다。『제자 중에서 누가 학문을 좋아합니까?』 공자께서 대답하셨다。『안회라는 제자가 있어 학문을 좋아하고 노여움을 옮기지 않으며 허물을 되풀이하지 않았는데 불행하게도 단명하여 죽었습니다。그래서 지금은 없습니다。아직 학문을 좋아한다는 사람에 대해서 듣지 못했습니다。』

③ 子華使於齊러니 冉子爲其母請粟한대 子曰 與之釜하라 請益한대 曰 與之庾하라하여시늘 冉子與之粟五秉한대 子曰 赤之適齊也에 乘肥馬하며 衣輕裘하니 吾聞之也하니 君子는 周急이요 不繼富라호라 原思爲之宰러니 與之粟九百이어시늘 辭한대 子曰 毋하여 以與爾鄰里鄉黨乎인저。

- 子華 : 공자의 제자 공서화를 말함
- 使 : 사신갈 시
- 粟 : 조 속
- 釜 : 여섯 말 넉 되
- 庾 : 한 섬 여섯 말
- 秉 : 열여섯 섬
- 急 : 급할 급
- 原思 : 공자의 제자

자화가 제나라에 사신으로 가는데 염자가 그의 어머니를 위해 곡식을 주자고 청하였다。공자께서 말씀하셨다。『여섯 말 네 되를 주어라。』더 많이 줄 것을 청하자 공자께서 말씀하셨다。『열여섯 말을 주어라。』그런데 염자가 곡식 80섬을 주었다。공자께서 말씀하셨다。『적이 제나라에 갈 때에 살찐 말을 타고 가벼운 가죽옷을 입었다。내가 들으니「군자는 궁핍한 사람을 도와주고 부유한 사람에게는 계속 대주지 않는다。」고 하더라。』원사가 가신이 되었는데 곡식 구백을 주자 받지 않고 사양하였다。공자께서 말씀하셨다。『사양하지 말고 너의 이웃과 고을에 나누어주어라。』

④ 子謂仲弓曰(자위중궁왈) 犁牛之子騂且角(리우지자성차각)이면 雖欲勿用(수욕물용)이나 山川(산천)은 其舍諸(기사저)아。

⑤ 子曰(자왈) 回也(회야)는 其心(기심)이 三月不違仁(삼월불위인)이요 其餘則日月至焉而已矣(기여즉일월지언이이의)니라。

⑥ 季康子問(계강자문) 仲由(중유)는 可使從政也與(가사종정야여)잇가 子曰(자왈) 由也(유야)는 果(과)하니 於從政乎(어종정호)에 何有(하유)리오 曰(왈) 賜也(사야)는 可使從政也與(가사종정야여)잇가 曰(왈) 賜也(사야)는 達(달)하니 於從政乎(어종정호)에 何有(하유)

●犁: 얼룩소 리
●騂: 붉은말 성
●賜: 자공의 이름
●仲由: 공자의 제자 자로를 말함

공자께서 중궁에 대해서 말씀하셨다. 『얼룩소의 새끼가 색깔이 붉고 뿔이 바르게 났다면 비록 쓰지 않으려 해도 산천의 신이 버리겠는가?』

공자께서 말씀하셨다. 『안회는 그 마음이 삼 개월 동안 인을 떠나지 않았는데, 그 나머지 사람들은 하루에 한번 혹은 한 달에 한 번 이를 뿐이었다.』

계강자가 물었다. 『중유는 정사에 종사하게 할 수 있겠습니까?』 공자께서 말씀하셨다. 『유는 결단성이 있으니 정사에 종사하는데 무슨 어려움이 있겠는가?』 『사는 정사에 종사하게 할 수 있겠습니까?』 공자께서 말씀하셨다. 『사는 통달했으니 정사

리오 曰(왈) 求也(구야)는 可使從政也與(가사종정야여)잇가 曰(왈) 求也(구야)는 藝(예)하니 於從政乎(어종정호)에 何有(하유)리오。

⑦ 季氏使閔子騫(계씨사민자건)으로 爲費宰(위비재)한대 閔子騫(민자건)이 曰(왈) 善爲我辭焉(선위아사언)하라 如有復我者(여유부아자)인댄 則吾必在汶上矣(즉오필재문상의)로리라。

⑧ 伯牛有疾(백우유질)이어늘 子問之(자문지)하실새 自牖(자유)로 執其手(집기수) 曰(왈) 亡之(무지)러니 命矣夫(명의부)라 斯人也而有斯疾也(사인야이유사질야)할새 斯人也而有(사인야이유)

• 求：공자의 제자 염유(冉有)의 이름
• 閔子騫：공자의 제자 민손(閔損)
• 汶：물이름 문。汶水는 제나라와 노나라 국경 지역에 있음
• 伯牛：공자의 제자로 이름이 경(耕)
• 牖：창 유

에 종사하는데 무슨 어려움이 있겠는가?』『구는 정사에 종사하게 할 수 있겠습니까?』공자께서 말씀하셨다。『구는 재주가 많으니 정사에 종사하는데 무슨 어려움이 있겠는가?』

계씨가 민자건을 비 땅의 읍재로 삼으려 하자 민자건이 사자에게 말하였다。『나를 위해 잘 말해 주시오。만약 다시 나를 찾아온다면 나는 반드시 제나라의 문수 가에 가서 살겠소。』

염백우가 병이 들었는데 공자께서 그에게 문병을 가서 남쪽 창에서 그의 손을 잡으시고 말씀하셨다。『그럴 리가 없다。천명인가보구나。이 사람에게 이런 병이 걸리다니、이 사람에게 이런 병이 걸리다니！』

斯疾也(사질야)할새。

⑨ 子曰(자왈) 賢哉(현재)라 回也(회야)여 一簞食(일단사)와 一瓢飮(일표음)으로 在陋巷(재루항)을 人不堪其憂(인불감기우)어늘 回也不改其樂(회야불개기락)하니 賢哉(현재)라 回也(회야)여。

⑩ 冉求曰(염구왈) 非不說子之道(비불열자지도)언마는 力不足也(역부족야)로이다 子曰(자왈) 力不足者(역부족자)는 中道而廢(중도이폐)하나니 今女(금여)는 畫(획)이로다。

簞：대광주리 단
食：밥 사
瓢：박 표
陋：좁을 루
巷：거리 항
堪：견딜 감

說：기쁠 열
子：선생님이란 뜻
廢：폐할 폐
女：너 여。汝와 동자
畫：그을 획

공자께서 말씀하셨다。『어질구나 안회여! 한 대바구니에 담긴 밥과 한 표주박에 담긴 음료수로 누추한 마을에 있는 것을 사람들은 그런 근심을 견디지 못하는데 안회는 그 즐거움을 고치지 않으니 어질구나 안회여!』

염구가 말하였다。『선생님의 도를 기뻐하지 않는 것은 아닙니다만 저의 힘이 부족합니다。』공자께서 말씀하셨다。『힘이 부족한 사람은 중도에서 그만두는 것이니 지금 너는 선을 긋고 있는 것이다。』

⑪ 子謂子夏曰 女爲君子儒요 無爲小人儒하라。

⑫ 子游爲武城宰러니 子曰 女得人焉爾乎아 曰 有澹臺滅明者하니 行不由徑하며 非公事어든 未嘗至於偃之室也하나이다。

⑬ 子曰 孟之反은 不伐이로다 奔而殿

●儒：선비 유
●子游：공자의 제자
●澹：담박할 담
●徑：지름길 경
●偃：쓰러질 언。자유의 이름
●孟之反：노나라의 대부
●伐：자랑할 벌
●奔：달아날 분
●殿：큰집 전。뒤에 남아서 적을 막아내는 것을 이름

공자께서 자하에게 말씀하셨다。『너는 군자다운 선비가 될 것이지 소인다운 선비가 되지 말라。』

자유가 무성이라는 곳의 재상이 되자 공자께서 말씀하셨다。『너는 사람을 얻었느냐?』 자유가 말하였다。『담대멸명이라는 사람이 있는데 길을 갈 때는 지름길로 가지 않고 공적인 일이 아니면 아직까지 저의 집에 온 적이 없습니다。』

공자께서 말씀하셨다。『맹지반은 공을 자랑하지 않는다。전쟁에 패하여 도망치면서 군대의 후미에 있다가 장차 성문으로 들어가려고 할 때 말을 채찍질하며 「감히 뒤에 있고자 했던 것이 아니다。말이 달리지 못했기

하여 將入門할새 策其馬 曰 非敢後也라 馬不進也라하니라。

⑭ 子曰 不有祝鮀之侫이며 而有宋朝之美면 難乎免於今之世矣니라。

⑮ 子曰 誰能出不由戶리오마는 何莫由斯道也오。

⑯ 子曰 質勝文則野요 文勝質則史

● 策 : 채찍 책
● 祝鮀 : 축타는 위(衛)나라 대부。「祝」은 축관을 말하며 기도 함。
● 誰 : 누구 수
● 宋朝 : 송나라의 공자(公子)로 미남이었다고 함
● 戶 : 지게문 호
● 勝 : 이길 승
● 野 : 들 야。거칠다의 뜻

때문이다」라 하였다。』

공자께서 말씀하셨다。『축관인 타의 말재주와 송나라의 조와 같은 아름다움이 없으면 지금 세상에서는 화를 면하기가 어려울 것이다。』

공자께서 말씀하셨다。『누가 문을 경유하지 않고 밖으로 나갈 수 있겠는가? 그런데 어찌하여 이 도를 경유하지 않는가?』

공자께서 말씀하셨다。『바탕이 문채를 이긴다면 야인처럼 되고、문채가 바탕을 이긴다면 문서만 다루는 관리처럼 될 것이다。문채와 바탕이 잘 조화를 이룬 다음에 군자가 된다。』

공자께서 말씀하셨다。『사람의 삶은 정직해야 하니 정직하지 않으면서

니 文質(문질)이 彬彬(빈빈)然後(연후)에 君子(군자)니라。

⑰ 子曰(자왈) 人之生也直(인지생야직)하니 罔之生也(망지생야)는 幸而免(행이면)이니라。

⑱ 子曰(자왈) 知之者(지지자) 不如好之者(불여호지자)요 好之者(호지자) 不如樂之者(불여락지자)니라。

⑲ 子曰(자왈) 中人以上(중인이상)은 可以語上也(가이어상야)어니와 中人以下(중인이하)는 不可以語上也(불가이어상야)니라。

⑳ 樊遲問知(번지문지)한대 子曰(자왈) 務民之義(무민지의)요

• 彬彬：빛날 빈。「彬彬」은 내용과 외관이 함께 갖추어져 있어 성(盛)한 모양을 뜻함
• 罔：그물 망。여기서는 정직하지 않음의 뜻
• 幸：다행 행。여기서는 요행의 뜻
• 樊遲：공자의 제자
• 務：힘쓸 무

도 살아갈 수 있는 것은 요행으로 화를 면하는 것이다。』

공자께서 말씀하셨다。『아는 사람은 좋아하는 사람보다 못하고、좋아하는 사람은 즐기는 사람보다 못하다。』

공자께서 말씀하셨다。『중인 이상은 형이상학적인 것을 말해 줄 수 있지만 중인 이하는 형이상학적인 것을 말해 줄 수 없다。』

번지가 지혜에 대해서 묻자 공자께서 말씀하셨다。『백성의 의로움에 힘을 쓰고 귀신을 공경하되 멀리하면 지혜롭다고 할 수 있다。』또 인에 대해서 묻자 말씀하셨다。『어진 사람은 어려운 일을 먼저하고 얻을 것을 뒤

敬鬼神而遠之면 可謂知矣니라 問仁한대 曰 仁者先難而後獲이면 可謂仁矣니라。

㉑ 子曰 知者는 樂水하고 仁者는 樂山이니 知者는 動하고 仁者는 靜하며 知者는 樂하고 仁者는 壽니라。

㉒ 子曰 齊一變이면 至於魯하고 魯一變이면 至於道니라。

㉓ 子曰 觚不觚면 觚哉觚哉아。

• 觚 : 술잔 고。 제례에 사용되는 네모난 그릇 • 獲 : 얻을 획

로 미루니 이렇게 한다면 어질다고 말할 수 있다。』

공자께서 말씀하셨다。『지혜로운 사람은 물을 좋아하고 어진 사람은 산을 좋아하며、지혜로운 사람은 동적이고 어진 사람은 정적이며、지혜로운 사람은 즐거워하고 어진 사람은 장수한다。』

공자께서 말씀하셨다。『제나라가 한 번 변하면 노나라에 이르고、노나라가 한 번 변하면 도에 이를 것이다。』

공자께서 말씀하셨다。『모난 술잔이 모나지 않으면 고라고 할 수 있겠는가? 고라고 할 수 있겠는가?』

㉔ 宰我問曰 仁者는 雖告之曰 井有仁焉이라도 其從之也로소이다 子曰 何爲其然也리오 君子는 可逝也언정 不可陷也며 可欺也언정 不可罔也니라。

(재아문왈 인자는 수고지왈 정유인언이라도 기종지야로소이다 자왈 하위기연야리오 군자는 가서야언정 불가함야며 가기야언정 불가망야니라。)

㉕ 子曰 君子博學於文이요 約之以禮면 亦可以弗畔矣夫인저。

(자왈 군자박학어문이요 약지이례면 역가이불반의부인저。)

㉖ 子見南子하신대 子路不說이어늘

(자견남자하신대 자로불열이어늘)

●仁：사람 인(人)이 되어야 함
●逝：갈 서
●陷：빠질 함
●欺：속일 기
●博：넓을 박
●約：요약할 약
●畔：배반할 반
●南子：위(衛)나라 영공(靈公)의 부인으로 음란한 행실로 평판이 남
●說：기쁠 열

재아가 물었다。『어진 사람은 비록 그에게 누가 알려주기를 「우물에 사람이 빠졌다。」라고 한다면 우물 속으로 따라 들어가겠습니까?』 공자께서 말씀하셨다。『어찌 그렇게 하겠는가? 군자는 우물까지 가게 할 수는 있지만 빠뜨릴 수는 없고、이치에 맞는 말로 속일 수는 있지만 이치에 어긋난 말로 속일 수는 없다。』

공자께서 말씀하셨다。『군자가 널리 글을 배우고 예를 가지고 요약한다면 또한 도에 어긋나지 않을 것이다。』

공자께서 남자를 만나보시자 자로가 기뻐하지 않았다。공자께서 맹세하여 말씀하셨다。『내가 부정한 짓을

夫子矢之曰(부자시지왈) 予所否者(여소부자)인댄 天厭之(천염지) 天厭之(천염지)시리라。

㉗ 子曰(자왈) 中庸之爲德也(중용지위덕야) 其至矣乎(기지의호)인저 民鮮(민선)이 久矣(구의)니라。

㉘ 子貢(자공)이 曰(왈) 如有博施於民而能濟衆(여유박시어민이능제중)하대 何如(하여)하니잇고 可謂仁乎(가위인호)잇가 子曰(자왈) 何事於仁(하사어인)이리오 必也聖乎(필야성호)인저 堯舜(요순)도 其猶病諸(기유병저)시니라 夫仁者(부인자)는 己欲(기욕)

- 夫子 : 공자를 말함
- 矢 : 맹세할 시
- 厭 : 싫을 염
- 鮮 : 드물 선
- 濟 : 건널 제
- 事 : 일 사。여기서는 「그치다」의 뜻

했다면 하늘이 싫어하실 것이다。하늘이 싫어하실 것이다。』

공자께서 말씀하셨다。『중용의 덕은 지극하도다。백성 중에 드문지 오래되었구나。』

자공이 말하였다。『만약 백성들에게 널리 은혜를 베풀어 대중을 구제할 수 있다면 어떻습니까? 어질다고 할 수 있겠습니까?』공자께서 말씀하셨다。『어찌 어진 것에 그치겠는가? 반드시 성인일 것이다。요임금과 순임금도 오히려 그것을 부족하게 여기셨다。어진 사람은 자기가 서고자 하는 곳에 남을 세워 주고、자기가 통달하고자 하면 남을 통달하게 해준다。가까운데서 취해 비유할 수 있으

立而立人하며 己欲達而達人이니라
(립이립인하며 기욕달이달인이니라)

能近取譬면 可謂仁之方也已니라。
(능근취비면 가위인지방야이니라。)

第7章 述而
(제7장 술이)

① 子曰 述而不作하며 信而好古를 竊比於我老彭하노라。
(자왈 술이부작하며 신이호고를 절비어아노팽하노라。)

② 子曰 默而識之하며 學而不厭하며
(자왈 묵이지지하며 학이불염하며)

●譬 : 비유할 비
●述 : 지을 술
●竊 : 적이 절。몰래
●老彭 : 은나라의 어진 대부
●默 : 잠잠할 묵
●識 : 알 식。기록할 지。여기서는 기록하다의 뜻

면 그것이 바로 인을 행하는 방법이라고 할 수 있다。』

공자께서 말씀하셨다。『옛 것을 서술할 뿐 창작하지 않으며、옛 것을 믿고 좋아하기를 우리 노팽에게 견준다。』

공자께서 말씀하셨다。『묵묵히 기억하고、배우기를 싫어하지 않으며、사람 가르치는 것을 게을리 하지 않는 것이 어찌 나에게 있겠는가?』

誨人不倦이 何有於我哉리오。

③ 子曰 德之不脩와 學之不講과 聞義不能徙하며 不善不能改 是吾憂也니라。

④ 子之燕居에 申申如也하시며 夭夭如也러시다。

⑤ 子曰 甚矣라 吾衰也여 久矣라 吾

●倦：게으를 권
●脩：「수(修)」와 같이 사용됨
●講：익힐 강
●燕：편안할 연。「燕居」는 편안하여 일이 없는 때를 뜻함
●徙：옮길 사
●申申如：느긋한 모양
●夭夭如：온화한 모양
●甚：심할 심
●衰：쇠할 쇠

공자께서 말씀하셨다。『덕을 닦지 못함과 학문을 익히지 못함과 의를 듣고 옮기지 못함과 불선을 고치지 못하는 것이 나의 걱정이다。』

공자께서 한가롭게 거처하고 계실 때는 용모가 여유로우셨고 얼굴빛이 온화하셨다。

공자께서 말씀하셨다。『심하구나、나의 노쇠함이여! 오래되었구나、내가 꿈에 주공을 다시 뵙지 못함이여!』

不復夢見周公이로다。

⑥ 子曰 志於道하며 據於德하며 依於仁하며 游於藝니라。

⑦ 子曰 自行束脩以上은 吾未嘗無誨焉이로라。

⑧ 子曰 不憤이어든 不啓하며 不悱어든 不發하되 擧一隅에 不以三隅反이

- 復 : 다시 부
- 周公 : 주(周)나라 문왕의 아들
- 據 : 의거할 거
- 依 : 의지할 의
- 游 : 놀 유
- 束脩 : 묶을 속。 마른고기 수。 마른고기 한 묶음
- 誨 : 가르칠 회
- 憤 : 분할 분
- 啓 : 열 계。 개발하다의 뜻
- 悱 : 분할 비
- 隅 : 모퉁이 우

공자께서 말씀하셨다。『도에 뜻을 두고、덕을 굳게 지키며、인에 의지하고、예에서 노닐어야 한다。』

공자께서 말씀하셨다。『마른 고기 한 묶음 이상을 가지고 와서 예를 행한 사람에게는 내 일찍이 가르치지 않은 적이 없었다。』

공자께서 말씀하셨다。『스스로 노력하지 않으면 계발시켜주지 않고、말로 표현하지 못해 애태우지 않으면 일러주지 않으며、한 모퉁이를 들어 주었는데 세 모퉁이를 들어 증명하지 못한다면 다시 가르쳐 주지 않는다。』

어든 則不復也니라。

⑨ 子食於有喪者之側에 未嘗飽也러시다 子於是日에 哭則不歌러시다。

⑩ 子謂顔淵曰 用之則行하고 舍之則藏을 唯我與爾有是夫인저 子路曰 子行三軍則誰與시리잇고 子曰 暴虎馮河하여 死而無悔者를 吾不與

●復：다시 부
●側：곁 측
●飽：배부를 포
●哭：울 곡
●舍：버릴 사(捨)와 통용
●藏：감출 장
●暴：맨손으로 칠 포
●馮：걸어서 건널 빙
●悔：뉘우칠 회

공자께서 상을 당한 사람 곁에서 음식을 먹을 때는 일찍이 배부르게 먹은 적이 없으셨다。공자께서 이 날에 곡을 하였으면 노래를 부르지 않으셨다。

공자께서 안연에게 말씀하셨다。『등용이 되면 도를 행하고、버려지면 은둔하는 것은 오직 나와 너만이 이것을 할 수 있을 것이다。』자로가 말하였다。『선생님께서 삼군을 통솔하신다면 누구와 함께 하시겠습니까?』공자께서 말씀하셨다。『맨손으로 호랑이를 잡고 맨몸으로 강을 건너려다 죽어도 후회하지 않는 자와 나는 함께 하지 않을 것이다。반드시 일에 임해서는 두려워하고、도모하기를 좋아

也(야)니 必(필)也(야)臨(임)事(사)而(이)懼(구)하며 好(호)謀(모)而(이)成(성)者(자)也(야)니라。

⑪ 子(자)曰(왈) 富(부)而(이)可(가)求(구)也(야)인댄 雖(수)執(집)鞭(편)之(지)士(사)라도 吾(오)亦(역)爲(위)之(지)어니와 如(여)不(불)可(가)求(구)인댄 從(종)吾(오)所(소)好(호)하리라。

⑫ 子(자)之(지)所(소)愼(신)은 齊(재)戰(전)疾(질)이러시다。

⑬ 子(자)在(재)齊(제)聞(문)韶(소)하시고 三(삼)月(월)을 不(부)知(지)肉(육)味(미)하사 曰(왈) 不(부)圖(도)爲(위)樂(악)之(지)至(지)於(어)斯(사)也(야)호라。

- 懼：두려워할 구
- 謀：꾀할 모
- 鞭：채찍 편
- 愼：삼갈 신
- 齊：재계할 재
- 韶：풍류이름 소。순임금이 지은 음악
- 圖：꾀할 도

하여 성취하는 자와 함께 하겠다。』

공자께서 말씀하셨다。『부유함을 만약 구할 수 있다면 비록 채찍을 잡는 마부의 일일지라도 나는 할 것이다。만약 구할 수 없다면 내가 좋아하는 것을 따르겠다。』

공자께서 삼가신 것은 재계와 전쟁과 질병이었다。

공자께서 제나라에 계실 때에 소 음악을 들으시고 삼 개월 동안 고기 맛을 잊으시며 말씀하셨다。『음악을 만드는 일이 이와 같은 경지에 이를 줄은 생각하지 못했다。』

⑭ 冉有曰 夫子爲衛君乎아 子貢曰 諾다 吾將問之호리라 入曰 伯夷叔齊는 何人也잇고 曰 古之賢人也니라 曰 怨乎잇가 曰 求仁而得仁이어니 又何怨이리오 出曰 夫子不爲也시리러라。

(염유왈 부자위위군호 자공왈 락 오장문지 입왈 백이숙제 하인야 왈 고지현인야 왈 원호 왈 구인이득인 우하원 출왈 부자불위야)

⑮ 子曰 飯疏食飮水하고 曲肱而枕之라도 樂亦在其中矣니 不義而富且貴는 於我에 如浮雲이니라。

(자왈 반소사음수 곡굉이침지 락역재기중의 불의이부차귀 어아 여부운)

● 爲：도울 조(助)와 통함 ● 食：밥 사
● 諾：대답할 락 ● 肱：팔뚝 굉
● 飯：밥 반 ● 浮：뜰 부
● 疏：성글 소

염유가 말하였다。『선생님께서 위나라 군주를 도와줄까?』 자공이 말하였다。『알겠습니다。 내가 장차 여쭈어 보겠습니다。』 들어가서 여쭙기를 『백이와 숙제는 어떤 사람입니까?』라고 하자、공자께서 말씀하셨다。『옛날의 현인이다。』 그러자 다시 묻기를 『원망했습니까?』하자、말씀하셨다。『인을 구하여 인을 얻었으니 어찌 원망하였겠느냐?』 자공이 나와서 말하였다。『선생님께서는 위나라 군주를 돕지 않으실 것입니다。』

공자께서 말씀하셨다。『거친 밥을 먹고 물을 마시며 팔을 굽혀 베개를 삼을지라도 즐거움은 또한 그 속에 있으니、옳지 못한 부귀는 나에게 있

⑯ 子曰 加我數年하여 五十以學易이면 可以無大過矣리라。

⑰ 子所雅言은 詩書執禮니 皆雅言也야러시다。

⑱ 葉公이 問孔子於子路어늘 子路不對한대 子曰 女奚不曰 其爲人也發憤忘食하며 樂以忘憂하여 不知老之將至云爾오。

- 加:「假」의 뜻
- 五十:「卒」이라고 보아야 함
- 葉公: 섭공。 초나라 섭(葉) 고을의 장
- 雅言: 늘 하는 말
- 女: 너 여
- 憤: 성낼 분

어서 뜬구름과 같다。』

공자께서 말씀하셨다。『나에게 몇 년을 더 주어서 마침내 주역을 배울 수 있다면 큰 허물이 없을 것이다。』

공자께서 항상 하시는 말씀은 『시』와 『서』와 예를 지키는 것이었는데、 이것이 항상 하시는 말씀이셨다。

섭공이 자로에게 공자에 대해서 물었는데 자로가 대답하지 못했다。 공자께서 말씀하셨다。『너는 어찌 그의 사람됨은 분발하여 먹는 것도 잊어버리고 이치를 깨달으면 즐거워 근심도 잊어버려 늙음이 장차 다가오는 것도 모른다고 대답하지 않았느냐?』

⑲ 子曰 我非生而知之者라 好古敏以求之者也로라。
(자왈 아비생이지지자라 호고민이구지자야로라)

⑳ 子不語怪力亂神이러시다。
(자불어괴력난신이러시다)

㉑ 子曰 三人行에 必有我師焉이니 擇其善者而從之요 其不善者而改之니라。
(자왈 삼인행에 필유아사언이니 택기선자이종지요 기불선자이개지니라)

㉒ 子曰 天生德於予시니 桓魋其如予何리오。
(자왈 천생덕어여시니 환퇴기여여하리오)

●敏：재빠를 민
●怪：기이할 괴
●擇：가릴 택
●予：나 여
●桓魋：풋말 환。사람이름 퇴。환퇴는 송나라 사마인 상퇴(向魋)

공자께서 말씀하셨다。『나는 태어나면서부터 아는 사람이 아니다。옛것을 좋아하고 민첩하게 그것을 구하는 자이다。』

공자께서는 괴이한 것과 힘을 쓰는 일과 난동을 부리는 것과 귀신에 대해서는 말씀하지 않으셨다。

공자께서 말씀하셨다。『세 사람이 길을 걸어갈 때 반드시 거기에는 나의 스승이 있다。그 중에서 착한 사람을 골라서 따르고 착하지 않은 사람을 골라서 자신의 허물을 고쳐야 한다。』

공자께서 말씀하셨다。『하늘이 나에게 덕을 내려 주셨는데 환퇴가 나를 어떻게 하겠는가?』

㉓ 子曰 二三子는 以我爲隱乎아 吾無隱乎爾로라 吾無行而不與二三子者是丘也니라。

㉔ 子以四教하시니 文行忠信이니라。

㉕ 子曰 聖人을 吾不得而見之矣어든 得見君子者면 斯可矣니라 子曰 善人을 吾不得而見之矣어든 得見有恒者면 斯可矣니라 亡而爲有하며

● 隱 : 숨을 은
● 恒 : 항상 항
● 亡 : 無와 같음

공자께서 말씀하셨다。『너희들은 내가 무엇인가 숨기고 있다고 생각하느냐? 나는 너희들에게 숨기는 것이 없다。나는 행하되 너희들과 함께 하지 않음이 없으니、이것이 바로 나다。』

공자께서는 네 가지를 가지고 가르쳤으니 문、행、충、신이 그것이다。

공자께서 말씀하셨다。『성인을 내가 만나 볼 수 없다면 군자라도 만나 보았으면 좋겠다。』 공자께서 말씀하셨다。『선인을 내가 만나 볼 수 없다면 항심이 있는 자라도 만나 보았으면 좋겠다。없으면서 있는 것처럼 하고、텅 비어 있으면서 가득 찬 것처럼 하고、적으면서 많은 것처럼 하면 항

虛而爲盈하며 約而爲泰면 難乎有恒矣니라。

㉖ 子는 釣而不綱하시며 弋不射宿이러시다。

㉗ 子曰 蓋有不知而作之者아 我無是也로라 多聞하여 擇其善者而從之하며 多見而識之 知之次也니라。

㉘ 互鄕은 難與言이러니 童子見커늘

虛：빌 허
盈：찰 영
釣：낚시 조
網：그물 망
弋：주살 익
射：쏠 사
宿：묵을 숙
識：기록할 지
見：뵐 현

심을 가지기 어렵다。』

공자께서는 낚시질은 하셨지만 그물질은 하지 않으셨고、주살로 새를 잡기는 하셨지만 잠을 자고 있는 새를 쏘지는 않으셨다。

공자께서 말씀하셨다。『알지도 못하면서 경거망동하는 사람이 있지만 나는 이런 적이 없었다。많이 듣고 그 중에서 좋은 것을 택해서 따르고、많이 보고서 잘 기억한다면 이것이 아는 것의 다음이 된다。』

호향 지방 사람들과는 함께 말하기 어려운데 호향 지방의 동자가 찾아와 공자를 뵈니 문인들이 이상하게 여겼다。공자께서 말씀하셨다。『그가 전진하려고 하는 것을 허락한 것이지 그

門人(문인)이 惑(혹)한대 子曰(자왈) 與其進也(여기진야)요 不(불)與其退也(여기퇴야)니 唯何甚(유하심)이리오 人(인)이 潔己(결기)以進(이진)이어든 與其潔也(여기결야)요 不保其往(불보기왕)也(야)라。

㉙ 子曰(자왈) 仁遠乎哉(인원호재)아 我欲仁(아욕인)이면 斯(사)仁(인)이 至矣(지의)니라。

㉚ 陳司敗問(진사패문) 昭公(소공)이 知禮乎(지례호)잇가 孔(공)子曰(자왈) 知禮(지례)시니라 孔子退(공자퇴)어시늘 揖巫(읍무)

• 潔：깨끗할 결
• 司敗：형벌을 관장하는 관직명
• 昭公：노나라 임금
• 揖：읍할 읍

가 퇴보하는 것을 허락한 것이 아니다。 어찌 심하게 하겠는가? 사람이 자신을 깨끗하게 해서 전진하면 그 깨끗함을 허락할 뿐이지 지나간 잘못을 도와주는 것이 아니다。』

공자께서 말씀하셨다。『인이 멀리 있는가? 내가 인을 하고자 하면 이에 인이 이를 것이다。』

진나라 사패가 물었다。『소공은 예를 알았습니까?』 공자께서 말씀하셨다。『예를 알았다。』 공자께서 물러가시자 공자의 제자인 무마기에게 읍하고 앞으로 나오게 하여 말하였다。『내가 듣기로 군자는 편당을 짓지 않는다고 하던데 군자도 또한 편당을 짓는가? 임금이 오나라에 장가들었는

馬期而進之(마기이진지)하여 曰(왈) 吾聞君子(오문군자)는 不黨(부당)이라하니 君子(군자)도 亦黨乎(역당호)아 君(군)이 取於吳(취어오)하니 爲同姓(위동성)이라 謂之吳孟子(위지오맹자)라하니 君而知禮(군이지례)면 孰不知禮(숙부지례)리오 巫馬期以告(무마기이고)한대 子曰(자왈) 丘也幸(구야행)이로다 苟有過(구유과)어든 人必知之(인필지지)온여。

㉛ 子與人歌而善(자여인가이선)이어든 必使反之(필사반지)하시고 而後和之(이후화지)러시다。

㉜ 子曰(자왈) 文莫吾猶人也(문막오유인야)아 躬行君子(궁행군자)

• 巫馬期 : 공자의 제자
• 苟 : 진실로 구
• 猶 : 같을 유
• 厭 : 싫을 염

데 오나라는 동성이 된다。 그래서 오맹자라고 불렀으니 소공이 예를 안다면 누가 예를 알지 못하겠는가?』 무마기가 이 사실을 고하자 공자께서 말씀하셨다。『나는 다행이구나。 만약 잘못이 있다면 사람들이 반드시 그 잘못을 아는구나。』

공자께서 다른 사람과 노래를 불러서 그 사람이 잘 부르면 반드시 그에게 다시 부르게 하시고 그 뒤에 화답하셨다。

공자께서 말씀하셨다。『글에 있어서는 내가 남과 같지 않겠는가마는 몸소 군자의 도를 행하는 것은 내 아직 깨달은 것이 없다。』

는 則吾未之有得호라。

㉝ 子曰 若聖與仁은 則吾豈敢이리오 抑爲之不厭하며 誨人不倦은 則可謂云爾已矣니라 公西華曰 正唯弟子不能學也로소이다。

㉞ 子疾病이어시늘 子路請禱한대 子曰 有諸아 子路對曰 有之하니 誄에 曰 禱爾于上下神祇라하도소이다 子

● 誨 : 가르칠 회
● 倦 : 게으를 권
● 禱 : 빌 도
● 祇 : 땅귀신 기
● 誄 : 뢰사 뢰。죽은 사람을 슬퍼하여 추모의 뜻을 나타낸 글

공자께서 말씀하셨다。『성스러움과 인함을 내 어찌 감당하겠는가? 하지만 그것을 행하는 것을 싫어하지 않으며 남을 가르치기를 게을리 하지 않는 것은 그렇다고 말할 수 있을 뿐이다。』 공서화가 말하였다。『바로 이것이 제자들이 배울 수 없는 것입니다。』

공자께서 병이 들자 자로가 기도하기를 간청하였다。 그러자 공자께서 말씀하셨다。『그런 일이 있느냐?』 자로가 대답하였다。『있습니다。 뢰문에 「너를 상하의 신에게 기도한다。」라는 말이 있습니다。』 공자께서 말씀하셨

曰(왈) 丘之禱久矣(구지도구의)니라。

㉟ 子曰(자왈) 奢則不孫(사즉불손)하고 儉則固(검즉고)니 與其不孫也(여기불손야)론 寧固(영고)니라。

㊱ 子曰(자왈) 君子(군자)는 坦蕩蕩(탄탕탕)이요 小人(소인)은 長戚戚(장척척)이니라。

㊲ 子(자)는 溫而厲(온이려)하시며 威而不猛(위이불맹)하시며 恭而安(공이안)이러시다。

● 奢：사치할 사
● 儉：검소할 검
● 固：고루할 고
● 蕩蕩：넓을 탕。너그럽고 넓은 모양
● 坦：평탄할 탄
● 戚戚：근심 척。근심하는 모양
● 厲：엄할 려
● 猛：사나울 맹

다。『그렇다면 내가 기도한 지가 오래 되었다。』

공자께서 말씀하셨다。『사치하면 공손하지 못하고 검소하면 고루하게 된다。그래도 공손하지 못한 것보다는 차라리 고루한 것이 낫다。』

공자께서 말씀하셨다。『군자는 평탄하게 마음이 넓고、소인은 늘 걱정한다。』

공자께서는 온화하면서도 엄숙하시고、위엄이 있으면서도 사납지 않으시고、공손하면서도 편안하셨다。

第8章 泰伯 (제8장 태백)

① 子曰 泰伯은 其可謂至德也已矣로다 三以天下讓하되 民無得而稱焉이온여。
(자왈 태백 기가위지덕야이의 삼이천하양 민무득이칭언)

② 子曰 恭而無禮則勞하고 愼而無禮則葸하고 勇而無禮則亂하고 直而無禮則絞니라 君子篤於親則民興
(자왈 공이무례즉로 신이무례즉시 용이무례즉난 직이무례즉교 군자독어친즉민흥)

- 太伯 : 주나라 태왕(太王)의 장남。 태왕은 문왕의 조부임
- 讓 : 사양할 양
- 稱 : 칭찬할 칭
- 葸 : 두려울 시
- 絞 : 급할 교

공자께서 말씀하셨다。『태백은 지극한 덕이 있다고 말할 수 있겠다。세 번이나 천하를 사양하였지만 백성들이 그를 칭송하지 않는구나!』

공자께서 말씀하셨다。『공손하면서 예가 없으면 수고롭게 되고、신중하면서 예가 없으면 두렵게 되고、용감하면서 예가 없으면 혼란하게 되고、정직하면서 예가 없으면 급하게 된다。군자가 부모에게 독실하게 하면 백성들이 인에서 흥기하게 되고、옛 친구를 버리지 않으면 백성들이 각박해지지 않는다。』

於仁하고 故舊를 不遺則民不偸니라。

③ 曾子有疾하사 召門弟子曰 啓予足하며 啓予手하라 詩云 戰戰兢兢하여 如臨深淵하며 如履薄冰이라하니 而今而後에야 吾知免夫와라 小子아。

④ 曾子有疾이어시늘 孟敬子問之러니 曾子言曰 鳥之將死에 其鳴也哀하고 人之將死에 其言也善이니라 君子

- 偸：훔칠 투。여기서는 각박할 투
- 戰戰：두려울 전
- 兢兢：삼갈 긍
- 履：밟을 리
- 孟敬子：노나라 대부

증자가 병이 들었을 때 문하의 제자들을 불러 말하였다。『내 발을 보고 내 손을 보아라。『시경』에「두렵고 삼가하기를 깊은 연못에 임하는 것처럼 하고 엷은 얼음을 밟는 것처럼 한다」라고 하였으니 이제야 나는 면했다는 것을 알겠다。제자들아。』

증자가 병이 들자 맹경자가 문병을 왔다。증자가 말하였다。『새가 장차 죽을 때에는 그 울음이 슬프고、사람이 장차 죽을 때에는 그 말이 선하다。군자가 귀하게 여기는 도가 세 가지 있는데 용모를 움직일 때에는 사나움과 게으름을 멀리해야 하고、안색을 바르게 할 때에는 믿음에 가깝게 하고、말과 소리를 낼 때에는 저속

所貴乎道者三(소귀호도자삼)이니 動容貌(동용모)에 斯遠(사원)暴慢(포만)矣(의)며 正顔色(정안색)에 斯近信矣(사근신의)며 出辭氣(출사기)에 斯遠鄙倍矣(사원비배의)니 籩豆之事則(변두지사즉) 有司存(유사존)이니라。

⑤ 曾子曰(증자왈) 以能(이능)으로 問於不能(문어불능)하며 以多(이다)로 問於寡(문어과)하며 有若無(유약무)하며 實若虛(실약허)하며 犯而不校(범이불교)를 昔者吾友嘗從事於斯矣(석자오우상종사어사의)러니라。

- 貌 : 얼굴 모
- 暴 : 사나울 포
- 慢 : 거만할 만
- 鄙 : 비루할 비
- 籩 : 제기이름 변
- 寡 : 적을 과
- 校 : 따지고 다투다의 교 (較)와 통용

함과 이치에 위배되는 것을 멀리해야 한다。 제기를 취급하는 일은 담당자가 있는 것이다。』

증자가 말하였다。『능력이 있으면서 능력이 없는 사람에게 묻고、많으면서 적은 사람에게 물으며、있으면서 없는 것처럼 하고、가득 차 있으면서 빈 것처럼 하고、남이 잘못을 저질러도 따지지 않는 것을 옛날에 내 벗이 일찍이 여기에 종사했다。』

⑥ 曾子曰 可以託六尺之孤하며 可以寄百里之命이요 臨大節而不可奪也면 君子人與아 君子人也니라。

⑦ 曾子曰 士不可以不弘毅니 任重而道遠이니라 仁以爲己任이니 不亦重乎아 死而後已니 不亦遠乎아。

⑧ 子曰 興於詩하며 立於禮하며 成於樂이니라。

● 六尺之孤：어린 임금
● 寄：부칠 기
● 奪：빼앗을 탈
● 毅：굳셀 의
● 已：그칠 이

증자가 말하였다。『육척 밖에 안 되는 어린 임금을 맡길 수 있고, 백리의 명령을 부탁할 수 있으며, 큰 절개에 임했을 때 그 절개를 빼앗을 수 없는 사람이라면 군자다운 사람인가? 군자다운 사람이로다。』

증자가 말하였다。『선비는 너그럽고 굳세지 않을 수 없다。책임이 무겁고 길이 멀기 때문이다。인을 자기의 책임으로 삼으니 또한 무겁지 않겠는가? 죽은 뒤에야 멈추니 또한 멀지 않겠는가?』

공자께서 말씀하셨다。『시에서 흥기하며, 예에서 서고, 음악에서 완성한다。』

⑨ 子曰(자왈) 民(민)은 可使由之(가사유지)요 不可使知之(불가사지지)니라。

⑩ 子曰(자왈) 好勇疾貧(호용질빈)이 亂也(난야)요 人而不仁(인이불인)을 疾之已甚(질지이심)이 亂也(난야)니라。

⑪ 子曰(자왈) 如有周公之才之美(여유주공지재지미)라도 使驕且吝(사교차린)이면 其餘(기여)는 不足觀也已(부족관야이)니라。

⑫ 子曰(자왈) 三年學(삼년학)에 不至於穀(부지어곡)을 不易得也(불이득야)니라。

- 疾 : 미워하다
- 驕 : 교만할 교
- 吝 : 아낄 린。 인색함
- 穀 : 곡식 곡。 벼슬하는 것을 뜻함
- 易 : 쉬울 이

공자께서 말씀하셨다。『백성은 당연한 이치를 따르게 할 수는 있지만、그것을 알게 할 수는 없다。』

공자께서 말씀하셨다。『용맹을 좋아하고 가난을 싫어하는 사람은 난을 일으키고、사람으로서 어질지 못한 것을 너무 심하게 싫어하는 사람도 난을 일으킨다。』

공자께서 말씀하셨다。『만약 주공과 같은 아름다운 재주를 가지고 있더라도 교만하고 인색하다면 그 나머지는 볼 것이 없다。』

공자께서 말씀하셨다。『3년 동안 학문을 하고서 녹봉에 마음을 두지 않는 사람을 쉽게 볼 수 없다。』

⑬ 子曰 篤信好學하며 守死善道니라 危邦不入하고 亂邦不居하며 天下有道則見하고 無道則隱이니라 邦有道에 貧且賤焉이 恥也며 邦無道에 富且貴焉이 恥也니라。

⑭ 子曰 不在其位하얀 不謀其政이니라。

⑮ 子曰 師摯之始에 關雎之亂이 洋

- 篤 : 돈독할 독
- 邦 : 나라 방
- 見 : 드러날 현
- 賤 : 천할 천
- 摯 : 잡을 지。사람이름
- 亂 : 음악의 마지막 장

공자께서 말씀하셨다。『독실하게 믿고 학문을 좋아하며、죽음으로 지키고 도를 잘 해야 한다。위태로운 나라에는 들어가지 않고、어지러운 나라에는 살지 않으며、천하에 도가 있으면 나타나고、천하에 도가 없으면 은거해야 한다。나라에 도가 있을 때에는 가난하고 천박한 것이 부끄러운 일이요、나라에 도가 없을 때에는 부유하고 귀한 것이 부끄러운 일이다。』

공자께서 말씀하셨다。『그 지위에 있지 않으면 그 정사를 도모하지 않는다。』

공자께서 말씀하셨다。『악사인 지가 처음 벼슬할 때에 연주했던 관저의 마지막 장이 아름답고 성하게 귀

洋乎盈耳哉라。

⑯ 子曰 狂而不直하며 侗而不愿하며 悾悾而不信을 吾不知之矣로라。

⑰ 子曰 學如不及이요 猶恐失之니라。

⑱ 子曰 巍巍乎라 舜禹之有天下也而不與焉이여。

⑲ 子曰 大哉라 堯之爲君也여 巍巍乎唯天이 爲大어시늘 唯堯則之하시니

- 洋洋 : 아름다움이 가득하다는 의미
- 侗 : 무지할 동
- 愿 : 삼갈 원
- 悾悾 : 정성 공. 「悾悾」은 무능한 모양
- 巍巍 : 높을 외. 높고 큰 모양

에 가득하구나!』

공자께서 말씀하셨다. 『뜻은 크지만 정직하지 못하며, 미련하면서도 신중하지 못하고, 무식하면서도 신용이 없다면 나는 그러한 사람을 모른다.』

공자께서 말씀하셨다. 『배움은 미치지 못하는 듯이 하며 오히려 그것을 잃을까 두려워해야 한다.』

공자께서 말씀하셨다. 『높고 크도다! 순임금과 우임금은 천하를 소유하시고도 그것에 관여하지 않으셨다.』

공자께서 말씀하셨다. 『위대하도다! 요의 임금되심이여! 높고 크도다. 오직 하늘이 위대하거늘 요임

蕩蕩乎民無能名焉이로다 巍巍乎其有成功也여 煥乎其有文章이여。

⑳ 舜이 有臣五人而天下治하니라 武王이 曰 予有亂臣十人호라 孔子曰 才難이 不其然乎아 唐虞之際 於斯爲盛하나 有婦人焉이라 九人而已니라 三分天下에 有其二하사 以服事殷하시니 周之德은 其可謂至德也已

• 煥：불꽃 환
• 亂：어지러울 란。여기서는 반대로「다스리다」의 뜻
• 唐虞：중국 고대의 임금인 도당씨 요와 유우씨 순을 아울러 이르는 말

금께서 그것을 본받으셨으니 넓고 넓어서 백성들이 그것을 형용하지 못하는구나。높고 크도다、공을 이룸이여！빛나도다 그 문장이여！』

순임금께서 신하 다섯 명을 두자 천하가 다스려졌다。무왕이 말씀하셨다。『나는 다스리는 신하 열 사람을 두었다。』공자께서 말씀하셨다。『인재를 얻기가 어렵다고 하니 그렇지 않겠는가? 당우의 때만이 이보다 성하였다。그런데 그 중에 부인이 있으니 아홉 사람일뿐이다。문왕께서는 천하를 삼등분하여 그 중에서 둘을 소유하시고도 복종하여 은나라를 섬기셨으니 주나라의 덕은 지극한 덕이라고 할 수 있을 것이다。』

矣(의)로다。

㉑ 子曰(자왈) 禹(우)는 吾無間然矣(오무간연의)로다 菲飮(비음)食而致孝乎鬼神(식이치효호귀신)하시며 惡衣服而致(악의복이치)美乎黻冕(미호불면)하시며 卑宮室而盡力乎溝(비궁실이진력호구)洫(혁)하시니 禹(우)는 吾無間然矣(오무간연의)로다。

공자께서 말씀하셨다。『우임금은 내가 흠잡을 수가 없다。먹는 음식은 보잘 것 없으면서도 귀신에게는 효를 다하셨고、의복은 형편없으면서도 제복에는 아름다움을 다하시고、거처하는 궁실은 낮게 하면서도 백성을 구하는 치수 사업에 힘을 다하셨으니 우임금은 내가 흠잡을 수가 없다。』

- 間：흠잡을 간
- 菲：엷을 비
- 黻：수 불。예복 위에 껴입는 가죽 슬갑
- 冕：면류관 면
- 溝：도랑 구
- 洫：봇도랑 혁

第9章 子罕 (제9장 자한)

① 子는 罕言利與命與仁이러시다。
(자 한언이여명여인)

② 達巷黨人이 曰 大哉라 孔子여 博學而無所成名이로다 子聞之하시고 謂門弟子曰 吾何執고 執御乎아 執射乎아 吾執御矣로리라。
(달항당인 왈 대재 공자 박학이무소성명 자문지 위문제자왈 오하집 집어호 집사호 오집어의)

③ 子曰 麻冕이 禮也어늘 今也純하니
(자왈 마면 예야 금야준)

● 罕 : 드물 한
● 執 : 잡을 집
● 御 : 어거할 어。말을 모는 일
● 麻 : 삼 마
● 冕 : 면류관 면。麻冕은 검은 베로 만든 관
● 純 : 실 준

공자께서는 이익과 천명과 인에 대해서 드물게 말씀하셨다。

달항당 사람이 말하였다。『위대하도다 공자여! 박학다식하였지만 명성을 이룬 것은 없구나。』공자께서 그 말을 들으시고 문하의 제자들에게 말씀하셨다。『내가 무엇을 잡아야 하겠는가? 말 모는 일을 잡아야 하겠는가? 아니면 활 쏘는 일을 잡아야 하겠는가? 그렇다면 나는 말 모는 일을 잡을 것이다。』

공자께서 말씀하셨다。『검정 베로 만든 치포관이 예에 맞지만 오늘날은

儉(검)이라 吾從衆(오종중)하리라 拜下禮也(배하예야)어늘 今(금)拜乎上(배호상)하니 泰也(태야)라 雖違衆(수위중)이나 吾從(오종)下(하)하리라。

④ 子絕四(자절사)러시니 毋意(무의) 毋必(무필) 毋固(무고) 毋我(무아)러시다。

⑤ 子畏於匡(자외어광)이러시니 曰(왈) 文王(문왕)이 旣沒(기몰)하시니 文不在茲乎(문부재자호)아 天之將喪斯文(천지장상사문)也(야)신댄 後死者(후사자) 不得與於斯文也(부득여어사문야)어

• 泰 : 클 태。 여기서는 교만하다는 뜻
• 絕 : 끊을 절
• 毋 : 無와 통함
• 匡 : 바룰 광。 지명
• 沒 : 죽을 몰
• 茲 : 이 자

대부분 실로 만든 것을 사용하는데 이것은 검소하기 때문이다。 나는 대중을 따르겠다。 당하에서 절하는 것이 예에 맞지만 오늘날은 대부분 당상에서 절을 하는데 이것은 교만한 것이다。 비록 대중과 어긋나더라도 나는 당하에서 절하는 예법을 따르겠다。』

공자께는 다음의 네 가지가 전혀 없으셨다。 사사로운 뜻이 없으셨으며、 기필함이 없으셨고、 집착하는 것이 없으셨으며、 사적인 이기심도 없으셨다。

공자께서 광이라는 지역에서 경계하는 마음을 가지고 계셨다。 공자께서 말씀하셨다。『문왕께서 이미 돌아가셨으니 예악과 제도 같은 문물이

니와 天之未喪斯文也시니 匡人이 其如予에 何리오。

⑥ 大宰問於子貢曰 夫子는 聖者與아 何其多能也오 子貢이 曰 固天縱之將聖이시고 又多能也시니라 子聞之曰 大宰知我乎인저 吾少也에 賤故로 多能鄙事하니 君子는 多乎哉아 不多也니라 牢曰 子云 吾不試故로

• 大宰 : 태재로 발음함
• 縱 : 풀어놓을 종
• 鄙 : 비루할 비
• 牢 : 우리 뢰。공자의 제자
• 試 : 用과 통용됨。등용하다의 뜻

나에게 있지 않겠는가? 하늘이 장차 이 문물을 없애고자 하셨다면 뒤에 죽는 사람이 이 문물에 참여하지 못했을 것이다。하늘이 이 문물을 아직 없애지 않으셨으니 광인들이 나를 어떻게 하겠는가?』

태재가 자공에게 물었다。『부자는 성인이십니까? 어찌 그렇게 능한 것이 많습니까?』자공이 말하였다。『진실로 하늘이 내려주신 성인이시라 또한 능한 것도 많은 것이다。』공자께서 이 말을 들으시고 말씀하셨다。『태재가 나를 아는구나! 나는 어려서 빈천했기 때문에 비천한 일에 능한 것이 많았다。군자는 능한 것이 많아야 하는가? 많지 않아도 된다。』제자 뢰

藝(예)라하시니라。

⑦ 子曰(자왈) 吾有知乎哉(오유지호재)아 無知也(무지야)로라 有鄙夫問於我(유비부문어아)하되 空空如也(공공여야)라도 我(아) 叩其兩端而竭焉(고기양단이갈언)하노라。

⑧ 子曰(자왈) 鳳鳥不至(봉조부지)하며 河不出圖(하불출도)하니 吾已矣夫(오이의부)인저。

⑨ 子見齊衰者(자견자최자)와 冕衣裳者(면의상자)와 與瞽(여고)者(자)하시고 見之(견지)에 雖少(수소)나 必作(필작)하시며 過(과)

•空空如 : 속이 텅빈 모습
•叩 : 두드릴 고
•竭 : 다할 갈
•鳳 : 봉새 봉
•齊衰 : 자최로 발음함。상복
●瞽 : 소경 고

가 말하였다。『선생님께서 말씀하시기를 「내가 등용되지 못했기 때문에 재주가 많았다」고 하셨다。』

공자께서 말씀하셨다。『내가 아는 것이 있는가? 아는 것이 없다。어떤 비루한 사람이 나에게 물으면 그가 지극히 어리석더라도 나는 양 끝단을 잡아서 모두 말해준다。』

공자께서 말씀하셨다。『봉황새가 나오지 않고 황하에서 하도가 나오지 않으니 나는 이제 끝이 났나 보구나!』

공자께서는 상복을 입은 사람과 관을 쓰고 의상을 입은 사람과 맹인을 보시면 비록 나이가 어리더라도 반드시 일어나셨고、그들 곁을 지날

之必趨(지필추)러시다。

⑩ 顔淵(안연)이 喟然歎曰(위연탄왈) 仰之彌高(앙지미고)하며 鑽之彌堅(찬지미견)하며 瞻之在前(첨지재전)이러니 忽焉在後(홀언재후)로다 夫子循循然善誘人(부자순순연선유인)하사 博我以文(박아이문)하시고 約我以禮(약아이례)하시니라 欲罷不能(욕파불능)하여 旣竭吾才(기갈오재)하니 如有所立(여유소립)이 卓爾(탁이)라 雖欲從之(수욕종지)나 末由也已(말유야이)로다。

● 趨：달릴 추
● 喟：한숨 위
● 仰：우러를 앙
● 彌：두루 미。여기서는「더욱」이라는 의미
● 鑽：뚫을 찬
● 堅：굳을 견
● 瞻：볼 첨
● 忽：갑자기 홀
● 循循：좇을 순。「循循」은 차례대로 함
● 誘：꾈 유。「인도하다」의 뜻
● 罷：그칠 파

때는 반드시 종종걸음으로 빠르게 지나셨다。

안연이 탄식하며 말하였다。『우러러 볼수록 더욱 높고、뚫으면 뚫을수록 더욱 단단하고、바라볼 때는 앞에 있는 것 같았는데 홀연히 뒤에 계시는구나。선생님께서는 차례대로 사람을 잘 이끌어주시고、글로 나를 넓혀주시고 예로 나를 요약해주셨다。그만두고 싶어도 그만둘 수 없어서 이미 나의 재주를 다하니 마치 우뚝 내 앞에 서 있는 것 같다。비록 그를 따르고자 하지만 어디서부터 시작해야 할지 모르겠다。』

⑪ 子疾病(자질병)이어시늘 子路使門人(자로사문인)으로 爲臣(위신)이러니 病間(병간) 曰(왈) 久矣哉(구의재)라 由之行詐也(유지행사야)여 無臣而爲有臣(무신이위유신)하니 吾誰欺(오수기)오 欺天乎(기천호)인저 且予與其死於臣之手也(차여여기사어신지수야)론 無寧死於二三子之手乎(무녕사어이삼자지수호)아 且予縱不得大葬(차여종부득대장)이나 予死於道路乎(여사어도로호)아。

⑫ 子貢(자공)이 曰(왈) 有美玉於斯(유미옥어사)하니 韞匵而藏諸(온독이장저)잇가 求善賈而沽諸(구선가이고저)잇가 子曰(자왈)

•詐 : 속일 사
•縱 : 비록 종
•韞 : 감출 온
•匵 : 궤 독

공자께서 병이 들자 자로가 문인으로 하여금 가신을 삼았다。병환이 조금 나아지자 말씀하셨다。『오래되었구나、유가 거짓을 행함이여! 가신이 없는데 가신이 있는 것처럼 하였으니 내가 누구를 속였던가? 하늘을 속였구나。내가 가신의 손에서 죽는 것보다는 차라리 너희들의 손에서 죽는 것이 낫지 않겠는가? 또 내가 비록 큰 장례를 받지 못할지언정 내가 길에서 죽기야 하겠느냐?』

자공이 말하였다。『여기에 아름다운 옥이 있다면 궤 속에 넣어서 감추어 두시겠습니까? 아니면 좋은 값을 주는 사람을 찾아서 그에게 파시겠습니까?』공자께서 말씀하셨다。『팔아

沽之哉(고지재) 沽之哉(고지재)나 我(아)는 待賈者也(대가자야)로다。

⑬ 子欲居九夷(자욕거구이)러시니 或曰(혹왈) 陋(루)어니 如之何(여지하)잇고 子曰(자왈) 君子居之(군자거지)면 何陋之有(하루지유)리오。

⑭ 子曰(자왈) 吾自衛反魯然後(오자위반노연후)에 樂正(악정)하여 雅頌(아송)이 各得其所(각득기소)하니라。

⑮ 子曰(자왈) 出則事公卿(출즉사공경)하고 入則事父兄(입즉사부형)하며 喪事(상사)를 不敢不勉(불감불면)하며 不爲酒(불위주)

●沽：팔 고
●陋：비루할 루
●雅：우아할 아
●頌：기릴 송
●卿：벼슬 경

야지, 팔아야지! 나는 좋은 값을 주고 살 사람을 기다리는 자이다.』

공자께서 구이에 가서 살고자 하셨는데, 어떤 사람이 말하였다. 『누추한데 어떻게 하시겠습니까?』 공자께서 말씀하셨다. 『군자가 거처하는데 어찌 누추함이 있겠는가?』

공자께서 말씀하셨다. 『내가 위나라에서 노나라로 돌아온 뒤로 음악이 바르게 되어 아(雅)와 송(頌)이 각각 제자리를 찾게 되었다.』

공자께서 말씀하셨다. 『집 밖을 나가서는 공경을 섬기고, 집에 들어와서는 부형을 섬기며, 상사에 감히 힘쓰지 않음이 없고, 술 때문에 곤란을 당하지 않는 것이 어찌 나에게 있겠

困(곤)이 何有於我哉(하유어아재)리오。

⑯ 子在川上曰(자재천상왈) 逝者如斯夫(서자여사부)인저 不舍晝夜(불사주야)로다。

⑰ 子曰(자왈) 吾未見好德(오미견호덕)이 如好色者也(여호색자야)케라。

⑱ 子曰(자왈) 譬如爲山(비여위산)에 未成一簣(미성일궤)하여 止(지)도 吾止也(오지야)며 譬如平地(비여평지)에 雖覆一簣(수복일궤)나 進(진)도 吾往也(오왕야)니라。

● 逝 : 갈 서
● 譬 : 비유할 비
● 簣 : 삼태기 궤
● 覆 : 갖다 붓다는 뜻。음은 복、부 두 가지나 여기서는 복으로 발음

는가?』

공자께서 시냇가에 계실 때 말씀하셨다。『가는 것이 저 물과 같구나! 밤낮으로 그치지 않는구나!』

공자께서 말씀하셨다。『나는 아직 덕을 좋아하기를 여색을 좋아하듯이 하는 사람을 보지 못했다。』

공자께서 말씀하셨다。『비유하건대 산을 만드는데 한 삼태기를 이루지 못해서 멈추는 것도 내가 멈추는 것이며、비유하건대 평평한 땅에 비록 한 삼태기를 붓는 것도 나아가는 것은 내가 나아가는 것이다。』

⑲ 子曰 語之而不惰者는 其回也與인저。
(자왈 어지이불타자는 기회야여인저。)

⑳ 子謂顔淵 曰 惜乎라 吾見其進也요 未見其止也호라。
(자위안연 왈 석호라 오견기진야요 미견기지야호라。)

㉑ 子曰 苗而不秀者 有矣夫며 秀而不實者 有矣夫인저。
(자왈 묘이불수자 유의부며 수이불실자 유의부인저。)

㉒ 子曰 後生이 可畏니 焉知來者之不如今也리오 四十五十而無聞焉이
(자왈 후생이 가외니 언지래자지불여금야리오 사십오십이무문언이)

●惰：게으를 타
●惜：아낄 석
●苗：싹 묘
●秀：꽃피울 수
●焉：어찌 언

공자께서 말씀하셨다。『말을 해 주었을 때 게을리 하지 않는 자는 안회일 것이다。』

공자께서 안연에 대해 말씀하셨다。『애석하구나! 나는 그가 앞으로 나아가는 것은 보았지만 그가 멈추는 것은 보지 못했다。』

공자께서 말씀하셨다。『싹은 돋아났지만 꽃을 피우지 못하는 것도 있고、꽃은 피웠어도 열매를 맺지 못하는 것도 있었다。』

공자께서 말씀하셨다。『뒤에 태어나는 사람이 두려울 만하니 어찌 앞으로 태어날 자들이 지금보다 못하다는 것을 알겠느냐? 나이가 사십、오십이 되고도 소문이 나지 않으면 이

면 斯亦不足畏也已니라。

㉓ 子曰 法語之言은 能無從乎아 改之爲貴니라 巽與之言은 能無說乎아 繹之爲貴니라 說而不繹하며 從而不改면 吾末如之何也已矣니라。

㉔ 子曰 主忠信하며 毋友不如己者요 過則勿憚改니라。

㉕ 子曰 三軍은 可奪帥也어니와 匹

• 巽 : 공손할 손
• 說 : 기쁠 열
• 繹 : 풀어낼 역
• 過 : 허물 과
• 憚 : 꺼릴 탄
• 奪 : 빼앗을 탈
• 帥 : 장수 수

것은 또한 두려울 것이 없다.』

공자께서 말씀하셨다. 『바르게 말해주는 말을 따르지 않을 수 있겠는가? 잘못을 고치는 것이 귀중한 것이다. 완곡하게 해주는 말을 기뻐하지 않을 수 있겠는가? 실마리를 찾는 것이 귀중한 것이다. 기뻐하기만 하고 실마리를 찾지 않으며, 따르기만 하고 잘못을 고치지 않는다면 나도 어찌할 수가 없다.』

공자께서 말씀하셨다. 『충과 신을 주로 하고, 자기와 같지 않은 사람을 벗 삼지 말고, 허물이 있으면 고치기를 주저하지 말라.』

공자께서 말씀하셨다. 『삼군이나 되는 군대의 장수는 빼앗을 수 있지

夫(부)는 不(불)可(가)奪(탈)志(지)也(야)니라。

㉖ 子(자)曰(왈) 衣(의)敝(폐)縕(온)袍(포)하여 與(여)衣(의)狐(호)貉(학)者(자)로 立(입)而(이)不(불)恥(치)者(자)는 其(기)由(유)也(야)與(여)인저 不(불)忮(기)不(불)求(구)면 何(하)用(용)不(부)臧(장)이리오 子(자)路(로)終(종)身(신)誦(송)之(지)한대 子(자)曰(왈) 是(시)道(도)也(야)何(하)足(족)以(이)臧(장)이리오。

㉗ 子(자)曰(왈) 歲(세)寒(한)然(연)後(후)에 知(지)松(송)柏(백)之(지)後(후)彫(조)也(야)니라。

- 敝 : 해질 폐
- 縕 : 헌솜 온
- 袍 : 솜옷 포
- 狐 : 여우 호
- 貉 : 담비 학
- 忮 : 해칠 기
- 臧 : 착할 장
- 誦 : 욀 송
- 柏 : 잣나무 백
- 彫 : 시들 조

만 필부의 뜻을 빼앗을 수는 없다。』

공자께서 말씀하셨다。『다 떨어진 솜옷을 입고서 여우나 담비의 가죽으로 만든 옷을 입고 있는 사람과 함께 서 있으면서도 부끄럽게 여기지 않는 자는 유일 것이로다。남을 해치지 않고 남의 것을 탐하지 않는다면 어찌 착하지 않겠는가?』 자로가 죽을 때까지 이 시를 외우려 하자 공자께서 말씀하셨다。『이 방법이 어찌 좋다고 하겠느냐?』

공자께서 말씀하셨다。『날씨가 추워진 뒤에야 소나무와 잣나무가 늦게 시든다는 것을 알 수 있다。』

㉘ 子曰(자왈) 知者(지자)는 不惑(불혹)하고 仁者(인자)는 不憂(불우)하고 勇者(용자)는 不懼(불구)니라。

㉙ 子曰(자왈) 可與共學(가여공학)이라도 未可與適道(미가여적도)며 可與適道(가여적도)라도 未可與立(미가여립)이며 可與立(가여립)이라도 未可與權(미가여권)이니라。

㉚ 唐棣之華(당체지화)여 偏其反而(편기번이)로다 豈不爾思(기불이사)리오마는 室是遠而(실시원이)니라 子曰(자왈) 未之思也(미지사야)언정 夫何遠之有(부하원지유)리오。

●惑：미혹할 혹
●憂：근심할 우
●懼：두려워할 구
●適：갈 적
●權：저울추 권

●偏：치우칠 편。여기서는 翩(날릴 편)으로 읽어야 함
●反：翻(날 번)과 같은 뜻。음도 「번」으로 읽음

공자께서 말씀하셨다。『지혜로운 사람은 의혹되지 않고、어진 사람은 근심하지 않으며、용맹스런 사람은 두려워하지 않는다。』

공자께서 말씀하셨다。『함께 배울 수는 있어도 함께 도에 나아갈 수는 없고、함께 도에 나아가더라도 함께 설 수는 없으며、함께 설 수는 있어도 함께 권도를 행할 수는 없다。』

당체의 꽃이여! 바람에 나부끼도다。어찌 너를 생각하지 않겠는가만 집이 멀기 때문이다。공자께서 말씀하셨다。『생각하지 않을지언정 어찌 먼 것이 있겠는가?』

第10章 鄕黨 (제10장 향당)

① 孔子於鄕黨에 恂恂如也하사 似不能言者러시다 其在宗廟朝廷하사는 便便言하시되 唯謹爾러시다。
(공자어향당 순순여야 사 불능언자 기재종묘조정 변변언 유근이)

② 朝에 與下大夫言에 侃侃如也하시며 與上大夫言에 誾誾如也러시다 君在어시든 踧踖如也하시며 與與如
(조 여하대부언 간간여야 여상대부언 은은여야 군재 축적여야 여여여)

- 恂恂 : 정성 순。신실한 모습
- 便便言 : 변변。분명하게 말하다는 뜻
- 侃侃 : 강직할 간。강직한 모습
- 誾誾 : 온화할 은。온화한 모습
- 踧踖 : 삼갈 축。삼갈 척。조심히 걷는 모습
- 與與 : 위의에 맞는 모습

공자께서 고을에 계실 때는 믿음직스러우셨지만 말씀을 잘 하지 못하는 것처럼 하셨다。 종묘와 조정에 계실 때는 말씀을 잘 하시되 오직 삼가셨다。

조정에서 하대부와 말씀을 하실 때는 강직하게 하셨으며、 상대부와 함께 말씀하실 때는 온화하게 하셨다。 임금이 계실 때에는 공경하되 편안하지 않은 듯하였으며、 위의가 알맞으셨다。

也(야)러시다。

③ 君(군)이 召(소)使(사)擯(빈)이어시든 色(색)勃(발)如(여)也(야)하시며 足(족)躩(확)如(여)也(야)러시다 揖(읍)所(소)與(여)立(립)하사대 左(좌)右(우)手(수)러시니 衣(의)前(전)後(후)襜(첨)如(여)也(야)러시다 趨(추)進(진)에 翼(익)如(여)也(야)러시다 賓(빈)退(퇴)이어든 必(필)復(복)命(명)曰(왈) 賓(빈)不(불)顧(고)矣(의)라하더시다。

④ 入(입)公(공)門(문)하실새 鞠(국)躬(궁)如(여)也(야)하사 如(여)不(불)容(용)이러시다 立(입)不(부)中(중)門(문)하시며 行(행)不(불)履(리)

- 擯 : 인도할 빈
- 勃 : 성할 발。얼굴빛을 변하는 모습
- 躩 : 머뭇거릴 확(각)
- 襜 : 행주치마 첨
- 翼 : 날개 익
- 顧 : 돌아볼 고
- 鞠躬 : 몸을 굽힘

임금이 불러서 국빈을 접대하게 하면 얼굴빛을 변하셨으며 발걸음을 조심스럽게 하셨다。함께 서 있는 빈에게 읍을 하실 때에는 손을 좌우로 하셨는데、옷의 앞뒤 자락이 가지런했다。빨리 걸어갈 때는 새가 날개를 펼친 것 같았다。국빈이 물러가거든 반드시 복명하여 말씀하셨다。『손님이 돌아보지 않고 가셨습니다。』

공문에 들어가실 때는 몸을 굽혀서 용납하지 못하는 것처럼 하셨다。서 계실 때에는 문 가운데 서지 않고、드나들 때에는 문지방을 밟지 않으셨다。임금이 계신 자리를 지나실 때에는 얼굴빛을 변하시고、발걸음을 조

閾(역)이러시다 過位(과위)하실새 色勃如也(색발여야)하시며 足躩如也(족확여야)하시며 其言(기언)이 似不足者(사부족자)러시다 攝齊升堂(섭자승당)하실새 鞠躬如也(국궁여야)하시며 屛氣(병기)하사 似不息者(사불식자)러시다 出降一等(출강일등)하사는 逞顔色(영안색)하사 怡怡如也(이이여야)하시며 沒階趨(몰계추)하사는 翼如也(익여야)하시며 復其位(복기위)하사는 踧踖如也(축적여야)러시다。

⑤ 執圭(집규)하사대 鞠躬如也(국궁여야)하사 如不勝(여불승)

• 閾 : 문지방 역
• 攝 : 당길 섭
• 齊 : 옷자락 자
• 屛 : 막을 병
• 逞 : 즐거울 령
• 怡怡 : 기쁠 이。 즐거운 모습

심스럽게 하시고, 말씀은 충분하지 못한 것처럼 하셨다。 옷자락을 잡고 당에 오르실 때에는 몸을 굽히시고, 기운을 감추시어 숨을 쉬지 않는 것처럼 하셨다。 밖으로 나와서 한 계단을 내려와서는 얼굴빛을 풀고 온화하게 하셨으며, 계단을 다 내려와서는 빨리 걷되 내가 날개를 편 듯하셨으며, 자리로 돌아와서는 공경하되 편안하지 않은 듯하셨다。

명규를 잡으실 때는 몸을 굽혀서 이기지 못하듯이 하셨으며, 위로는 읍할 때와 같게 하시고 아래로는 줄 때와 같이 하시고, 낯빛을 변하여 두려워하는 빛을 띠시며, 발걸음을 좁

하시며 上如揖(상여읍)하시고 下如授(하여수)하시며 勃(발)如戰色(여전색)하시며 足縮縮如有循(족축축여유순)이러시다

享禮(향례)에 有容色(유용색)하시며 私覿(사적)에 愉愉如(유유여)也(야)러시다。

⑥ 君子(군자)는 不以紺緅飾(불이감추식)하시며 紅紫(홍자)로 不以爲褻服(불이위설복)이러시다 當暑(당서)하사 袗絺綌(진치격)을 必表而出之(필표이출지)러시다 緇衣(치의)엔 羔裘(고구)요

- 縮縮 : 줄일 축。 발걸음을 촘촘하게 하는 것
- 循 : 좇을 순。 발뒤꿈치가 땅에서 떨어지지 않게 하는 모습
- 愉愉 : 즐거울 유。 유쾌한 모습
- 覿 : 볼 적

- 紺 : 감색 감
- 緅 : 붉을 추
- 褻服 : 평상복
- 袗 : 홑옷 진
- 絺綌 : 칡베 치。 칡베 격。
- 緇 : 검은비단 치
- 羔 : 새끼양 고。 염소

고 낮게 떼시었다。 향례를 할 때에는 온화한 얼굴빛을 하셨으며、 사적으로 만나실 때에는 더욱 온화하게 하셨다。

군자는 감색과 붉은색으로 옷깃의 선을 두르지 않으셨으며、 붉은색과 다홍색으로 평상복을 만들어 입지 않으셨다。 더위를 당해서는 가는 갈포와 굵은 갈포로 만든 홑옷을 반드시 겉에 입으셨다。 검은 옷은 염소가죽으로 만든 갖옷을 입고、 하얀 옷은 사슴가죽으로 만든 갖옷을 입고、 누런 옷은 여우가죽으로 만든 갖옷을 입으셨다。 평소에 입는 갖옷은 길게 하셨지만、 오른쪽 소매는 짧게 하셨다。 반

素衣(소의)엔 麑裘(예구)요 黃衣(황의)엔 狐裘(호구)러시다 褻裘(설구)는 長(장)하되 短右袂(단우메)러시다 必有寢衣(필유침의)하시니 長(장)에 一身有半(일신유반)이러라 狐貉之厚(호학지후)로 以居(이거)러시다 去喪(거상)하사는 無所不佩(무소불패)러시다 非帷裳(비유상)이어든 必殺之(필쇄지)러시다 羔裘玄冠(고구현관)으로 不以弔(불이조)러시다 吉月(길월)에 必朝服而朝(필조복이조)러시다.

⑦ 齊必有明衣(재필유명의)러시니 布(포)러라 齊必變(재필변)

● 麑 : 사슴새끼 예
● 褻 : 더러울 설
● 袂 : 소매 메
● 佩 : 노리개 패
● 殺 : 덜 쇄
● 吉月 : 매달 초하루를 말함
● 齊 : 재계할 재

드시 잠옷을 입으셨는데, 길이는 신체의 길이에다 반이 더 있었다. 여우와 담비의 두터운 가죽으로 만든 옷을 입고 거처하셨다. 상을 다 치룬 뒤에는 패물을 차지 않은 것이 없으셨다. 휘장 치마가 아니면 반드시 줄여서 입으셨다. 염소 가죽으로 만든 갖옷과 검은 관을 쓰고 조상하지 않으셨다. 초하루에는 반드시 조복을 입고 조회하셨다.

재계하실 때는 반드시 밝은 옷을 입으셨는데 포로 만들었다. 재계하실 때는 반드시 음식을 바꾸시고, 거처하실 때에는 반드시 자리를 옮기셨다.

食하시며 居必遷坐러시다。

⑧ 食不厭精하시며 膾不厭細러시다 食饐而餲와 魚餒而肉敗를 不食하시며 色惡不食하시며 臭惡不食하시며 失飪不食하시며 不時不食이러시다 割不正이어든 不食하시며 不得其醬이어든 不食이러시다 肉雖多나 不使勝食氣하시며 惟酒無量하시되 不及亂이러시다

●遷：옮길 천
●食：밥 사
●膾：회 회
●饐：쉴 의
●餲：쉴 애
●餒：주릴 뇌。생선이 상한 것
●飪：익힐 임
●割：나눌 할
●醬：간장 장

밥은 깨끗하게 정미한 것을 싫어하지 않으셨으며、회는 가는 것을 싫어하지 않으셨다。밥이 쉬어서 맛이 변한 것과 생선이 썩고 고기가 부패한 것을 먹지 않으셨으며、색깔이 나쁜 것을 먹지 않으셨고、냄새가 나쁜 것을 먹지 않으셨으며、익지 않은 것은 먹지 않으셨고、먹을 때가 아니면 먹지 않으셨다。자른 것이 바르지 않으면 먹지 않고、간장이 없으면 먹지 않으셨다。고기가 비록 많을지라도 밥 기운을 이기도록 하지 않고、술을 드릴 때에는 정해진 양이 없었지만 취하는 지경에는 이르지 않았다。시장에서 산 술과 포를 드시지 않으시고、생

沽酒市脯(고주시포)를 不食(불식)하시며 不撤薑食(불철강식)하시며 不多食(부다식)이러시다 祭於公(제어공)에 不宿肉(불숙육)하시며 祭肉(제육)은 不出三日(불출삼일)하더시니 出三日(출삼일)이면 不食之矣(불식지의)니라 食不語(식불어)하시며 寢不言(침불언)이러시다 雖疏食菜羹(수소사채갱)이라도 瓜祭(과제)하시되 必齊如也(필재여야)러시다。

⑨ 席不正(석부정)이어든 不坐(부좌)러시다。

⑩ 鄕人飮酒(향인음주)에 杖者出(장자출)이어든 斯出矣(사출의)

- 沽 : 살 고
- 脯 : 저민고기 포
- 撤 : 거둘 철
- 薑 : 생강 강
- 疏食 : 소사。거친 밥
- 菜羹 : 채갱。나물 국
- 瓜 : 「必」로 해석
- 杖 : 지팡이 장

강 먹기를 멈추지 않으셨으며, 많이 드시지 않으셨다. 나라에서 제사지내고 난 뒤에 고기는 하루를 묵히지 않았고, 집에서 제사지낸 고기는 3일을 넘기지 않았으니, 3일을 넘기면 먹을 수 없는 것이다. 먹을 때에는 말을 하지 않으셨고, 잠을 잘 때에도 말하지 않으셨다. 비록 거친 밥과 나물국이라도 반드시 제사지내듯이 하셨는데, 반드시 공경스럽게 하셨다.

자리가 바르지 않으면 앉지 않으셨다.

고을 사람들과 술을 마실 때 지팡이를 짚은 사람이 나가면 따라서 나가셨다. 고을 사람들이 역귀를 쫓는

러시다 鄕人儺에 朝服而立於阼階러시다。

⑪ 問人於他邦하실새 再拜而送之러시다 康子饋藥이어늘 拜而受之曰 丘未達이라 不敢嘗이라하시다。

⑫ 廐焚이어늘 子退朝曰 傷人乎아하시고 不問馬하시다。

⑬ 君이 賜食이어시든 必正席先嘗之

• 儺 : 역귀 쫓을 나
• 阼 : 동쪽 층계 조
• 康子 : 계강자를 말함
• 饋 : 보낼 궤
• 嘗 : 맛볼 상
• 廐 : 마굿간 구

굿을 할 때는 조복을 입고 동쪽 계단에서 계셨다。

다른 나라에 사람을 보내어 안부를 물을 때에는 두 번 절하고 보내셨다。 계강자가 약을 보내자 절을 하고 받으며 말씀하셨다。『내가 아직 무슨 약인지 잘 몰라서 감히 맛을 볼 수 없다。』

마굿간에 불이 났었는데 공자께서 조정에서 물러나와 말씀하셨다。『사람이 다쳤느냐?』 그리고 말에 대해서는 묻지 않으셨다。

임금께서 음식을 주시거든 반드시 자리를 바르게 하고 먼저 맛을 보며, 임금께서 날고기를 주시거든 반드시

논어

하시고 君(군)이 賜腥(사성)이어시든 必熟而薦之(필숙이천지)하시고 君(군)이 賜生(사생)이어시든 必畜之(필휵지)러시다 侍食於君(시식어군)에 君祭(군제)어시든 先飯(선반)이러시다 疾(질)에 君(군)이 視之(시지)어시든 東首(동수)하시고 加朝服拖紳(가조복타신)이러시다 君(군)이 命召(명소)어시든 不俟駕行矣(불사가행의)러시다 入太廟(입태묘)하사 每事問(매사문)이러시다。

⑭ 朋友死(붕우사)하여 無所歸(무소귀)어든 曰 於我殯(왈 어아빈)

● 腥: 비릴 성。날고기 성
● 薦: 드릴 천
● 畜: 기를 휵
● 拖: 걸칠 타
● 紳: 큰 띠 신
● 俟: 기다릴 사
● 殯: 염할 빈。빈소 빈

익혀서 조상에게 올리시고、임금께서 살아있는 것을 주시거든 반드시 기르셨다。임금을 모시고 식사를 할 때에 임금께서 제사를 지내면 먼저 드셨다。병이 들었을 때 임금께서 문병을 오시면 머리를 동쪽으로 향하게 하고 조복을 입고 띠를 그 위에 걸쳐 놓으셨다。임금께서 명령하여 부르시거든 수레에 멍에 매기를 기다리지 않고 걸어가셨다。태묘에 들어가서는 매사를 물으셨다。

친구가 죽어서 돌아갈 곳이 없으면 『우리 집에 빈소를 차려라』고 하셨다。친구의 선물은 비록 수레와 말일지라도 제사지낸 고기가 아니면 절하지

이라하더시다 朋友之饋(붕우지궤)는 雖車馬(수거마)라도 非祭肉(비제육)이어든 不拜(불배)러시다。

⑮ 寢不尸(침불시)하시며 居不容(거불용)이러시다 見齊衰者(견자최자)하시고 雖狎(수압)이나 必變(필변)하시며 見冕者與瞽者(견면자여고자)하시고 雖褻(수설)이나 必以貌(필이모)러시다 凶服者(흉복자)를 式之(식지)하시며 式負版者(식부판자)러시다 有盛饌(유성찬)이어든 必變色而作(필변색이작)이러시다 迅雷風烈(신뢰풍렬)에 必變(필변)이러시다。

• 饋：먹일 궤
• 狎：친압할 압
• 式：법식 식。수레 앞에 가로놓인 나무를 식이라고 함。
• 瞽：소경 고
• 版：널 판。나라의 호적을 말함
• 迅：빠를 신

않으셨다。

잠을 잘 때는 죽은 시신처럼 하지 않으며、거처하실 때는 모양을 내지 않으셨다。상복 입은 사람을 보시면 비록 친한 사이라도 반드시 얼굴빛을 변하셨으며、면관을 쓴 사람과 맹인을 보시면 비록 사적인 자리라도 반드시 예모를 갖추셨다。흉복을 입은 사람에게는 공경함을 나타내셨고、지도와 호적을 짊어진 사람을 보시면 공경함을 나타내셨다。융성한 음식이 있으면 반드시 얼굴빛을 변하시며 일어나셨다。천둥소리가 빠르게 나거나 바람이 사납게 불 때는 반드시 얼굴빛을 변하셨다。

⑯ 升車(승거)하사 必正立執綏(필정립집수)시러다 車中(거중)에 不內顧(불내고)하시며 不疾言(부질언)하시며 不親指(불친지)러시다。

⑰ 色斯擧矣(색사거의)하여 翔而後集(상이후집)이니라 曰(왈) 山梁雌雉(산량자치)가 時哉時哉(시재시재)인저 子路共之(자로공지)한대 三嗅而作(삼후이작)하시다。

● 綏：수레손잡이 수
● 疾：빠를 질
● 翔：빙빙돌아날 상
● 梁：다리 량
● 雌雉：암컷 자。 꿩 치。 곧 까투리를 말함
● 嗅：맡을 후

수레에 오르실 때에는 반드시 바르게 서서 끈을 잡으셨다。 수레 위에서는 안을 돌아보지 않으셨고、 말을 빠르게 하지 않으셨으며、 손가락으로 가리키지 않으셨다。

새는 사람의 나쁜 표정을 보면 날아서 빙빙 돌며 관찰한 다음에 내려앉는다。 공자께서 말씀하셨다。『산 교량의 암꿩이여! 때를 만났구나、 때를 만났구나!』 자로가 그것을 잡아서 올리자 세 번 냄새를 맡고 일어나셨다。

第11章 先進 (제11장 선진)

① 子曰(자왈) 先進(선진)은 於禮樂(어예악)에 野人也(야인야)요 後進(후진)은 於禮樂(어예악)에 君子也(군자야)라하나니 如用之(여용지)면 則吾從先進(즉오종선진)하리라。

② 子曰(자왈) 從我於陳蔡者(종아어진채자) 皆不及門也(개불급문야)로다 德行(덕행)은 顏淵閔子騫冉伯牛仲弓(안연민자건염백우중궁)이요 言語(언어)는 宰我子貢(재아자공)이요 政事(정사)는 冉有季路(염유계로)요 文學(문학)은 子游子夏(자유자하)니라。

• 騫 : 이지러질 건 • 冉 : 나아갈 염

공자께서 말씀하셨다。『선배는 예악에 대하여 시골 사람 같이 소박하고、후배는 예악에 대하여 군자답다。만약 내가 사용한다면 나는 선배들의 예악을 따르겠다。』

공자께서 말씀하셨다。『진나라와 채나라에서 나를 따르던 자들이 모두 내 문하에 이르지 못했구나。덕행에는 안연·민자건·염백우·중궁이 뛰어나고、언어에는 재아와 자공이 뛰어나고、정사에는 염유와 계로가 뛰어나고、문학에는 자유와 자하가 뛰어났다。』

③ 子曰 回也는 非助我者也로다 於吾言에 無所不說이온여。

④ 子曰 孝哉라 閔子騫이여 人不間於其父母昆弟之言이로다。

⑤ 南容이 三復白圭어늘 孔子以其兄之子妻之하시다。

⑥ 季康子問 弟子孰爲好學이니잇고 孔子對曰 有顏回者好學하더니 不

●回 : 공자의 제자 안연의 이름
●說 : 기쁠 열
●昆 : 형 곤
●白圭 : 시경에 나오는 시
●孰 : 누구 숙

공자께서 말씀하셨다。『안회는 나를 도와주는 자가 아니다。내 말에 대해서 기뻐하지 않는 것이 없구나!』

공자께서 말씀하셨다。『효성스럽구나、민자건이여! 사람들이 그 부모와 형제의 말에 대해서 이간질하지 못하는 구나。』

남용이 백규라는 시를 세 번 반복해서 외우자 공자께서 형의 딸을 그에게 시집보내셨다。

계강자가 물었다。『제자 중에서 누가 학문을 좋아합니까?』 공자께서 대답하셨다。『안회라는 제자가 있어서 학문을 좋아했는데 불행하게도 단명하여 일찍 죽었습니다。그래서 지금은 없습니다。』

幸短命死矣라 今也則亡하니라。

⑦ 顔淵이 死커늘 顔路請子之車하여 以爲之槨한대 子曰 才不才에 亦各言其子也니 鯉也死커늘 有棺而無槨하니 吾不徒行하여 以爲之槨은 以吾從大夫之後라 不可徒行也일새니라。

⑧ 顔淵이 死커늘 子曰 噫라 天喪予샷다 天喪予샷다。

●顔路: 안연의 아버지
●槨: 덧널 곽
●鯉: 잉어 리。 공자의 아들
●徒: 걸을 도
●噫: 탄식할 희

안연이 죽자 안로가 공자의 수레를 팔아 곽을 만들어 줄 것을 청하였다。 공자께서 말씀하셨다。『재주가 있거나 재주가 없거나 각자 자신의 자식이라고 말할 것인데 내 아들 리가 죽었을 때는 관만 있었고 곽이 없었다。 내가 도보로 걸어 다니며 곽을 만들어주지 않은 것은 내가 대부의 뒤를 따르기 때문에 도보로 걸어 다닐 수 없어서였다。』

안연이 죽자 공자께서 말씀하셨다。『아! 하늘이 나를 버리셨구나、하늘이 나를 버리셨구나。』

⑨ 顏淵(안연)이 死(사)커늘 子哭之慟(자곡지통)하신대 從者曰(종자왈) 子慟矣(자통의)사소이다 曰(왈) 有慟乎(유통호)아 非夫人之爲慟(비부인지위통)이요 而誰爲(이수위)리오。

⑩ 顏淵(안연)이 死(사)커늘 門人(문인)이 欲厚葬之(욕후장지)한대 子曰(자왈) 不可(불가)하더시다 門人(문인)이 厚葬之(후장지)한대 子曰(자왈) 回也(회야)는 視予猶父也(시여유부야)러니 予不得視猶子也(여부득시유자야)로니 非我也(비아야)라 夫二三子也(부이삼자야)니라。

⑪ 季路問事鬼神(계로문사귀신)한대 子曰(자왈) 未能事(미능사)

• 慟 : 서럽게 울 통

안연이 죽자 공자께서 통곡하심이 너무 애통했다。공자를 모시는 종자가 말하였다。『선생님께서는 너무 애통해 하십니다。』공자께서 말씀하셨다。『내가 너무 애통했느냐? 저 사람을 위해 애통하지 않는다면 누구를 위해 애통하겠는가?』

안연이 죽자 문인들이 후하게 장사지내고자 하였는데、공자께서 말씀하셨다。『옳지 않은 일이다。』문인들이 후하게 장사지내자、공자께서 말씀하셨다。『안회는 나를 부모같이 보았는데 나는 그를 자식처럼 대하지 못하였으니、이것은 내 잘못이 아니다。너희들 때문이다。』

계로가 귀신을 섬기는 것에 대해서

人(인)이면 焉能事鬼(언능사귀)리오 敢問死(감문사)하노이다 曰(왈) 未知生(미지생)이면 焉知死(언지사)리오。

⑫ 閔子(민자)는 侍側(시측)에 誾誾如也(은은여야)하고 子路(자로)는 行行如也(항항여야)하고 冉有子貢(염유자공)은 侃侃如也(간간여야)어늘 子樂(자락)하시다 若由也(약유야)는 不得其死然(부득기사연)하다。

⑬ 魯人(노인)이 爲長府(위장부)어늘 閔子騫曰(민자건왈) 仍舊貫(잉구관)하되 如之何(여지하)컨대 何必改作(하필개작)고 子(자)

- 焉 : 어찌 언
- 誾誾 : 온화할 은。온화한 모습
- 行行 : 발음은 항항。강건한 모습
- 侍 : 모실 시
- 侃侃 : 강직할 간。강직한 모습
- 仍 : 인할 잉
- 貫 : 꿸 관。여기서는 일 관

묻자 공자께서 말씀하셨다。『사람을 섬기지 못한다면 어떻게 귀신을 섬길 수 있겠느냐?』 계로가 말하였다。『감히 죽음에 대하여 묻습니다。』 공자께서 말씀하셨다。『삶을 알지 못한다면 어떻게 죽음을 알겠느냐?』

민자건은 선생님을 옆에 모시고 있을 때 온화하였고, 자로는 굳세고 강하였으며, 염유와 자공은 강직하였으니, 공자께서 즐거워하셨다。 공자께서 말씀하셨다。『유와 같은 사람은 순조로운 죽음을 맞지 못할 것이다。』

노나라 사람이 장부라는 창고를 짓자, 민자건이 말하였다。『옛 일을 따르는 것이 어떻겠는가? 어찌 반드시 고쳐지어야 하는가?』 공자께서 말씀

曰夫人不言이언정 言必有中이니라。

⑭ 子曰 由之瑟은 奚爲於丘之門고 門人이 不敬子路한대 子曰 由也는 升堂矣요 未入於室也니라。

⑮ 子貢이 問 師與商也孰賢이니잇고 子曰 師也는 過하고 商也는 不及이니라 曰 然則師愈與잇가 子曰 過猶不及이니라。

- 師：子張을 말함
- 商：子夏를 말함
- 愈：나을 유
- 猶：같을 유

하셨다。『저 사람이 말을 하지 않을지언정 말을 하면 반드시 도리에 딱 맞았다。』

공자께서 말씀하셨다。『유의 비파가락이 어찌 내 문하에서 연주되는가?』문인들이 자로를 공경하지 않자 공자께서 말씀하셨다。『유는 당위에까지는 올랐지만 아직 방에는 들어오지 못했다。』

자공이 물었다。『사와 상은 누가 더 뛰어납니까?』공자께서 말씀하셨다。『자장은 지나치고 자하는 미치지 못한다。』자공이 물었다。『그렇다면 자장이 더 뛰어납니까?』공자께서 말씀하셨다。『지나친 것은 미치지 못하는 것과 같다。』

⑯ 季氏富於周公이어늘 而求也爲之聚斂而附益之한대 子曰 非吾徒也로소니 小子아 鳴鼓而攻之可也니라。

⑰ 柴也는 愚하고 參也는 魯하고 師也는 辟하고 由也는 喭이니라。

⑱ 子曰 回也는 其庶乎요 屢空이니라

- 求 : 염구를 말함
- 聚 : 모을 취
- 斂 : 거둘 렴
- 附 : 붙을 부
- 徒 : 무리 도
- 柴 : 시료 시。 공자의 제자 자고(子羔)를 말함
- 參 : 증삼을 말함
- 魯 : 미련할 로
- 辟 : 치우칠 벽
- 由 : 자로를 말함
- 喭 : 거칠 언
- 庶 : 여러 서。 여기서는 가깝다는 뜻
- 屢 : 여러 루

계씨가 주공보다 부유한데도 구가 그를 위해 세금을 걷어 그를 더 부유하게 해 주었다。 공자께서 말씀하셨다。『우리 무리가 아니다。 제자들아、 북을 쳐서 그를 공격함이 옳을 것이다。』

『시는 어리석고、 삼은 노둔하고、 사는 편벽되고、 유는 거칠다。』

공자께서 말씀하셨다。『안회는 도에 가까웠지만 자주 쌀독이 비었다。 사(子貢)는 천명을 받지 않고 재물을 불렸지만 마음으로 헤아리면 자주 적중했다。』

賜(사)는 不受命(불수명)이요 而貨殖焉(이화식언)이나 億則屢中(억즉루중)이니라。

⑲ 子張(자장)이 問善人之道(문선인지도)한대 子曰(자왈) 不踐迹(불천적)이나 亦不入於室(역불입어실)이니라。

⑳ 子曰(자왈) 論篤是與(논독시여)면 君子者乎(군자자호)아 色莊者乎(색장자호)아。

㉑ 子路問(자로문) 聞斯行諸(문사행저)잇가 子曰(자왈) 有父兄在(유부형재)하니 如之何其聞斯行之(여지하기문사행지)리오 冉(염)

- 賜: 줄 사。자공을 말함
- 殖: 번성할 식
- 億: 헤아릴 억
- 踐: 밟을 천
- 迹: 자취 적
- 與: 허락할 여

자장이 선인(善人)의 도를 묻자 공자께서 말씀하셨다。『성인의 자취를 밟지 않더라도 또한 성인의 방에는 들어가지 못한다。』

공자께서 말씀하셨다。『언론이 독실한 사람을 허락한다면 군자다운 사람인가? 얼굴빛만 엄숙한 사람인가?』

자로가 물었다。『들었으면 행해야 합니까?』 공자께서 대답하셨다。『부모와 형제가 계신데 어찌 들었다고 실행할 수 있겠느냐?』 염유가 물었다。『들었으면 행해야 합니까?』 공자께서 말씀하셨다。『들었으면 행해야 한다。』 공서화가 물었다。『자로가 「들었으면 행해야 합니까?」라고 묻자 선생님께서 「부모와 형제가 계시

有問 聞斯行諸잇가 子曰 聞斯行之니라 公西華曰 由也問聞斯行諸어늘 子曰 有父兄在라하시고 求也問聞斯行諸어늘 子曰 聞斯行之라하시니 赤也惑하여 敢問하노이다 子曰 求也는 退故進之하고 由也는 兼人故 退之호라。

㉒ 子畏於匡에 顔淵이 後러니 子曰 吾以女爲死矣러니 曰 子在커시든 回何敢死리잇고。

●女: 너 여。汝와 같이 사용함

다」라고 하셨으며, 염유가 「들었으면 행해야 합니까?」라고 묻자 선생님께서 「들었으면 행해야 한다」라고 하셨으니, 저는 의문이 생겨 감히 묻습니다。』 공자께서 말씀하셨다。『염유는 물러나기 때문에 앞으로 나가게 한 것이고, 자로는 남보다 낫기 때문에 물러나게 한 것이다。』

공자께서 광이라는 곳에서 경계하고 계실 때 안연이 뒤에 쳐져 있었다。공자께서 말씀하셨다。『나는 네가 죽은 줄 알았다。』 그러자 안연이 말하였다。『선생님께서 살아 계신데 제가 어찌 감히 죽겠습니까?』

계자연이 물었다。『중유와 염구는 대신이라고 말할 수 있습니까?』 공

㉓ 季子然(계자연)이 問(문) 仲由冉求(중유염구)는 可謂大臣與(가위대신여)잇가 子曰(자왈) 吾以子爲異之問(오이자위이지문)이라니 曾由與求之問(증유여구지문)이온여 所謂大臣者(소위대신자)는 以道事君(이도사군)하다가 不可則止(불가즉지)니라 今由與求也(금유여구야)는 可謂具臣矣(가위구신의)니라 曰然(왈연)則從之者與(즉종지자여)잇가 子曰(자왈) 弑父與君(시부여군)은 亦不從也(역부종야)리라.

㉔ 子路使子羔(자로사자고) 爲費宰(위비재)어늘 子曰(자왈) 賊(적)

• 季子然 : 노나라의 세도가 중 한사람
• 具臣 : 숫자만 채우는 신하
• 弑 : 죽일 시
• 費 : 쓸 비. 여기서는 지명
• 宰 : 재상 재. 고을의 우두머리
• 賊 : 도둑 적. 해칠 적

자께서 말씀하셨다. 『나는 그대가 특이한 질문을 할 것으로 생각했는데, 이에 중유와 염구에 대해서 묻는구나. 이른바 대신이란 도로써 임금을 섬기다가 안 되면 멈추는 것이다. 지금 중유와 염구는 숫자만 채우는 신하라고 할 수 있을 것이다.』 계자연이 말하였다. 『그렇다면 따르기만 하는 사람들입니까?』 공자께서 말씀하셨다. 『부모와 임금을 시해하는 일은 또한 따르지 않을 것이다.』

자로가 자고를 비 땅의 재상으로 삼자, 공자께서 말씀하셨다. 『남의 자식을 해치는구나!』 자로가 말하였다. 『백성이 있고 사직이 있는데 하필 글을 읽은 이후에야 학문을 하는 것

夫人之子로다 子路曰 有民人焉하며 有社稷焉하니 何必讀書然後에 爲學이리잇고 子曰 是故惡夫佞者하노라。

㉕ 子路曾晳冉有公西華侍坐러니 子曰 以吾一日長乎爾나 毋吾以也하라 居則曰 不吾知也라하나니 如或知爾면 則何以哉오 子路率爾而對曰 千乘之國이 攝乎大國之間하

● 惡：미워할 오
● 佞：말잘할 녕
● 曾晳：증석。증자의 아버지
● 率爾：경솔하게 나서는 모양
● 攝：낄 섭

이겠습니까?』 공자께서 말씀하셨다。『이런 까닭에 말 잘하는 사람을 미워하는 것이다。』

자로와 증석과 염유와 공서화가 선생님을 모시고 앉아 있었는데, 공자께서 말씀하셨다。『내가 너희들보다 나이가 조금 많다고 해서 나에게 말하기를 어렵게 여기지 말라。평소에 「나를 알아주지 않는다」라고 하는데, 만약 혹시라도 너를 알아준다면 어떻게 하겠는가?』 자로가 경솔하게 대답했다。『천승의 나라가 큰 나라 사이에 끼어 전쟁에 시달리고 그로 인해 기근이 들었을 때 제가 다스려서 3년이면 용맹하게 할 수 있고 또 의로 향할 줄도 알게 할 수 있습니다。』 그

여 加之以師旅(가지이사려)하며 因之以饑饉(인지이기근)이어든 由也爲之(유야위지)면 比及三年(비급삼년)하여 可使(가사)有勇(유용)이며 且知方也(차지방야)케하리이다 夫子(부자)哂之(신지)하시다 求(구)야 爾(이)는 何如(하여)오 對曰(대왈) 方六七十(방육칠십)과 如五六十(여오육십)에 求也爲之(구야위지)면 比及三年(비급삼년)하여 可使足民(가사족민)이어니와 如其禮樂(여기예악)은 以俟君子(이사군자)하리이다 赤(적)아 爾(이)는 何如(하여)오 對曰(대왈) 非曰能之(비왈능지)라 願學焉(원학언)하노

●師旅：군사 2500명을 「師」、500명을 「旅」라고 함。전쟁이라는 의미
●饑：주릴 기
●饉：흉년들 근
●哂：비웃을 신
●俟：기다릴 사

러자 공자께서 미소를 지으셨다。『구야、너는 어떻게 하겠느냐?』 염유가 대답했다。『사방 60、70리 혹은 50、60리쯤 되는 작은 나라를 제가 다스려서 3년이면 풍족하게 할 수 있겠지만 예악과 같은 것은 군자를 기다리겠습니다。』『적아、너는 어떻게 하겠느냐?』 적이 대답했다。『잘할 수 있다고 말하는 것이 아니라 배우고자 합니다。종묘의 일과 제후들의 회동에 현단복을 입고 예관을 쓰고 임금의 예를 조금 돕기를 원합니다。』『점아、너는 어떻게 하겠느냐?』 그러자 비파를 천천히 연주하더니 쨍그렁 소리를 내며 비파를 버리고 일어서서 대답했다。『세 사람이 가지고

니 宗廟之事(종묘지사)와 如會同(여회동)에 端章甫(단장보)로 願(원)爲小相焉(위소상언)하노이다 點(점)아 爾(이)는 何如(하여)오 鼓瑟希(고슬희)러니 鏗爾舍瑟而作(갱이사슬이작)하여 對曰(대왈) 異乎三子者之撰(이호삼자자지찬)이로이다 子曰(자왈) 何傷乎(하상호)리오 亦各言其志也(역각언기지야)니라 曰(왈) 莫春者(모춘자)에 春服旣成(춘복기성)이어든 冠者五六人(관자오육인)과 童子六七人(동자육칠인)으로 浴乎沂(욕호기)하여 風乎舞雩(풍호무우)하여 詠而歸(영이귀)하리이다 夫子喟然歎曰(부자위연탄왈) 吾(오)

● 鏗 : 금옥소리 갱
● 撰 : 지을 찬
● 莫 : 저물 모. 「暮」와 통용
● 浴 : 목욕할 욕
● 沂 : 물이름 기
● 雩 : 기우제 우
● 詠 : 읊을 영
● 喟然 : 감탄하는 모양

있는 생각과는 다릅니다.』 공자께서 말씀하셨다. 『무슨 상관인가? 각자 자기의 뜻을 말하는 것이니라.』 증석이 말하였다. 『늦봄에 봄옷이 이미 완성되었으면 관을 쓴 사람 5、6명과 어린아이 6、7명과 함께 기수에서 목욕하고 무우단에서 바람을 쐬이며 노래하면서 돌아오겠습니다.』 공자께서 감탄하시며 말씀하셨다. 『나는 증점과 함께 하겠다.』 세 사람이 나가고 증석만 뒤에 남아 있다가 증석이 말하였다. 『저 세 사람의 말이 어떻습니까?』 공자께서 말씀하셨다. 『또한 각자 자신의 뜻을 말했을 뿐이니라.』 그러자 증석이 물었다. 『선생님께서는 어찌 유의 말에 미소를 지으셨습

與點也호리라 三子者出커늘 曾晳이 後러니 曾晳曰 夫三子者之言이 何如하니잇고 子曰 亦各言其志也已矣니라 曰 夫子何哂由也시니잇고 曰 爲國以禮어늘 其言不讓이라 是故哂之호라 唯求則非邦也與잇가 安見方六七十과 如五六十而非邦也者리오 唯赤則非邦也與잇가 宗廟會同이 非諸侯而何오 赤也爲之小면 孰能爲之大리오。

니까?』 공자께서 말씀하셨다。『나라를 다스리는 것은 예로써 해야 하는데 자로의 말이 겸손하지 않았기 때문에 미소 지은 것이다。』 증석이 물었다。『구가 말한 것은 나라를 다스리는 것이 아닙니까?』 공자께서 말씀하셨다。『어찌 사방 60、70리 또는 50、60리쯤 되는 작은 나라라고 해서 나라가 아니겠느냐?』 증석이 물었다。『적이 말한 것은 나라를 다스리는 일이 아닙니까?』 공자께서 말씀하셨다。『종묘의 일과 제후들의 회동이 제후의 일이 아니고 무엇이겠는가? 적이 그런 일을 하기에 스스로 작다고 여긴다면 누가 그런 일을 할 수 있는 큰 인물이겠는가?』

第12章 顔淵 (제12장 안연)

① 顔淵(안연)이 問仁(문인)한대 子曰(자왈) 克己復禮(극기복례) 爲仁(위인)이니 一日克己復禮(일일극기복례)면 天下歸仁焉(천하귀인언)하리니 爲仁由己(위인유기)니 而由人乎哉(이유인호재)아 顔淵(안연)이 曰(왈) 請問其目(청문기목)하노이다 子曰(자왈) 非禮勿視(비례물시)하며 非禮勿聽(비례물청)하며 非禮勿言(비례물언)하며 非禮勿動(비례물동)이니라 顔淵曰(안연왈) 回雖不敏(회수불민)이나 請事斯語矣(청사사어의)로리이다。

② 仲弓(중궁)이 問仁(문인)한대 子曰(자왈) 出門如見(출문여견)

안연이 인에 대해서 묻자 공자께서 말씀하셨다。『자기의 사사로운 욕망을 이겨 예를 회복하는 것이 인을 행하는 것이니、하루라도 자기의 사사로운 욕망을 이겨 예를 회복한다면 천하가 인으로 돌아갈 것이다。인을 행하는 것은 자신으로부터 말미암는 것이지 남으로부터 말미암는 것이겠는가?』안연이 말하였다。『자세한 조목을 듣고자 합니다。』공자께서 말씀하셨다。『예가 아니면 보지 말고、예가 아니면 듣지 말고、예가 아니면 말하지 말고、예가 아니면 행동하지 말라。』안연이 말하였다。『제가 비록 민첩하지는 못하지만 이 말씀을 따르고자 합니다。』

중궁이 인에 대해서 묻자 공자께서

大賓(대빈)하며 使民如承大祭(사민여승대제)하며 己所不欲(기소불욕)을 勿施於人(물시어인)이면 在邦無怨(재방무원)하며 在家無怨(재가무원)이니라 仲弓曰(중궁왈) 雍雖不敏(옹수불민)이나 請事斯語矣(청사사어의)로리이다。

③ 司馬牛問仁(사마우문인)한대 子曰(자왈) 仁者(인자)는 其言也訒(기언야인)이니라 曰(왈) 其言也訒(기언야인)을 斯謂之仁矣乎(사위지인의호)잇가 子曰(자왈) 爲之難(위지난)이어니 言之得無訒乎(언지득무인호)아。

④ 司馬牛問君子(사마우문군자)한대 子曰(자왈) 君子(군자)는

●賓：손님 빈
●訒：참을 인
●司馬牛：송나라 桓魋의 동생

말씀하셨다。『문을 나서면 큰 손님을 만난 것처럼 하며、백성을 부릴 때에는 큰제사를 받드는 것처럼 하며、자기가 원하지 않는 것을 남에게 베풀지 않으면 나라에 있어서도 원망하는 사람이 없을 것이며 집안에 있어서도 원망하는 사람이 없을 것이다。』중궁이 말하였다。『제가 비록 민첩하지는 못하지만 이 말씀을 따르고자 합니다。』

사마우가 인에 대해서 묻자 공자께서 말씀하셨다。『어진 사람은 자신이 하는 말을 참아서 한다。』사마우가 말하였다。『자신이 하는 말을 참아서 하면 인이라고 할 수 있습니까?』공자께서 말씀하셨다。『하기 어려우니 말을 하는데 참아서 하지 않을 수 있겠는가?』

不憂不懼니라 曰 不憂不懼면 斯謂之君子矣乎잇가 子曰 內省不疚어니 夫何憂何懼리오。

⑤ 司馬牛憂曰 人皆有兄弟어늘 我獨亡호라 子夏曰 商은 聞之矣로라 死生有命이요 富貴在天이라하시니 君子敬而無失하며 與人恭而有禮면 四海之內 皆兄弟也니 君子何患乎無兄弟也리오。

•省 : 살필 성 •疚 : 오랜병 구。허물 구

사마우가 군자에 대해서 묻자 공자께서 말씀하셨다。『군자는 근심하지 않고 두려워하지 않는다。』 사마우가 말하였다。『근심하지 않고 두려워하지 않으면 군자라고 할 수 있습니까?』 공자께서 말씀하셨다。『마음속으로 반성하여 허물이 없는데 무엇을 근심하고 무엇을 두려워하겠는가?』

사마우가 걱정하면서 말하였다。『사람들은 모두 형제가 있는데 저만 홀로 형제가 없습니다。』 자하가 말하였다。『내가 들으니、죽고 사는 것은 천명에 달려 있고、부유함과 귀함은 하늘에 달려 있다고 하였다。 군자가 공경하여 실수가 없으며、사람들과 사귀되 공손하고 예가 있으면、사해의 안이 모두 형제인데 군자가 어찌

⑥ 子張이 問明한대 子曰 浸潤之譖과 膚受之愬 不行焉이면 可謂明也已矣며 浸潤之譖과 膚受之愬 不行焉이면 可謂遠也已矣니라。

⑦ 子貢이 問政한대 子曰 足食하며 足兵하며 民信之矣니라 子貢曰 必不得已而去인댄 於斯三者에 何先이리잇고 曰 去兵이니라 子貢曰 必不得已

● 浸 : 담글 침
● 潤 : 젖을 윤
● 譖 : 참소할 참
● 膚 : 살갗 부
● 愬 : 하소연할 소

형제가 없는 것을 걱정하겠는가?』

자장이 현명함에 대하여 묻자 공자께서 말씀하셨다。『서서히 젖어드는 참소와 몸에 와 닿는 간절한 하소연이 행해지지 않는다면 현명하다고 말할 수 있을 것이다。서서히 젖어드는 참소와 몸에 와 닿는 간절한 하소연이 행해지지 않는다면 지극히 현명하다고 말할 수 있을 것이다。』

자공이 정치에 대해서 묻자 공자께서 말씀하셨다。『식량을 풍족하게 하고、군사력을 튼튼하게 하면 백성들이 믿을 것이다。』자공이 말하였다。『반드시 어쩔 수 없어서 제거한다면 이 세 가지 중에서 무엇을 먼저 버리시겠습니까?』공자께서 말씀하셨다。『군사력을 제거할 것이다。』자공이 물

而去인댄 於斯二者에 何先이리잇고 曰 去食이니 自古皆有死어니와 民無信이면 不立이니라。

⑧ 棘子成曰 君子는 質而已矣니 何以文爲리오 子貢曰 惜乎라 夫子之說이여 君子也나 駟不及舌이로다 文猶質也며 質猶文也니 虎豹之鞹이 猶犬羊之鞹이니라。

•自：~부터
•棘子成：위(衛)나라 대부
•惜：아까울 석
•駟：사마 사
•鞹：생가죽 곽

었다。『반드시 어쩔 수 없어서 제거한다면 나머지 두 가지 중에서 무엇을 먼저 버리시겠습니까?』 공자께서 말씀하셨다。『식량을 버릴 것이다。 예로부터 사람들은 모두 죽게 되어 있는데 백성들에게 믿음이 없으면 나라가 존립할 수 없게 될 것이다。』

극자성이 말하였다。『군자는 바탕이 있을 뿐인데 어찌 문채를 사용하겠는가?』 자공이 말하였다。『애석하도다! 그대의 말이 군자답지만 네 마리의 말이 끄는 수레도 그대의 혀를 따라가지 못할 것이다。 문채는 바탕과 같고 바탕은 문채와 같은 것이다。 호랑이와 표범의 가죽이 개나 양의 가죽과 같은 것이다。』

⑨ 哀公이 問於有若曰 年饑하여 用不足하니 如之何오 有若이 對曰 盍徹乎잇고 曰 二도 吾猶不足이어든 如之何其徹也리오 對曰 百姓足이면 君孰與不足이시며 百姓不足이면 君孰與足이시리잇고。

⑩ 子張이 問崇德辨惑한대 子曰 主忠信하며 徙義崇德也니라 愛之欲其生하고 惡之欲其死하나니 旣欲其生

• 徹 : 통할 철。10분의 1을 거두는 주나라 세법
• 盍 : 어찌 아니할 합
• 徙 : 옮길 사

애공이 유약에게 물었다。『금년은 흉년이 들어서 국가의 재용이 부족한데 어떻게 해야 하겠는가?』 유약이 대답했다。『어찌 철법을 사용하지 않습니까?』 애공이 말하였다。『10분의 2도 나는 오히려 부족한데 어떻게 철법을 쓰겠는가?』 유약이 대답했다。『백성이 풍족하면 임금이 누구와 더불어 부족하겠습니까? 백성이 풍족하지 못하다면 임금이 누구와 더불어 풍족하겠습니까?』

자장이 덕을 숭상하고 의혹을 분별하는 것에 대하여 질문하자、공자께서 말씀하셨다。『충성과 믿음을 주로 하고 의로움으로 옮겨가는 것이 덕을 숭상하는 것이다。사랑할 때는 그가 살기를 바라고 미워할 때는 그가 죽

이요 又欲其死(우욕기사) 是惑也(시혹야)니라 誠不以(성불이) 富(부)라 亦祗以異(역지이이)니라。

⑪ 齊景公(제경공)이 問政於孔子(문정어공자)하신대 孔子(공자) 對曰(대왈) 君君臣臣父父子子(군군신신부부자자)니이다 公(공) 曰(왈) 善哉(선재)라 信如君不君(신여군불군)하며 臣不臣(신불신)하며 父不父(부불부)하며 子不子(자부자)면 雖有粟(수유속)인들 吾得而食諸(오득이식저)아。

⑫ 子曰(자왈) 片言可以折獄者(편언가이절옥자)는 其由也(기유야) 與(여)인저 子路(자로)는 無宿諾(무숙낙)이러라。

• 獄：감옥 옥
• 由：자로를 말함
• 宿：묵을 숙
• 諾：대답할 락

기를 바라는데, 이미 그가 살기를 바라면서 또 그가 죽기를 바라는 것이 바로 미혹 된 것이다。진실로 부유하게 하는 것이 아니라 다만 이상한 것만을 취할 뿐이다。』

제나라 경공이 공자에게 정치에 대해서 묻자 공자께서 대답하셨다。『임금은 임금답고、신하는 신하다우며、부모는 부모답고、자식은 자식다워야 한다。』제나라 경공이 말하였다。『좋습니다。진실로 임금이 임금답지 못하고、신하가 신하답지 못하며、부모가 부모답지 못하고、자식이 자식답지 않으면 비록 곡식이 있다고 한들 내가 어찌 그것을 먹을 수 있겠습니까?』

공자께서 말씀하셨다。『반 마디 말로 옥사(獄事)를 결단할 수 있는 사람

⑬ 子曰 聽訟이 吾猶人也나 必也使無訟乎인저。
(자왈 청송이 오유인야나 필야사무송호인저。)

⑭ 子張이 問政한대 子曰 居之無倦이요 行之以忠이니라。
(자장이 문정한대 자왈 거지무권이요 행지이충이니라。)

⑮ 子曰 博學於文이요 約之以禮면 亦可以弗畔矣夫인저。
(자왈 박학어문이요 약지이례면 역가이불반의부인저。)

⑯ 子曰 君子는 成人之美하고 不成人之惡하나니 小人은 反是니라。
(자왈 군자는 성인지미하고 불성인지악하나니 소인은 반시니라。)

⑰ 季康子 問政於孔子한대 孔子對
(계강자 문정어공자한대 공자대)

• 倦 : 게으를 권
• 畔 : 배반할 반

은 유일 것이로다。』 자로는 승낙을 묵혀두는 일이 없었다。

공자께서 말씀하셨다。『송사를 처리하는 것은 나도 남과 같지만 반드시 송사 자체가 일어나지 않게 하겠다。』

자장이 정사에 대해서 묻자 공자께서 말씀하셨다。『거처함에 게으름이 없고、행하기를 충으로 해야 한다。』

공자께서 말씀하셨다。『글을 널리 배우고 예로써 요약한다면 또한 도에서 어긋나지 않을 것이다。』

공자께서 말씀하셨다。『군자는 남의 아름다운 점을 완성시켜주고 남의 나쁜 점은 완성시켜주지 않는데、소인은 이를 반대로 한다。』

계강자가 공자에게 정치에 대해서 묻자 공자께서 대답하셨다。『정치란

曰 政者는 正也니 子帥•以正이면 孰敢不正이리오。

⑱ 季康子患盜하여 問於孔子한대 孔子對曰 苟子之不欲이면 雖賞之不竊•이리라。

⑲ 季康子問政於孔子曰 如殺無道하여 以就有道인댄 何如하니잇고 孔子對曰 子爲政에 焉用殺이리오 子欲善이면 而民善矣리라 君子之德은

바르게 하는 것이다。그대가 스스로 바른 것을 가지고 통솔한다면 누가 감히 바르게 하지 않겠습니까?』

계강자가 도둑을 걱정하여 공자에게 묻자 공자께서 대답하셨다。『만일 그대가 욕심을 부리지 않는다면 비록 상을 주더라도 훔치지 않을 것이다。』

계강자가 공자에게 정치에 대해서 물었다。『만약 도가 없는 사람을 죽여서 도가 있는 데로 나아가게 한다면 어떻겠습니까?』공자께서 대답하셨다。『그대가 정치를 하는데 어찌 죽이는 일을 하겠는가? 그대가 선을 하고자 하면 백성들도 선해질 것이다。군자의 덕은 바람과 같고 소인의 덕은 풀과 같으니 풀 위에 바람이 불면 반드시 옆으로 눕게 되어 있는 것이다。』

•帥 : 거느릴 솔

•竊 : 훔칠 절

風(풍)이요 小人之德(소인지덕)은 草(초)니 草上之風(초상지풍)이면 必偃(필언)이니라。

⑳ 子張(자장)이 問(문) 士何如(사하여)라야 斯可謂之(사가위지)達矣(달의)리잇고 子曰(자왈) 何哉(하재)오 爾所謂達(이소위달)者(자)오 子張(자장)이 對曰(대왈) 在邦必聞(재방필문)하며 在家必聞(재가필문)이니이다 子曰(자왈) 是(시)는 聞也(문야)라 非達也(비달야)로다 夫達也者(부달야자)는 質直而好義(질직이호의)하며 察言而觀色(찰언이관색)하며 慮以下人(려이하인)하나니 在邦必達(재방필달)하며 在家必達(재가필달)이니라 夫(부)

•偃：쓰러질 언

•慮：생각할 려

자장이 물었다。『선비는 어떻게 해야 통달했다고 할 수 있습니까?』공자께서 말씀하셨다。『네가 말하는 통달이라는 것은 무엇인가?』자장이 대답했다。『나라에 있어서도 반드시 소문이 나고、집안에 있어서도 반드시 소문이 나는 것입니다。』공자께서 말씀하셨다。『이것은 소문이라는 것이지 통달이 아니다。통달이라는 것은 질박하고 정직하고 의를 좋아하며、말을 관찰하고 얼굴빛을 살피며、생각하여 자신을 낮추는 것이다。이렇게 하면 나라에 있어서도 반드시 통달하게 되며、집안에 있어서도 반드시 통달하게 되는 것이다。소문이란 얼굴빛은 인을 취하려고 하지만 행실은 인에서 위배되고、그렇게 머

聞也者는 色取仁而行違하고 居之不疑하나니 在邦必聞하며 在家必聞이니라。

㉑ 樊遲從遊於舞雩之下러니 曰 敢問崇德脩慝辨惑하노이다 子曰 善哉라 問이여 先事後得이 非崇德與아 攻其惡하고 無攻人之惡이 非脩慝與아 一朝之忿으로 忘其身하여 以及其親이 非惑與아。

• 慝 : 사특할 특

물면서도 전혀 의심하지 않는 것이다。 그렇게 하면 나라에 있어서도 반드시 소문이 나고、집안에 있어서도 반드시 소문이 나는 것이다。』

번지가 무우단의 아래에서 놀 때 공자께 질문했다。『감히 덕을 높이는 것과 사악함을 닦는 것과 의혹을 분별하는 것에 대해서 묻고 싶습니다。』 공자께서 말씀하셨다。『좋구나、질문이여! 어려운 일을 먼저하고 얻을 것을 뒤에 하는 것이 덕을 높이는 것이 아니겠는가? 자신의 악함을 다스리고 남의 악함을 다스리지 않는 것이 사악함을 닦는 것이 아니겠는가? 하루아침의 분노로 자신을 잊어버려 재앙이 부모에게 미치는 것이 의혹이 아니겠는가?』

㉒ 樊遲問仁한대 子曰 愛人이니라 問知한대 子曰 知人이니라 樊遲未達이어늘 子曰 擧直錯諸枉이면 能使枉者直이니라 樊遲退하여 見子夏曰 鄕也에 吾見於夫子而問知하니 子曰 擧直錯諸枉이면 能使枉者直이라하시니 何謂也오 子夏曰 富哉라 言乎여 舜有天下에 選於衆하사 擧皐陶하신대

• 鄕 : 고을 향。 여기서는 嚮(접때 향)과 통용
• 皐 : 고할 고
• 陶 : 질그릇 도。 여기서는 요로 발음함。 고요는 순임금의 신하

번지가 인에 대해서 묻자 공자께서 말씀하셨다。『사람을 사랑하는 것이다。』지혜에 대해서 묻자 공자께서 말씀하셨다。『사람을 아는 것이다。』번지가 제대로 이해하지 못하자、공자께서 말씀하셨다。『정직한 사람을 등용하고 여러 굽은 사람들을 버려두면 굽은 사람들로 하여금 정직하게 할 수 있다。』번지가 물러 나와 자하를 보고 말하였다。『지난번에 내가 선생님을 만나서 지혜에 대해서 질문했는데 선생님께서 「정직한 사람을 등용하고 여러 굽은 사람들을 버려두면 굽은 사람들로 하여금 정직하게 할 수 있다」라고 말씀하셨는데、무엇을 말씀하신 것인가?』자하가 말하였다。『풍부하도다、말씀이여! 순임금

不仁者遠矣(불인자원의)며 湯有天下(탕유천하)에 選於衆(선어중)하사 擧伊尹(거이윤)하신대 不仁者遠矣(불인자원의)니라。

㉓ 子貢(자공)이 問友(문우)한대 子曰(자왈) 忠告而善道之(충고이선도지)하다가 不可則止(불가즉지)하여 無自辱焉(무자욕언)이니라。

㉔ 曾子曰(증자왈) 君子(군자)는 以文會友(이문회우)하고 以友輔仁(이우보인)이니라。

•伊尹 : 이윤。 탕임금의 신하 •輔 : 도울 보

이 천하를 소유하셨을 때 여러 사람 중에서 선발하여 고요를 등용하자 어질지 못한 사람이 멀어졌다。 탕임금이 천하를 소유하셨을 때 여러 사람 중에서 선발하여 이윤을 등용하자 어질지 못한 사람들이 멀어졌다。』

자공이 친구에 대해서 묻자 공자께서 말씀하셨다。『진심으로 충고해서 잘 인도해 주었는데도 듣지 않으면 멈추어서 자신을 욕되게 함이 없어야 한다。』

증자가 말하였다。『군자는 학문으로 벗을 모으고、벗을 통해 자신의 인을 보충하는 것이다。』

第13章 子路(제13장 자로)

① 子路問政(자로문정)한대 子曰(자왈) 先之勞之(선지로지)니라 請益(청익)한대 曰(왈) 無倦(무권)이니라。

② 仲弓(중궁)이 爲季氏宰(위계씨재)하여 問政(문정)한대 子(자) 曰(왈) 先有司(선유사)하며 赦•小過(사소과)하며 擧賢才(거현재)니라 曰(왈) 焉知賢才而擧之(언지현재이거지)리잇고 曰(왈) 擧(거) 爾所知(이소지)니 爾所不知(이소부지)를 人其舍諸(인기사저)아。

③ 子路曰(자로왈) 衛君(위군)이 待子而爲政(대자이위정)인댄

● 赦 : 용서할 사

자로가 정치에 대해서 묻자 공자께서 말씀하셨다。『솔선수범하고 부지런하게 해야 한다。』 더 말씀해 주시기를 청하자 공자께서 말씀하셨다。『게으름이 없어야 한다。』

중궁이 계씨의 가신이 되어 정치에 대해서 묻자 공자께서 말씀하셨다。『담당자에게 먼저 시키고、작은 허물을 용서해주며、어진 사람과 유능한 사람을 등용해야 한다。』 중궁이 물었다。『어떻게 어진 사람과 유능한 사람을 알아서 등용합니까?』 공자께서 말씀하셨다。『네가 아는 사람을 등용해야 하니、네가 모르는 사람에 대해서 사람들이 버려두겠느냐?』

자로가 말하였다。『위나라 임금이 선생님을 기다려 정사를 하려 하시면

子將奚先(자장해선)이시리잇고 子曰(자왈) 必也正名乎(필야정명호)인저 子路曰(자로왈) 有是哉(유시재)아 子之迂也(자지우야)여 奚其正(해기정)이시리오 子曰(자왈) 野哉(야재)라 由也(유야)여 君子於其所不知(군자어기소부지)에 蓋闕如也(개궐여야)니라 名不正(명부정)하면 則言不順(즉언불순)하고 言不順(언불순)하면 則事不成(즉사불성)하고 事不成(사불성)하면 則禮樂不興(즉예악불흥)하고 禮樂不興(예악불흥)하면 則刑罰不中(즉형벌부중)하고 刑罰不中(형벌부중)하면 則民無所措手足(즉민무소조수족)이니라 故(고)로 君子(군자)는 名之(명지)인댄 必可言(필가언)

•迂：멀 우 •闕：빠질 궐 •措：둘 조

선생님께서는 장차 무엇을 먼저 하시겠습니까?』 공자께서 말씀하셨다. 『반드시 명분을 바로 잡겠다.』 자로가 말하였다. 『이럴 수가 있습니까? 선생님께서 사정에 어두우심이여! 어떻게 바로잡을 수 있겠습니까?』 공자께서 말씀하셨다. 『촌스럽구나, 유여! 군자는 자신이 알지 못하는 것에 대해서는 빼놓고 말하지 않아야 한다. 명분이 바르지 않으면 말이 순조롭지 못하고, 말이 순조롭지 못하면 일이 이루어지지 못하고, 일이 이루어지지 못하면 예악이 발흥하지 못하고, 예악이 발흥하지 못하면 형벌이 알맞지 못하고, 형벌이 알맞지 못하면 백성들이 수족을 둘 데가 없을 것이다. 그러므로 군자가 이름을 붙이면 반

也(야)며 言之(언지)인댄 必可行也(필가행야)니 君子(군자)는 於其言(어기언)에 無所苟而已矣(무소구이이의)니라。

④ 樊遲(번지) 請學稼●(청학가)한대 子曰(자왈) 吾不如老農(오불여노농)호라 請學爲圃●(청학위포)한대 曰(왈) 吾不如老圃(오불여노포)호라 樊遲出(번지출)커늘 子曰(자왈) 小人哉(소인재)로다 樊須也(번수야)여 上好禮(상호례)면 則民莫敢不敬(즉민막감불경)하며 上好義(상호의)면 則民莫敢不服(즉민막감불복)하며 上好信(상호신)이면 則民莫敢不用情(즉민막감불용정)이니 夫如是(부여시)면 則四方之民(즉사방지민)이 襁●負其子而至(강부기자이지)

● 稼: 심을 가
● 圃: 밭 포
● 襁: 포대기 강

드시 말을 할 수 있고、말을 하면 반드시 행할 수 있으니、군자는 그 말에 대해서 구차한 것이 없을 뿐이다。』

번지가 농사짓는 방법을 배우고 싶다고 청하자、공자께서 말씀하셨다。『나는 노련한 농부보다 못하다。』 채소 가꾸는 방법을 배우고 싶다고 청하자 말씀하셨다。『나는 노련한 채소 가꾸는 농군보다 못하다。』 번지가 나가자 공자께서 말씀하셨다。『소인이구나、번수여! 윗사람이 예를 좋아하면 백성들이 감히 공경하지 않을 수 없고、윗사람이 의를 좋아하면 백성들이 감히 복종하지 않을 수 없고、윗사람이 신(信)을 좋아하면 백성들이 감히 성실하지 않을 수 없을 것이다。이와 같이 하면 사방의 백성들이 자기 자식

矣리니 焉用稼리오。

⑤子曰 誦詩三百하되 授之以政에 不達하며 使於四方에 不能專對면 雖多나 亦奚以爲리오。

⑥子曰 其身正이면 不令而行하고 其身不正이면 雖令不從이리라。

⑦子曰 魯衛之政이 兄弟也로다。

⑧子謂衛公子荊하시되 善居室이로다 始有에 曰 苟合矣라하고 少有

•使 : 사신갈 시　•荊 : 가시나무 형

을 강보에 업고 올 것인데 어찌 농사 짓는 방법을 쓸 필요가 있겠느냐?』

공자께서 말씀하셨다. 『「시경」 삼백 편을 외우고도 정치를 맡겼을 때 통달하지 못하며, 사방에 사신으로 나가서 혼자 처리하지 못하면 비록 많이 외운들 또한 어디에 쓰겠는가?』

공자께서 말씀하셨다. 『자기 자신이 바르면 명령하지 않아도 행해지고, 자신이 바르지 않으면 비록 명령하더라도 따르지 않는다.』

공자께서 말씀하셨다. 『노나라와 위나라의 정치는 형제와 같다.』

공자께서 위나라의 공자 형(荊)에 대하여 말씀하셨다. 『집에 거처하기를 잘 하였다. 처음 소유했을 때는 「겨우 모였구나」라고 하였고, 조금 더

에 曰 苟完矣라하고 富有에 曰 苟美矣라하니라。

⑨ 子適衛에 冉有僕•이러니 子曰 庶矣哉라 冉有曰 旣庶矣어든 又何加焉이리잇고 曰 富之니라 曰 旣富矣어든 又何加焉이리잇고 曰 教之니라。

⑩ 子曰 苟有用我者인댄 朞•月而已면 可也요 三年이면 有成이리라。

⑪ 子曰 善人이 爲邦百年이면 亦可

•僕 : 종 복。 마부 복
•朞 : 돌 기。 만 1년

소유하자 「겨우 갖추어졌구나」라고 하였으며, 많이 소유하게 되자 「이제 조금 아름답구나。」라고 하였다。』

공자께서 위나라에 가실 때에 염유가 수레를 몰았다。 공자께서 말씀하셨다。『백성들이 많구나。』 염유가 말하였다。『이미 백성들이 많다면 또 무엇을 더해야 합니까?』 공자께서 말씀하셨다。『부유하게 해 주어야 한다。』 염유가 말하였다。『이미 부유해졌으면 또 무엇을 더해야 합니까?』 공자께서 말씀하셨다。『가르쳐야 한다。』

공자께서 말씀하셨다。『만약 나를 등용하는 사람이 있다면 비록 1년이면 좋을 것이고, 3년이면 이룸이 있을 것이다。』

공자께서 말씀하셨다。『착한 사람

以勝殘去殺矣라하니 誠哉라 是言也여。

⑫ 子曰 如有王者인댄 必世而後仁이니라。

⑬ 子曰 苟正其身矣면 於從政乎何有며 不能正其身이면 如正人何리오。

⑭ 冉子退朝어늘 子曰 何晏也오 對曰 有政이러이다 子曰 其事也로다 如有政이면 雖不吾以나 吾其與聞

●殘 : 해칠 잔 ●晏 : 늦을 안 ●以 : 用과 통용

이 백년 동안 나라를 다스리면 잔학한 사람을 선하게 교화시키고, 죽이는 형벌을 없앨 수 있다 하니, 진실하구나, 이 말씀이여!』

공자께서 말씀하셨다. 『만약 왕자가 있다고 해도 반드시 한 세대가 지난 뒤에야 어질게 될 것이다.』

공자께서 말씀하셨다. 『진실로 자기 자신을 바르게 하면 정치에 종사함에 무슨 어려움이 있으며, 자기 자신을 바르게 하지 못하면 어떻게 남을 바르게 할 수 있겠는가?』

염유가 조정에서 돌아오자 공자께서 말씀하셨다. 『왜 그렇게 늦었느냐?』 염유가 대답했다. 『국정이 있었습니다.』 공자께서 말씀하셨다. 『그것은 집안일이었을 것이다. 만약 국정

之리라。

⑮ 定公이 問 一言而可以興邦이라하니 有諸잇가 孔子對曰 言不可以若是其幾也어니와 人之言曰 爲君難하며 爲臣不易라하니 如知爲君之難也인댄 不幾乎一言而興邦乎잇가 曰 一言而喪邦이라하니 有諸잇가 孔子對曰 言不可以若是其幾也어니와 人之言曰 予無樂乎爲君이요 唯其

● 幾：기미 기。여기서는 기필함

이 있었다면 비록 나를 등용하지는 않았지만 내가 참여해서 국정을 들었을 것이다。』

정공이 물었다。『한 마디 말로 나라를 일으킬 수 있다고 하는데 그런 말이 있습니까？』공자께서 말씀하셨다。『말은 이와 같이 기약할 수 없지만、사람들이 하는 말에 「임금 노릇하기가 어렵고 신하 노릇하기가 쉽지 않다」고 하였으니、만약 임금 노릇하기가 어렵다는 것을 안다면 한 마디 말로 나라를 일으킨다는 것을 기약할 수 없겠습니까？』정공이 말하였다。『한 마디 말로 나라를 망하게 할 수 있다고 하는 데 그런 말이 있습니까？』공자께서 말씀하셨다。『말은 이와 같이 기약할 수 없지만、사람들이

言(언)而(이)莫(막)予(여)違(위)也(야)라하니 如(여)其(기)善(선)而(이)莫(막)之(지)違(위)也(야)인댄 不(불)亦(역)善(선)乎(호)잇가 如(여)不(불)善(선)而(이)莫(막)之(지)違(위)也(야)인댄 不(불)幾(기)乎(호)一(일)言(언)而(이)喪(상)邦(방)乎(호)잇가。

⑯ 葉(섭)公(공)이 問(문)政(정)한대 子(자)曰(왈) 近(근)者(자)說(열)•하며 遠(원)者(자)來(래)니라。

⑰ 子(자)夏(하)爲(위)莒(거)父(보)宰(재)하여 問(문)政(정)한대 子(자)曰(왈) 無(무)欲(욕)速(속)•하며 無(무)見(견)小(소)利(리)니 欲(욕)速(속)則(즉)不(부)達(달)하고 見(견)小(소)利(리)則(즉)大(대)事(사)不(불)成(성)이니라。

•說 : 기쁠 열 •速 : 빠를 속

하는 말에「나는 임금 노릇하는 것을 즐기지 않고 오직 내가 말을 하면 그 말을 어기지 않는 것이 즐겁다」라고 하였으니, 만약 임금의 말이 선한데 그것을 어기지 않는다면 또한 좋지 않겠습니까? 만약 임금의 말이 불선한데 그것을 어기지 않는다면 한 마디 말로 나라를 망하게 함을 기약할 수 없겠습니까?』

섭공이 정치에 대해서 묻자 공자께서 말씀하셨다.『가까운데 있는 사람이 기뻐하며 먼 곳에 있는 사람을 오게 하여야 한다.』

자하가 거보라는 읍의 재상이 되어 정사에 대해서 묻자 공자께서 말씀하셨다.『빨리 하려고 하지 말고, 작은 이익을 보려고 하지 말라. 빨리 하려

⑱ 葉公(섭공)이 語孔子曰(어공자왈) 吾黨(오당)에 有直躬者(유직궁자)하니 其父攘羊(기부양양)이어늘 而子證之(이자증지)하니이다 孔子曰(공자왈) 吾黨之直者(오당지직자)는 異於是(이어시)하니 父爲子隱(부위자은)하며 子爲父隱(자위부은)에 直在其中矣(직재기중의)니라。

⑲ 樊遲問仁(번지문인)한대 子曰(자왈) 居處恭(거처공)하며 執事敬(집사경)하며 與人忠(여인충)을 雖之夷狄(수지이적)이라도 不可棄也(불가기야)니라。

⑳ 子貢(자공)이 問曰(문왈) 何如(하여)라야 斯可謂之(사가위지)

● 攘 : 훔칠 양

● 棄 : 버릴 기

고 하면 통달하지 못하고 작은 이익을 보면 큰 일을 이루지 못한다.』

섭공이 공자에게 말하였다. 『우리 고을에 몸을 정직하게 하여 행동하는 사람이 있는데, 자기 아버지가 양을 훔치자 아들이 그것을 증언하였습니다.』 공자께서 말씀하셨다. 『우리 고을에 있는 정직한 사람은 이와 다르다. 아버지는 자식을 위해서 숨겨주고 자식은 아버지를 위해 숨겨주는데, 정직함이란 바로 그 가운데 있다.』

번지가 인에 대하여 묻자 공자께서 말씀하셨다. 『거처할 때에는 공손하게 하고, 일을 할 때는 공경하게 하며, 사람과 사귈 때에는 진심으로 하는 것을 비록 오랑캐의 나라에 가더라도 버려서는 안 될 것이다.』

士矣리잇고 子曰 行己有恥하며 使於四方에 不辱君命이면 可謂士矣니라 曰 敢問其次하노이다 曰 宗族이 稱孝焉하며 鄕黨이 稱弟焉이니라 曰 敢問其次하노이다 曰 言必信하며 行必果면 硜硜然小人哉나 抑亦可以爲次矣니라 曰 今之從政者는 何如하니잇고 子曰 噫라 斗筲之人을 何足算也

•使 : 사신갈 시
•弟 : 공손할 제。悌와 통용
•硜硜 : 돌소리 갱。갱갱은 조약돌의 견고한 모양
•斗筲 : 斗는 한 말, 筲는 한 말 두되들이 그릇。작음을 나타냄

자공이 물었다。『어떻게 해야 선비라고 할 수 있습니까?』 공자께서 말씀하셨다。『몸소 행함에 부끄러움이 있고, 사방에 사신으로 가서 임금의 명을 욕되게 하지 않는다면 선비라고 할 수 있을 것이다。』 자공이 말하였다。『감히 그 다음을 묻겠습니다。』 공자께서 말씀하셨다。『집안의 종족들이 효성스럽다고 칭송하고, 고을 사람들이 공손하다고 칭찬해야 한다。』 자공이 또 물었다。『감히 그 다음을 묻겠습니다。』 공자께서 말씀하셨다。『말을 반드시 미덥게 하고, 행동을 반드시 과단성 있게 하면 자잘한 소인이지만, 그래도 또한 그 다음이 될 수 있을 것이다。』 자공이 말하였다。『오늘날 정치에 종사하는 자들은 어떻습

리오。

㉑ 子曰 不得中行而與之인댄 必也狂狷乎인저 狂者는 進取하고 狷者는 有所不爲也니라。

㉒ 子曰 南人有言曰 人而無恒이면 不可以作巫醫라하니 善夫인저 不恒其德이면 或承之羞라하니 子曰 不占而已矣로다。

• 狂狷 : 미칠 광。 성급할 견。 狂은 뜻은 높으나 해실이 따르지 못하는 사람、狷은 행동은 잘하지만 융통성이 없는 사람을 뜻함
• 羞 : 바칠 수。 여기서는 부끄럽다는 의미

니까?』 공자께서 말씀하셨다。『아! 도량이 아주 좁은 사람들을 어찌 따질 것이 있겠는가?』

공자께서 말씀하셨다。『중도(中道)를 행하는 선비를 얻어서 그와 함께 할 수 없다면 반드시 광자나 견자와 함께 할 것이로다。광자는 진취적이고、견자는 하지 않는 것이 있는 사람이다。』

공자께서 말씀하셨다。『남쪽의 사람들이 말하기를「사람으로서 항심이 없으면 무당이나 의원도 될 수 없다」고 하였으니、좋은 말이로다。「자신의 덕이 일정하지 않으면 혹 부끄러움이 이어질 것이다」라고 하니 공자께서 말씀하셨다。『점쳐 보지 않았기 때문일 것이다。』

㉓ 子曰 君子는 和而不同하고 小人은 同而不和니라。

㉔ 子貢이 問曰 鄕人皆好之인댄 何如하니잇고 子曰 未可也니라 鄕人皆惡之면 何如하니잇고 子曰 未可也니 不如鄕人之善者는 好之하고 其不善者는 惡之니라。

㉕ 子曰 君子는 易事而難說也니 說之不以道면 不說也요 及其使人也

•易 : 쉬울 이　•說 : 기쁠 열

공자께서 말씀하셨다. 『군자는 조화를 추구하되 동일성을 추구하지 않으며, 소인은 동일성을 추구하되 조화를 추구하지 않는다.』

자공이 물었다. 『고을 사람들이 모두 좋아하면 어떻습니까?』 공자께서 말씀하셨다. 『아직 좋은 것은 아니다.』 또 말하였다. 『고을 사람들이 모두 미워하면 어떻습니까?』 공자께서 말씀하셨다. 『아직 좋은 것이 아니다. 고을 사람 중에서 착한 사람이 좋아하고, 착하지 않은 사람이 미워하는 것보다는 못하다.』

공자께서 말씀하셨다. 『군자는 섬기기는 쉬워도 기쁘게 하기는 어렵다. 기쁘게 하기를 도로써 하지 않으면 기뻐하지 않으며, 사람을 부리는

에는 器之(기지)니라 小人(소인)은 難事而易說也(난사이이열야)니 說之雖不以道(열지수불이도)나 說也(열야)요 及其使人也(급기사인야)에는 求備焉(구비언)이니라。

㉖ 子曰(자왈) 君子(군자)는 泰而不驕(태이불교)하고 小人(소인)은 驕而不泰(교이불태)니라。

㉗ 子曰(자왈) 剛毅木訥(강의목눌)이 近仁(근인)이니라。

㉘ 子路問曰(자로문왈) 何如(하여)라야 斯可謂之士矣(사가위지사의)리잇고 子曰(자왈) 切切偲偲(절절시시) 怡怡如也(이이여야)

- 泰：클 태。태연하다는 의미
- 驕：교만할 교
- 剛：굳셀 강
- 毅：굳셀 의
- 訥：말더듬을 눌
- 切切：간절함
- 偲偲：굳셀 시。偲偲는 자상하게 힘씀
- 怡怡：기쁠 이。怡怡는 화락함

데 있어서는 재목에 따라서 부린다。소인은 섬기기는 어려워도 기쁘게 하기는 쉽다。기쁘게 하기를 도로써 하지 않더라도 기뻐하며、사람을 부리는데 있어서는 모두 갖추기를 요구한다。』

공자께서 말씀하셨다。『군자는 태연하지만 교만하지 않고、소인은 교만하지만 태연하지 못한다。』

공자께서 말씀하셨다。『강하고 굳세며 질박하고 어눌한 것이 인에 가깝다。』

자로가 물었다。『어떻게 해야 선비라 말할 수 있습니까?』공자께서 말씀하셨다。『간곡하고 자상하게 권면하며 화락하면 선비라 이를 수 있을 것이다。친구 사이에는 간곡하고 자

면 可謂士矣(가위사의)니 朋友(붕우)에는 切切偲偲(절절시시)하고 兄弟(형제)에는 怡怡(이이)니라。

㉙ 子曰(자왈) 善人(선인)이 教民七年(교민칠년)이면 亦可以即戎矣(역가이즉융의)리라。

㉚ 子曰(자왈) 以不教民戰(이불교민전)이면 是謂棄之(시위기지)니라。

상하게 권면하며, 형제간에는 화락하여야 한다.』

공자께서 말씀하셨다. 『착한 사람이 백성을 7년 동안 가르치면 또한 전쟁에 나아가게 할 수 있을 것이다.』

공자께서 말씀하셨다. 『가르치지 않은 백성을 이용해서 전쟁을 하면 이것은 백성을 버린다고 말하는 것이다.』

• 戎 : 전쟁 융

• 棄 : 버릴 기

第14章 憲問 (제14장 헌문)

① 憲(헌)이 問恥(문치)한대 子曰(자왈) 邦有道(방유도)에 穀(곡)하며 邦無道(방무도)에 穀(곡)이 恥也(치야)니라。

② 克伐怨欲(극벌원욕)을 不行焉(불행언)이면 可以爲仁矣(가이위인의)잇가 子曰(자왈) 可以爲難矣(가이위난의)어니와 仁則吾不知也(인즉오부지야)케라。

③ 子曰(자왈) 士而懷居(사이회거)면 不足以爲士矣(부족이위사의)니라。

● 憲：공자의 제자
● 穀：곡식 곡
● 伐：자랑함

원헌이 부끄러움에 대하여 묻자 공자께서 말씀하셨다。『나라에 도가 행해질 때 녹만 먹고、나라에 도가 행해지지 않을 때도 녹만 먹는 것이 부끄러움이다。』

『남을 이기려 하고 자기의 공을 자랑하며、남을 원망하고 탐욕스런 짓을 행하지 않는다면 인이라고 할 수 있습니까?』 공자께서 말씀하셨다。『어려운 일이라고 할 수는 있지만 인(仁)인지는 내가 잘 모르겠다。』

공자께서 말씀하셨다。『선비로서 편안하기를 생각한다면 선비라고 할 수 없을 것이다。』

④ 子曰(자왈) 邦有道(방유도)에는 危言危行(위언위행)하고 邦無道(방무도)에는 危行言孫(위행언손)이니라。

⑤ 子曰(자왈) 有德者(유덕자)는 必有言(필유언)이어니와 有言者不必有德(유언자불필유덕)이며 仁者(인자)는 必有勇(필유용)이어니와 勇者不必有仁(용자불필유인)이니라。

⑥ 南宮适(남궁괄)이 問於孔子曰(문어공자왈) 羿(예)는 善射(선사)하고 奡(오)는 盪舟(탕주)하되 俱不得其死(구부득기사)하고 禹稷(우직)은 躬稼而有天下(궁가이유천하)하시니이다

•危：높을 위
•南宮适：공자의 제자
•羿：사람이름 예
•奡：힘셀 오
•盪：씻을 탕。盪舟는 배를 육지 위에서 끌고 다니는 것

공자께서 말씀하셨다。『나라에 도가 행해질 때에는 말과 행실을 엄정하게 하고、나라에 도가 행해지지 않을 때에는 행실은 엄정하게 하고 말은 공손하게 해야 한다。』

공자께서 말씀하셨다。『덕이 있는 사람은 반드시 훌륭한 말을 하지만、훌륭한 말을 하는 사람이 반드시 덕이 있는 것은 아니다。어진 사람은 반드시 용기가 있지만 용기가 있는 사람이 반드시 어짐이 있는 것은 아니다。』

남궁괄이 공자에게 물었다。『예는 활을 잘 쏘았고、오는 배를 끌고 다녔지만 모두 제 명대로 죽지 못하였습니다。그러나 우와 직은 몸소 농사를 지었지만 천하를 소유하셨습니다。』

夫子不答(부자부답)하시고 南宮适(남궁괄)이 出(출)커늘 子(자)曰(왈) 君子哉(군자재)라 若人(약인)이여 尚德哉(상덕재)라 若(약)人(인)이여。

⑦ 子曰(자왈) 君子而不仁者(군자이불인자)는 有矣夫(유의부)어니와 未有小人而仁者也(미유소인이인자야)니라。

⑧ 子曰(자왈) 愛之(애지)인댄 能勿勞乎(능물로호)아 忠焉(충언)인댄 能勿誨乎(능물회호)아。

⑨ 子曰(자왈) 爲命(위명)에 裨諶(비침)은 草創之(초창지)하고

• 命 : 외교문서
• 裨 : 도울 비
• 諶 : 진실로 심。여기서는 침으로 발음함。裨諶은 정(鄭)나라 대부

공자께서 대답하지 않으셨다。남궁괄이 나가자 공자께서 말씀하셨다。『군자로구나、이 사람이여! 덕을 숭상하는구나、이 사람이여!』

공자께서 말씀하셨다。『군자로서 어질지 못한 사람은 있지만 소인으로서 어진 사람은 있지 않다。』

공자께서 말씀하셨다。『사랑한다면 힘들지 않게 할 수 있겠는가? 충성을 다한다면 가르쳐주지 않을 수 있겠는가?』

공자께서 말씀하셨다。『외교문서를 만들 때에 비침이 초고를 만들고、세숙이 검토하여 따지고、행인 자우가 수식하고、동리에 거주하는 자산이

世叔(세숙)은 討論之(토논지)하고 行人子羽(행인자우)는 脩飾之(수식지)하고 東里子產(동리자산)은 潤色之(윤색지)하나니라。

⑩ 或問子產(혹문자산)한대 子曰(자왈) 惠人也(혜인야)니라
問子西(문자서)한대 曰(왈) 彼哉彼哉(피재피재)여 問管仲(문관중)한대 曰(왈) 人也(인야) 奪伯氏駢邑三百(탈백씨병읍삼백)하니 飯疏食(반소사)하되 沒齒無怨言(몰치무원언)하니라。

⑪ 子曰(자왈) 貧而無怨(빈이무원)은 難(난)하고 富而無(부이무)

•世叔: 정나라 대부
•行人: 벼슬 이름
•子羽: 정나라 대부
•東里: 지명이면서 자산의 호임
•子產: 정나라 대부
•子西: 초나라 令尹으로 공자의 등용을 저지한 인물
•伯氏: 제나라 대부
•駢: 나란할 병。駢邑은 지명
•食: 밥 사
•齒: 이 치。연치。나이。수명

윤색하였다。』

어떤 사람이 자산에 대하여 묻자 공자께서 말씀하셨다。『은혜로운 사람이다。』 자서에 대해서 묻자 공자께서 말씀하셨다。『그 사람이여、그 사람이여!』 관중에 대하여 묻자 공자께서 말씀하셨다。『이 사람이 백씨의 병읍 삼백 호를 빼앗았는데 백씨는 거친 밥을 먹으면서도 죽을 때까지 원망하는 말이 없었다。』

공자께서 말씀하셨다。『가난하면서 원망하는 마음이 없는 것은 어려운 일이고、부유하면서 교만하지 않는 것은 쉬운 일이다。』

驕(교)는 易(이)하니라。

⑫ 子曰(자왈) 孟公綽(맹공작)이 爲趙魏老則優(위조위로즉우)어니와 不可以爲滕薛大夫(불가이위등설대부)니라。

⑬ 子路問成人(자로문성인)한대 子曰(자왈) 若臧武仲之知(약장무중지지)와 公綽之不欲(공작지불욕)과 卞莊子之勇(변장자지용)과 冉求之藝(염구지예)에 文之以禮樂(문지이예악)이면 亦可以爲成人矣(역가이위성인의)리라 曰(왈) 今之成人者(금지성인자)는 何必然(하필연)이리오 見利思義(견리사의)하며 見危(견위)

- 孟公綽 : 노나라 대부
- 趙魏 : 진나라의 대부 조씨와 위씨
- 老 : 가신의 우두머리
- 滕薛 : 등과 설은 노나라 부근의 작은 나라
- 臧武仲 : 노나라 대부
- 綽 : 너그러울 작
- 卞莊子 : 「卞」은 지명이고 이곳의 대부인 장자

공자께서 말씀하셨다. 『맹공작은 조씨나 위씨의 가신의 우두머리가 될 수 있지만 등나라나 설나라의 대부는 되지 못한다.』

자로가 완전한 사람에 대해서 묻자 공자께서 말씀하셨다. 『만약 장무중의 지혜와 공작의 청렴함과 변장자의 용맹과 염구의 재능에다 예악으로 문채를 내면 또한 완전한 사람이 될 수 있을 것이다.』 다시 말씀하셨다. 『오늘날의 완전한 사람은 어찌 그럴 필요가 있겠느냐? 이익을 보면 의로운가를 생각하며, 위태로운 것을 보면 목숨을 바치고, 오래된 약속에 대하여 평

授命하며 久要不忘平生之言이면 亦可以爲成人矣리라。

⑭ 子問公叔文子於公明賈曰 信乎夫子 不言不笑不取乎아 公明賈對曰 以告者過也로소이다 夫子時然後言이라 人不厭其言하며 樂然後笑라 人不厭其笑하며 義然後取라 人不厭其取하니이다 子曰 其然가 豈其然乎리오。

• 公叔文子 : 위(衛)나라 대부
• 公明賈 : 위(衛)나라 사람

소 말할 때에도 잊지 않는다면 또한 완전한 사람이 될 수 있을 것이다.』

공자께서 공명가에게 공숙문자에 대하여 물으시며 말씀하셨다. 『진실로 공숙문자께서는 말하지 않고 웃지 않고 취하지 않는가?』 공명가가 대답했다. 『말하는 사람이 지나쳤습니다. 공숙문자는 때에 맞은 뒤에 말씀하기 때문에 사람들이 그 말을 싫어하지 않으며, 즐거운 뒤에 웃기 때문에 사람들이 그의 웃음을 싫어하지 않으며, 의로운 뒤에 취하기 때문에 사람들이 그가 취하는 것을 싫어하지 않습니다.』 공자께서 말씀하셨다. 『그러한가? 어찌 그럴 수 있겠는가?』

⑮ 子曰 臧武仲이 以防으로 求爲後於魯하니 雖曰不要君이나 吾不信也하노라。

⑯ 子曰 晉文公은 譎而不正하고 齊桓公은 正而不譎하니라。

⑰ 子路曰 桓公이 殺公子糾하여늘 召忽은 死之하고 管仲은 不死하니 曰

- 防 : 둑 방。여기서는 지명
- 要 : 강요할 요
- 晉文公 : 이름은 重耳。진(晉)나라 헌공의 아들로 春秋五霸 중의 한 사람
- 譎 : 속일 휼
- 齊桓公 : 제나라 희공(僖公)의 아들로 春秋五霸 중의 한 사람
- 公子糾 : 환공과 함께 제나라 양공(襄公)의 아우
- 召忽 : 제나라 대부

공자께서 말씀하셨다。『장무중이 방읍을 가지고 노나라에게 후계자를 세워줄 것을 요구하였으니、비록 임금을 위협한 것은 아니라고 말하지만 나는 믿지 않는다。』

공자께서 말씀하셨다。『진나라 문공은 속이고 바르지 않았고、제나라 환공은 바르고 속이지 않았다。』

자로가 말하였다。『환공이 공자 규를 죽이자 그를 받들던 소홀은 죽고 관중은 죽지 않았으니、관중은 어질지 않다고 할 것입니다。』공자께서 말씀하셨다。『환공이 제후들을 규합할 때 무력을 사용하지 않은 것은 관중의 힘이었으니、누가 그의 어짐만 하

未仁乎인저 子曰 桓公이 九合諸侯하되 不以兵車는 管仲之力也니 如其仁이리오 如其仁이리오。

⑱ 子貢曰 管仲은 非仁者與인저 桓公이 殺公子糾하여늘 不能死하고 又相之온여 子曰 管仲이 相桓公霸諸侯하여 一匡天下하니 民到于今에 受其賜하나니 微管仲이면 吾其被髮

•九合：규합。九는 규(糾)와 같음
•相：도울 상
•匡：바로잡을 광
•微：~이 아니라면
•被髮：머리를 풀어 헤침

겠는가? 누가 그의 어짐만 하겠는가?』

자공이 말하였다。『관중은 어진 사람이 아닐 것입니다。환공이 공자 규를 죽였는데 죽지 않았고、게다가 환공을 도와주었습니다。』공자께서 말씀하셨다。『관중이 제나라 환공을 도와서 제후의 패자가 되어 한 번 천하를 바로 잡아서 백성들이 오늘에 이르기까지 그 은혜를 받고 있다。관중이 없었다면 우리는 머리를 풀어헤치고 옷깃을 왼쪽으로 넘기게 되었을 것이다。어찌 보통 사람들이 작은 신의를 위하여 스스로 도랑에서 목매어 죽어서 알아주는 사람이 없는 것과

左衽矣리라 豈若匹夫匹婦之爲諒也하여 自經於溝瀆而莫之知也리오。

⑲ 公叔文子之臣大夫僎이 與文子同升諸公이어늘 子聞之曰 可以爲文矣로다。

⑳ 子言衛靈公之無道也하신대 康子曰 夫如是로되 奚而不喪이니잇고 孔子曰 仲叔圉는 治賓客하고 祝鮀

- 左衽 : 옷깃을 왼편으로 여밈
- 諒 : 믿을 량
- 經 : 목맬 경
- 溝瀆 : 도랑 구。도랑 독
- 僎 : 갖출 선
- 仲叔圉 : 공문자(孔文子)를 말함

같겠는가?』

공숙문자의 신하인 대부 선이 문자와 함께 조정에 올랐다。공자께서 들으시고 말씀하셨다。『문이라고 할 수 있겠구나。』

공자께서 위령공의 무도함을 말씀하자 강자가 말하였다。『이와 같은데도 어찌 지위를 잃지 않습니까?』공자께서 말씀하셨다。『중숙어는 손님 접대를 잘 하였고、축타는 종묘의 일을 잘 하였고、왕손가는 군대를 잘 다스렸으니、이와 같은데 어찌 지위를 잃겠는가?』

는 治宗廟하고 王孫賈는 治軍旅하니 夫如是어니 奚其喪이리오。

㉑ 子曰 其言之不怍이면 則爲之也難하니라。

㉒ 陳成子弑簡公하여 孔子沐浴而朝하사 告於哀公曰 陳恒이 弑其君하니 請討之하소서 公曰 告夫三子하라 孔子曰 以吾從大夫之後라 不敢不

• 怍 : 부끄러워할 작
• 簡公 : 제나라 임금
• 陳成子 : 제나라 대부
• 討 : 칠 토

공자께서 말씀하셨다。『말하는 것을 부끄러워하지 않으면 그 말을 실천하기가 어렵다。』

진성자가 간공을 시해하자 공자께서 목욕재계하고 조정에 나가서 애공에게 아뢰었다。『진항이 자기의 임금을 시해하였으니、청컨대 그를 토벌하소서。』애공이 말하였다。『저 정권을 잡고 있는 삼가(三家)에게 말하라。』공자께서 말씀하셨다。『내가 대부의 뒤를 따랐기 때문에 감히 아뢰지 않을 수 없었는데、임금께서 저 삼

告也(고야)하니 君曰(군왈) 告夫三子者(고부삼자자)온여 之(지)三子告(삼자고)하신대 不可(불가)라하여늘 孔子曰(공자왈) 以(이)吾從大夫之後(오종대부지후)라 不敢不告也(불감불고야)호라。

㉓ 子路問事君(자로문사군)한대 子曰(자왈) 勿欺也(물기야)요 而犯之(이범지)니라。

㉔ 子曰(자왈) 君子(군자)는 上達(상달)하고 小人(소인)은 下達(하달)이니라。

㉕ 子曰(자왈) 古之學者(고지학자)는 爲己(위기)러니 今之(금지)

가에게 말하라고 하는구나。』 삼가에게 가서 알렸는데 안 된다고 하자 공자께서 말씀하셨다。『내가 대부의 뒤를 따랐기 때문에 감히 알리지 않을 수 없었다。』

자로가 임금을 섬기는 것에 대하여 묻자 공자께서 말씀하셨다。『속이지 말고 간언해야 한다。』

공자께서 말씀하셨다。『군자는 위로 통달하고 소인은 아래로 통달한다。』

공자께서 말씀하셨다。『옛날의 학자들은 자신을 위하였는데、오늘날의 학자들은 남을 위한다。』

●三子：맹손(孟孫)、숙손(叔孫)、계손(季孫)을 말함
●欺：속일 기
●事：섬길 사
●犯：간언할 범

學者는 爲人이로다。

㉖ 蘧伯玉이 使人於孔子어늘 孔子與之坐而問焉曰 夫子何爲오 對曰 夫子欲寡其過而未能也리이다 使者出커늘 子曰 使乎使乎여。

㉗ 子曰 不在其位하얀 不謀其政이니라。

㉘ 曾子曰 君子는 思不出其位니라。

㉙ 子曰 君子는 恥其言而過其行이

거백옥이 공자에게 사람을 보냈는데, 공자께서 그와 함께 앉아서 물었다.『부자는 어떠한가?』대답하여 말하였다.『부자께서는 허물을 적게 하고자 하지만 아직 능하지 못하십니다.』사자가 나가자 공자께서 말씀하셨다.『훌륭한 사신이구나, 훌륭한 사신이구나!』

공자께서 말씀하셨다.『그 자리에 있지 않으면 그 정치에 대해서 도모하지 않는다.』

증자가 말하였다.『군자는 생각이 자신의 지위를 벗어나지 않는다.』

공자께서 말씀하셨다.『군자는 자신의 말을 부끄럽게 여기고, 실천은

•蘧伯玉 : 위(衛)나라 대부

니라。

㉚ 子曰 君子道者三에 我無能焉이로니 仁者不憂하고 知者不惑하고 勇者不懼니라 子貢曰 夫子가 自道也샷다。

㉛ 子貢이 方人이어늘 子曰 賜也는 賢乎哉아 夫我則不暇로라。

㉜ 子曰 不患人之不己知요 患其不能也니라。

•道：말할 도
•方：비교할 방
•暇：겨를 가

넉넉하게 한다。』

공자께서 말씀하셨다。『군자의 도가 세 가지인데 나는 잘 하는 것이 없다。어진 사람은 근심하지 않고、지혜로운 사람은 미혹되지 않고、용기있는 사람은 두려워하지 않는다。』자공이 말하였다。『부자께서 스스로 말씀하신 것이다。』

자공이 사람을 비교하자 공자께서 말씀하셨다。『사는 어진가? 나는 그럴 겨를이 없도다。』

공자께서 말씀하셨다。『다른 사람이 자신을 알아주지 않는 것을 근심하지 말고、자신의 능하지 못함을 근심해야 한다。』

㉝ 子曰(자왈) 不逆詐(불역사)하며 不億不信(불억불신)이요 抑亦先覺者是賢乎(억역선각자시현호)인저。

㉞ 微生畝(미생무)가 謂孔子曰(위공자왈) 丘(구)는 何爲是栖栖者與(하위시서서자여)오 無乃爲佞乎(무내위녕호)아 孔子曰(공자왈) 非敢爲佞也(비감위녕야)라 疾固也(질고야)로라。

㉟ 子曰(자왈) 驥(기)를 不稱其力(불칭기력)이라 稱其德也(칭기덕야)니라。

㊱ 或曰(혹왈) 以德報怨(이덕보원)하되 何如(하여)하니잇고

• 逆 : 거스를 역。 여기서는 미리 짐작하는 것
• 詐 : 속일 사
• 億 : 헤아릴 억
• 栖栖 : 깃들일 서。 栖栖는 바쁘게 돌아다니는 모양
• 驥 : 천리마 기

공자께서 말씀하셨다。『남이 나를 속일 것을 미리 짐작하지 않으며, 남이 나를 믿지 않을 것을 억측하지 않아야 하고, 또한 먼저 깨닫는 것이 현명한 것이다。』

미생무가 공자에게 말하였다。『당신은 어찌하여 미련이 많은가? 말재주를 사용하는 것이 아닌가?』 공자께서 말씀하셨다。『감히 말재주를 사용하려는 것이 아니라 고집하는 것을 미워하는 것입니다。』

공자께서 말씀하셨다。『기마는 그 힘을 칭찬하는 것이 아니라 그 덕을 칭찬하는 것이다。』

어떤 사람이 물었다。『덕으로 원한에 보답한다면 어떻습니까?』 공자께

子曰 何以報德고 以直報怨하고 以德報德이니라。

㊲ 子曰 莫我知也夫인저 子貢曰 何爲其莫知子也니잇고 子曰 不怨天하며 不尤人이요 下學而上達하노니 知我者는 其天乎인저。

㊳ 公伯寮 愬子路於季孫이어늘 子服景伯이 以告曰 夫子 固有惑志

- 公伯寮：노나라 사람으로 자로와 함께 계손씨의 가신을 지냄
- 愬：참소할 소
- 子服景伯：노나라 대부
- 夫子：계손씨

서 말씀하셨다。『무엇으로 덕에 보답하겠는가? 정직함으로 원한에 보답하고, 덕으로 덕에 보답하는 것이다。』

공자께서 말씀하셨다。『나를 알아주는 사람이 없구나!』 자공이 말하였다。『어찌하여 선생님을 알아주는 사람이 없습니까?』 공자께서 말씀하셨다。『하늘을 원망하지 않으며, 사람을 허물하지 않고, 아래로 배워 위로 통달하나니, 나를 알아주는 것은 하늘일 것이다。』

공백료가 자로를 계손에게 참소하자 자복경백이 공자께 아뢰었다。『부자께서 진실로 공백료의 말에 마음이 흔들리고 있습니다。제 힘으로 아직은 공백료의 시신을 시장과 조정에

於公伯寮하나니 吾力으로 猶能肆諸市朝니이다 子曰 道之將行也與도 命也며 道之將廢也與도 命也니 公伯寮其如命에 何리오。

㊴ 子曰 賢者辟世하나니 其次는 辟地하고 其次는 辟色하고 其次는 辟言이니라。

㊵ 子曰 作者七人矣로다。

㊶ 子路宿於石門이러니 晨門曰 奚

•肆 : 방자할 사。여기서는 시신을 늘어놓다는 의미 •辟 : 피할 피

걸어놓을 수 있습니다。』 공자께서 말씀하셨다。『도가 장차 행해지는 것도 명이며、도가 장차 사라지는 것도 명이니、공백료가 그 명을 어떻게 하겠는가?』

공자께서 말씀하셨다。『현명한 사람은 세상을 피하고、그 다음은 사는 곳을 피하고、그 다음은 얼굴빛을 보고 피하고、그 다음은 말을 피한다。』

공자께서 말씀하셨다。『일어나 은둔한 사람이 일곱 명이다。』

자로가 석문에서 유숙하였는데、새벽에 성문을 열어주는 사람이 물었다。『어디에서 오는가?』 자로가 대답했다。『공씨에게서 왔습니다。』 그가

自(자)오 子(자)路(로)曰(왈) 自(자)孔(공)氏(씨)로라 曰(왈) 是(시)知(지)其(기)不(불)可(가)而(이)爲(위)之(지)者(자)與(여)아。

㊷ 子(자)擊(격)磬(경)於(어)衛(위)어시늘 有(유)荷(하)蕢(궤)而(이)過(과)孔(공)氏(씨)之(지)門(문)者(자)曰(왈) 有(유)心(심)哉(재)라 擊(격)磬(경)乎(호)여 旣(기)而(이)曰(왈) 鄙(비)哉(재)라 硜(경)硜(경)乎(호)여 莫(막)己(기)知(지)也(야)어든 斯(사)已(이)而(이)已(이)矣(의)니 深(심)則(즉)厲(려)요 淺(천)則(즉)揭(게)니라 子(자)曰(왈) 果(과)哉(재)라 末(말)之(지)難(난)矣(의)로다。

● 擊 : 부딪칠 격
● 磬 : 경쇠 경. 악기
● 荷 : 멜 하
● 蕢 : 삼태기 궤
● 旣而 : 조금 뒤에
● 硜硜 : 돌소리 갱
● 厲 : 갈 려. 옷을 입채로 물을 건너감
● 揭 : 들 게

말하였다. 『안 된다는 것을 알면서 하려고 하는 사람 말이오?』

공자께서 위나라에서 경쇠를 치고 계셨는데, 삼태기를 메고 공씨의 문 앞을 지나가는 사람이 말하였다. 『마음이 들어 있구나. 경쇠를 두드림이여!』 이윽고 말하였다. 『비루하구나. 경쇠치는 소리여! 자기를 알아주지 않으면 그만두면 될 뿐이니, 물이 깊으면 옷을 벗고 건너고, 물이 얕으면 걷고 건너는 것이다.』 공자께서 말씀하셨다. 『과감하구나! 어려울 것이 없겠구나.』

⑬ 子張曰(자장왈) 書云(서운) 高宗(고종)이 諒陰(양암) 三年(삼년) 不言(불언)이라하니 何謂也(하위야)잇고 子曰(자왈) 何必(하필) 高宗(고종)이리오 古之人(고지인)이 皆然(개연)이러니 君薨(군홍)커시든 百官(백관) 總己(총기)하여 以聽於冢宰(이청어총재) 三年(삼년)이러니라。

㊹ 子曰(자왈) 上好禮(상호례)면 則民易使也(즉민이사야)니라。

㊺ 子路問君子(자로문군자)한대 子曰(자왈) 脩己以敬(수기이경)이니라 曰(왈) 如斯而已乎(여사이이호)잇가 曰(왈) 脩己以(수기이)

• 高宗：은나라를 중흥시켰던 무정(武丁)을 말함
• 諒陰：양암。천자가 居喪하는 곳의 이름
• 薨：죽을 홍

자장이 말하였다。『『서경』에 「고종이 상을 치른 삼 년 동안 말을 하지 않았다」고 하였는데, 무엇을 말하는 것입니까?』 공자께서 말씀하셨다。『하필 고종만 그러하겠는가? 옛날 사람들은 모두 그렇게 했다。임금이 죽으면 백관들이 자신의 직책을 총괄하여 총재에게 삼 년 동안 명령을 들었다。』

공자께서 말씀하셨다。『윗사람이 예를 좋아하면 백성을 부리기 쉽다。』

자로가 군자에 대하여 묻자 공자께서 말씀하셨다。『경으로 자신을 닦아야 한다。』 자로가 말하였다。『이와 같을 뿐입니까?』 공자께서 말씀하셨다。『자신을 닦아서 남을 편안하게 해

安人(안인)이니라 曰(왈) 如斯而已乎(여사이이호)잇가 曰(왈) 脩己以安百姓(수기이안백성)이니 脩己以安百姓(수기이안백성)은 堯舜(요순)도 其猶病諸(기유병저)러시니라。

㊻ 原壤(원양)이 夷俟(이사)어늘 子曰(자왈) 幼而不孫弟(유이불손제)하며 長而無述焉(장이무술언)하며 老而不死(노이불사) 是爲賊(시위적)이라하시고 以杖叩其脛(이장고기경)하시다。

㊼ 闕黨童子將命(궐당동자장명)이어늘 或(혹)이 問之曰(문지왈) 益者與(익자여)잇가 子曰(자왈) 吾見其居於位也(오견기거어위야)

●原壤 : 노나라 사람으로 공자의 친구
●夷 : 오랑캐 이。 여기서는 책상다리하고 앉음
●叩 : 두드릴 고
●脛 : 정강이 경

주어야 한다。』 자로가 또 물었다。『이와 같을 뿐입니까?』 공자께서 대답하셨다。『자신을 닦아서 백성을 편안하게 해 주어야 하는 것이니、자신을 닦아서 백성을 편안하게 하는 것은 요임금과 순임금께서도 오히려 병으로 여기셨던 것이다。』

원양이 걸터앉아 공자를 기다리고 있었는데、공자께서 말씀하셨다。『어려서는 공손하지 않았고、장성해서는 칭찬할 것도 없고、늙어서는 죽지도 않는 것이 바로 사람을 해치는 것이다。』 그리고 지팡이로 그의 정강이를 치셨다。

궐당의 동자가 명령을 전달하자 어떤 사람이 물었다。『학문이 진전된 자

하며 見其與先生並行也(견기여선생병행야)하니 非求益(비구익)者也(자야)라 欲速成者也(욕속성자야)러라。

第15章 衛靈公(제15장 위령공)

① 衛靈公(위령공)이 問陳於孔子(문진어공자)하신대 孔子(공자) 對曰(대왈) 俎豆之事(조두지사)는 則嘗聞之矣(즉상문지의)어니와 軍旅之事(군려지사)는 未之學也(미지학야)라하시고 明日(명일)

●陳：늘어놓을 진。陣과 같음。작전、전술의 뜻
●旅：군사 려
●俎豆：俎는 희생을 담는 제기、豆는 야채를 담는 제기

이기 때문입니까?』공자께서 말씀하셨다。『나는 그가 자리에 앉아서 있는 것을 보았고、선생과 함께 나란히 걸어가는 것을 보았으니 학문이 진전되기를 구하는 자가 아니라 빨리 이루고자 하는 자이다。』

위나라 영공이 공자에게 병법에 대하여 묻자 공자께서 대답하셨다。『제사지내는 일은 일찍이 들었지만 군대의 일에 대해서는 배운 적이 없습니다。』그리고 다음 날 떠나셨다。진나라에 계실 때 식량이 떨어지자 따르던 사람들이 병이 들어 일어나지도 못하였다。자로가 화가 난 얼굴을 하

遂行하시다 在陳絶糧하니 從者病하여 莫能興이어늘 子路慍見曰 君子도 亦有窮乎잇가 子曰 君子固窮이어니와 小人은 窮斯濫矣니라。

② 子曰 賜也아 女以予爲多學而識之者與아 對曰 然하이다 非與잇가 曰非也라 予는 一以貫之니라。

③ 子曰 由아 知德者鮮矣니라。

●慍：성낼 온 ●見：드러날 현 ●濫：넘칠 람 ●識：기억할 지 ●鮮：드물 선

고서 공자를 뵙고 말하였다。『군자도 또한 곤궁할 때가 있습니까?』 공자께서 말씀하셨다。『군자는 진실로 곤궁할 때가 있는데、소인은 곤궁하면 분수에 넘친다。』

공자께서 말씀하셨다。『사야、너는 내가 많이 배워서 기억하는 사람이라고 생각하느냐?』 자공이 대답했다。『그렇습니다。그렇지 않습니까?』 공자께서 말씀하셨다。『아니다。나는 하나로 일관되어 있다。』

공자께서 말씀하셨다。『유야、덕을 아는 사람이 드물구나。』

④ 子曰(자왈) 無爲而治者(무위이치자)는 其舜也與(기순야여)신저 夫何爲哉(부하위재)시리오 恭己正南面而已(공기정남면이이)矣(의)시니라。

⑤ 子張(자장)이 問行(문행)한대 子曰(자왈) 言忠信(언충신)하며 行篤敬(행독경)이면 雖蠻貊之邦(수만맥지방)이라도 行矣(행의)어니와 言不忠信(언불충신)하며 行不篤敬(행부독경)이면 雖州里(수주리)인들 行乎哉(행호재)아 立則見其參於前也(입즉견기참어전야)며 在輿則見其倚於衡也(재여즉견기의어형야)니 夫(부)

- 南面 : 임금이 남쪽을 향해 정치를 함。즉 임금의 자리를 뜻함
- 蠻貊 : 오랑캐
- 輿 : 수레 여
- 衡 : 멍에 형

공자께서 말씀하셨다。『인위적으로 하지 않아도 잘 다스린 사람은 아마도 순임금일 것이다。그 분이 무엇을 했겠는가? 자신을 공손하게 하여 바르게 임금 자리에 계셨을 뿐이셨다。』

자장이 행실에 대해서 질문을 했다。공자께서 말씀하셨다。『말이 충성스럽고 미더우며 행실이 독실하고 공경스러우면 비록 오랑캐의 나라에서라도 행해질 것이지만、말이 충성스럽고 미덥지 못하며 행실이 독실하고 공경스럽지 못하다면 비록 작은 고을이라 하더라도 행해지겠는가? 서 있으면 눈앞에 참여함을 볼 수 있고、수레에 있으면 멍에에 기대어 있음을 볼 수 있으니、그렇게 한 뒤에 행해지는 것이다。』자장이 이 말씀을 띠에

然後行이니라 子張이 書諸紳하다。

⑥ 子曰 直哉라 史魚여 邦有道如矢하며 邦無道如矢로다 君子哉라 蘧伯玉이여 邦有道則仕하고 邦無道則可卷而懷之로다。

⑦ 子曰 可與言而不與之言이면 失人이요 不可與言而與之言이면 失言이니 知者는 不失人하며 亦不失言이니라。

⑧ 子曰 志士仁人은 無求生以害仁

•紳：큰띠 신
•卷：말 권
•史魚：史는 관직 명이고 魚는 위(衛)나라 대부

적었다。

공자께서 말씀하셨다。『정직하구나、사어여! 나라에 도가 있을 때에도 화살처럼 곧고、나라에 도가 없을 때에도 화살처럼 곧구나。군자로구나、거백옥이여! 나라에 도가 있을 때에는 벼슬을 하고、나라에 도가 없을 때에는 거두어 마음속에 감추는구나。』

공자께서 말씀하셨다。『함께 말할 수 있는데도 함께 말하지 않으면 사람을 잃을 것이고、함께 말해서는 안 되는데 함께 말한다면 말을 잃을 것이다。지혜로운 사람은 사람을 잃지 않으며 또한 말도 잃지 않느니라。』

공자께서 말씀하셨다。『뜻이 있는 선비와 어진 사람은 살기 위해서 인(仁)을 해치는 경우는 없고、자신을

이요 有殺身以成仁(유살신이성인)이니라。

⑨ 子貢(자공)이 問爲仁(문위인)한대 子曰(자왈) 工(공)이 欲(욕)善其事(선기사)인댄 必先利其器(필선리기기)니 居是邦(거시방)也(야)하여 事其大夫之賢者(사기대부지현자)하며 友其士之仁者(우기사지인자)니라。

⑩ 顔淵(안연)이 問爲邦(문위방)한대 子曰(자왈) 行夏之時(행하지시)하며 乘殷之輅(승은지로)하며 服周之冕(복주지면)하며 樂則韶舞(악즉소무)요 放鄭聲(방정성)하며 遠佞人(원녕인)이니 鄭聲淫(정성음)하고 佞人殆(영인태)니라。

•爲 : 다스릴 위 •輅 : 수레 로

죽여서 인을 완성하는 경우는 있다。』

자공이 인을 실천하는 것에 대하여 묻자 공자께서 말씀하셨다。『공인이 일을 잘 하려면 반드시 먼저 자신의 공구를 날카롭게 만들어야 한다。어떤 나라에 살 때에 대부 중에서 현명한 사람을 섬기고、선비 중에서 어진 사람을 벗으로 삼아야 한다。』

안연이 나라를 다스리는 것에 대하여 질문했다。공자께서 말씀하셨다。『하나라의 달력을 사용하며、은나라의 수레를 타고、주나라의 면관을 쓰고、음악은 〈순임금의〉 소무를 연주하고、정나라의 음악을 추방하고 말 잘하는 사람을 멀리해야 하는데、정나라의 음악은 음란하고 말 잘하는 사람은 위험하다。』

⑪ 子曰 人無遠慮면 必有近憂니라。
(자왈 인무원려 필유근우)

⑫ 子曰 已矣乎라 吾未見好德如好色者也케라。
(자왈 이의호 오미견호덕여호색자야)

⑬ 子曰 臧文仲은 其竊位者與인저 知柳下惠之賢而不與立也온여。
(자왈 장문중 기절위자여 지유하혜지현이불여립야)

⑭ 子曰 躬自厚而薄責於人이면 則遠怨矣리라。
(자왈 궁자후이박책어인 즉원원의)

⑮ 子曰 不曰如之何如之何者는 吾末如之何也已矣로다。
(자왈 불왈여지하여지하자 오말여지하야이의)

• 慮 : 생각할 려
• 臧文仲 : 노나라 사람
• 柳下惠 : 노나라 대부
• 薄 : 엷을 박

공자께서 말씀하셨다.『사람이 먼 데까지 생각하지 못하면 반드시 가까운데 근심이 있느니라.』

공자께서 말씀하셨다.『그만이구나! 나는 덕을 좋아하기를 여색을 좋아하는 것처럼 하는 사람을 보지 못했도다.』

공자께서 말씀하셨다.『장문중은 지위를 도둑질한 자로구나! 유하혜의 현명함을 알고도 함께 조정에 서지 않았구나!』

공자께서 말씀하셨다.『자기 스스로는 엄하게 책망하고, 남에게는 가볍게 책망한다면 원망이 멀어질 것이다.』

공자께서 말씀하셨다.『어떻게 할까, 어떻게 할까라고 말하지 않는 사람은 나도 어떻게 할 수 없을 뿐이다.』

⑯ 子曰(자왈) 群居終日(군거종일)에 言不及義(언불급의)요 好行小慧(호행소혜)면 難矣哉(난의재)인저。

⑰ 子曰(자왈) 君子(군자) 義以爲質(의이위질)이요 禮以行之(예이행지)하며 孫以出之(손이출지)하며 信以成之(신이성지)면 君子哉(군자재)인저。

⑱ 子曰(자왈) 君子(군자)는 病無能焉(병무능언)이요 不病人之不己知也(불병인지불기지야)니라。

⑲ 子曰(자왈) 君子(군자)는 疾•沒世而名不稱焉(질몰세이명불칭언)이니라。

• 疾 : 병질

공자께서 말씀하셨다. 『여러 사람과 하루 종일 거처하면서도 말이 의로운 일에 미치지 않고 작은 은혜만 행하기를 좋아한다면 어려울 것이다.』

공자께서 말씀하셨다. 『군자는 의로 바탕을 삼고, 예로 그것을 행하며, 공손함으로 그것을 표출하고, 믿음으로 그것을 완성하면 군자일 것이다.』

공자께서 말씀하셨다. 『군자는 무능한 것을 병으로 여기고, 남이 자기를 알아주지 않는 것을 병으로 여기지 않는다.』

공자께서 말씀하셨다. 『군자는 죽을 때까지 이름이 칭송되지 않는 것을 싫어한다.』

⑳ 子曰(자왈) 君子(군자)는 求諸己(구저기)하고 小人(소인)은 求諸人(구저인)이니라。

㉑ 子曰(자왈) 君子(군자)는 矜而不爭(긍이부쟁)하며 群而不黨(군이부당)이니라。

㉒ 子曰(자왈) 君子(군자)는 不以言擧人(불이언거인)하며 不以人廢言(불이인폐언)이니라。

㉓ 子貢(자공)이 問曰(문왈) 有一言而可以終身行之者乎(유일언이가이종신행지자호)잇가 子曰(자왈) 其恕乎(기서호)인저 己所不欲(기소불욕)을 勿施於人(물시어인)이니라。

●矜：불쌍히 여길 긍 ●恕：용서할 서

공자께서 말씀하셨다。『군자는 자신에게서 구하고、소인은 남에게서 구한다。』

공자께서 말씀하셨다。『군자는 엄숙하지만 다투지 않고、무리를 짓기는 하지만 당파를 만들지 않는다。』

공자께서 말씀하셨다。『군자는 말로써 사람을 등용하지 않고 사람으로써 말을 버리지 않는다。』

자공이 질문했다。『한 마디 말로 죽을 때까지 실천할 수 있는 것이 있습니까?』 공자께서 말씀하셨다。『그것은 아마 서일 것이다。자기가 하고자 하지 않는 것을 남에게 베풀지 말아야 한다。』

㉔ 子曰(자왈) 吾之於人也(오지어인야)에 誰毁誰譽(수훼수예)리오 如有所譽者(여유소예자)인댄 其有所試矣(기유소시의)니라 斯民也(사민야)는 三代之所以直道而行也(삼대지소이직도이행야)니라。

㉕ 子曰(자왈) 吾猶及史之闕文也(오유급사지궐문야)와 有馬者借人乘之(유마자차인승지)러니 今亡矣夫(금무의부)인저。

㉖ 子曰(자왈) 巧言(교언)은 亂德(난덕)하고 小不忍(소불인)은 則亂大謀(즉난대모)니라。

㉗ 子曰(자왈) 衆惡•之(중오지)라도 必察焉(필찰언)하며 衆好之(중호지)라도 必察焉(필찰언)이니라。

•惡：미워할 오

공자께서 말씀하셨다. 『내가 다른 사람에 대해서 누구를 헐뜯고 누구를 칭찬하겠는가? 만약 칭찬하는 것이 있다면 시험해보고자 한 것이리라. 이 백성은 삼대에 곧은 도로써 행해 왔기 때문이다.』

공자께서 말씀하셨다. 『나는 그래도 사관들이 글을 빼놓거나 말을 소유한 사람들이 남에게 빌려주어 타게 하는 것을 보았는데, 지금은 없도다.』

공자께서 말씀하셨다. 『교묘한 말은 덕을 어지럽히고, 작은 것을 참지 못한다면 큰 계획을 어지럽힌다.』

공자께서 말씀하셨다. 『대중이 그를 미워하더라도 반드시 살펴보아야 하며, 대중이 그를 좋아하더라도 반드시 살펴보아야 한다.』

㉘ 子曰 人能弘道요 非道弘人이니라。
(자왈 인능홍도요 비도홍인이니라。)

㉙ 子曰 過而不改 是謂過矣니라。
(자왈 과이불개 시위과의니라。)

㉚ 子曰 吾嘗終日不食하며 終夜不寢하여 以思하니 無益이라 不如學也로다。
(자왈 오상종일불식하며 종야불침하여 이사하니 무익이라 불여학야로다。)

㉛ 子曰 君子는 謀道不謀食하나니 耕也에 餒在其中矣요 學也에 祿在其中矣니 君子는 憂道不憂貧이니라。
(자왈 군자는 모도불모식하나니 경야에 뇌재기중의요 학야에 록재기중의니 군자는 우도불우빈이니라。)

㉜ 子曰 知及之오도 仁不能守之면
(자왈 지급지오도 인불능수지면)

●嘗 : 일찍이 상 ●寢 : 잠잘 침
●謀 : 꾀할 모 ●餒 : 주릴 뇌

공자께서 말씀하셨다。『사람이 도를 넓히는 것이지, 도가 사람을 넓히는 것이 아니다。』

공자께서 말씀하셨다。『허물이 있어도 고치지 않는 것, 이것을 허물이라고 한다。』

공자께서 말씀하셨다。『내가 일찍이 종일토록 먹지 않으며 밤이 새도록 잠도 자지 않고 생각했지만 유익함이 없더라。배우는 것만 못하였다。』

공자께서 말씀하셨다。『군자는 도를 도모하되 먹을 것을 도모하지 않는다。밭을 갈아도 굶주림은 그 가운데 있고, 배움에 녹이 그 가운데 있는 것이니, 군자는 도를 걱정하지 가난함을 걱정하지 않는다。』

공자께서 말씀하셨다。『지혜가 거

雖得之나 必失之니라 知及之하며 仁能守之오도 不莊以涖之면 則民不敬이니라 知及之하며 仁能守之하며 莊以涖之오도 動之不以禮면 未善也니라.

㉝ 子曰 君子는 不可小知而可大受也요 小人은 不可大受而可小知也니라.

㉞ 子曰 民之於仁也에 甚於水火하

• 涖 : 다다를 리

기에 미치더라도 인이 그것을 지켜낼 수 없다면 비록 얻더라도 반드시 잃게 될 것이다. 지혜가 거기에 미치고 인이 그것을 지킬 수 있더라도 장엄함으로써 임하지 않는다면 백성들이 공경하지 않을 것이다. 지혜가 거기에 미치고 인이 그것을 지킬 수 있으며, 장엄함으로써 임하더라도 백성들을 예로써 분발시키지 않는다면 아직 좋다고 할 수 없다.』

공자께서 말씀하셨다. 『군자는 작은 일로는 알 수 없지만 큰 일을 받을 수 있고, 소인은 큰 일을 받을 수 없지만 작은 일로 알 수 있다.』

공자께서 말씀하셨다. 『백성은 인에 대해서 그 필요함이 물과 불보다 더 심하니, 물과 불은 내가 밟다가 죽

니 水火(수화)는 吾見蹈而死者矣(오견도이사자의)어니와 未見蹈仁而死者也(미견도인이사자야)케라。

㉟ 子曰(자왈) 當仁(당인)하얀 不讓於師(불양어사)니라。

㊱ 子曰(자왈) 君子(군자)는 貞而不諒(정이불량)이니라。

㊲ 子曰(자왈) 事君(사군)하되 敬其事而後其食(경기사이후기식)이니라。

㊳ 子曰(자왈) 有教無類(유교무류)니라。

㊴ 子曰(자왈) 道不同(도부동)이면 不相爲謀(불상위모)니라。

• 諒 : 믿을 량。시비를 가리지 않고 약속한 것만 지키려는 것 • 蹈 : 밟을 도

는 사람을 보았지만 인을 밟다가 죽은 사람은 아직 보지 못했다。』

공자께서 말씀하셨다。『인을 자신의 책임으로 삼을 때는 스승에게도 사양하지 않는다。』

공자께서 말씀하셨다。『군자는 바르고 견고하지만 믿음을 고집하는 일에 얽매이지 않는다。』

공자께서 말씀하셨다。『군주를 섬기되 일을 공경하게 하고 먹을 것을 나중에 해야 한다。』

공자께서 말씀하셨다。『가르침이 있으면 나쁜 무리가 없어진다。』

공자께서 말씀하셨다。『도가 같지 않으면 서로 도모하지 말아야 한다。』

공자께서 말씀하셨다。『말은 통하면 될 뿐이다。』

㊵ 子曰 辭는 達而已矣니라。

㊶ 師冕이 見이어늘 及階에 子曰 階也라하시고 及席에 子曰 席也라하시고 皆坐에 子告之曰 某在斯며 某在斯라하더시다 師冕이 出커늘 子張이 問曰 與師言之道與잇가 子曰 然하다 固相師之道也니라。

•師冕：사는 악사요、면은 이름
•見：뵐 현
•階：섬돌 계

악사 면이 뵈올 때에 계단에 이르자 공자께서 『계단이다』라고 하시고、자리에 이르자 『자리이다』라고 하시고、모두 앉자 공자께서 알려주셨다。『아무개는 여기에 있고、아무개는 여기에 있다。』 악사 면이 나가자 자장이 물었다。『악사와 더불어 말하는 도리입니까?』 공자께서 말씀하셨다。『그렇다。진실로 악사를 도와주는 도리이다。』

第16章 季氏

① 季氏將伐顓臾어늘 冉有季路見於孔子曰 季氏將有事於顓臾이리이다 孔子曰 求야 無乃爾是過與아 夫顓臾는 昔者先王이 以爲東蒙主하시고 且在邦域之中矣라 是社稷之臣也니 何以伐爲리오 冉有曰 夫子欲之언정 吾二臣者는 皆不欲也로이

●顓臾 : 착할 전。 잠깐 유。 顓臾는 나라 이름

●東蒙 : 동몽은 산 이름

●夫子 : 계손씨를 말함

계씨가 장차 전유를 정벌하려고 하는데、염유와 계로가 공자를 뵙고 말하였다。『계씨가 장차 전유에서 일을 벌이려고 합니다。』공자께서 말씀하셨다。『구야! 너는 이에 대해서 잘못이 없느냐? 전유는 옛날에 선왕께서 동몽산의 주인으로 삼으셨고、또한 나라의 경계 속에 있으니、이것은 사직의 신하이다。어찌 정벌할 수 있겠는가?』염유가 말하였다。『부자께서 하려는 것이지 저희 두 신하는 모두 원하지 않습니다。』공자께서 말씀

다 孔子曰 求아 周任有言曰 陳力就列하여 不能者止니 危而不持하며 顚而不扶하면 則將焉用彼相矣리오하니라 且爾言過矣로다 虎兕出於柙하며 龜玉이 毁於櫝中이면 是誰之過與오 冉有曰 今夫顓臾固而近於費하니 今不取하면 後世에 必爲子孫憂하리이다 孔子曰 求아 君子는 疾夫舍曰

- 列 : 자리 위(位)의 뜻
- 顚 : 넘어질 전
- 扶 : 도울 부
- 兕 : 외뿔소 시
- 柙 : 우리 합
- 櫝 : 함 독
- 舍 : 버릴 사(捨)와 같음

하셨다. 『구야! 주임이 말하기를 「능력을 펼쳐 자리에 나아가되 할 수 없는 경우는 멈추어라.」고 하였으니, 위태로운데도 잡지 못하며, 넘어지는데도 붙들지 못한다면 장차 저 신하를 어디에 쓰겠는가? 또한 너의 말이 잘못되었다. 호랑이와 들소가 우리에서 뛰쳐나오고, 거북과 옥이 함 속에서 훼손되었다면 이것은 누구의 잘못이겠는가?』 염유가 말하였다. 『지금 전유는 견고하고 비 땅에 가까우니 지금 취하지 않는다면 후세에 반드시 자손의 근심거리가 될 것입니다.』 공자께서 말씀하셨다. 『구야! 군자는 하고자 한다고 말하지 않고 굳이 말로 꾸며대는 것을 미워한다. 내가 들

欲之(욕지)요 而必爲之辭(이필위지사)니라 丘也聞(구야문)하니 有國有家者(유국유가자)는 不患寡而患不均(불환과이환불균)하며 不患貧而患不安(불환빈이환불안)이라하니 蓋均無貧(개균무빈)이요 和無寡(화무과)요 安無傾(안무경)이니라 夫如是(부여시)라 故遠人不服(고원인불복)이어든 則修文德以來之(즉수문덕이래지)하고 既來之(기래지)하얀 則安之(즉안지)니라 今由與求也(금유여구야)는 相夫子(상부자)하되 遠人不服而不能來也(원인불복이불능래야)하며 邦分崩離析而不能守也(방분붕리석이불능수야)하고 而謀動干戈於邦內(이모동간과어방내)하나니 吾(오)

●崩 : 무너질 붕 ●析 : 가를 석

으니 나라를 다스리고 집을 다스리는 사람은 적은 것을 걱정하지 않고 균등하지 못한 것을 걱정하며, 가난한 것을 걱정하지 않고 편안하지 못한 것을 걱정한다고 하였으니, 대개 고르면 가난함이 없고 조화로우면 적음이 없을 것이요 편안하면 기울어짐이 없을 것이다. 이와 같기 때문에 먼 데 있는 사람들이 복종하지 않으면 문덕을 닦아서 오게 하고, 이미 왔으면 편안하게 해 주어야 한다. 지금 유와 구가 계씨를 돕지만 먼 데 있는 사람들이 복종하지 않았는데도 오게 하지 못했으며, 나라가 무너지고 갈라지는데도 지켜내지 못하였다. 그럼에도 창과 방패를 나라 안에서 사용하고자

恐季孫之憂不在顓臾而在蕭墻之內也인가하노라。

② 孔子曰 天下有道하면 則禮樂征伐이 自天子出하고 天下無道하면 則禮樂征伐이 自諸侯出하나니 自諸侯出이면 蓋十世希不失矣요 自大夫出이면 五世希不失矣요 陪臣執國命이면 三世에 希不失矣니라 天下有道하면 則政不在大夫하며 天下有道

•蕭墻：맑은대쑥 소。담장 장。울타리를 말함 •自：~로부터 •陪臣：대부의 가신

계획하였으니 나는 계손의 근심이 전유에 있지 않고 병풍 안에 있을까 두렵다。』

공자께서 말씀하셨다。『천하가 도가 있으면 예악과 정벌이 천자로부터 나오고、천하에 도가 없으면 예악과 정벌이 제후로부터 나온다。제후로부터 나오면 10세만에 나라를 잃지 않는 사람이 드물 것이요、대부로부터 나오면 5세만에 나라를 잃지 않는 사람이 드물 것이요、배신이 국명을 집권하면 3세만에 나라를 잃지 않는 사람이 드물 것이다。천하에 도가 있으면 정사가 대부에게 있지 않고、천하에 도가 있으면 보통사람이 함부로 논의하지 않는다。』

하면 則庶人不議니라。

③ 孔子曰 祿之去公室이 五世矣요 政逮於大夫 四世矣니 故夫三桓之子孫이 微矣니라。

④ 孔子曰 益者三友요 損者三友니 友直하며 友諒하며 友多聞이 益矣요 友便辟하며 友善柔하며 友便佞이면 損矣니라。

⑤ 孔子曰 益者三樂요 損者三樂니

● 逮 : 미칠 체
● 諒 : 믿을 량
● 樂 : 좋아할 요

공자께서 말씀하셨다。『봉록을 주는 권한이 노나라 공실에서 떠난 지 5대가 되었고、정권이 대부에게 장악된 지가 4대가 되었다。그래서 삼환씨의 자손이 미약한 것이다。』

공자께서 말씀하셨다。『유익한 벗이 세 가지요、손해되는 벗이 세 가지인데、정직한 사람을 벗하며 믿음직스런 사람을 벗하며 견문이 많은 사람을 벗하면 유익하고、편벽된 사람을 벗하고 우유부단한 사람을 벗하며 말을 지나치게 잘하는 사람을 벗하면 손해가 된다。』

공자께서 말씀하셨다。『유익한 좋아함이 세 가지가 있고、손해나는 좋아함이 세 가지가 있는데、예악을 분

樂節禮樂하며 樂道人之善하며 樂多賢友 益矣요 樂驕樂하며 樂佚遊하며 樂宴樂이 損矣니라。

⑥ 孔子曰 侍於君子에 有三愆하니 言未及之而言을 謂之躁요 言及之而不言을 謂之隱이요 未見顔色而言을 謂之瞽니라。

⑦ 孔子曰 君子有三戒하니 少之時

●道 : 말할 도
●佚 : 편안할 일
●愆 : 허물 건
●躁 : 성급할 조
●瞽 : 소경 고

별하는 것을 좋아하며, 다른 사람의 선을 말하기를 좋아하며, 어진 친구가 많은 것을 좋아하면 유익하고, 교만함과 즐기는 것만을 좋아하며, 편하게 노는 것만을 좋아하며, 향락에 빠지는 것을 좋아하면 손해가 될 것이다.』

공자께서 말씀하셨다. 『군자를 모실 때에는 세 가지 허물이 있다. 말씀이 아직 미치지 않았는데 말을 하면 조급하다고 말하고, 말씀이 미쳤는데 말하지 않으면 숨긴다고 말하며, 안색을 살피지 않고 말한다면 봉사라고 말한다.』

공자께서 말씀하셨다. 『군자에게는 세 가지 경계함이 있는데, 젊었을 때

엔 血氣未定이라 戒之在色이요 及其壯也하얀 血氣方剛이라 戒之在鬪요 及其老也하얀 血氣旣衰라 戒之在得이니라。

⑧ 孔子曰 君子有三畏하니 畏天命하며 畏大人하며 畏聖人之言이니라 小人은 不知天命而不畏也라 狎大人하며 侮聖人之言이니라。

⑨ 孔子曰 生而知之者는 上也요 學

• 鬪 : 싸움 투
• 侮 : 업신여길 모

에는 혈기가 아직 정해지지 않았으므로 여색을 경계하고、장성해서는 혈기가 왕성하므로 싸움을 경계하고、늙어서는 혈기가 쇠약해졌으므로 재물을 얻는 것을 경계해야 한다。』

공자께서 말씀하셨다。『군자는 세 가지를 두려워하는데 천명을 두려워하고、대인을 두려워하며、성인의 말씀을 두려워한다。 소인은 천명을 알지 못하기 때문에 두려워하지 않는다。 대인을 업신여기고 성인의 말씀을 업신여긴다。』

공자께서 말씀하셨다。『태어나면서부터 아는 사람은 최상의 사람이며、배워서 아는 사람은 그 다음이고、애를 써서 배우는 사람이 또 그 다음인

而知之者(이지지자)는 次也(차야)요 困而學之(곤이학지)는 又(우)其次也(기차야)니 困而不學(곤이불학)이면 民斯爲下(민사위하)矣(의)니라。

⑩ 孔子曰(공자왈) 君子有九思(군자유구사)하니 視思明(시사명)하며 聽思聰(청사총)하며 色思溫(색사온)하며 貌思恭(모사공)하며 言思忠(언사충)하며 事思敬(사사경)하며 疑思問(의사문)하며 忿思難(분사난)하며 見得思義(견득사의)니라。

⑪ 孔子曰(공자왈) 見善如不及(견선여불급)하고 見不善(견불선)如探湯(여탐탕)을 吾見其人矣(오견기인의)며 吾聞其語(오문기어)

• 困 : 괴로울 곤
• 忿 : 성낼 분
• 探 : 찾을 탐

데, 애를 써서 배우지 않으면 사람들 중에 가장 낮은 등급의 사람이 된다。』

공자께서 말씀하셨다。『군자는 아홉 가지 생각하는 것이 있는데, 볼 때는 분명하게 볼 것을 생각하고, 들을 때에는 총명하게 들을 것을 생각하고, 얼굴빛은 온화하게 할 것을 생각하고, 모습은 공손할 것을 생각하고, 말은 진심을 다할 것을 생각하고, 일에는 공경히 할 것을 생각하고, 의문이 있을 때에는 질문할 것을 생각하고, 화가 나면 어려워질 것을 생각하고, 얻을 것을 보면 의로운 것인지 생각해야 한다。』

공자께서 말씀하셨다。『착한 것을 보면 거기에 미치지 못하는 것처럼 하며, 착하지 않은 것을 보면 끓는 물을

矣로라 隱居以求其志하며 行義以達其道를 吾聞其語矣요 未見其人也로라。

⑫ 齊景公이 有馬千駟하되 死之日에 民無德而稱焉하고 伯夷叔齊는 餓于首陽之下하되 民到于今稱之하니 其斯之謂與인저。

⑬ 陳亢이 問於伯魚曰 子亦有異聞乎아 對曰 未也라 嘗獨立이어시늘 鯉

•餓：주릴 아
•陳亢：진항。공자의 제자
•伯魚：공자의 아들

만지는 것처럼 하는 사람을 나는 그러한 사람도 보았으며、나는 그러한 말도 들었다。은거하면서 자신의 뜻을 추구하며、정의를 행하면서 자신의 도를 통달한다는 것을 나는 그 말은 들었지만 그러한 사람은 보지 못했다。』

제나라 경공은 4천 필의 말을 가지고 있었지만 죽는 날에는 백성들이 덕을 칭송하지 않았고、백이와 숙제는 수양산 아래서 굶어죽었지만 백성들이 오늘에 이르기까지 그들을 칭송하고 있다。아마 이것을 말한 것 같다。

진항이 백어에게 물었다。『그대는 선생님께 특별히 들은 것이 있는가?』백어가 대답했다。『없었소。일찍이 혼자 서 계실 때 내가 종종걸음으로 뜰을 지나는데、「시를 배웠느

趨而過庭이라니 曰 學詩乎아 對曰 未也로이다 不學詩면 無以言이라하여시늘 鯉退而學詩하고 他日에 又獨立이어시늘 鯉趨而過庭이러니 曰 學禮乎아 對曰 未也로이다 不學禮면 無以立이라하여시늘 鯉退而學禮하니 聞斯二者호라 陳亢이 退而喜曰 問一得三하니 聞詩聞禮요 又聞君子之遠其子也와라。

⑭ 邦君之妻를 君稱之曰 夫人이요

냐?」라고 하시기에、「아직 배우지 못했습니다」라고 대답하였더니 「시를 배우지 않으면 말을 할 수가 없다」고 하시기에 내가 물러가서 시를 배웠소。다른 날에 또 혼자 서 계실 때 내가 종종걸음으로 뜰을 지나는데、「예를 배웠느냐?」라고 하시기에、「아직 배우지 못했습니다」라고 대답하였다。그러자 「예를 배우지 않으면 설 방법이 없다」라고 하시기에 내가 물러가서 예를 배웠소。나는 이 두 가지를 들었소。』 진항이 물러가서 기뻐하며 말하였다。『하나를 질문하여 세 가지를 얻었으니、시를 배워야 한다는 것을 들었고、예를 배워야 한다는 것에 대해서 들었으며、또 군자가 자기 자식을 멀리 하는 것에 대해서 들었다。』

夫人自稱曰 小童이요 邦人稱之曰 君夫人이요 稱諸異邦曰 寡小君이요 異邦人稱之에 亦曰 君夫人이라하나니라。

第17章 陽貨

① 陽貨•欲見•孔子어늘 孔子不見하신대 歸孔子豚하여늘 孔子時其亡也而

• 陽貨 : 당시 권문세가인 계씨의 가신 • 見 : 현으로 발음

나라 임금의 아내를 임금이 일컬을 때는 「부인」이라 하고, 부인이 스스로 일컬을 때는 「소동」이라 하고, 나라 사람들이 일컬을 때는 「군부인」이라 하며, 다른 나라에 일컬을 때는 「과소군」이라 하고, 다른 나라 사람들이 일컬을 때도 「군부인」이라고 한다。

양화가 공자를 뵙고자 하였는데 공자께서 만나주지 않자 공자에게 돼지고기를 보내왔다。 그러자 공자께서 그가 없을 때를 맞추어 가서 절을 하고 오는 길에 우연히 마주쳤다。 양화가 공자에게 말하였다。『이리 오시오。

往拜之러시니 遇諸塗하시다 謂孔子曰 來하라 予與爾言하리라 曰 懷其寶而迷其邦이 可謂仁乎아 曰 不可하다 好從事而亟失時 可謂知乎아 曰 不可하다 日月이 逝矣라 歲不我與니라 孔子曰 諾다 吾將仕矣로리라。

② 子曰 性相近也나 習相遠也니라。

③ 子曰 唯上知與下愚는 不移니라。

- 遇：만날 우
- 塗：길 도
- 迷：미혹할 미
- 亟：자주 기
- 移：옮길 이

나는 당신과 함께 말하고 싶소。보배를 가슴에 품고 나라를 어지럽게 하는 것을 어질다고 할 수 있습니까?』공자께서 말씀하셨다。『안될 말이지요。』양화가 말하였다。『종사하기를 좋아하면서 자주 때를 놓치면 지혜롭다고 할 수 있습니까?』공자께서 말씀하셨다。『안될 말이지요。』양화가 말하였다。『세월이 흘러가는데、세월은 나를 기다려 주지 않습니다。』공자께서 말씀하셨다。『네、나는 장차 벼슬을 할 것입니다。』

공자께서 말씀하셨다。『성품은 서로 비슷하지만 습관에 따라서 서로 멀어진다。』

공자께서 말씀하셨다。『오직 가장 지혜로운 사람과 가장 어리석은 사람

④ 子之武城(자지무성)하사 聞弦歌之聲(문현가지성)하시고 夫子莞爾而笑曰(부자완이이소왈) 割雞(할계)에 焉用牛刀(언용우도)리오 子游對曰(자유대왈) 昔者偃也聞諸夫子(석자언야문저부자)하니 曰(왈) 君子學道則愛人(군자학도즉애인)이요 小人學道則易使也(소인학도즉이사야)라하더시다 子曰(자왈) 二三子(이삼자)아 偃之言(언지언)이 是也(시야)니 前言(전언)은 戱之耳(희지이)니라.

• 武城 : 고을 이름
• 弦 : 絃과 같은 뜻
• 莞爾 : 완이. 빙그레 미소지음
• 割 : 나눌 할
• 焉 : 어찌 언
• 是 : 옳을 시
• 戱 : 놀 희

은 변화시킬 수 없다.』

공자께서 무성에 가시어 현악기를 타며 노래 부르는 소리를 들으셨다. 부자께서 살짝 웃으시며 말씀하셨다. 『닭을 잡는데 어찌 소 잡는 칼을 사용하느냐?』 자유가 대답했다. 『옛날에 제가 선생님께 「군자가 도를 배우면 사람을 사랑하고, 소인이 도를 배우면 부리기 쉽다」고 들었습니다.』 공자께서 말씀하셨다. 『제자들아, 언의 말이 옳다. 내가 앞에서 한 말은 농담일 뿐이니라.』

⑤ 公山弗擾以費畔하여 召어늘 子欲往이러시니 子路不說曰 末之也已니 何必公山氏之之也리잇고 子曰 夫召我者는 而豈徒哉리오 如有用我者인댄 吾其爲東周乎인저。

⑥ 子張이 問仁於孔子한대 孔子曰 能行五者於天下면 爲仁矣리라 請問之한대 曰 恭寬信敏惠니 恭則不

•公山弗擾：계씨의 가신
•畔：배반할 반。반(叛)과 같음
•說：기쁠 열
•之：갈 지
•徒：한갓 도。다만

공산불요가 비 땅으로 반란을 일으키고 공자를 부르거늘 공자께서 가고자 하셨는데, 자로가 기뻐하지 않은 얼굴로 말하였다. 『가실 곳이 없으면 그만두어야지 하필 공산씨에게 가시려고 하십니까?』 공자께서 말씀하셨다. 『나를 부르는 자라면 어찌 이유없이 불렀겠느냐? 만약 나를 등용하는 사람이 있다면 나는 동쪽의 주나라로 만들 것이다.』

자장이 공자에게 인에 대해서 물었는데, 공자께서 말씀하셨다. 『이 세상에 다섯 가지를 실천한다면 인을 행하는 것이다.』 자장이 더 듣기를 요청하자, 공자께서 말씀하셨다. 『공손함, 관대함, 믿음, 민첩함, 은혜로움이 바로 그것이다. 공손하면 다른 사람들

侮하고 寬則得衆하고 信則人任焉하고 敏則有功하고 惠則足以使人이니라。

⑦ 佛肸이 召어늘 子欲往이러시니 子路曰 昔者 由也聞諸夫子하니 曰 親於其身에 爲不善者는 君子不入也라하더시니 佛肸이 以中牟畔이어늘 子之往也는 如之何잇고 子曰 然하다 有是言也어니와 不曰堅乎아 磨而不磷

• 侮：업신여길 모
• 磷：닳을 린

• 佛肸：필힐。진(晉)나라 대부인 범씨(范氏)의 가신

이 업신여기지 않고, 관대하면 사람들을 얻을 수 있고, 믿음이 있으면 사람들이 의지하게 되고, 민첩하면 공로를 세울 수 있을 것이고, 은혜로우면 사람을 부릴 수 있을 것이다。』

필힐이 공자를 부르자 공자께서 가려고 하셨다。자로가 말하였다。『옛날에 제가 선생님께 스스로 자기 몸을 가지고 불선을 행하는 사람에게는 군자가 들어가지 않는다고 들었습니다。필힐이 중모 땅으로 반란을 일으켰는데 선생님께서 가시려는 것은 무슨 까닭입니까?』공자께서 말씀하셨다。『그렇다。그런 말을 한 적이 있다。단단하다고 말하지 않겠는가? 갈아도 엷어지지 않으니 희다고 말하지 않겠는가? 검은 물을 들여도 검어지지

하며 不曰白乎아 涅而不緇니라 吾豈匏瓜也哉라 焉能繫而不食이리오。

⑧ 子曰 由也아 女聞六言六蔽矣乎아 對曰 未也로이다 居하라 吾語女하리라 好仁不好學이면 其蔽也愚하고 好知不好學이면 其蔽也蕩하고 好信不好學이면 其蔽也賊하고 好直不好學이면 其蔽也絞하고 好勇不好學이면

- 涅 : 암금흙 날。 검은 물을 들일 때 사용하는 광석
- 緇 : 검은 비단 치
- 匏 : 박 포
- 繫 : 맬 계
- 蔽 : 가릴 폐
- 女 : 너 여
- 蕩 : 쓸어버릴 탕
- 賊 : 해칠 적
- 絞 : 각박할 교

않으니 내가 어찌 조롱박이겠는가? 어찌 매달려서 먹히지 않을 수 있겠는가?』

공자께서 말씀하셨다. 『유야, 너는 육언과 육폐에 대해서 들었느냐?』 자로가 대답했다. 『아직 듣지 못했습니다.』 공자께서 말씀하셨다. 『앉아라. 내가 너에게 말해주마. 인을 좋아하면서 학문을 좋아하지 않으면 그 폐단이 어리석게 되고, 지혜를 좋아하면서 학문을 좋아하지 않으면 그 폐단이 지나치게 넓게 되고, 믿음을 좋아하면서 학문을 좋아하지 않으면 그 폐단이 남을 해치게 되며, 정직함을 좋아하면서 학문을 좋아하지 않으면 그 폐단이 엄하게 되고, 용맹함을 좋아하면서 학문을 좋아하지 않으면

其蔽也亂하고 好剛不好學이면 其蔽也狂이니라。

⑨ 子曰 小子는 何莫學夫詩오 詩는 可以興이며 可以觀이며 可以群이며 可以怨이며 邇之事父하며 遠之事君이요 多識於鳥獸草木之名이니라。

⑩ 子謂伯魚曰 女爲周南召南矣乎아 人而不爲周南召南이면 其猶正牆面而立也與인저。

• 邇：가까울 이
• 牆：담 장
• 周南召南：시경 국풍에 있는 두 편 이름

그 폐단이 어지럽게 되고, 강직함을 좋아하면서 학문을 좋아하지 않으면 그 폐단이 조급하게 된다.』

공자께서 말씀하셨다. 『너희들은 어찌하여 시를 배우지 않는가? 시는 마음에 감흥을 일으킬 수 있으며, 풍속을 관찰할 수 있으며, 여럿이 무리를 지을 수 있으며, 다른 사람을 원망할 수 있으며, 가깝게는 어버이를 섬기며, 멀리는 임금을 섬길 수 있게 하고, 조수와 초목의 이름을 많이 알 수 있게 한다.』

공자께서 백어에게 말씀하셨다. 『너는 『시경』의 「주남」과 「소남」을 배웠느냐? 사람으로서 「주남」「소남」을 배우지 않으면 바로 담장을 향하여 서 있는 것과 같은 것이다.』

⑪ 子曰(자왈) 禮云禮云(예운예운)인들 玉帛云乎哉(옥백운호재)아 樂云樂云(악운악운)인들 鐘鼓云乎哉(종고운호재)아。

⑫ 子曰(자왈) 色厲而內荏(색려이내임)을 譬諸小人(비저소인)컨댄 其猶穿窬之盜也與(기유천유지도야여)인저。

⑬ 子曰(자왈) 鄕原(향원)은 德之賊也(덕지적야)니라。

⑭ 子曰(자왈) 道聽而塗說(도청이도설)이면 德之棄也(덕지기야)니라。

⑮ 子曰(자왈) 鄙夫(비부)는 可與事君也與哉(가여사군야여재)아

•帛：비단 백
•厲：사나울 려
•荏：들깨 임。유약할 임
•穿：뚫을 천
•窬：넘을 유
•鄕原：마을에서 군자 소리를 듣는 위선자

공자께서 말씀하셨다。『「예로구나、예로구나!」라고 말하지만 옥이나 비단과 같은 폐백을 말하는 것이겠는가? 「음악이구나、음악이구나」라고 말하지만 종이나 북과 같은 악기를 말하는 것이겠는가?』

공자께서 말씀하셨다。『얼굴빛은 위엄이 있으면서 내면이 유약한 것을 소인에게 비유한다면 아마 벽을 뚫고 담을 뛰어넘는 도둑과 같으리라。』

공자께서 말씀하셨다。『향원은 덕을 해치는 사람이다。』

공자께서 말씀하셨다。『길거리에서 듣고 길거리에서 말하면 덕을 버리는 것이다。』

공자께서 말씀하셨다。『비천한 사람과 함께 임금을 섬길 수 있겠는

其未得之也(기미득지야)엔 患得之(환득지)하고 旣得之(기득지)하야 患失之(환실지)하나니 苟患失之(구환실지)면 無所不至矣(무소부지의)리라。

⑯ 子曰(자왈) 古者民有三疾(고자민유삼질)이러니 今也(금야)或是之亡也(혹시지무야)로다 古之狂也肆(고지광야사)러니 今之狂也蕩(금지광야탕)하고 古之矜也廉(고지긍야염)이러니 今之矜也(금지긍야)는 忿戾(분려)하고 古之愚也直(고지우야직)이러니 今之愚也 詐而已矣(금지우야 사이이의)로다。

● 肆 : 방자할 사
● 廉 : 청렴할 렴。 엄하고 모난 것
● 戾 : 사나울 려
● 詐 : 속일 사

가? 아직 얻지 못했을 때는 얻을 것을 걱정하고, 얻고 난 후에는 잃을까봐 걱정한다。 진실로 잃을까봐 걱정한다면 못하는 것이 없게 될 것이다。』

공자께서 말씀하셨다。『옛날에는 백성들에게 세 가지 병폐가 있었는데 오늘날에는 그것조차도 없구나。 옛날의 광자(狂者)들은 작은 예절에 구애되지 않았는데 오늘날의 광자는 방탕하고, 옛날의 긍지 있는 사람은 엄격하였는데 오늘날의 긍지 있는 사람은 화만 잘 내고, 옛날의 어리석은 사람은 우직했는데 오늘날의 어리석은 사람은 속이기만 할 뿐이다。』

⑰ 子曰 巧言令色이 鮮矣仁이니라。

⑱ 子曰 惡紫之奪朱也하며 惡鄭聲之亂雅樂也하며 惡利口之覆邦家者하노라。

⑲ 子曰 予欲無言하노라 子貢曰 子如不言이시면 則小子何述焉이리잇고 子曰 天何言哉시리오 四時行焉하며 百物生焉하나니 天何言哉시리오。

●惡 : 미워할 오

●紫 : 자줏빛 자

공자께서 말씀하셨다。『말을 교묘하게 잘하고 얼굴빛을 잘 꾸미는 사람은 인이 드물 것이다。』

공자께서 말씀하셨다。『자주색이 붉은 색을 빼앗는 것을 미워하며、정나라의 음악이 아악을 어지럽히는 것을 미워하며、구변 좋은 사람이 나라를 멸망시키는 것을 미워한다。』

공자께서 말씀하셨다。『나는 말을 하지 않으려고 한다。』 자공이 말하였다。『선생님께서 만약 말씀을 하지 않으시면 저희들이 무엇을 전하겠습니까?』 공자께서 말씀하셨다。『하늘이 무슨 말을 하던가? 사계절이 운행되며 만물이 생겨나는데 하늘이 무슨 말을 하던가?』

⑳ 孺悲欲見孔子어늘 孔子辭以疾하시고 將命者出戶어늘 取瑟而歌하여 使之聞之하시다。

㉑ 宰我問 三年之喪이 期已久矣로소이다 君子三年不爲禮면 禮必壞하고 三年不爲樂이면 樂必崩하리이다 舊穀旣沒하며 新穀旣升하며 鑽燧改火하나니 期可已矣로소이다 子曰 食夫稻

• 孺悲 : 노나라 사람으로 애공이 공자에게 보내 상례를 배우게 하였음
• 壞 : 무너질 괴
• 崩 : 무너질 붕
• 鑽燧 : 뚫을 찬。부싯돌 수
• 稻 : 벼 도

유비가 공자를 뵈려고 하자 공자께서 병을 핑계로 사양하셨다。명령을 전달하는 사람이 문을 나가자 비파를 타면서 노래를 불러 그로 하여금 듣게 하셨다。

재아가 물었다。『3년의 상복 기간은 1년만 하더라도 너무 긴 것 같습니다。군자가 3년 동안 예를 행하지 않으면 예는 반드시 무너지고、3년 동안 음악을 하지 않으면 음악이 반드시 무너질 것입니다。옛 곡식이 모두 없어지고 새로운 곡식이 오르며、불을 취하는 나무도 불씨를 바꾸는데 1년이면 그쳐도 될 것입니다。』공자께서 말씀하셨다。『쌀밥을 먹고 비단옷을 입는 것이 너에게 편안하냐?』대답하기를『편안합니다。』라고 하였

하며 衣夫錦(의부금)이 於女安乎(어여안호)아 曰(왈) 安(안)하이다 女安則爲之(여안즉위지)하라 夫君子之居喪(부군자지거상)에 食旨不甘(식지불감)하며 聞樂不樂(문악불락)하며 居處不安(거처불안)이라 故不爲也(고불위야)하나니 今女安則爲之(금여안즉위지)하라 宰我出(재아출)커늘 子曰 予之不仁也(자왈 여지불인야)여 子生三年然後免於父母之懷(자생삼년연후면어부모지회)하나니 夫三年之喪(부삼년지상)은 天下之通喪也(천하지통상야)니 予也有三年之愛於其父母乎(여야유삼년지애어기부모호)아。

㉒ 子曰 飽食終日(자왈 포식종일)에 無所用心(무소용심)이

•錦: 비단 금 •飽: 배부를 포

다。 공자께서 말씀하셨다。『네가 편안하면 그렇게 해라。 군자가 상을 당하면 맛있는 것을 먹어도 달지 않으며, 음악을 들어도 즐겁지 않고, 거처할 때도 편안하지 않는 것이다。 그러므로 하지 않는 것인데, 지금 네가 편안하면 그렇게 하여라。』 재아가 나가자 공자께서 말씀하셨다。『재아는 어질지 못하구나。 자식은 태어난 지 3년이 된 후에 부모의 품에서 벗어날 수 있기 때문에, 3년의 상은 천하의 공통된 상복이니, 재아는 부모에게서 3년 동안 사랑을 받았던가?』

공자께서 말씀하셨다。『하루 종일 배부르게 먹고 마음을 쓸 곳이 없다면 어려울 것이다。 장기와 바둑을 둘 수도 있지 않는가? 이것을 하는 것

難矣哉인저 不有博弈者乎아 爲之猶賢乎已니라。

㉓ 子路曰 君子尙勇乎잇가 子曰 君子는 義以爲上이니 君子有勇而無義면 爲亂하고 小人이 有勇而無義면 爲盜니라。

㉔ 子貢曰 君子亦有惡乎잇가 子曰 有惡하니 惡稱人之惡者하며 惡居下

● 博弈 : 장기 박。바둑 혁
● 賢 : 나을 현
● 已 : 그칠 이
● 盜 : 훔칠 도

이 오히려 그만두는 것보다 나을 것이다。』

자로가 말하였다。『군자는 용맹을 숭상합니까?』 공자께서 말씀하셨다。『군자는 의를 으뜸으로 삼으니、군자에게 용맹만 있고 의로움이 없다면 난을 일으킬 것이요、소인에게 용맹만 있고 의로움이 없으면 도둑질을 하게 된다。』

자공이 말하였다。『군자도 또한 미워하는 것이 있습니까?』 공자께서 대답하셨다。『미워하는 것이 있다。남의 나쁜 점만을 말하는 사람을 미워하며、아랫자리에 있으면서 윗사람을 헐뜯는 것을 미워하며、용맹하면서 예가 없는 사람을 미워하며、과감하면서 꽉 막힌 사람을 미워한다。』공자

流而訕上者하며 惡勇而無禮者하며 惡果敢而窒者니라 曰 賜也도 亦有惡乎아 惡徼以爲知者하며 惡不孫以爲勇者하며 惡訐以爲直者하노이다。

㉕ 子曰 唯女子與小人은 爲難養也니 近之則不孫하고 遠之則怨이니라。

㉖ 子曰 年四十而見惡焉이면 其終也已니라。

● 訕 : 헐뜯을 산
● 窒 : 막을 질
● 徼 : 살필 요
● 訐 : 들추어낼 알

께서 말씀하셨다。『사야! 너도 미워하는 것이 있느냐?』 자공이 말하였다。『살피는 것을 지혜로 여기는 사람을 미워하며, 불손한 것을 용맹으로 여기는 사람을 미워하고, 고자질하는 것을 정직하다고 여기는 사람을 미워합니다。』

공자께서 말씀하셨다。『여자와 소인은 기르기가 어렵다。가까이하면 불손하고 멀리하면 원망한다。』

공자께서 말씀하셨다。『40세가 되어서도 남에게 미움을 받으면 그것으로 끝일 뿐이다。』

第18章 微子 (제18장 미자)

① 微子去之하고 箕子爲之奴하시고 比干諫而死하니 孔子曰 殷有三仁焉하니라。

② 柳下惠爲士師하여 三黜이어늘 人曰 子未可以去乎아 曰 直道而事人이면 焉往而不三黜이며 枉道而事

• 微子 : 은나라 마지막 임금인 주왕(紂王)의 이복형
• 箕子 : 은나라 마지막 임금인 주왕(紂王)의 숙부
• 比干 : 은나라 마지막 임금인 주왕(紂王)의 숙부
• 士師 : 옥을 관리하는 관원
• 黜 : 물리칠 출

미자는 떠나가고, 기자는 노예가 되고, 비간은 간언하다 죽었다。 공자께서 말씀하셨다。『은나라에는 세 명의 어진 사람이 있었다。』

유하혜가 옥관인 사사가 되어 세 번 쫓겨났는데, 사람들이 말하였다。『그대는 아직 떠날만하지 않는가?』 대답하였다。『도를 곧게 해서 사람을 섬기면 어디를 간들 세 번 쫓겨나지 않을 것이며, 도를 굽혀서 사람을 섬긴다면 어찌 반드시 부모의 나라를 떠나겠는가?』

人(인)이면 何必去父母之邦(하필거부모지방)이리오。

③ 齊景公(제경공)이 待孔子曰(대공자왈) 若季氏(약계씨)는 則(즉) 吾不能(오불능)이어니와 以季孟之間待之(이계맹지간대지)하더니 曰(왈) 吾老矣(오노의)라 不能用也(불능용야)라하여시늘 孔子行(공자행)하시다。

④ 齊人(제인)이 歸女樂(귀여악)하여늘 季桓子受之(계환자수지)하고 三日不朝(삼일부조)한대 孔子行(공자행)하시다。

⑤ 楚狂接輿歌而過孔子曰(초광접여가이과공자왈) 鳳兮(봉혜) 鳳兮(봉혜)여 何德之衰(하덕지쇠)요 往者不可諫(왕자불가간)이어

• 季桓子 : 계강자의 아버지 • 諫 : 간할 간

제나라 경공이 공자를 모시고 말하였다。『계씨처럼 대우할 수는 없지만 계씨와 맹씨의 중간으로 대우하겠소。』또 말하였다。『내가 늙어서 등용할 수가 없겠소。』그러자 공자께서 떠나셨다。

제나라 사람이 여자 악사들을 보내오자 계환자가 그것을 받고 삼일 동안 조회를 하지 않자 공자께서 떠나셨다。

초나라의 광인 접여가 노래를 부르면서 공자 앞을 지나며 말하였다。『봉황새여、봉황새여! 어찌 덕이 쇠약해졌는가? 지나간 것은 간할 수 없지만 올 것은 오히려 쫓을 수 있으니 그만두어라、그만두어라! 오늘날

니와 來者猶可追니 已而已而어다 今之從政者殆而니라 孔子下하사 欲與之言이러시니 趨而辟之하니 不得與之言하시다。

⑥ 長沮桀溺이 耦而耕이어늘 孔子過之하실새 使子路로 問津焉하신대 長沮曰 夫執輿者爲誰오 子路曰 爲孔丘시니라 曰 是魯孔丘與아 曰 是也라

● 辟 : 피할 피
● 耦 : 짝 우
● 長沮桀溺 : 장저와 걸닉은 모두 은자
● 津 : 나루 진

정사에 종사하는 사람들은 위험하도다。』공자께서 수레에서 내려 함께 말하고자 하였는데、빨리 걸어서 피해버려 함께 말을 하지 못하였다。

장저와 걸닉이 함께 밭을 가는데 공자께서 지나가시다가 자로에게 나루터를 묻게 하셨다。장저가 말하였다。『수레에 타고 있는 사람이 누구요?』자로가 대답했다。『공구이십니다。』장저가 말하였다。『이 사람이 노나라의 공구란 말인가?』자로가 『네、그렇습니다。』라고 답하였다。장저가 말하였다。『그렇다면 이 사람은 나루터를 알 것이오。』자로가 걸닉한테 물으니 걸닉이 말하였다。『그대는 누구인가?』자로가 말하였다。『중유입니

曰是知津矣리라 問於桀溺한대 桀溺曰子爲誰요 曰爲仲由로라 曰是魯孔丘之徒與아 對曰然타 曰滔滔者天下皆是也니 而誰以易之리오 且而與其從辟人之士也론 豈若從辟世之士哉리오하고 耰而不輟하더라 子路行以告한대 夫子憮然曰鳥獸를不可與同群이니 吾非斯人之徒與오而誰與리오 天下有道면 丘不與易

● 滔滔：물넘칠 도
● 耰：덮을 우
● 輟：그칠 철
● 憮：멍할 무

다.』 걸닉이 물었다. 『노나라 공구의 무리인가?』 자로가 말하였다. 『그렇습니다.』 걸닉이 말하였다. 『천하는 모두 도도하게 흘러간다. 누구와 함께 이것을 바꾸겠는가? 그대는 사람을 피하는 선비를 따라다니는 것보다 차라리 세상을 피하는 선비를 따라다니는 것이 나을 것이다.』 그리고 씨를 뿌리고 흙으로 덮는 일을 멈추지 않았다. 자로가 돌아와서 말씀을 드리자, 공자께서 잠시 멍하게 계시다가 말씀하셨다. 『조수와는 함께 무리 지어 살 수 없으니, 내가 이 사람의 무리와 함께 살지 않고 누구와 함께 하겠는가? 이 세상에 도가 있다면 내가 더불어 바꾸려 하지 않을 것이다.』

也(야)리라。

⑦ 子路從而後(자로종이후)러니 遇丈人以杖荷蓧(우장인이장하조)하여 子路問曰(자로문왈) 子見夫子乎(자견부자호)아 丈人曰(장인왈) 四體不勤(사체불근)하며 五穀不分(오곡불분)하나니 孰爲夫子(숙위부자)오하고 植其杖而芸•(치기장이운)하더라 子路拱而立(자로공이립)한대 止子路宿(지자로숙)하여 殺雞爲黍而食之(살계위서이사지)하고 見其二子焉(현기이자언)이어늘 明日(명일)에 子路行以告(자로행이고)한대 子曰(자왈) 隱者也(은자야)로다하시고 使子路反見之(사자로반견지)하시니 至(지)

• 芸 : 김맬 운

자로가 따라가다가 뒤에 쳐져 일행과 떨어졌다。 지팡이를 가지고 짐을 멘 장인을 만나서 자로가 물었다。『어르신께서는 부자를 보셨습니까?』 장인이 대답했다。『사체를 부지런하게 하지 않고、오곡도 구분하지 못하는데 누구를 부자라고 하는가?』 그리고 지팡이를 땅에 세우고 김을 매었다。 자로가 손을 공손히 잡고 서 있었는데、자로를 머물러 유숙하게 하고 닭을 잡고 기장으로 밥을 지어 먹이고、그의 두 아들을 만나게 하였다。 다음날 자로가 돌아와서 말씀을 드리자 공자께서『은자로구나。』하시고 자로로 하여금 돌아가 만나보도록 하였는데、이르러 보니 가버리고 없었

則行矣러라 子路曰 不仕無義니 長幼之節을 不可廢也온 君臣之義를 如之何其廢之리오 欲潔其身而亂大倫이로다 君子之仕也는 行其義也니 道之不行을 已知之矣시니라。

⑧ 逸民이 伯夷와 叔齊와 虞仲과 夷逸과 朱張과 柳下惠와 少連이니 子曰 不降其志하며 不辱其身은 伯夷叔

• 逸民 : 초야에 묻혀 사는 현인
• 虞仲 : 주나라 태백(泰伯)의 동생
• 降 : 내릴 강

다。 자로가 말하였다。『벼슬하지 않으면 의리가 없는 것이니、어른과 아이의 예절도 없애서는 안 되는데 임금과 신하의 의리를 어떻게 없앨 수 있겠는가? 자신을 청결하게 하고자 하면서 큰 윤리를 어지럽히는 것이다。 군자가 벼슬하는 것은 의를 실행하는 것이니 도가 행해지지 않을 것은 이미 알고 계시다。』

세상을 버리고 은거한 사람은 백이와 숙제와 우중과 이일과 주장과 유하혜와 소련이었다。 공자께서 말씀하셨다。『자기의 뜻을 굽히지 않고 자기의 몸을 욕되게 하지 않은 사람은 백이와 숙제일 것이다。』 유하혜와 소련에 대해 말씀하셨다。『뜻을 굽히고 몸

齊與(제여)인저 謂柳下惠少連(위유하혜소련)하시되 降志(강지)辱身矣(욕신의)나 言中倫(언중륜)이며 行中慮(행중려)하니 其(기)斯而已矣(사이이의)니라 謂虞仲夷逸(위우중이일)하시되 隱(은)居放言(거방언)하니 身中清(신중청)이며 廢中權(폐중권)이니라 我則異於是(아즉이어시)하여 無可無不可(무가무불가)호라。

⑨ 大師摯(태사지)는 適齊(적제)하고 亞飯干(아반간)은 適(적)楚(초)하고 三飯繚(삼반요)는 適蔡(적채)하고 四飯缺(사반결)은 適秦(적진)하고 鼓方叔(고방숙)은 入於河(입어하)하고 播鼗(파도)

● 摯：잡을 지
● 亞飯：천자가 식사할 때 연주하는 악관의 이름
● 繚：감길 요
● 缺：이지러질 결
● 播：뿌릴 파
● 鼗：땡땡이 도。작은 북을 말함

을 욕되게 하였지만 말을 하면 도리에 맞고 행동하면 사려에 맞았으니 아마 이것뿐일 것이다。』우중과 이일에 대해 말씀하셨다。『은거하면서 말을 함부로 하지만 몸은 청렴함에 딱 맞았고 벼슬을 그만두면 권도에 딱 맞았다。나는 이들과 다른데、옳은 것도 없고 옳지 않은 것도 없다。』

태사 지(摯)는 제나라로 떠나고、아반 간(干)은 초나라로 떠나고、삼반 요(繚)는 채나라로 떠나고、사반 결(缺)은 진나라로 떠났다。북치는 방숙은 하내로 들어가고、작은 법고를 흔드는 무는 한중으로 들어가고、악관을 보좌하는 양과 경쇠를 두드리는 양은 바다의 섬으로 들어갔다。

武(무)는 入於漢(입어한)하고 少師陽(소사양)과 擊磬襄(격경양)은 入於海(입어해)하니라。

⑩ 周公(주공)이 謂魯公曰(위노공왈) 君子(군자)는 不施其親(불이기친)하며 不使大臣怨乎不以(불사대신원호불이)하며 故舊無大故(고구무대고)면 則不棄也(즉불기야)하며 無求備於一人(무구비어일인)이니라。

⑪ 周有八士(주유팔사)하니 伯達(백달)과 伯适(백괄)과 仲突(중돌)과 仲忽(중홀)과 叔夜(숙야)와 叔夏(숙하)와 季隨(계수)와 季騧(계와)니라。

• 施 : 발음은 이。弛(제거할 이)와 같음 • 以 : 用과 같음

주공이 노공에게 일러 말씀하셨다。『군자는 친척을 버리지 않으며 대신으로 하여금 등용하지 않는 것을 원망하지 않게 하며、옛 친구가 특별한 연고가 없으면 버리지 않으며、한 사람에게 모두 갖추기를 요구하지 않는다。』

주나라에는 여덟 명의 선비가 있었는데、백달、백괄、중돌、중홀、숙야、숙하、계수、계와이다。

第19章 子張

① 子張曰 士見危致命하며 見得思義하며 祭思敬하며 喪思哀면 其可已矣니라。

② 子張曰 執德不弘하며 信道不篤하면 焉能爲有며 焉能爲亡리오。

③ 子夏之門人이 問交於子張한대 子張曰 子夏云何오 對曰 子夏曰 可者與之하고 其不可者拒之라하더

자장이 말하였다。『선비는 위태로운 것을 보면 목숨을 바치고、얻을 것을 보면 의를 생각하며、제사지낼 때에는 공경함을 생각하고、상례에는 슬퍼할 것을 생각한다면 괜찮을 것이다。』

자장이 말하였다。『덕을 잡는 것이 넓지 않고 도를 믿는 것이 돈독하지 않으면 어찌 있다고 할 수 있으며、어찌 없다고 할 수 있겠는가?』

자하의 문인이 자장에게 친구 사귀는 도리에 대해서 묻자 자장이 말하였다。『자하는 무엇이라고 말하던가?』자하의 문인이 대답했다。『자하께서는 옳은 사람을 사귀고 옳지 못한 사람을 사귀지 말라고 하셨습니다。』자장이 말하였다。『내가 들었던 것과는 다르구나。군자는 어진 사람

이다 子張曰 異乎吾所聞이로다 君子는 尊賢而容衆하며 嘉善而矜不能하나니 我之大賢與인댄 於人何所不容이며 我之不賢與인댄 人將拒我하리니 如之何其拒人也리오。

④ 子夏曰 雖小道나 必有可觀者焉이어니와 致遠恐泥라 是以君子不爲也니라。

⑤ 子夏曰 日知其所亡하며 月無忘

• 拒 : 막을 거

• 泥 : 진흙 니。막히다는 뜻

을 존경하고 대중에게 관대하며, 능력이 있는 것을 아름답게 여기고 능력이 없는 사람을 불쌍하게 여기니, 내가 크게 어질다면 다른 사람에 대해서 무엇을 용납하지 못할 것이며, 내가 어질지 못하다면 다른 사람들이 장차 나를 거부할 것인데 어떻게 남을 거절할 수 있겠는가?』

자하가 말하였다.『비록 작은 도라고 할지라도 반드시 볼만한 것이 있지만 심원한 경지에 이르는 데는 장애가 될까 두렵다。이 때문에 군자는 하지 않는다.』

자하가 말하였다.『날마다 내가 가지지 않은 것을 알아 가고, 달마다 자기가 잘 하는 것을 잊지 않는다면 학문을 좋아한다고 말할 수 있을 것이다.』

其所能이면 可謂好學也已矣니라。

⑥ 子夏曰 博學而篤志하며 切問而近思면 仁在其中矣니라。

⑦ 子夏曰 百工은 居肆하여 以成其事하고 君子는 學하여 以致其道니라。

⑧ 子夏曰 小人之過也는 必文이니라。

⑨ 子夏曰 君子有三變하니 望之儼然하고 即之也溫하고 聽其言也厲니라。

⑩ 子夏曰 君子信而後勞其民이니

• 肆 : 가게 사 • 儼 : 의젓할 엄 • 厲 : 갈 려

자하가 말하였다。『널리 배우고 뜻을 돈독하게 하며 간절하게 묻고 가까운 것부터 생각한다면 인은 바로 그 가운데 있을 것이다。』

자하가 말하였다。『모든 공인들이 물건을 만드는 관청에 있으면서 자신들의 일을 완수하고 군자는 학문을 하여 자신의 도를 극진하게 하는 것이다。』

자하가 말하였다。『소인은 허물이 있으면 반드시 꾸며대려고만 한다。』

자하가 말하였다。『군자는 세 가지 변하는 것이 있는데、멀리서 바라보면 엄숙하고、앞에 나가서 보면 온화하고、그 말을 들으면 확실하다。』

자하가 말하였다。『군자는 믿음을

未信則以爲厲己也(미신즉이위려기야)라하고 信而後諫(신이후간)이니 未信則以爲謗己也(미신즉이위방기야)라하니라。

⑪ 子夏曰(자하왈) 大德不踰閑(대덕불유한)이면 小德出入(소덕출입)이라도 可也(가야)니라。

⑫ 子游曰(자유왈) 子夏之門人小子(자하지문인소자) 當灑掃應對進退(당쇄소응대진퇴)엔 則可矣(즉가의)어니와 抑末也(억말야)라 本之則無(본지즉무)니 如之何(여지하)오 子夏聞之(자하문지)曰(왈) 噫(희)라 言游過矣(언유과의)로다 君子之道(군자지도) 孰先傳焉(숙선전언)이오 孰後倦焉(숙후권언)이리오 譬諸草(비저초)

• 謗 : 헐뜯을 방
• 踰 : 넘을 유
• 灑 : 뿌릴 쇄
• 掃 : 쓸 소

얻은 다음에 백성들을 부리는데, 민음을 얻지 못하면 백성들이 자신을 해친다고 생각한다. 믿음을 얻은 다음에 간언하는 것인데, 믿음을 얻지 못하면 간언하면 임금이 자신을 비방한다고 생각한다.』

자하가 말하였다. 『큰 덕이 한계를 넘지 않는다면 작은 덕은 조금 드나들어도 괜찮다.』

자유가 말하였다. 『자하의 문인 제자들은 물 뿌리고 청소하고 응대하고 진퇴하는 것에 대해서는 괜찮지만 이것은 말단적인 것들이다. 근본이 없으니 어찌하겠는가?』 자하가 그 말을 듣고 말하였다. 『아! 자유의 말이 지나치구나. 군자의 도에 무엇을 먼

木(목)컨대 區以別矣(구이별의)라 君子之道焉可(군자지도언가)
•誣也(무야)리오 有始有卒者(유시유졸자)는 其惟聖人(기유성인)
乎(호)인저。

⑬ 子夏曰(자하왈) 仕而優則學(사이우즉학)하고 學而優(학이우)
則仕(즉사)니라。

⑭ 子游曰(자유왈) 喪(상)은 致乎哀而止(치호애이지)니라。

⑮ 子游曰(자유왈) 吾友張也(오우장야) 爲難能也(위난능야)나
然而未仁(연이미인)이니라。

⑯ 曾子曰(증자왈) 堂堂乎張也(당당호장야)여 難與並爲(난여병위)

•誣 : 무고할 무

저라고 여겨서 전하며, 무엇을 나중이라고 여겨서 게을리 하겠는가? 초목에 비유하자면 종류에 따라 구별하는 것과 같으니, 군자의 도가 어찌 속일 수 있겠는가? 처음도 있고 끝도 있는 것은 아마 성인일 것이로다.』

자하가 말하였다. 『벼슬하면서 여유가 있으면 학문을 하고, 학문을 하고서 여유가 있으면 벼슬을 하는 것이다.』

자유가 말하였다. 『상사에는 슬픔을 극진하게 할 뿐이다.』

자유가 말하였다. 『내 친구 자장은 어려운 것을 하는 데는 잘하지만 아직 어질지는 못하다.』

증자가 말하였다. 『당당하구나!

仁矣로다。

⑰ 曾子曰 吾聞諸夫子하니 人未有自致者也니 必也親喪乎인저。

⑱ 曾子曰 吾聞諸夫子하니 孟莊子之孝也其他는 可能也어니와 其不改父之臣與父之政은 是難能也니라。

⑲ 孟氏使陽膚•爲士師어늘 問於曾子한대 曾子曰 上失其道하여 民散久矣니 如得其情이어든 則哀矜而勿

• 陽膚 : 증자의 제자

자장이여。 그러나 함께 인을 행하기는 어렵겠구나。』

증자가 말하였다。『내가 선생님께 들으니 「사람이 아직까지 스스로 극진하게 한 적이 없을지라도 반드시 부모의 상에는 할 것이다」라고 하셨다。』

증자가 말하였다。『내가 선생님께 들으니 「맹장자의 효성중에서 다른 일은 할 수 있는 일이지만 아버지의 신하와 아버지의 정사를 고치지 않는 일은 하기가 어려운 것이다。」라고 하셨다。』

맹씨가 양부를 사사로 삼자、양부가 증자에게 물었다。증자가 대답했다。『윗사람이 도를 잃어버려 백성이

喜니라。

⑳ 子貢曰 紂之不善이 不如是之甚也러니 是以君子惡居下流하나니 天下之惡이 皆歸焉이니라。

㉑ 子貢曰 君子之過也는 如日月之食焉하여 過也人皆見之라가 更也人皆仰之니라。

㉒ 衛公孫朝問於子貢曰 仲尼焉學고 子貢曰 文武之道未墜於地하

• 更 : 고칠 경

흩어진지 오래되었다。만약 실정을 알았다면 불쌍하게 여기고 기뻐하지 말아야 한다。』

자공이 말하였다。『주왕의 선하지 않음이 이렇게 심하지는 않았다。이 때문에 군자는 하류에 처하는 것을 싫어하는데、천하의 악함이 모두 모여들기 때문이다。』

자공이 말하였다。『군자의 허물은 일식이나 월식과 같다。허물이 있으면 사람들이 모두 그것을 보고、허물을 고치면 사람들이 모두 그를 우러러본다。』

위나라 공손조가 자공에게 물었다。『중니는 어디서 배웠는가?』자공이 말하였다。『문왕과 무왕의 도가 아직

여 在人(재인)이라 賢者(현자)는 識其大者(지기대자)하고 不(불)賢者(현자)는 識其小者(지기소자)하여 莫不有文武(막불유문무)之道焉(지도언)하니 夫子焉不學(부자언불학)이시며 而亦(이역)何常師之有(하상사지유)리오。

㉓ 叔孫武叔(숙손무숙)이 語大夫於朝曰(어대부어조왈) 子貢(자공)이 賢於仲尼(현어중니)하니라 子服景伯(자복경백)이 以告(이고)子貢(자공)한대 子貢曰(자공왈) 譬之宮牆(비지궁장)컨댄 賜(사)之牆也(지장야)는 及肩(급견)이라 窺見室家之好(규견실가지호)어니와 夫子之牆(부자지장)은 數仞(수인)이라 不得其門(부득기문)

● 識：기억할 지 ● 肩：어깨 견 ● 窺：엿볼 규 ● 仞：길 인

땅에 떨어지지 않고 사람에게 남아 있다。어진 사람은 그 중에서 큰 것을 기억하고 어질지 못한 사람은 그 중에서 작은 것을 기억하여 문왕과 무왕의 도를 가지고 있지 않음이 없으니、선생님께서 무엇인들 배우지 못하시며、또 어찌 일정한 스승이 있겠는가?』

숙손무숙이 조정에서 대부들에게 말하였다。『자공이 중니보다 어질다。』 자복경백이 자공에게 알려주자 자공이 말하였다。『대궐의 담장에 비유하자면、내 담장은 어깨에 이르기 때문에 집안의 좋은 것들을 들여다 볼 수 있다。선생님의 담장은 여러 길이나 되기 때문에 그 문으로 들어가지 못

而入이면 不見宗廟之美百官之富하리니 得其門者或寡矣니 夫子之云이 不亦宜乎아。

㉔ 叔孫武叔이 毁仲尼한대 子貢曰 無以爲也니 仲尼는 不可毁也라 他人之賢者는 丘陵也라 猶可踰也어니와 仲尼는 日月也라 無得而踰焉이니 人雖欲自絕이나 其何傷於日月乎리

하면 종묘의 아름다움과 백관의 풍부함을 볼 수 없다。그 문을 얻는 사람이 드무니 부자의 말이 또한 마땅하지 않겠는가?』

숙손무숙이 중니를 헐뜯자 자공이 말하였다。『그렇게 하지 말라。중니는 헐뜯을 수 없다。다른 사람의 어짊은 구릉과 같아서 오히려 넘을 수 있지만、중니는 해와 달과 같아서 넘을 수 없다。사람들이 비록 스스로 끊고자 하지만 어찌 해와 달을 상하게 할 수 있겠는가? 마침 자기가 분수를 알지 못함을 나타낼 뿐이다。』

● 夫子 : 숙손무숙을 말함
● 踰 : 넘을 유
● 毁 : 헐 훼

오 多見其不知量也로다。

㉕ 陳子禽이 謂子貢曰 子爲恭也언정 仲尼豈賢於子乎시리오 子貢曰 君子一言以爲知요 一言以爲不知니 言不可不愼也니라 夫子之不可及也는 猶天之不可階而升也니라 夫子之得邦家者엔 所謂立之斯立하며 道之斯行하며 綏之斯來하며 動之斯和하여 其生也榮하고 其死也哀

• 陳子禽 : 자공의 제자

• 綏 : 편안할 수

진자금이 자공에게 말하였다。『그대가 스승에게 공손할지라도 중니가 어찌 그대보다 어질겠는가?』 자공이 말하였다。『군자는 한 마디 말에 대하여 지혜롭다고 여기고、한 마디 말에 대하여 지혜롭지 않다고 여기니 말은 삼가지 않을 수 없다。부자께 미치지 못하는 것은 마치 하늘에 오르는데 사다리를 놓고 올라갈 수 없는 것과 같다。부자께서 나라를 얻으신다면 이른바 세우면 그 자리에 서고、인도하면 거기에 따르고、편안하게 해주면 이에 오고、고무시키면 이에 화락하게 되어、살아계시면 영광스럽게 여기고、죽으면 슬퍼하는 것이니、어떻게 따를 수 있겠는가?』

리니 如之何其可及也리오。

第20章 堯曰

① 堯曰 咨爾舜아 天之曆數在爾躬하니 允執其中하라 四海困窮하면 天祿永終하리라 舜이 亦以命禹하시다 曰 予小子履는 敢用玄牡하여 敢昭告于皇皇后帝하노니 有罪不敢赦하며

• 咨 : 탄식할 자
• 履 : 신 리。탕임금의 이름
• 赦 : 용서할 사

요임금이 말씀하셨다。『아! 그대 순이여! 하늘의 운세가 그대의 몸에 있으니 진실로 중용을 잡아라。사해가 곤궁하면 하늘의 복록이 영원히 끊어질 것이다。』순임금 역시 이 말씀을 가지고 우임금에게 명하셨다。〈탕임금이〉 말씀하셨다。『저 소자 리(履)는 감히 검은색 희생을 써서 감히 위대하신 상제께 아뢰옵니다。죄가 있는 사람을 제가 감히 용서하지 못하며、상제의 신하를 제가 감히 은폐하지 못하오니、신하를 가려내는 것은 상제의 마음에 달려 있습니다。제 몸

帝臣不蔽(제신불폐)하여 簡在帝心(간재제심)하니이다 朕(짐)躬有罪(궁유죄)는 無以萬方(무이만방)이요 萬方有罪(만방유죄)는 罪在朕躬(죄재짐궁)하니이다 周有大賚(주유대뢰)하시니 善(선)人是富(인시부)하니라 雖有周親(수유주친)이나 不如仁(불여인)人(인)이니라 百姓有過(백성유과) 在予一人(재여일인)이니라 謹權量(근권량)하시며 審法度(심법도)하시며 修廢官(수폐관)하시니 四方之政(사방지정)이 行焉(행언)하니라 興滅國(흥멸국)하시며 繼絕世(계절세)하시며 擧逸民(거일민)하시니 天下(천하)之民(지민)이 歸心焉(귀심언)하니라 所重(소중)은 民食喪(민식상)

• 朕 : 나 짐
• 賚 : 줄 뢰

에 죄가 있으면 만방의 백성과는 무관한 것이지만 만방의 백성에게 죄가 있다면 그 죄는 제 몸에 있는 것입니다.』 주나라에는 큰 선물을 베풀었는데, 착한 사람이 이에 참으로 풍부하게 되었다. 비록 지극히 가까운 친척이 있을지라도 어진 사람보다 못하며, 백성들에게 허물이 있으면 모두 나 한 사람에게 있는 것이다. 저울과 되와 같은 도량형을 신중하게 다루며, 법도를 잘 살피고, 폐지했던 관직을 다시 설치하였으므로 사방의 정사가 잘 시행되었다. 멸망한 나라를 일으켜주고, 끊어진 대를 이어주며, 재야에 묻힌 사람을 등용하였으므로 천하의 백성들이 그에게로 마음을 돌렸다. 소중하게 여긴 것은 백성과 식량과 상례와 제례였다. 관대하면 대중

祭러시다 寬則得衆하고 信則民任焉하고 敏則有功하고 公則說이니라。

② 子張이 問於孔子曰 何如라야 斯可以從政矣리잇고 子曰 尊五美하고 屛四惡이면 斯可以從政矣리라 子張曰 何謂五美잇고 子曰 君子는 惠而不費하며 勞而不怨하며 欲而不貪하며 泰而不驕하며 威而不猛이니라 子張曰 何謂惠而不費잇고 子曰 因民

• 說 : 기쁠 열
• 屛 : 물리칠 병
• 費 : 쓸 비

의 지지를 얻을 것이고、 신용이 있으면 백성들이 그를 신임할 것이며、 민첩하면 공을 세울 것이요、 공정하면 백성들이 좋아할 것이다。

자장이 공자에게 물었다。『어떠해야 정사에 종사할 수 있습니까?』 공자께서 말씀하셨다。『다섯 가지의 미덕을 존중하며、 네 가지의 사악한 것을 물리치면 정사에 종사할 수 있을 것이다。』 자장이 말하였다。『무엇을 다섯 가지 미덕이라고 합니까?』 공자께서 대답하셨다。『군자는 은혜로우면서도 낭비하지 않고、 수고로워도 원망하지 않으며、 원하기는 하면서도 탐내지는 않고、 태연하면서도 교만하지 않으며、 위엄이 있으면서도 사납지 않은 것이다。』 자장이 다시 물었다。『무엇을 은혜로우면서도 낭비하지 않는다고 합

之所利而利之니 斯不亦惠而不費乎아 擇可勞而勞之어니 又誰怨이리오 欲仁而得仁이어니 又焉貪이리오 君子는 無衆寡하며 無小大히 無敢慢하나니 斯不亦泰而不驕乎아 君子는 正其衣冠하며 尊其瞻視하여 儼然人望而畏之하나니 斯不亦威而不猛乎아 子張曰 何謂四惡이니잇고 子曰 不教而殺을 謂之虐이요 不戒視成

● 瞻 : 볼 첨 ● 虐 : 사나울 학

니까?』 공자께서 대답하셨다。『백성들이 이롭게 여기는 것으로 인하여 이롭게 해준다면 이것이 바로 은혜로우면서도 낭비하지 않는다는 것이 아니겠느냐? 수고로울만한 것을 골라서 수고롭게 한다면 또 누가 원망하겠는가? 인을 하고자 해서 인을 얻는다면 또 무엇을 탐내겠는가? 군자는 사람이 많거나 적은 것에 관계없이, 권세가 높고 낮은 것에 관계없이 감히 업신여기지 않으니 또한 태연하면서도 교만하지 않는 것이 아니겠는가? 군자는 자신의 의관을 바르게 하며, 바라보는 태도를 존엄하게 하여, 근엄한 모습 때문에 사람들이 쳐다보기만 해도 두려워하게 되니 이 또한 위엄이 있으면서도 사납지 않은 것이 아니겠는가?』 자장이 물었

을 謂之暴요 慢令致期를 謂之賊이요 猶之與人也에 出納之吝을 謂之有司니라。

③ 子曰 不知命이면 無以爲君子也리라 不知禮면 無以立也리라 不知言이면 無以知人也리라。

●納：바칠 납
●吝：아낄 린

다。『무엇을 네 가지 사악한 것이라고 합니까?』공자께서 말씀하셨다。『가르치지 않고서 죽이는 것을 잔학하다 하고、미리 경계하지 않고 성과를 보는 것을 난폭하다고 하고、명령은 태만하게 내리고 기일을 지키도록 하는 것을 해친다고 하며、똑같이 사람들에게 줄 때에도 출납을 인색하게 하는 것을 담당자와 같다고 한다。』

공자께서 말씀하셨다。『천명을 알지 못하면 군자가 될 수 없고、예를 알지 못하면 설 수 없으며、말을 알지 못하면 사람을 알 수 없다。』

孟子

梁惠王章句上 (양혜왕장구상)

① 孟子見梁惠王하신대 王曰 叟不遠千里而來하시니 亦將有以利吾國乎잇가 孟子對曰 王은 何必曰 利잇고 亦有仁義而已矣니이다 王曰 何以利吾國고하시면 大夫曰 何以利吾家오하며 士庶人曰 何以利吾身고하리니 上下交征利면 而國危矣리이다 萬乘

• 梁惠王 : 위(魏)나라 제후 영(罃)을 말함
• 叟 : 어른 수
• 征 : 취할 정

맹자께서 양혜왕을 만나보는데, 왕이 말하였다. 『선생께서 천리 길을 멀게 여기지 않고 이렇게 오셨으니, 또한 장차 우리나라를 이롭게 할 방안을 가지고 있겠지요?』 맹자께서 대답하여 말씀하셨다. 『왕께서는 하필 이익에 대해서 말씀하십니까? 다만 인과 의가 있을 뿐입니다. 왕께서 「무엇으로 우리나라를 이롭게 할 것인가?」하시면, 대부들은 「무엇으로 우리 집안을 이롭게 할 것인가?」라 할 것이며, 선비와 서민들은 「무엇으로 내 자신을 이롭게 할 것인가?」라 할

之國(지국)에 弑其君者(시기군자)는 必千乘之家(필천승지가)오 千乘之國(천승지국)에 弑其君者(시기군자)는 必百乘之家(필백승지가)니 萬取千焉(만취천언)하며 千取百焉(천취백언)이 不爲不多矣(불위부다의)언마는 苟爲後義而先利(구위후의이선리)면 不奪不饜(불탈불염)이니이다 未有仁而遺其親者也(미유인이유기친자야)며 未有義而後其君者也(미유의이후기군자야)니이다 王(왕)은 亦曰 仁義而已矣(역왈 인의이이의)니 何必曰 利(하필왈 리)잇고。

• 萬乘之國 : 천자의 나라를 말함
• 百乘之家 : 제후의 대부를 말함
• 千乘之國 : 제후의 나라를 말함
• 饜 : 물릴 염。만족하다는 뜻

것이니、위와 아래가 서로 이익만 취하고자 한다면 나라가 위태로워질 것입니다。만승의 나라에서 임금을 죽이는 자는 반드시 천승의 나라일 것이요、천승의 나라에서 임금을 죽이는 자는 반드시 백승의 가문일 것이니 만에서 천을 취하고、천에서 백을 취하는 일이 적지 않지만 진실로 의를 뒤로하고 이익을 앞세운다면 남의 것을 빼앗지 않고는 만족하지 않을 것입니다。인하면서 자신의 부모를 버리는 자는 아직 없었으며、의로우면서 그의 임금을 뒤로하는 자는 아직 없었습니다。왕께서는 오직 인과 의를 말씀하셔야 할 따름인데 하필 이익을 말씀하십니까?』

② 孟子見梁惠王하신대 王이 立於沼上이러시니 顧鴻雁麋鹿曰 賢者도 亦樂此乎잇가 孟子對曰 賢者而後樂此니 不賢者는 雖有此나 不樂也니이다 詩云經始靈臺하야 經之營之하시니 庶民攻之라 不日成之로다 經始勿亟하시나 庶民子來로다 王在靈囿하시니 麀鹿攸伏이로다 麀鹿濯濯이어

- 沼：늪 소
- 鴻：큰기러기 안
- 麋：큰사슴 미
- 靈臺：문왕의 대 이름
- 亟：빠를 극
- 囿：동산 유
- 麀：암사슴 우
- 攸：바 유
- 濯濯：씻을 탁。살찌고 윤택한 모양

맹자께서 양혜왕을 만나셨는데 왕이 연못가에 서 있다가 크고 작은 기러기와 사슴들을 돌아보며 말하였다。『어진 사람도 또한 이런 것을 즐깁니까?』 맹자께서 대답하셨다。『어진 사람이어야 이런 것을 제대로 즐길 수 있으니 어질지 못한 이는 비록 이런 것들이 있어도 제대로 즐길 수 없습니다。『시경』에 이르기를 「영대를 지으려고 터를 측량하기 시작하여 그 둘레에 표시를 하였네。 뭇 백성들이 와서 공사를 하여 며칠 안 가서 이루어 놓았네。 서두를 것 없다고 했으나 백성들이 자식처럼 와서 도왔도다。 왕이 영유에 계시니 암사슴은 엎드려 있네。 암사슴은 윤기가 흐르고、백조

늘 白鳥鶴鶴(백조학학)이로다 王在靈沼(왕재영소)하시니 於(오)牣魚躍(인어약)이라하니 文王(문왕)이 以民力爲臺(이민력위대)爲沼(위소)하시되 而民歡樂之(이민환락지)하야 謂其臺(위기대)曰靈臺(왈영대)라하며 謂其沼曰靈沼(위기소왈영소)라하고 樂其有麀鹿魚鼈(락기유우록어별)하니 古之人(고지인)이 與(여)民偕樂(민해락)이라 故能樂也(고능락야)니이다 湯誓曰(탕서왈) 時日害喪(시일갈상)고 予及女(여급여)로 偕亡(해망)이라하니 民欲與之偕亡(민욕여지해망)이면 雖有臺池鳥獸(수유대지조수)인

• 鶴鶴 : 학학。하얀 모습
• 於 : 감탄사로「오」로 발음함
• 牣 : 찰 인
• 躍 : 뛸 약
• 鼈 : 자라 별
• 偕 : 함께 해
• 湯書 : 『서경』의 편명
• 害 : 어찌 갈

는 희고 희네。왕이 영소에 계시니 아아! 물고기가 가득히 뛰노는구나」라고 하였습니다。문왕이 백성의 힘으로 대와 연못을 만들었으나 백성들이 그 일을 즐거워하여 그 대를 일러 영대라 하고、그 연못을 일러 영소라 하여 사슴과 물고기가 있는 것을 즐겼으니、옛 사람은 백성과 함께 즐겼기 때문에 제대로 즐길 수 있었던 것입니다。『서경』「탕서」편에서는「이 태양은 언제 사라지려나? 내가 너와 함께 망하리라」라고 하였으니、백성들이 같이 망하고자 한다면 비록 대와 연못과 새와 짐승들을 가지고 있다한들 어찌 혼자 즐길 수 있겠습니까?」

들 豈能獨樂哉리잇고。

③ 梁惠王曰 寡人之於國也에 盡心焉耳矣로니 何內凶커든 則移其民於河東하고 移其粟於河內하며 河東凶커든 亦然하노니 察隣國之政한댄 無如寡人之用心者로대 隣國之民이 不加少하고 寡人之民이 不加多는 何也잇고 孟子對曰 王이 好戰하실새 請而戰喩호리이다 塡然鼓之하야 兵刃

• 寡人：寡德之人의 줄임말로 제후가 자신을 칭하는 말
• 移：옮길 이
• 喩：비유할 유
• 塡：북소리 전

양혜왕이 말하였다。『과인은 나라 일에 대해 진심을 다할 따름입니다。하내에 흉년이 들면 그 백성들을 하동으로 이주하게 하고 그 곡식은 하내로 보내며、하동에 흉년이 들어도 역시 그렇게 합니다。그런데 이웃 나라의 사정을 살펴보면 과인이 마음 쓰는 것처럼 하는 사람이 없는데 이웃 나라의 백성이 줄지 않고 과인의 백성이 늘지 않는 것은 무엇 때문일까요?』 맹자께서 대답하여 말씀하셨다。『왕께서 전쟁을 좋아하시니 전쟁에 비유해 보겠습니다。둥둥 북을 울려 병사들의 칼날이 이미 맞부딪쳐 전쟁이 시작되었는데 갑옷을 버리고 병기를 질질 끌며 달아나되 어떤 사

旣接이어든 棄甲曳兵而走하되 或百步而後止하고 或五十步而後止하여 以五十步笑百步則何如하리잇고 曰 不可하니 直不百步耳언정 是亦走也니이다 曰 王如知此어시든 則無望民之多於隣國也하소서 不違農時면 穀不可勝食也며 數罟不入洿池면 漁鼈不可勝食也며 斧斤以時入山林

●曳：끌 예 ●直：다만 직 ●違：어길 위 ●數：촘촘할 촉
●罟：그물 고 ●洿：웅덩이 오 ●斧：도끼 부

람은 백 보를 달아난 뒤에 멈추고、어떤 사람은 오십 보를 달아난 뒤에 멈추어서 오십 보를 달아난 사람이 백 보 달아난 사람을 비웃는다면 어떻겠습니까?』왕이 말하였다。『안될 말이지요。다만 백 보가 아닐 뿐이지 이 역시 달아난 것입니다。』맹자께서 말씀하셨다。『왕께서 이러한 것을 아신다면 백성들이 이웃 나라보다 많아지기를 바라지 마십시오。농사짓는 시기를 잃지 않으면 곡식을 이루 다 먹을 수 없을 것이요、촘촘한 그물을 웅덩이와 연못에 넣지 않으면 물고기와 자라를 이루 다 먹을 수 없을 것이며、도끼를 들고 때에 맞게 산에 들어가서 나무를 하면 재목을 이루 다 쓸 수

이면 材木不可勝用也니 穀與漁鼈을 不可勝食하며 材木을 不可勝用이면 是使民養生喪死無憾也니 養生喪死無憾이 王道之始也니이다 五畝之宅에 樹之以桑이면 五十者可以衣帛矣며 鷄豚狗彘之畜을 無失其時면 七十者可以食肉矣며 百畝之田을 勿奪其時면 數口之家可以無飢矣며 謹庠序之敎하여 申之以孝悌

●畝: 이랑 무(묘)
●桑: 뽕나무 상
●彘: 돼지 체
●畜: 기를 휵
●庠序: 상서。상과 서는 모두 학교의 이름

없을 것이니, 곡식과 고기를 충분히 먹을 수 있고, 넉넉하게 쓸 수 있다면 백성들로 하여금 살아있는 사람을 봉양하고 죽은 사람을 장사지내는데 유감이 없게 하는 것입니다. 살아있는 사람을 봉양하고 죽은 사람을 장사지내는데 유감이 없게 하는 것이 왕도의 시작입니다. 오무의 집안에 뽕나무를 심으면 오십 먹은 사람이 비단옷을 입을 수 있을 것이며, 닭과 돼지와 개를 기르되 번식하는 시기를 잃지 않으면 칠십 먹은 노인이 고기를 먹을 수 있을 것이며, 백 이랑의 밭에 농사지을 시기를 빼앗지 않으면 여러 식구가 굶주리지 않을 것이며, 학교의 가르침을 근엄하게 하고 효성

之義(지의)면 頒白者不負戴於道路矣(반백자불부대어도로의)리니 七十者衣帛食肉(칠십자의백식육)하며 黎民不飢不寒(여민불기불한)이오 然而不王者 未之有也(연이불왕자미지유야)니이다 狗彘食人食(구체식인식)하되 而不知檢(이부지검)하며 塗有餓莩(도유아표)하되 而不知發(이부지발)하고 人死(인사)어든 則曰(즉왈) 非我也(비아야)라 歲也(세야)라면 是何異於刺人而殺之曰(시하이어척인이살지왈) 非我也(비아야)라 兵也(병야)리잇고 王無罪歲(왕무죄세)하시면 斯天下之民至焉(사천하지민지언)이리이다。

• 頒白：斑白과 같은 의미。머리가 반쯤 하얗게 세었다는 뜻
• 戴：일 대
• 黎：검을 려
• 餓：주릴 아
• 莩：풀이름 부。여기서는 굶어 죽은 사람。음은「표」
• 刺：찌를 척

과 공경의 뜻으로 가르치면 반백이 된 노인이 길에서 짐을 지는 일이 없을 것이니、칠십 먹은 노인이 비단 옷을 입고 고기를 먹으며、백성들이 굶지 않고 추위에 떨지 않으면서도 왕노릇을 하지 못하는 사람은 없습니다。개와 돼지가 사람이 먹을 음식을 먹어도 거둬들일 줄 모르며、길에 굶어 죽은 시체가 있어도 창고의 곡식을 내놓을 줄 모르고、사람이 죽으면「내 잘못이 아니라 흉년이 들어서 그런 것이다」라고 한다면 이것이 어찌 사람을 칼로 찔러 죽이고도「내가 그런 것이 아니다。무기가 그런 것이다」라고 말하는 것과 다르겠습니까。왕께서 흉년을 탓하지 않는다면 이에 천하의 백성들이 모여들 것입니다。』

④ 梁惠王曰 寡人이 願安承教하노이다 孟子對曰 殺人以梃與刃이 有以異乎잇가 曰 無以異也니이다 以刃與政이 有以異乎잇가 曰 無以異也니이다 曰 庖有肥肉하며 廐有肥馬하고 民有飢色하며 野有餓莩면 此는 率獸而食人也니이다 獸相食도 且人惡之하나니 爲民父母하야 行政호되 不免於率獸而食人이면 惡在其爲民父

• 梃 : 몽둥이 정
• 庖 : 부엌 포
• 廐 : 마구간 구
• 惡 : 미워할 오

양혜왕이 말하였다. 『과인이 가르침을 받고자 합니다.』 맹자께서 대답하여 말씀하셨다. 『사람을 죽이는데 몽둥이로 하는 것과 칼로 하는 것에 다름이 있습니까?』 『다름이 없습니다.』 『칼로 사람을 죽이는 것과 정치를 잘못하여 죽이는 것에 다름이 있습니까?』 『다름이 없습니다.』 『주방에 살찐 고기가 있고, 마굿간에 살찐 말이 있는데 백성들의 얼굴에 굶주린 기색이 있으며, 들판에 굶어 죽은 시체가 있으면 이것은 짐승들을 끌어다 사람을 잡아먹게 하는 일입니다. 짐승끼리 서로 잡아먹는 것도 사람이 미워하는데 백성의 부모가 되어 정치를 행하면서 짐승을 끌어다 사람을 잡아먹게 하는 것을 면하지 못하다면

母也리잇고 仲尼曰 始作俑者 其無後乎인저하시니 爲其象人而用之也니 如之何其使斯民飢而死也리잇고。

⑤ 梁惠王曰 晉國天下莫强焉은 叟之所知也니 及寡人之身하야 東敗於齊에 長子死焉하고 西喪地於秦七百里하고 南辱於楚하니 寡人恥之하여 願比死者一洒之하노니 如之何

- 仲尼: 공자의 자
- 比: 견줄 비。 여기서는 「위하다」는 의미
- 俑: 허수아비 용
- 洒: 뿌릴 쇄。 설욕할 세。 여기서는 「세」로 발음

어떻게 백성의 부모가 될 수 있겠습니까? 중니께서 「처음 나무로 허수아비를 만들어 사용한 사람에게는 후손이 없을 것이다」라고 하셨으니, 이는 사람의 형상을 만들어 사용했기 때문입니다。 그런데 어떻게 백성들을 굶어 죽도록 할 수 있겠습니까?』

양혜왕이 말하였다。 『진나라가 천하에 막강함은 선생께서도 아시는 바입니다。 그런데 과인의 대에 이르러 동쪽으로 제나라에 패하여 큰아들이 죽고, 서쪽으로 진나라에 땅을 7백리나 잃고, 남쪽으로 초나라에게 모욕을 당했습니다。 과인은 이것을 부끄러워하여 죽은 자를 위하여 한 번 설욕하고자 하오니 어떻게 하면 되겠습니까?』 맹자께서 대답하여 말씀하

則可니잇고 孟子對曰 地方百里而可以王이니이다 王如施仁政於民하샤 省刑罰하시며 薄稅斂하샤 深耕易耨하고 壯者以暇日修其孝悌忠信하야 入以事其父兄하고 出以事其長上케하시면 可使制梃하야 以撻秦楚之堅甲利兵矣리이다 彼奪其民時하야 使不得耕耨하야 以養其父母하면 父母

(즉가니잇고 맹자대왈 지방백리이가이왕이니이다 왕여시인정어민하샤 생형벌하시며 박세렴하샤 심경이누하고 장자이가일수기효제충신하야 입이사기부형하고 출이사기장상케하시면 가사제정하야 이달진초지견갑리병의리이다 피탈기민시하야 사부득경누하야 이양기부모하면 부모)

- 省：줄일 생
- 斂：거둘 렴
- 易：쉬울 이。다스린다는 의미
- 耨：김맬 누
- 暇：겨를 가
- 撻：매질할 달

셨다。『땅이 사방 백 리만 되어도 왕업을 이룰 수 있습니다。왕께서 만약 백성에게 어진 정치를 베풀어서 형벌을 줄이고、세금을 적게 거두며、깊이 밭 갈고 충분히 김매게 하고서 장성한 자들이 여가를 이용하여 효제충신을 공부하여 집안에 들어가서는 부형을 섬기고、나가서는 어른과 윗사람을 섬기게 한다면 몽둥이를 만들어 가지고서도 진나라와 초나라의 견고한 갑옷과 예리한 병기를 치게 할 수 있습니다。저들이 백성들의 농사지을 때를 빼앗아 밭 갈고 김매어 그 부모를 봉양하지 못하게 하면、부모는 춥고 굶주리며、형제와 처자는 서로 흩어질 것입니다。저들이 이렇게 백성들을 함정에 빠뜨리거든 왕께서 가

凍餓하며 兄弟妻子離散하리니 彼陷溺其民이어든 王往而征之하시면 夫誰與王敵이리잇고 故曰 仁者無敵이라하니 王請勿疑하소서。

⑥ 孟子見梁襄王하시고 出語人曰 望之不似人君이오 就之而不見所畏焉이러니 卒然問曰 天下惡乎定고하야늘 吾對曰 定于一이라호라 孰能一

● 陷：빠질 함
● 溺：빠질 닉
● 敵：원수 적。대적할 적

● 梁襄王：양혜왕의 아들
● 卒然：졸연。갑자기

서 정벌하시면 누가 왕에게 대적하겠습니까? 그러므로 「인자에게는 대적할 수 있는 사람이 없다」고 한 것이니, 왕께서는 청컨대 의심하지 마십시오。』

맹자께서 양나라 양왕을 만나고 나와 사람들에게 말씀하셨다。『멀리서 바라보아도 임금 같지 않았고、가까이 나아가서 보아도 두려워할 만한 데가 없더니 갑자기 묻기를、「천하는 어떻게 안정될 수 있습니까?」라고 하거늘、내가 대답하기를、「하나로 통일되어야 안정될 것입니다」라고 하였다。왕이 「누가 하나로 통일할 수 있겠습니까?」하기에 「살인을 좋아하지 않는 사람이어야 하나로 통일할 수 있습니다」라고 대답하였다。왕이 「누

之오하야늘 對曰 不嗜殺人者아 能一之라호라 孰能與之오하야늘 對曰 天下莫不與也리이다 王이 知夫苗乎잇가 七八月之間이 旱이면 則苗槁矣라가 天이 油然作雲하야 沛然下雨하면 則苗浡然興之矣나니 其如是면 孰能禦之리잇고 今夫天下之人牧이 未有不嗜殺人者也니 如有不嗜殺人者

- 嗜：좋아할 기
- 苗：모 묘
- 槁：마를 고
- 油然：유연。구름이 왕성한 모양
- 沛然：패연。비가 세차게 내리는 모양
- 浡然：발연。일어나는 모양
- 禦：막을 어

가 그와 함께 할 수 있겠습니까?」라고 하기에 「천하에 함께 하지 않을 사람이 없을 것입니다。왕께서는 초목의 싹에 대해서 아십니까? 7、8월에 가뭄이 들면 싹이 마르다가 하늘에서 뭉게뭉게 구름이 일어나 시원하게 비가 내리면 싹이 쑥쑥 올라옵니다。이렇게 되면 누가 그런 기세를 막을 수 있겠습니까? 지금 천하의 임금 중에서 살인을 좋아하지 않는 사람이 없으니、만약 살인을 좋아하지 않는 사람이 있다면 천하의 백성들이 모두 목을 길게 빼고 그를 우러러 볼 것입니다。진실로 이와 같다면 백성이 그에게 돌아가는 것은 마치 물이 아래로 흐르는 것과 같을 것이니 그 세찬 흐름을 누가 막을 수 있겠습니까?」

면 則天下之民(즉천하지민)이 皆引領而望之矣(개인령이망지의)리니 誠如是也(성여시야)면 民歸之(민귀지) 由水之就下(유수지취하)하리니 沛然孰能禦之(패연숙능어지)리잇고호라。

⑦ 齊宣王(제선왕)이 問曰(문왈) 齊桓晉文之事(제환진문지사)를 可得聞乎(가득문호)잇가 孟子對曰(맹자대왈) 仲尼之徒(중니지도) 無道桓文之事者(무도환문지사자)라 是以後世無傳焉(시이후세무전언)하니 臣未之聞也(신미지문야)로니 無以則王乎(무이즉왕호)인저 曰(왈) 德何如(덕하여)면 則可以王矣(즉가이왕의)리잇고 曰(왈) 保民而王(보민이왕)이면 莫之能禦也(막지능어야)

●領：목령 ●道：말할도

라고 대답하였다。』

제나라 선왕이 물었다。『제나라 환공과 진나라 문공의 일을 들을 수 있겠습니까?』 맹자께서 대답하셨다。『공자의 제자들이 환공과 문공의 일을 말하지 않았기 때문에 후세에 전하지 않으니 신은 듣지 못했습니다。그만두지 말라고 하신다면 왕도에 대해서 말씀드리겠습니다。』 왕이 말하였다。『덕이 어떠하면 왕 노릇을 할 수 있습니까?』 맹자께서 말씀하셨다。『백성을 보호하면서 왕도를 행하면 이를 막을 수 있는 사람이 없을 것입니다。』 왕이 말하였다。『과인 같은 사람도 백성을 보호할 수 있겠습니까?』 맹자께서 말씀하셨다。『할 수 있습니다。』 왕이 말하였다。『무슨 이

리이다 曰(왈) 若寡人者(약과인자)도 可以保民乎(가이보민호)哉(재)잇가 曰(왈) 可(가)하니이다 曰(왈) 何由知吾可(하유지오가)也(야)잇고 曰(왈) 臣聞之胡齕(신문지호흘)호니 曰(왈) 王坐(왕좌)於堂上(어당상)이어시늘 有牽牛而過堂下者(유견우이과당하자)러니 王見之曰(왕견지왈) 牛(우)는 何之(하지)오 對曰(대왈) 將(장)以釁鍾(이흔종)이로이다 王曰(왕왈) 舍之(사지)하라 吾不(오불)忍其觳觫若無罪而就死地(인기곡속약무죄이취사지)하노라 對(대)曰(왈) 然則廢釁鍾與(연즉폐흔종여)잇가 曰(왈) 何可廢也(하가폐야)

● 齕 : 깨물 흘. 「胡齕」은 제나라 신하
● 釁鐘 : 피바를 흔. 「흔종」희생의 피를 종에 발라 신에게 제사 지내는 의식
● 牽 : 끌 견
● 觳觫 : 뿔잔 곡. 두려운 모양 속. 「觳觫」은 두려워하는 모양

유로 내가 할 수 있다는 것을 아십니까?』 맹자께서 말씀하셨다. 『신이 호흘한테 들은 일이 있습니다. 왕께서 당상에 계시는데 소를 끌고 당하로 지나가는 사람이 있어 왕께서 그것을 보시고 「소를 어디로 끌고 가느냐?」 하시니, 대답하기를 「흔종의 의식에 쓰려고 합니다」라고 하였습니다. 이에 왕께서 「풀어주어라. 나는 차마 그 소가 벌벌 떨며 죄 없이 사지로 가는 것을 볼 수 없구나」라고 하시자, 「그렇다면 흔종의 의식을 폐지하라는 말씀입니까?」라고 대답하였습니다. 그러자 왕께서 「어찌 폐지할 수 있겠는가? 양으로 바꾸도록 하라」고 하셨다는데, 잘 모르겠습니다만 그런 일이 있었습니까?』 왕이 말하였다. 『그

리오 以羊易之라하니 不識有諸잇가 曰 有之하니이다 曰 是心이 足以王矣리이다 百姓은 皆以王爲愛也언마는 臣은 固知王之不忍也하노이다 王曰 然타 誠有百姓者어니와 齊國雖褊小나 吾何愛一牛리오 即不忍其觳觫若無罪而就死地라 故以羊易之也호이다 曰 王無異於百姓之以王爲愛也하소서 以小易大어니 彼惡知之리잇고

•易：바꿀 역
•愛：아낄 애

런 일이 있었습니다。』 맹자께서 말씀하셨다。『이런 마음이면 충분히 왕도를 행할 수 있습니다。백성들은 모두 왕을 인색하다고 하겠지만 신은 진실로 왕께서 차마 그렇게 할 수 없어서 그런 줄을 압니다。』 왕이 말하였다。『그렇습니다。진실로 그런 말을 하는 백성이 있습니다만 제나라가 비록 작으나 내 어찌 한 마리의 소를 아끼겠습니까? 그 소가 벌벌 떨며 죄 없이 사지로 끌려가는 것을 차마 볼 수 없어서 양으로 바꾸도록 한 것입니다。』 맹자께서 말씀하셨다。『왕께서는 백성들이 왕을 인색하다고 여기는 것을 이상하게 생각하지 마십시오。작은 것을 큰 것과 바꾸었으니 그들이 어찌 그 마음을 알겠습니까? 왕께

王若隱其無罪而就死地인댄 則牛羊何擇焉이리잇고 王笑曰 是誠何心哉오 我非愛其財而易之以羊也언마는 宜乎百姓之謂我愛也로다 曰 無傷也라 是乃仁術也니 見牛오 未見羊也일새니이다 君子之於禽獸也에 見其生하면 不忍見其死하며 聞其聲하면 不忍食其肉이라 是以君子 遠庖廚•也니이다。

• 庖廚 : 「포주」。「푸주」의 본딧말로 고기를 자르고 삶는 곳

서 만일 소가 죄 없이 사지로 가는 것을 불쌍히 여겼다면 소와 양을 어찌 구별하셨습니까?』 왕이 웃으면서 말하였다。『그건 정말 무슨 마음에서 그랬을까요? 나는 재물을 아끼려고 한 것은 아니지만 그것을 양으로 바꾸도록 하였으니 백성들이 나를 인색하다고 한 것은 마땅합니다。』 맹자께서 말씀하셨다。『걱정할 것 없습니다。이것이야말로 인을 행하는 방법이니 소는 보시고 양은 보지 못하셨기 때문입니다。군자는 금수에 대해서 산 것을 보고는 그 죽는 것을 차마 보지 못하며、그 소리를 듣고는 그 고기를 차마 먹지 못합니다。그렇기 때문에 군자는 푸줏간을 멀리하는 것입니다。』

王이 說曰 詩云 他人有心을 予忖度之라하니 夫子之謂也로다 夫我乃行之호되 反以求之에 不得吾心이라니 夫子言之하시니 於我心有戚戚焉하이다 此心之所以合於王者는 何也잇고 曰 有復於王者曰 吾力足以擧百鈞이로되 而不足以擧一羽하며 明足以察秋毫之末이로되 而不見輿薪

- 忖 : 헤아릴 촌
- 度 : 헤아릴 탁
- 戚戚 : 척척. 마음에서 의문이 해소되는 모양
- 復 : 아뢸 복
- 鈞 : 서른 근 균
- 薪 : 땔나무 신

왕이 기뻐하며 말하였다. 『시경』에 「다른 사람의 마음을 내가 헤아려 안다」고 하였는데, 이 말은 바로 선생을 두고 한 말입니다. 내가 그것을 행하고 돌이켜 생각해 보아도 내 마음을 알 수 없었는데 선생께서 말씀하시니 내 마음에 느껴지는 바가 있습니다. 그런데 이런 마음이 왕도정치를 하는 것에 합당한 까닭은 무엇입니까?』 맹자께서 말씀하셨다. 『어떤 사람이 왕에게 말하기를 내 힘은 백 균을 들기에 충분하지만 털 하나를 들기에 부족하고, 시력은 가는 터럭의 끝부분을 살필 수 있으나 수레에 가득 실은 땔나무는 볼 수 없다고 한다면 왕께서는 인정하시겠습니까?』 왕이 대답하였다. 『그럴 수 없습니다.』

이라하면 則王許之乎잇가 曰否라 今에 恩足以及禽獸로되 而功不至於百姓者는 獨何與잇고 然則一羽之不擧는 謂不用力焉이오 輿薪之不見은 爲不用明焉이오 百姓之不見保는 爲不用恩焉이니 故王之不王은 不爲也이언정 非不能也니이다 曰 不爲者와 與不能者之形이 何以異잇고 曰 挾太山以超北海를 語人曰 我

•挾 : 낄 협 •超 : 넘을 초

맹자께서 말씀하셨다。『지금 은혜가 금수에게까지 미치면서도 그 효과가 백성에게 이르지 않는 것은 유독 무엇 때문입니까? 그러하니 깃털 하나를 들 수 없는 것은 힘을 사용하지 않기 때문이요、수레에 가득 찬 땔나무가 보이지 않는 것은 밝은 시력을 사용하지 않기 때문이요、백성들이 보호받지 못하는 것은 은혜를 사용하지 않기 때문입니다。그러므로 왕께서 왕도를 행하지 않는 것은 하지 않는 것이지 할 수 없는 것은 아닙니다。』왕이 말하였다。『하지 않는 것과 할 수 없는 것의 형태는 어떻게 다릅니까?』맹자께서 대답하셨다。『태산을 끼고서 북해를 넘는 일을 사람들에게 「나는 못한다」고 한다면 이것은

不能이라하면 是誠不能也어니와 爲長者折枝를 語人曰 我不能이라하면 是不爲也언정 非不能也니 故王之不王은 非挾太山以超北海之類也라 王之不王은 是折枝之類也니이다 老吾老하야 以及人之老하며 幼吾幼하여 以及人之幼하면 天下를 可運於掌이니 詩云 刑于寡妻하야 至于兄弟하야

• 折 : 꺾을 절
• 掌 : 손바닥 장
• 刑 : 본받을 형。法과 같은 의미

진실로 못하는 것이지만、어른을 위해 나뭇가지를 꺾는 일을「나는 못한다」고 한다면 이것은 하지 않는 것이지 못하는 것은 아닙니다。그러므로 왕께서 왕도를 행하지 않는 것은 태산을 끼고 북해를 뛰어 넘는 종류가 아닙니다。왕께서 왕도를 행하지 않는 것은 나뭇가지를 꺾는 종류의 일입니다。내 집의 노인을 공경하는 마음으로 남의 집 노인에게까지 미치며、내 집의 어린아이를 사랑하는 마음으로 남의 집 어린아이에게까지 미칠 수 있으면 천하는 손바닥 위에서 움직일 수 있습니다。『시경』에 이르기를、「부인에게 모범이 되어 형제에게 이르고、그로써 집안과 나라를 다스릴 수 있다」고 하였으니、이 마음을

以御于家邦(이어우가방)이라하니 言擧斯心加諸彼而已(언거사심가저피이이)니 故推恩(고추은)이면 足以保四海(족이보사해)하고 不推恩(불추은)이면 無以保妻子(무이보처자)리니 古之人(고지인)이 所以大過人者(소이대과인자)는 無他焉(무타언)이라 善推其所爲而已矣(선추기소위이이의)니 今恩足以及禽獸(금은족이급금수)로되 而功不至於百姓者(이공부지어백성자)는 獨何與(독하여)잇고。

權然後知輕重(권연후지경중)하며 度然後知長短(도연후지장단)이니 物皆然(물개연)에 心爲甚(심위심)하니 王請度之(왕청탁지)하

•御 : 다스릴 어
•度 : 헤아릴 탁
•度 : 법도 도。자 도。자로 재어본다는 의미

들어다 저들에게 쓸 뿐임을 말한 것입니다。그러므로 은혜를 미루어 나가면 사해도 보전할 수 있고、은혜를 미루어 나가지 못하면 처자도 보호하지 못할 것입니다。옛 사람이 남보다 월등히 뛰어난 까닭은 다른 것이 아닙니다。그들이 해야 할 것을 잘 미루어 갔을 뿐입니다。지금 은혜가 금수에게 미치면서 그 효과가 백성에게 이르지 않는 것은 유독 무엇 때문입니까?

저울에 달아본 후에야 무겁고 가벼움을 알고、자로 재 본 후에야 길고 짧음을 알 수 있습니다。모든 것이 다 그러하지만 마음은 더욱 그러하니 왕께서는 이를 잘 헤아려 보시기 바랍니다。그런데 왕께서는 전쟁

소서 抑王은 興甲兵하야 危士臣하야 構怨於諸侯라사 然後快於心與잇가 王曰 否라 吾何快於是리오 將以求吾所大欲也니이다 曰 王之所大欲을 可得聞與잇가 王이 笑而不言하신대 曰 爲肥甘不足於口與며 輕煖不足於體與잇가 抑爲采色不足視於目與며 聲音不足聽於耳與며 便嬖不足使令於前與잇가 王之諸臣이 皆

- 構 : 얽을 구
- 快 : 쾌할 쾌
- 煖 : 따뜻할 난
- 嬖 : 사랑할 폐

을 일으켜 선비와 신하를 위태롭게 하며, 제후들과 원수를 맺은 뒤에야 마음이 시원하시겠습니까?』왕이 말하였다.『아닙니다. 내가 어찌 이것을 통쾌하게 여기겠습니까? 장차 내가 크게 하고자 하는 바를 구하려는 것입니다.』맹자께서 말씀하셨다.『왕께서 크게 하고자 하는 바를 들을 수 있겠습니까?』왕이 웃으며 말을 하지 않았다. 그러자 맹자께서 말씀하셨다.『기름지고 단 음식이 입에 부족해서입니까? 가볍고 따뜻한 옷이 몸에 부족해서입니까? 아니면 채색이 눈으로 보기에 부족해서입니까? 소리와 음악이 귀로 듣기에 부족해서입니까? 곁에서 시중드는 신하들을 앞에 놓고 부리기에 부족해서입니까?

足以供之며 而王豈爲是哉시리잇고 曰否라 吾不爲是也로이다 曰然則王之所大欲을 可知已니 欲辟土地하며 朝秦楚하야 莅中國而撫四夷也로소니 以若所爲로 求若所欲이면 猶緣木而求魚也니이다。

王曰 若是其甚與잇가 曰 殆有甚焉하니 緣木求魚는 雖不得魚나 無後

●辟: 임금 벽。개척하여 넓히는 것을 말함
●緣: 인연 연。緣木求魚는 나무에 올라가서 물고기를 잡으려 한다는 의미
●莅: 다다를 리
●撫: 어루만질 무
●殆: 위태할 태。여기서는 발어사

왕의 여러 신하들이 모두 그러한 것들을 충분히 공급할 것인데 왕께서는 어찌 그런 것 때문이겠습니까?』 왕이 『아닙니다。 나는 이것 때문이 아닙니다。』라고 하자、맹자께서 말씀하셨다。『그렇다면 왕께서 크게 하고자 하는 것을 알겠습니다。 땅을 넓히고、진나라와 조나라의 조회를 받고、중국에 군림하여 사방 오랑캐를 어루만지고자 하는 것이지요。 그런데 이러한 행동으로 그러한 바람을 구하는 것은 나무에 올라가서 물고기를 구하는 것과 같은 것입니다。』

왕이 말하였다。『이렇게 심합니까?』 맹자께서 말씀하셨다。『아마 더 심할 수 있으니、나무에 올라가서 물고기를 구하는 것은 비록 고기는 얻

災(재)어니와 以若所爲(이약소위)로 求若所欲(구약소욕)이면 盡心力而爲之(진심력이위지)라도 後必有災(후필유재)하리이다 曰可得聞與(왈가득문여)잇가 曰鄒人與楚人戰(왈추인여초인전)이면 則王(즉왕)은 以爲孰勝(이위숙승)이리잇고 曰楚人勝(왈초인승)하리이다 曰然則小固不可以敵大(왈연즉소고불가이적대)며 寡固不可以敵衆(과고불가이적중)이며 弱固不可以敵强(약고불가이적강)이니 海內之地方千里者九(해내지지방천리자구)에 齊集有其一(제집유기일)하니 以一服八(이일복팔)이 何以異於鄒敵楚哉(하이이어추적초재)리잇고 蓋(개)●亦反其(역반기)

● 蓋 : 덮을 개。 여기서는 발어사

지 못해도 뒤에 재앙은 없습니다。 그러나 이러한 행동으로 그러한 바람을 구하면 마음과 힘을 다해도 뒤에 반드시 재앙이 있을 것입니다。』 왕이 말하였다。『그 내용을 들어볼 수 있습니까?』 맹자께서 말씀하셨다。『추나라 사람과 초나라 사람이 싸운다면 왕께서는 누가 이긴다고 생각하십니까?』 왕이 말하였다。『초나라 사람이 이길 것입니다。』 맹자께서 말씀하셨다。『그렇다면 작은 것은 진실로 큰 것을 대적할 수 없고、적은 숫자는 진실로 많은 숫자를 대적할 수 없으며、약한 것은 진실로 강한 것을 대적할 수 없으니、사해 안에 땅이 사방 천리가 되는 나라가 아홉인데、제나라는 다 모아야 그 중에 하나에 지나지 않습니다。

本矣(본의)니이다。

今王(금왕)이 發政施仁(발정시인)하사 使天下仕者(사천하사자) 皆欲立於王之朝(개욕입어왕지조)하며 耕者皆欲耕(경자개욕경) 於王之野(어왕지야)하며 商賈皆欲藏於王之(상고개욕장어왕지) 市(시)하며 行旅皆欲出於王之途(행려개욕출어왕지도)케하시면 天下之欲疾其君者皆欲赴愬於王(천하지욕질기군자개욕부소어왕)하리니 其如是(기여시)면 孰能禦之(숙능어지)리잇고 王曰(왕왈) 吾惛(오혼)하여 不能進於是矣(불능진어시의)로니 願夫子(원부자)는 輔乎志(보호지)하사 明以教我(명이교아)하소서 我雖(아수)

●商賈 : 상고。시장의 상인
●愬 : 하소연할 소
●惛 : 어리석을 혼

하나를 가지고 여덟을 굴복시킨다는 것이 어찌 추나라가 초나라를 대적하는 것과 다르겠습니까? 그러니 역시 근본으로 돌아가야 합니다。

지금 왕께서 정치를 함에 인을 베푸시어 천하의 벼슬아치들로 하여금 모두 왕의 조정에 서기를 원하게 하고, 경작하는 사람으로 하여금 모두 왕의 들에 나아가 밭 갈기를 원하게 하며、상인들로 하여금 모두 왕의 시장에 물건을 저장하기를 원하게 하고、여행자로 하여금 모두 왕의 길에 나아가도록 하며、천하의 자기 임금을 미워하는 사람들로 하여금 모두 왕에게 와서 호소하도록 하신다면 누가 막을 수 있겠습니까?』왕이 말하였다。『내가 혼미하여 이러한 경지에 나아갈 수 없으니

不敏(불민)이나 請嘗試之(청상시지)호리이다 曰(왈) 無恒産而有恒心者(무항산이유항심자)는 惟士爲能(유사위능)이오 若民則無恒産(약민즉무항산)이면 因無恒心(인무항심)하나니 苟無恒心(구무항심)이면 放辟邪侈(방벽사치)를 無不爲已(무불위이)리니 及陷於罪然後(급함어죄연후) 從而刑之(종이형지)면 是罔民也(시망민야)니 焉有仁人在位(언유인인재위)하여 罔民而可爲也(망민이가위야)리잇고 是故(시고)로 明君(명군)은 制民之産(제민지산)하되 必使仰足以事父母(필사앙족이사부모)하며 俯足以畜妻子(부족이휵처자)하야 樂歲(락세)에 終身飽(종신포)하고 凶

- 邪 : 간사할 사
- 罔 : 그물 망
- 仰 : 우러를 앙
- 俯 : (고개를)숙일 부
- 飽 : 배부를 포

원컨대 선생께서는 내 뜻을 도와 밝게 나를 가르쳐 주십시오。 내가 비록 민첩하지 못하지만 한번 시험해 보고자 합니다。』 맹자께서 대답하셨다。『일정한 생업이 없이도 일정한 마음을 가질 수 있는 사람은 오직 선비만이 할 수 있고、 일반 백성들은 일정한 생업이 없으면 일정한 마음을 가질 수 없습니다。 진실로 일정한 마음이 없으면 방탕하고 편벽되며 사악하고 사치하는 일을 하지 않음이 없을 것이니、 죄에 빠뜨린 뒤에 쫓아가서 처벌한다면 이것은 백성들을 그물질 하는 것입니다。 어찌 인한 사람이 왕위에 있으면서 그러한 일을 할 수 있겠습니까? 그러므로 현명한 임금은 백성들의 생업을 제정하되 반드시 위로는 부모를 섬기기

年에 免於死亡케하나니 然後驅而之善이라 故民之從之也輕하니이다。今也制民之産하되 仰不足以事父母하며 俯不足以畜妻子하야 樂歲에 終身苦하고 凶年에 不免於死亡케하나니 此惟救死而恐不贍이어니 奚暇治禮義哉리잇고 王欲行之어시든 則盍反其本矣니잇고 五畝之宅에 樹之以桑이면 五十者可以衣帛矣며 鷄

(년에 면어사망케하나니 연후구이지선이라 고민지종지야경하니이다。금야제민지산하되 앙부족이사부모하며 부부족이휵처자하야 락세에 종신고하고 흉년에 불면어사망케하나니 차유구사이공불섬이어니 해가치예의재리잇고 왕욕행지어시든 즉합반기본의니잇고 오무지택에 수지이상이면 오십자가이의백의며 계)

• 驅 : 몰 구
• 畜 : 기를 휵
• 贍 : 넉넉할 섬
• 盍 : 어찌 아니할 합

에 충분하게 해주고, 아래로는 처자를 기르기에 충분하게 해주어, 풍년에는 종신토록 배부르게 하고, 흉년에는 죽음을 면하게 해줍니다。그런 뒤에 백성들을 몰아 선한 길로 가도록하기 때문에 백성들이 따라가기가 쉽습니다。

그런데 지금은 백성들의 생업을 제정하되 위로는 부모를 섬기기에 부족하고, 아래로는 처자를 기르기에 부족하게 하여, 풍년에도 종신토록 고생하게 하며, 흉년에는 죽음을 면치 못하게 하니 이렇게 해서는 오직 죽는 것을 구제하기에도 부족할 텐데 어느 겨를에 예의를 가르치겠습니까? 왕께서 왕도정치를 행하고자 하신다면 어찌 근본으로 돌아가지 않으십니까? 오무의 집안에서 뽕나무를

豚狗彘之畜을 無失其時면 七十者可以食肉矣며 百畝之田을 勿奪其時면 八口之家 可以無飢矣며 謹庠序之教하야 申之以孝悌之義면 頒白者不負戴於道路矣리니 老者衣帛食肉하며 黎民不飢不寒이오 然而不王者未之有也니이다。

심으면 오십 세 된 사람이 비단 옷을 입을 수 있고、닭과 돼지와 개를 기를 때 그 시기를 잃지 않으면 칠십이 된 노인이 고기를 먹을 수 있으며、백무의 밭에 농사지을 시기를 빼앗지 않는다면 여러 식구가 굶주리지 않을 것이며、학교의 가르침을 신중하게 하여 효제의 뜻으로 가르치면 반백이 된 노인이 길에서 짐을 지는 일이 없을 것이니、노인이 비단 옷을 입고 고기를 먹으며、백성들이 굶주리지 않고 추위에 떨지 않게 되었는데도 왕도정치를 하지 못한 사람은 없었습니다。』

梁惠王章句下(양혜왕장구하)

① 莊暴見孟子曰 暴見於王하니 王이 語暴以好樂이어시늘 暴未有以對也호니 曰 好樂이 何如하니잇고 孟子曰 王之好樂이 甚이면 則齊國이 其庶幾乎인저 他日에 見於王曰 王이 嘗語莊子以好樂이라하니 有諸잇가 王이 變乎色曰 寡人이 非能好先王

•庶幾 : 가깝다는 뜻인데, 다스림에 가깝다는 말 •莊暴 : 장포。제나라 신하

장포가 맹자를 뵙고 말하였다。『제가 왕을 만나자 왕이 저에게 음악을 좋아한다고 하셨는데 제가 대답을 하지 못했습니다。음악을 좋아하면 어떻습니까?』맹자께서 말씀하셨다。『왕께서 음악을 좋아하시는 것이 심하다면 제나라는 아마 잘 다스려질 것입니다。』다른 날에 맹자께서 왕을 만나 뵙고 말씀하셨다。『왕께서 일찍이 장포에게 음악을 좋아한다고 하셨다는데 그런 일이 있었습니까?』왕이 안색을 달리하며 말하였다。『과인이 선왕의 음악을 좋아한다는 것이 아니라 다만 세속의 음악을 좋아할

之樂也(지악야)라 直好世俗之樂耳(직호세속지악이)로이다 曰(왈) 王之好樂(왕지호악)이 甚(심)이면 則齊其庶幾乎(즉제기서기호)인저 今之樂(금지악)이 由古之樂也(유고지악야)니이다。 曰(왈) 可得聞與(가득문여)잇가 曰(왈) 獨樂樂(독악락)과 與人樂樂(여인악락)이 孰樂(숙락)이니잇고 曰(왈) 不若與人(불약여인)이니이다 曰(왈) 與少樂樂(여소악락)과 與衆樂樂(여중악락)이 孰樂(숙락)이니잇고 曰(왈) 不若與衆(불약여중)이니이다 臣請爲王言樂(신청위왕언악)하리이다 今王(금왕)이 鼓樂於此(고악어차)어시든 百姓(백성)이 聞王鍾鼓之聲(문왕종고지성)과 管籥之(관약지)

• 管籥 : 피리 관。 피리 약

뿐입니다。』 맹자께서 말씀하셨다。『왕께서 음악을 좋아하는 것이 심하면 제나라는 아마 잘 다스려질 것입니다。 지금의 음악은 옛날의 음악에서 비롯된 것입니다。』

왕이 말하였다。『그에 대해서 들을 수 있겠습니까?』 맹자께서 말씀하셨다。『혼자 음악을 즐기는 것과 사람들과 음악을 즐기는 것은 어느 편이 더 즐겁겠습니까?』 왕이 말하였다。『여러 사람들과 함께 즐기는 것보다 못하겠지요。』 맹자께서 말씀하셨다。『소수의 사람과 음악을 즐기는 것과 대중들과 함께 음악을 즐기는 것은 어느 편이 더 즐겁겠습니까?』 왕이 말하였다。『대중들과 함께 즐기는 것보다 못하겠지요。』 맹자께서 말씀하셨

音하고 擧疾首蹙頞而相告曰 吾王之好鼓樂이여 夫何使我至於此極也오하여 父子不相見하며 兄弟妻子離散하며 今王이 田獵於此어시든 百姓이 聞王車馬之音하며 見羽旄之美하고 擧疾首蹙頞而相告曰 吾王之好田獵이여 夫何使我至於此極也오하여 父子不相見하며 兄弟妻子離散

•擧: 모두 거
•蹙: 찌푸릴 축
•頞: 콧마루 알
•田獵: 사냥 전。사냥 렵
•旄: 깃대장식 모

다。『제가 왕을 위하여 음악에 대하여 말씀드리고자 합니다。 지금 왕께서 여기서 음악을 연주할 때、백성이 왕의 종과 북 치는 소리와 생황과 퉁소 부는 소리를 듣고 모두 두통을 앓고 콧등을 찡그리면서 서로 말하기를、「우리 임금께서 음악을 좋아하심이여! 어쩌자고 우리를 이러한 지경에 빠뜨리는가? 부자간에 서로 만나지 못하고、형제와 처자가 흩어져 살고 있구나!」라고 하며、또 지금 왕께서 여기서 사냥을 할 때、백성이 왕의 수레 소리를 듣고 깃발의 아름다움을 보고 모두 두통을 앓고 콧등을 찡그리면서 서로 말하기를、「우리 임금께서 사냥을 좋아하심이여! 어쩌자고 우리를 이러한 지경에 빠뜨리는가?

하면 此無他(차무타)라 不與民同樂(불여민동락)야니이다

今王(금왕)이 鼓樂於此(고악어차)어시든 百姓(백성)이 聞王(문왕) 鐘鼓之聲(종고지성)과 管籥之音(관약지음)하고 擧欣欣(거흔흔)•然(연) 有喜色而相告曰(유희색이상고왈) 吾王(오왕)이 庶幾無(서기무) 疾病(질병)與(여)아 何以能鼓樂也(하이능고악야)오하며 今王(금왕)이 田獵於此(전렵어차)어시든 百姓(백성)이 聞王車馬(문왕거마) 之音(지음)하며 見羽旄之美(견우모지미)하고 擧欣欣然(거흔흔연) 有喜色而相告曰(유희색이상고왈) 吾王(오왕)이 庶幾無疾(서기무질) 病與(병여)아 何以能田獵也(하이능전렵야)오하면 此無他(차무타)

•欣欣：기뻐할 흔。欣欣은 기뻐하는 모양

부자간에 서로 만나지 못하고, 형제와 처자가 흩어져 살고 있구나!」라고 한다면, 이것은 다른 것이 아니라 백성들과 함께 즐기지 않기 때문입니다。 지금 왕께서 여기서 음악을 연주할 때, 백성이 왕의 종과 북 치는 소리와 생황과 퉁소 부는 소리를 듣고 모두 기뻐하며 희색을 띠고 서로 말하기를, 「우리 임금께서는 아마 질병이 없는 것 같구나。 그렇지 않고서야 어떻게 음악을 연주할 수 있을까」라고 하며, 또 지금 왕께서 여기서 사냥을 할 때, 백성이 왕의 수레 소리를 듣고 깃발의 아름다움을 보고 서로 말하기를 「우리 임금께서는 아마 질병이 없는 것 같구나。 그렇지 않고서야 어떻게 사냥을 할 수 있을까?」라

라 與民同樂也일새니이다 今王이 與百姓同樂하시면 則王矣리이다。

② 齊宣王이 問曰 文王之囿方七十里라하니 有諸잇가 孟子對曰 於傳有之하니이다 曰 若是其大乎잇가 曰 民猶以爲小也이러니이다 曰 寡人之囿는 方四十里로대 民猶以爲大는 何也잇고 曰 文王之囿 方七十里에 芻蕘者往焉하며 雉兎者往焉하여

• 傳 : 전할 전。옛 책을 말함 • 雉 : 꿩 치
• 芻蕘 : 꼴 추。땔나무 요

고 한다면, 이것은 다른 것이 아니라 백성들과 함께 즐기기 때문입니다。지금 왕께서 백성들과 함께 즐기신다면 왕 노릇을 할 수 있을 것입니다。』

제나라 선왕이 물었다。『문왕의 동산은 사방 칠십 리였다고 하는데 그런 사실이 있습니까?』 맹자께서 대답하여 말씀하셨다。『전해 내려오는 기록에 그런 글이 있습니다。』 왕이 말하였다。『그렇게나 컸습니까?』 맹자께서 말하였다。『백성들은 오히려 작다고 여겼습니다。』 왕이 말하였다。『과인의 동산은 사방 사십 리인데도 백성들이 오히려 크다고 여기는 까닭은 무엇입니까?』 맹자께서 말씀하셨다。『문왕의 동산은 사방 칠십 리지만 풀을 베고 나무하는 사람이 들어갔으

與民同之어니 民以爲小不亦宜乎잇가 臣이 始至於境하여 問國之大禁하고 然後敢入하니 臣聞郊關之內에 有囿方四十里오 殺其麋鹿者如殺人之罪라하니 則是方四十里로 爲阱於國中이어니 民以爲大不亦宜乎잇가。

③ 齊宣王이 問曰 交隣國이 有道乎잇가 孟子對曰 有하니 惟仁者아 爲

●境：지경 경
●麋：큰사슴 미
●阱：함정 정

며, 꿩과 토끼를 잡는 사람도 들어가서 백성들과 함께 동산을 사용하였으니 백성들이 작다고 생각한 것은 또한 당연하지 않겠습니까? 제가 처음 이 나라의 국경에 이르러 나라의 중요한 금령을 물어 본 후에야 감히 들어왔습니다. 제가 듣기로는 교외 관문 안에 동산이 있는데, 사방 사십 리요, 이곳에서 크고 작은 사슴을 잡는 사람을 살인죄와 같이 처벌한다고 합니다. 이것은 사방 사십 리로 나라 안에 함정을 만들어 놓은 것이니, 백성들이 크다고 여긴 것도 또한 당연하지 않겠습니까?』

제나라 선왕이 물었다. 『이웃 나라와 교류하는데 방법이 있습니까?』 맹자께서 대답하셨다. 『있습니다. 오

能以大事小하나니 是故湯事葛하시며 文王事昆夷하시니이다 惟智者아 爲能以小事大하나니 故大王事獯鬻하시며 句踐事吳하니이다 以大事小者는 樂天者也요 以小事大者는 畏天者也니 樂天者는 保天下하고 畏天者는 保其國이니이다 詩云畏天之威하여 于時保之라하니이다 王曰大哉言矣여 寡人은 有疾하니 寡人이 好

● 獯：오랑캐 이름 훈
● 時：「是」와 같음
● 鬻：죽 죽。여기서는「육」으로 발음

직 어진 사람이라야 큰 나라로 작은 나라를 섬길 수 있습니다。그러므로 탕임금께서 갈(葛)나라를 섬겼고、문왕이 곤이(昆夷)를 섬겼습니다。오직 지혜로운 사람이라야 작은 나라로써 큰 나라를 섬길 수 있습니다。그러므로 태왕이 훈육을 섬겼고、구천이 오 나라를 섬겼던 것입니다。큰 나라로 작은 나라를 섬기는 사람은 하늘의 뜻을 즐기는 사람이요、작은 나라로 큰 나라를 섬기는 사람은 하늘의 뜻을 두려워하는 사람이니、하늘의 뜻을 즐기는 사람은 천하를 보전하고、하늘의 뜻을 두려워하는 사람은 그 나라를 보전할 것입니다。『시경』에 이르기를、「하늘의 위엄을 두려워하여 이에 나라를 보전한다。」고 하였습

勇하노이다 對曰 王請無好小勇하소서 夫撫劍疾視曰彼惡敢當我哉리오하면 此는 匹夫之勇이라 敵一人者也니 王請大之하소서 詩云 王赫斯怒하사 爰整其旅하사 以遏徂莒하사 以篤周祜하사 以對于天下라하니 此는 文王之勇也시니 文王이 一怒而安天下之民하시니이다 書曰 天降下

- 撫: 어루만질 무
- 赫: 빛날 혁. 여기서는 노한 모양
- 爰: 이에 원
- 旅: 무리 려. 군대를 말함
- 遏: 막을 알
- 徂: 갈 조
- 莒: 감자 거. 시경에는「旅」로 되어 있음
- 祜: 복 호

니다.』 왕이 말하였다. 『훌륭한 말씀이십니다. 과인에게 나쁜 병이 있는데 과인은 용기를 좋아합니다.』 맹자께서 말씀하셨다. 『왕께서는 작은 용기를 좋아하지 마십시오. 칼을 만지면서 성난 눈초리로 「네가 어찌 감히 나를 대적하겠는가?」라고 한다면, 이것은 필부의 용기로 한 사람을 대적하는 것입니다. 바라건대 왕께서는 큰 용기를 가지십시오. 『시경』에 이르기를, 「왕이 발끈 성을 내어, 이에 군대를 정비하여 정벌하러 가는 것을 막아, 주나라의 복을 두터이 하고 천하에 대답하였다.」라고 하였으니, 이것은 문왕의 용기입니다. 문왕이 한 번 노하여 온 천하의 백성들을 편안하게 하였습니다. 『서경』에 이르기를,

民에 作之君作之師는 惟曰其助上帝라 寵之四方이시니 有罪無罪에 惟我在커니 天下曷敢有越厥志리오하니 一人衡行於天下를 武王이 恥之하시니 此는 武王之勇也시니 而武王이 亦一怒而安天下之民하시니이다 今王이 亦一怒而安天下之民하시면 民이 惟恐王之好不勇也리이다。

④ 齊宣王이 見孟子於雪宮이러시니

●寵：사랑할 총
●曷：어찌 갈
●雪宮：離宮의 이름

「하늘이 백성을 내려주고、군주를 세우고 스승을 세우고는 오직 말하기를 상제인 나를 도와라。사방 백성들의 총애를 받으리라。죄가 있고 죄가 없는 것은 모두 나에게 달렸으니 천하에 어찌 감히 내 뜻을 거스르는 사람이 있겠는가?」라고 하였습니다。한 사람이 천하를 횡행하는 것을 무왕이 부끄러워하였으니、이것은 무왕의 용기입니다。무왕 또한 한 번 노하여 천하의 백성들을 편안하게 하였습니다。이제 왕께서도 한 번 노하여 온 천하의 백성들을 편안하게 하시면、백성들은 오직 왕께서 용기를 좋아하지 않을까 두려워할 것입니다。』

제나라 선왕이 설궁에서 맹자를 만났는데 왕이 말하였다。『어진 사람도

王曰 賢者도 亦有此樂乎잇가 孟子對曰 有하니 人不得이면 則非其上矣니이다 不得而非其上者도 非也며 爲民上而不與民同樂者도 亦非也니이다 樂民之樂者는 民亦樂其樂하고 憂民之憂者는 民亦憂其憂하나니 樂以天下하며 憂以天下요 然而不王者 未之有也니이다 昔者齊景公이 問於晏子曰 吾欲觀於轉附朝儛하

(왕왈 현자 역유차락호 맹자대왈 유 인부득 즉비기상의 부득이비기상자 비야 위민상이불여민동락자 역비야 락민지락자 민역락기락 우민지우자 민역우기우 락이천하 우이천하 연이불왕자 미지유야 석자제경공 문어안자왈 오욕관어전부조무)

• 晏子 : 제나라 신하 晏嬰(안영)을 말함
• 轉附朝儛 : 전부산과 조무산을 말함

또한 이런 즐거움이 있습니까?』맹자께서 대답하여 말씀하셨다。『있습니다。사람들은 이러한 즐거움을 얻지 못하면 윗사람을 비난합니다。이러한 즐거움을 얻지 못한다고 윗사람을 비난하는 것도 잘못이고、백성들의 윗사람이 되어서 백성들과 함께 즐기지 않는 것도 또한 잘못입니다。백성들의 즐거움을 즐거워하면 백성들도 또한 임금의 즐거움을 즐거워할 것이며、백성의 근심을 걱정하면 백성들도 또한 임금의 근심을 걱정할 것입니다。천하의 사람들과 함께 즐기고、천하의 사람들과 함께 걱정하고서도 왕노릇을 하지 못하는 사람은 없습니다。옛날 제경공이 안자에게 묻기를、「내가 전부산과 조무산을 구경하고 바다

고 遵海而南(준해이남)하여 放於琅邪(방어랑야)하노니 吾(오)何修而可以比於先王觀也(하수이가이비어선왕관야)요 晏子對曰(안자대왈) 善哉問也(선재문야)여 天子適諸侯曰巡狩(천자적제후왈순수)니 巡狩者(순수자)는 巡所守也(순소수야)요 諸侯朝於天子曰(제후조어천자왈) 述職(술직)이니 述職者(술직자)는 述所職也(술소직야)라 無非事者(무비사자)요 春省耕而補不足(춘성경이보부족)하며 秋省斂而助不給(추성렴이조불급)이러시니 夏諺曰(하언왈) 吾王不遊(오왕불유)면 吾何以休(오하이휴)며 吾(오)

● 遵 : 좇을 준
● 琅邪 : 제나라 동남쪽 국경에 있는 읍의 이름
● 觀 : 볼 관。유람한다는 뜻
● 巡 : 돌 순
● 狩 : 사냥할 수
● 述 : 지을 술。여기서는 베푼다의 뜻
● 給 : 넉넉할 급

를 따라 남하하여 낭야까지 가려는데, 내가 무슨 일을 해야 선왕들이 유람하신 것에 비할 수 있겠소?」라고 하였더니, 안자가 대답하기를, 「질문이 좋습니다. 천자가 제후에게 가는 것을 순수라고 하는데, 순수란 지키고 있는 것을 돌아보는 것입니다. 제후가 천자에게 조회하는 것을 술직이라고 하는데, 술직이란 맡은 바 직무를 보고하는 것입니다. 그러므로 중요한 일이 아닌 것이 없습니다. 봄에는 밭가는 것을 살펴서 부족한 것을 보충해 주고, 가을에는 거두어들이는 것을 살펴서 모자라는 것을 도와줍니다. 하나라 속담에 「우리 임금이 유람하지 않으시면 우리가 어떻게 쉴 수 있겠는가? 우리 임금이 즐거워하지

王不豫면 吾何以助리오 一遊一豫 爲諸侯度라하니이다 今也不然하여 師行而糧食에 飢者弗食하며 勞者弗息하여 睊睊胥讒하여 民乃作慝이어늘 方命虐民하여 飮食若流하며 流連荒亡하여 爲諸侯憂하나니이다 從流下而忘反을 謂之流요 從流上而忘反

- 豫：즐길 예
- 糧：양식 량。미숫가루와 말린 밥
- 睊睊：흘겨볼 견。「睊睊」은 옆으로 보는 모습
- 胥：서로 서
- 讒：참소할 참
- 慝：사특할 특
- 方：거역할 방
- 虐：사나울 학

않으시면 우리가 어떻게 도움을 받겠습니까?」라고 하였습니다。한 번 유람하고 한 번 즐거워하는 것이 제후들의 모범이 된다고 하였습니다。그런데 지금은 그렇지 않습니다。군대가 행군하면서 지방의 양식을 축내어 굶주린 자가 먹지 못하고、고달픈 사람이 쉬지 못하며、곁눈질하며 서로 모함하고 백성들은 이에 원한을 품습니다。선왕의 명을 거역하여 백성들을 학대하며、음식을 물 흐르듯이 낭비하여 유연황망한 행동을 하니、제후들의 근심거리가 되고 있습니다。흐름을 따라 내려가서 돌아올 줄 모르는 것을 유(流)라 하고、흐름을 거슬러 올라가서 돌아올 줄 모르는 것을 연(連)이라 하고、짐승을 따라 다니며

을 謂之連이요 從獸無厭을 謂之荒이요 樂酒無厭을 謂之亡이니 先王은 無流連之樂과 荒亡之行이러시니 惟君所行也니이다 景公이 說하사 大戒於國하시고 出舍於郊하여 於是始興發하여 補不足하시고 召大師曰 爲我作君臣相說之樂하라하시니 蓋徵招角招是也니 其詩曰 畜君何尤리오하니 畜君者는 好君也니이다。

●厭 : 싫을 염
●荒 : 거칠 황
●大師 : 태사。악관
●畜 : 만류할 축

싫증낼 줄 모르는 것을 황(荒)이라 하고, 술을 즐겨 싫어하지 않는 것을 망(亡)이라 합니다。선왕은 유연하는 즐거움과 황망한 행동은 없었습니다。오직 임금께서 행하고자 하는 것에 달렸습니다。」라고 하였습니다。경공이 기뻐하여 크게 나라에 명령을 내리고 교외로 나아가, 이에 처음으로 국고를 풀어서 부족한 것을 도와주었습니다。그리고 태사를 불러 이르기를,「나를 위해서 임금과 신하가 서로 기뻐하는 음악을 지으라。」고 했으니, 치소와 각소가 이것입니다。그 가사에 이르기를「임금의 욕망을 제지하는 것이 무슨 허물이겠는가?」하였으니, 임금의 욕망을 억제하는 것이 임금을 좋아하여 위하는 것입니다。』

⑤ 齊宣王(제선왕)이 問曰(문왈) 人皆謂我毁明堂(인개위아훼명당)이라하나니 毁諸(훼저)잇가 已乎(이호)잇가 孟子對曰(맹자대왈) 夫明堂者(부명당자)는 王者之堂也(왕자지당야)니 王欲行王政(왕욕행왕정)이어시든 則勿毁之矣(즉물훼지의)소서 王曰(왕왈) 王政(왕정)을 可得聞與(가득문여)잇가 對曰(대왈) 昔者(석자) 文王之治岐也(문왕지치기야)에 耕者(경자)를 九一(구일)하며 仕者世祿(사자세록)하며 關市譏而不征(관시기이부정)하며 澤梁無禁(택량무금)하며 罪人不孥(죄인불노)러시니 老而無(노이무)

- 毁 : 헐 훼
- 已 : 그칠 이
- 岐 : 갈림길 기。 주(周)의 옛 나라
- 征 : 칠 정。 여기서는 세금
- 關 : 빗장 관。 관찰하는 것을 말함
- 譏 : 나무랄 기。 여기서는 관찰하는 것을 말함
- 孥 : 처자 노

제나라 선왕이 물었다。『사람들이 모두 나에게 명당을 헐어 버리라고 하는데、헐어버릴까요、그만둘까요?』 맹자께서 대답하여 말씀하셨다。『대저 명당이란 왕의 당입니다。왕께서 왕정을 행하시려거든 헐지 마십시오。』 왕이 말하였다。『왕정을 들을 수 있겠습니까?』 맹자께서 말씀하셨다。『옛날에 문왕이 기(岐)를 다스릴 때에 경작자에게 구분의 일을 과세하였고、벼슬한 사람에게는 대대로 녹을 주었으며、관문과 시장에서는 통행인을 조사하지만 세금을 징수하지는 않았고、연못이나 개천에서 고기 잡는 것을 금하지 않았으며、죄인은 그 처자까지 처벌하지 않았습니다。늙고 아내 없는 사람을 홀아비라 하고、늙고 남

妻曰鰥이요 老而無夫曰寡요 老而無子曰獨이요 幼而無父曰孤니 此四者는 天下之窮民而無告者라 文王이 發政施仁하사되 必先斯四者러시니 詩云 哿矣富人이어니와 哀此煢獨이라하니이다 王曰 善哉言乎여 曰 王如善之인댄 則何爲不行이시니잇고 王曰 寡人은 有疾하니 寡人이 好貨하노이다 對曰 昔者公劉好貨하더

(처왈환 노이무부왈과 노이무자왈독 유이무부왈고 차사자 천하지궁민이무고자 문왕 발정시인 필선사사자 시운 가의부인 애차경독 왕왈 선재언호 왈 왕여선지 즉하위불행 왕왈 과인 유질 과인 호화 대왈 석자공류호화)

●鰥 : 홀아비 환
●哿 : 좋을 가
●煢 : 외로울 경
●公劉 : 후직의 증손

편 없는 사람을 과부라 하고, 늙고 자식 없는 사람을 고독한 늙은이라 하고, 어리고 부모 없는 사람을 고아라고 합니다. 이 네 부류의 사람들은 천하에서 가장 곤궁한 백성으로 호소할 데도 없는 사람들입니다. 문왕이 정치를 하시며 인(仁)을 베푸는데 반드시 이 네 부류의 사람들을 먼저 돌보았습니다. 『시경』에 이르기를, 「부유한 사람들은 괜찮다. 이 고독한 사람들이 불쌍하구나」라고 하였습니다.』 왕이 말하였다. 『그 말씀이 참 좋습니다.』 맹자께서 말씀하셨다. 『왕께서 좋게 여기신다면 왜 행하지 않으십니까?』 왕이 말하였다. 『과인에게 나쁜 병이 있으니 과인은 재물을 좋아합니다.』 맹자께서 대답하여 말씀하셨다.

시니 詩云(시운) 乃積乃倉(내적내창)이어늘 乃裹餱糧(내과후량)을 于橐于囊(우탁우낭)이오 思戢用光(사집용광)하사 弓矢斯張(궁시사장)하며 干戈戚揚(간과척양)으로 爰方啓行(원방계행)이라하니 故居者有積倉(고거자유적창)하며 行者有裹糧也(행자유과량야)이라사 然後可以爰方啓行(연후가이원방계행)이니 王如好貨(왕여호화)어시든 與百姓同之(여백성동지)하시면 於王何有(어왕하유)리잇고 王曰 寡人(왕왈과인)은 有疾(유질)하니 寡人(과인)이 好色(호색)하노이다 對曰 昔者大(대왈석자태)

- 積 : 쌓을 적
- 裹 : 쌀 과
- 餱 : 건량 후
- 橐 : 자루 탁
- 囊 : 주머니 낭
- 戚 : 작은도끼 척
- 揚 : 큰도끼 양

『옛날에 공유가 재물을 좋아했습니다. 『시경』에 이르기를 「곡식을 야적하고 창고에 쌓았으며, 마른 양식을 전대에 담고 자루에 담았네. 백성들을 안정시켜야 나라를 빛낼 수 있으리라 생각하였네. 활과 화살을 펴들고 방패와 창과 도끼를 들고 바야흐로 길을 떠났네」라고 했습니다. 그러므로 남아 있는 사람에게는 야적하고 창고에 저장한 곡식이 있고, 길을 떠나는 사람은 양식을 싼 자루가 준비된 뒤에 길을 떠날 수 있었습니다. 왕께서 만일 제물을 좋아하시어 백성들과 함께 하신다면 왕 노릇 하는데 무슨 어려움이 있겠습니까?』 왕이 말하였다. 『과인에게 나쁜 병이 있으니 과인은 여색을 좋아합니다.』 맹자께서 말씀하

王이 好色하사 愛厥妃러시니 詩云 古公亶父 來朝走馬하사 率西水滸하사 至于岐下하사 爰及姜女로 聿來胥宇라하니 當是時也하여 內無怨女하며 外無曠夫하더니 王如好色이어시든 與百姓同之하시면 於王何有리잇고。

⑥ 孟子謂齊宣王曰 王之臣이 有託其妻子於其友而之楚遊者 比其

• 古公亶父：古公은 태왕의 본래 칭호이고 亶父는 태왕의 이름
• 滸：물가 호
• 姜女：태왕의 비를 말함
• 胥：관찰하다는 뜻
• 曠：빌 광
• 託：맡길 탁
• 比：미칠 급(及)과 통용

셨다。『옛날에 태왕이 여색을 좋아하여 그의 왕비를 사랑했습니다。『시경』에 이르기를, 「고공단보가 아침 일찍 와서 말을 달려 서쪽 물가를 따라 기산 아래에 이르러 이에 강씨의 딸과 함께 와서 스스로 살 집을 살펴보네」라고 하였습니다。이 때에는 안으로는 남편 없는 여자가 없었고, 밖으로는 아내 없는 남자가 없었습니다。왕께서 만약 여색을 좋아하시는데 백성들과 함께 하신다면 왕 노릇 하는데 무슨 어려움이 있겠습니까?』

맹자께서 제나라 선왕에게 말씀하셨다。『왕의 신하 중에서 그의 친구에게 처자를 맡기고 초나라에 가서 유람하다 돌아와 보니 그 친구가 처자를 얼리고 굶주리게 했다면 어떻게

反也하여 則凍餒其妻子하면 則如之何리잇고 王曰 棄之니이다 曰 士師不能治士면 則如之何리잇고 王曰 已之니이다 曰 四境之內不治면 則如之何리잇고 王이 顧左右而言他하시다。

⑦ 孟子見齊宣王曰 所謂故國者는 非謂有喬木之謂也라 有世臣之謂也니 王無親臣矣샷다 昔者所進을 今日不知其亡也온여 王曰 吾何以

• 凍：얼 동
• 棄：버릴 기。단교하다는 뜻
• 士師：옥관을 말함
• 喬：높을 교

하겠습니까?』왕이 말하였다。『버려야지요。』맹자께서 말씀하셨다。『송사를 다스리는 사사가 그의 부하들을 잘 다스리지 못한다면 어떻게 하겠습니까?』왕이 말하였다。『그만두게 해야지요。』맹자께서 말씀하셨다。『사방 국경 안이 다스려지지 않는다면 어떻게 하겠습니까?』왕이 좌우를 돌아보며 다른 말만하였다。

맹자께서 제나라 선왕을 만나 뵙고 말씀하셨다。『소위 오래된 나라라고 하는 것은 큰 나무가 있는 것을 말하는 것이 아니라、대대로 벼슬하는 신하가 있는 것을 두고 하는 말입니다。왕께서는 친근한 신하가 없습니다。옛날에 등용한 사람들은 오늘날에 와서 없어진 줄을 모르고 계십니다。』왕

識其不才而舍之리잇고 曰國君進賢하되 如不得已니 將使卑踰尊하며 疏踰戚이어니 可不愼與잇가 左右皆曰 賢이라도 未可也며 諸大夫皆曰賢이라도 未可也요 國人皆曰 賢이라사 然後察之하여 見賢焉然後用之하고 左右皆曰 不可라도 勿聽하며 諸大夫皆曰 不可라도 勿聽이오 國人皆曰 不可라사 然後察之하여 見不可焉然後去之니이다 左右皆曰 可殺이라도

이 말하였다。『내가 어떻게 재능이 없는 줄을 알아서 그를 버리겠습니까?』맹자께서 말씀하셨다。『임금이 어진 사람을 등용할 때에는 부득이 한 것처럼 해야 하는 것이니、낮은 사람으로 하여금 높은 사람을 넘어서게 하고、소원한 사람으로 하여금 가까운 사람을 넘어서게 하려는 것이므로 신중하지 않아서야 되겠습니까? 좌우의 신하들이 모두 어질다고 말해도 안 되고、여러 대부들이 모두 어질다고 말해도 안 되고、백성들이 모두 어질다고 말한 뒤에 그를 잘 살펴서、그가 어진 사람임을 알게 된 뒤에 등용하십시오。좌우의 신하들이 모두 안 된다고 말해도 듣지 말고、여러 대부들이 모두 안 된다고 말해도 듣지 말

勿聽하며 諸大夫皆曰 可殺이라도 勿聽이오 國人皆曰 可殺이라사 然後察之하여 見可殺焉然後殺之니 故曰 國人이 殺之也니이다 如此然後可以爲民父母리이다。

⑧ 齊宣王이 問曰 湯이 放桀하시고 武王이 伐紂라하니 有諸잇가 孟子對曰 於傳有之하니이다 曰 臣弑其君이 可乎잇가 曰 賊仁者를 謂之賊이오 賊義

•放：추방할 방 •賊：해칠 적

고, 백성들이 모두 안 된다고 말한 뒤에 그를 잘 살펴서, 그가 안 되겠음을 알게 된 뒤에 제거하십시오. 좌우의 신하들이 모두 죽여야 된다고 말해도 듣지 말고, 여러 대부들이 모두 죽여야 된다고 말해도 듣지 말고, 백성들이 모두 죽여야 된다고 말한 뒤에 그를 잘 살펴서 죽일만한지를 알게 된 뒤에 죽일 것이니, 그러므로 백성들이 그 사람을 죽였다고 말하는 것입니다. 이렇게 한 뒤에야 백성의 부모가 될 수 있는 것입니다.』

제나라 선왕이 물었다. 『탕임금이 걸을 쫓아내고, 무왕이 주를 정벌했다는데 그런 일이 있습니까?』 맹자께서 말씀하셨다. 『전해 내려오는 글에 있습니다.』 왕이 말하였다. 『신하가

者를 謂之殘이오 殘賊之人을 謂之一夫니 聞誅一夫紂矣요 未聞弑君也케이다。

⑨ 孟子見齊宣王曰 爲巨室인댄 則必使工師求大木하사 工師得大木하면 則王이 喜하사 以爲能勝其任也라하시고 匠人이 斲而小之하면 則王이 怒하여 以爲不勝其任矣라하시리니 夫人幼而學之하여 壯而欲行之어늘 王

• 殘 : 해칠 잔

• 斲 : 깎을 착

그 임금을 죽이는 것이 옳은 일입니까?』 맹자께서 말씀하셨다。『인(仁)을 해치는 자를 흉포하다 하고、의(義)를 해치는 자를 잔악하다고 합니다。흉포하고 잔악한 사람을 평범한 사나이라고 하는데、평범한 사나이인 주를 죽였다는 소리는 들었어도 임금을 죽였다는 소리는 듣지 못했습니다。』

맹자께서 제선왕을 만나 뵙고 말씀하셨다。『왕께서 거대한 궁궐을 지으려면 반드시 도목수에게 큰 재목을 구해오게 할 것이니、도목수가 큰 재목을 구해 오면 왕께서는 기뻐하시어 이 도목수가 자기의 책임을 잘 감당한다고 여길 것이며、장인이 그 나무를 깎아서 작게 만들면 왕께서는 성을 내시어、그 장인이 자기의 책임을

曰(왈) 姑舍女所學而從我(고사여소학이종아)는 則何如(즉하여)잇고 今有璞玉於此(금유박옥어차)인댄 雖萬鎰(수만일)이라도 必使玉人彫琢之(필사옥인조탁지)하시리니 至於治國家(지어치국가)하여는 則曰 姑舍女所學而從我(즉왈 고사여소학이종아)라하면 則何以異於教玉人彫琢玉哉(즉하이이어교옥인조탁옥재)리잇고。

⑩ 齊人(제인)이 伐燕勝之(벌연승지)어늘 宣王(선왕)이 問曰(문왈) 或謂寡人勿取(혹위과인물취)라하며 或謂寡人(혹위과인)

- 姑 : 잠시 고
- 璞 : 옥돌 박. 옥이 돌 속에 있는 것을 말함
- 鎰 : 중량 일. 이십 냥
- 彫 : 새길 조
- 琢 : 쫄 탁

잘 감당하지 못한다고 여길 것입니다. 대개 사람이 어려서 배우는 것은 장성하여 그것을 행하고자 하는 것인데, 왕께서 「잠시 네가 배운 것을 버리고 나를 따르라.」고 하신다면 어떻게 되겠습니까? 지금 갈지 않은 박옥이 여기에 있다고 합시다. 비록 만일(鎰)이나 되는 큰 것이라 할지라도 반드시 옥공에게 그것을 다듬게 할 것입니다. 그런데 나라를 다스리는 데 이르러서는 「잠시 네가 배운 것을 버리고 나를 따르라.」고 하신다면, 옥공에게 옥 다듬는 것을 가르쳐 주는 것과 무엇이 다르겠습니까?』

제나라 사람이 연나라를 쳐서 이겼는데, 선왕이 물었다. 『어떤 사람은 과인에게 연나라를 차지하지 말라고

取之라하나니 以萬乘之國으로 伐萬乘之國하여 五旬而擧之하니 人力不至於此라 不取면 必有天殃하리니 取之何如하니잇고 孟子對曰 取之而燕民悅이어든 則取之하소서 古之人이 有行之者하니 武王이 是也니이다 取之而燕民不悅이어든 則勿取하소서 古之人이 有行之者하니 文王이 是也니이다 以萬乘之國으로 伐萬乘之國이

• 殃：재앙 앙
• 悅：기쁠 열

말하고, 어떤 사람은 과인에게 차지하라고 말합니다. 만승의 나라를 가지고 만승의 나라를 쳐서 50일 만에 개가를 올렸으니, 사람의 힘으로는 이렇게 되지 않을 것입니다. 차지하지 않는다면 반드시 하늘의 재앙이 내릴 것이니, 차지하면 어떻겠습니까?』 맹자께서 대답하여 말씀하셨다. 『차지하는데 연 나라 백성들이 기뻐하면 차지하십시오. 옛날 사람 중에 그렇게 한 사람이 있으니 무왕이 바로 그런 분입니다. 차지하는데 연 나라 백성들이 기뻐하지 않으면 차지하지 마십시오. 옛날 사람 중에 그렇게 한 사람이 있으니 문왕이 바로 그런 분입니다. 만승의 나라를 가지고 만승의 나라를 정벌하는데 대바구니

어늘 簞食壺漿(단사호장)으로 以迎王師(이영왕사)는 豈有(기유)他哉(타재)리오 避水火也(피수화야)니 如水益深(여수익심)하며 如火益熱(여화익열)하면 亦運而已矣(역운이이의)니이다。

⑪ 齊人(제인)이 伐燕取之(벌연취지)한대 諸侯將謀(제후장모)救燕(구연)이어늘 宣王曰(선왕왈) 諸侯多謀伐寡(제후다모벌과)人者(인자)하니 何以待之(하이대지)잇고 孟子對曰(맹자대왈) 臣聞七十里(신문칠십리)로 爲政於天下者(위정어천하자)하니 湯(탕)이 是也(시야)시니 未聞以千里畏人者(미문이천리외인자)

- 簞 : 대광주리 단
- 食 : 밥 사
- 壺 : 병 호
- 漿 : 미음 장
- 師 : 군대 사
- 救 : 건질 구

의 밥과 호리병의 물로 왕의 군사를 맞이하는 것은 어찌 다른 이유가 있었겠습니까? 이것은 물과 불의 재난을 피하려는 것입니다. 그런데 만약 물이 더 깊어지고, 불이 더 뜨거워진다면 또한 다른 데로 돌아가고 말 것입니다.』

제나라 사람이 연나라를 정벌하여 취하자 제후들이 장차 연나라를 구원할 것을 논의하였다. 선왕이 말하기를, 『제후들 가운데 과인을 치려고 논의하는 자가 많은데, 어떻게 대응해야 할까요?』라고 하자, 맹자께서 말씀하셨다. 『저는 칠십 리의 땅으로 천하에 정치를 한다는 말을 들었는데 탕임금이 바로 그런 분입니다. 천 리의 땅을 가지고 남을 두려워한다는

也(야)케이다 書曰(서왈) 湯(탕)이 一征自葛始(일정자갈시)하신대 天下信之(천하신지)하여 東面而征(동면이정)에 西夷怨(서이원)하며 南面而征(남면이정)에 北狄(북적)이 怨(원)하여 曰奚爲(왈해위) 後我(후아)오하여 民望之(민망지) 若大旱之望雲(약대한지망운) 霓也(예야)하여 歸市者不止(귀시자부지)하며 耕者不變(경자불변)이어늘 誅其君而吊其民(주기군이조기민)하신대 若時(약시) 雨降(우강)하여 民大悅(민대열)하니 書曰(서왈) 徯我后(혜아후)하노소니 后來其蘇(후래기소)라하니이다 今燕(금연)이 虐(학)

- 自：~로부터
- 霓：무지개 예
- 后：임금 후
- 徯：샛길 혜。여기서는 기다린다는 의미
- 蘇：소생할 소

말은 아직 듣지 못했습니다。『서경』에 이르기를、「탕임금이 첫 번째 정벌을 갈나라에서부터 시작하자 온 천하가 그를 믿어 동쪽으로 향하여 정벌하면 서쪽의 오랑캐가 원망하고、남쪽으로 향하여 정벌하면 북쪽의 오랑캐가 원망하여 어찌 우리들을 뒤로 돌리는가 하고 말하였다」고 했습니다。백성들은 큰 가뭄에 구름과 무지개를 바라는 것처럼 바랐기 때문이었습니다。시장에 가는 사람이 멈추지 않았으며、밭가는 사람이 변동하지 않거늘 그 임금을 죽이고 그 백성들을 위로하니 마치 때맞추어 비가 내리는 것과 같아서 백성들이 매우 기뻐하였습니다。『서경』에 「우리 임금을 기다렸는데 임금이 오시니 우리는 살아나게

其民이어늘 王往而征之하시니 民以爲將拯己於水火之中也라하여 簞食壺漿으로 以迎王師하나니 若殺其父兄하며 係累其子弟하며 毁其宗廟하며 遷其重器면 如之何其可也리잇고 天下固畏齊之彊也니 今又倍地而不行仁政이면 是動天下之兵也니이다 王速出令하사 反其旄倪하시며 止

●拯 : 건질 증
●係累 : 걸릴 계。묶을 루。잡아 묶는 것
●旄 : 늙은이 모
●倪 : 어린이 예

되었도다。」고 하였습니다。지금 연나라가 그 백성을 학대하자 왕께서 가서 정벌하시니、연나라 백성들은 장차 자기들을 물과 불 속에서 구해줄 것이라고 생각하여、밥을 대바구니에 담고 물을 호리병에 담아서 그것을 가지고 왕의 군대를 맞이했는데、만약 그들의 부형을 죽이고、그들의 자제를 잡아오게 하며、그들의 종묘를 허물고 귀중한 그릇을 옮겨간다면 어떻게 되겠습니까? 천하가 진실로 제나라의 강함을 두려워하는데、지금 또 땅을 배로 넓히고서 어진 정치를 베풀지 않으면、이것은 천하의 군대를 움직이도록 하는 것입니다。왕께서는 속히 명령을 내리시어 노약자들을 돌려보내고、그들의 귀중한 그릇

其重器하시고 謀於燕衆하여 置君而後去之면 則猶可及止也리이다。

⑫ 鄒於魯鬨이러니 穆公이 問曰 吾有司死者는 三十三人이로되 而民莫之死也하니 誅之인댄 則不可勝誅요 不誅인댄 則疾視其長上之死而不救하니 如之何則可也니잇고 孟子對曰 凶年饑歲에 君之民이 老弱은 轉

• 鬨 : 싸울 홍
• 穆公 : 추나라 임금
• 誅 : 벨 주
• 轉 : 구를 전

을 그대로 두게 하고, 연나라의 백성들과 논의하여 임금을 세운 뒤에 군대를 철수하면, 오히려 제후들의 공격을 멈추게 할 수 있을 것입니다.』

추나라와 노나라가 싸웠는데 목공이 물었다. 『내 유사로서 죽은 자가 33명이나 되지만 백성들은 그들을 위해 죽은 자가 없습니다. 그들을 죽이자니 다 죽일 수도 없고, 죽이지 않자니 윗사람이 죽는 것을 밉게 보고 구원하지 않았으니 어떻게 하면 좋을까요?』 맹자께서 대답하여 말씀하셨다. 『흉년이 들거나 굶주린 해에 임금의 백성들 가운데 노약자들은 구렁텅이와 골짜기에 뒹굴고, 장정들은 흩어져 사방으로 가버린 자가 몇 천 명이나 됩니다. 임금의 양곡 창고는 가

乎溝壑하고 壯者는 散而之四方者幾千人矣요 而君之倉廩實하며 府庫充이어늘 有司莫以告하니 是上慢而殘下也니 曾子曰 戒之戒之어다 出乎爾者 反乎爾者也라하시니 夫民이 今而後得反之也로소니 君無尤焉하소서 君行仁政하시면 斯民이 親其上하여 死其長矣리이다。

⑬ 滕文公이 問曰 滕은 小國也라 間

•壑：골 학
•廩：곳집 름
•充：찰 충

득차 있으며 재물 창고는 가득 차 있지만 유사들이 임금에게 그 사실을 아뢴 자가 없었으니, 이것은 윗사람이 태만해서 아랫사람을 해친 것입니다。증자께서 말씀하시기를, 「경계하고 경계하라。너에게서 나온 것은 너에게로 되돌아온다。」고 하셨습니다。대저 백성들은 지금에 와서 자기네가 당한 것을 되갚은 것이니, 임금께서는 백성들을 나무라지 마십시오。임금께서 어진 정치를 행하시면 곧 백성들은 윗사람을 친애하여 그 윗사람을 위해 죽을 것입니다。』

등나라 문공이 물었다。『등나라는 작은 나라입니다。그런데 제나라와 초나라 사이에 끼여 있으니, 제나라를 섬겨야 합니까? 초나라를 섬겨야

於齊楚(어제초)하니 事齊乎(사제호)잇가 事楚乎(사초호)잇가

孟子對曰(맹자대왈) 是謀(시모)는 非吾所能及也(비오소능급야)로소니 無已則有一焉(무이즉유일언)하니 鑿斯池也(착사지야)하며 築斯城也(축사성야)하여 與民守之(여민수지)하여 效死(효사)而民弗去(이민불거)는 則是可爲也(즉시가위야)니이다。

⑭ 滕文公(등문공)이 問曰(문왈) 齊人(제인)이 將築薛(장축설)하니 吾甚恐(오심공)하노니 如之何則可(여지하즉가)하리잇고

孟子對曰(맹자대왈) 昔者大王居邠(석자태왕거빈)에 狄人(적인)侵之(침지)어늘 去之岐山之下居焉(거지기산지하거언)하시니

• 鑿 : 뚫을 착
• 築 : 쌓을 축
• 效 : 바칠 효
• 邠 : 나라이름 빈

합니까?』 맹자께서 대답하여 말씀하셨다。『이러한 계책은 제가 미칠 수 있는 바가 아닙니다。 그만두지 말라고 한다면 한 가지 방법이 있으니、연못을 파고 성을 쌓아 백성들과 함께 지켜서 목숨을 바치더라도 백성들이 떠나지 않는다면 해볼 만합니다。』

등나라 문공이 물었다。『제나라 사람들이 장차 설 땅에 성을 쌓으려 하는데、나는 매우 두렵습니다。어떻게 하면 좋겠습니까?』 맹자께서 대답하여 말씀하셨다。『옛날에 태왕이 빈에 살 때 적인이 침입하자 그곳을 떠나 기산 아래에 가서 살았는데、그것은 스스로 선택하여 취한 것이 아니라 부득이 해서 그렇게 한 것입니다。 진실로 착한 일을 하면 후세의 자손

非擇而取之라 不得已也시니이다 苟爲善이면 後世子孫이 必有王者矣리니 君子創業垂統은 爲可繼也니 若夫成功은 則天也라 君如彼何哉리오 彊爲善而已矣니이다.

⑮ 滕文公이 問曰 滕은 小國也라 竭力以事大國이라도 則不得免焉이로소니 如之何則可니잇고 孟子對曰 昔者大王이 居邠할새 狄人侵之어늘 事

• 創 : 만들 창

• 竭 : 다할 갈

가운데 반드시 왕 노릇 하는 자가 있을 것입니다. 군자는 창업을 하고 국통을 자손에게 전해주어 이어받게 하면 됩니다. 이와 같은 일이 성공한다면 그것은 하늘의 뜻입니다. 임금께서 저들을 어떻게 하겠습니까? 열심히 선을 행할 뿐입니다.』

등나라 문공이 물었다. 『등나라는 작은 나라입니다. 힘을 다하여 큰 나라를 섬기더라도 화를 면할 수 없으니 어떻게 하면 되겠습니까?』 맹자께서 대답하여 말씀하셨다. 『옛날에 태왕이 빈에 살 때 적인이 침입하였는데, 가죽과 비단을 가지고 섬겼어도 화를 면하지 못하였고, 개와 말을 가지고 섬겼으나 역시 화를 면하지 못하였으며, 주옥을 가지고 섬겼으나

之以皮幣(지이피폐)라도 不得免焉(부득면언)하며 事之以(사지이)
犬馬(견마)라도 不得免焉(부득면언)하며 事之以珠玉(사지이주옥)
이라도 不得免焉(부득면언)하여 乃屬耆老而(내촉기로이)
告之曰(고지왈) 狄人之所欲者(적인지소욕자)는 吾土地也(오토지야)
니 吾聞之也(오문지야)한대 君子(군자)는 不以其所(불이기소)
以養人者害人(이양인자해인)이라하니 二三者(이삼자)는 何(하)
患乎無君(환호무군)이리오 我將去之(아장거지)라하시고 去(거)
邠(빈)하시고 踰梁山(유량산)하사 邑于岐山之下(읍우기산지하)
居焉(거언)하시니 邠人曰(빈인왈) 仁人也(인인야)라 不可失(불가실)

• 幣 : 비단 폐
• 屬 : 모을 촉
• 踰 : 넘을 유

역시 화를 면하지 못하였습니다。그래서 노인들을 모아 놓고 말하기를、「적인들이 원하는 것은 우리의 토지이다。내가 들으니 군자는 사람을 기르기 위한 것을 가지고 사람을 해치지 않는다고 하니、여러분들은 임금이 없다고 무슨 걱정이겠는가? 나는 장차 이곳을 떠나리라。」하고、빈을 떠나 양산을 넘어 기산 아래에 마을을 만들어 거기에 거주하니、빈 땅의 사람들이 말하기를、「어진 사람이다。놓쳐서는 안 된다」고 하고、그를 따라오는 자가 시장에 가는 것 같이 줄을 이었습니다。어떤 사람은 말하기를、「대대로 지켜 온 땅이므로 자신이 마음대로 할 수 있는 것이 아니니、죽음을 바치더라도 떠나지 말라。」고 했습니

也(야)라하고 從之者(종지자) 如歸市(여귀시)하더라 或曰(혹왈) 世守也(세수야)라 非身之所能爲也(비신지소능위야)니 效死(효사)勿去(물거)라하니 君請擇於斯二者(군청택어사이자)하소서。

⑰ 魯平公(노평공)이 將出(장출)에 ●嬖人臧倉者請(폐인장창자청)曰(왈) 他日君出(타일군출)이면 則必命有司所之(즉필명유사소지)러시니 今乘輿已駕矣(금승여이가의)로대 有司未知所之(유사미지소지)하니 敢請(감청)하노이다 公曰(공왈) 將見孟子(장견맹자)하리라 曰(왈) 何哉(하재)잇고 君所謂輕身以先於匹夫者(군소위경신이선어필부자)는 以爲賢乎(이위현호)잇고 禮義(예의)

● 嬖 : 사랑할 폐

다。임금께서는 이 두 가지 중에서 한 가지를 선택하십시오。』

노나라 평공이 장차 나가려 할 때、총신 장창이 물었다。『다른 날에는 임금께서 나가시게 되면 반드시 유사에게 가는 곳을 하명하셨는데、지금은 수레가 이미 멍에까지 한 상태인데도 유사가 가는 곳을 알지 못하니、감히 알려주시기를 청합니다。』평공이 말하였다。『장차 맹자를 뵙고자 가는 것이다。』장창이 말하였다。『무엇 때문입니까? 임금께서 자신을 가벼이 여기고 필부에게 먼저 찾아가시려는 것은 그 사람을 어질다고 여겨서 입니까? 예의는 어진 사람으로부터 나오는 것인데 맹자는 어머니의 상인 후상을 아버지의 상인 전상보다 후하게

由賢者出이어늘 而孟子之後喪이 踰前喪하니 君無見焉하소서 公曰 諾다 樂正子 入見曰 君이 奚爲不見孟軻也잇고 曰或告寡人曰 孟子之後喪이 踰前喪이라할새 是以不往見也호라 曰何哉잇고 君所謂踰者는 前以士요 後以大夫며 前以三鼎이요 而後以五鼎與잇가 曰否라 謂棺槨衣衾之美也니라 曰非所謂踰也라 貧

• 樂正子：악정자。맹자의 제자
• 軻：굴대 가
• 槨：덧널 곽

치렀으니, 임금께서는 만나보실 것이 없습니다。』 평공이 『그렇구나』라고 하였다。 악정자가 들어가 평공을 보고 말하였다。『임금께서는 왜 맹자를 만나지 않으십니까?』 평공이 말하였다。『어떤 사람이 과인에게 말하기를, 「맹자의 후상이 전상보다 후하게 치러졌다」고 하기에 가서 뵙지 않은 것이오。』 악정자가 말하였다。『무슨 말씀입니까? 임금께서 말씀하신 후하다는 것은 전에는 사(士)의 예로 하였고 뒤에는 대부의 예로 하였으며, 전에는 삼정의 재물을 썼고 뒤에는 오정의 재물을 썼다는 것을 이르는 것입니까?』 평공이 말하였다。『아니오。관곽과 수의의 화려함을 말하는 것이오。』 악정자가 말하였다。『그것은

富不同也일새니이다 樂正子見孟子曰克이 告於君하니 君爲來見也러시니 嬖人有臧倉者沮君이라 君이 是以不果來也하시니이다 曰行或使之며 止或尼之나 行止非人所能也니 吾之不遇魯侯는 天也라 臧氏之子焉能使予不遇哉리오。

●克 : 악정자의 이름 ●尼 : 멈출 닐
●沮 : 막을 저

후하다고 말할 것이 아닙니다。 빈부가 같지 않았기 때문입니다。』 악정자가 맹자를 뵙고 말하였다。『제가 임금에게 말하여 임금이 뵈러 오려고 했는데、 총신 장창이라는 자가 있어 임금을 만류하였습니다。 그래서 임금이 오지 못하고 말았습니다。』 맹자께서 말씀하셨다。『가는 것도 혹 시켜서 하는 것도 있고、 멈추는 것도 혹 멈추게 하는 수가 있으나、 가고 멈추는 것은 사람이 할 수 있는 것이 아니다。 내가 노나라 임금을 만나지 못한 것은 하늘의 뜻이다。 장씨의 아들이 어찌 나로 하여금 만나지 못하게 할 수 있겠는가?』

公孫丑章句上(공손추장구상)

① 公孫丑問曰 夫子當路於齊하시면 管仲晏子之功을 可復許乎잇가 孟子曰 子誠齊人也로다 知管仲晏子而已矣온여 或問乎曾西曰 吾子與子路孰賢고 曾西蹴然曰 吾先子之所畏也니라 曰然則吾子與管仲

• 公孫丑：공손추。맹자의 제자 • 蹴：찰 축。「蹴然」은 불안한 모양

공손추가 물었다。『선생님께서 제나라의 요직을 담당하신다면 관중과 안자의 공적을 다시 기대하실 수 있겠습니까?』 맹자께서 말씀하셨다。『그대는 참으로 제나라 사람이다。관중과 안자만을 알 뿐이구나。어떤 사람이 증서에게 묻기를 「당신과 자로는 누가 더 현명한가?」 하자、증서가 불안해하며 말하기를、「자로는 우리 조부께서도 두려워하셨던 분이다」라고 했다네。그러자 「그렇다면 그대와 관중은 누가 더 현명한가?」하자、증서가 발끈하고 기뻐하지 않으면서

孰賢고 曾西艴然不悅曰 爾何曾比予於管仲고 管仲은 得君이 如彼其專也며 行乎國政이 如彼其久也로되 功烈이 如彼其卑也하니 爾何曾比予於是오하니라 曰 管仲은 曾西之所不爲也어늘 而子爲我願之乎아 曰 管仲은 以其君覇하고 晏子는 以其君顯하니 管仲晏子도 猶不足爲與잇

●艴 : 발끈할 불。「艴然」은 화내는 모습
●覇 : 으뜸 패
●顯 : 나타날 현
●猶 : 오히려 유

「너는 어찌 나를 관중에게 비교하는가? 관중은 임금의 신임을 얻어 저처럼 정치를 전담했고、국정을 시행한 것이 저처럼 오래 되었는데도 공적이 저처럼 낮았으니、너는 어찌 나를 관중에게 비교하는가?」하고 말하였다네。관중처럼 되는 것은 증서도 본받으려고 하지 않은 것인데、자네는 내가 그렇게 되기를 원하는가?』 공손추가 말하였다。『관중은 그 임금을 패자로 만들었고、안자는 그 임금을 유명하게 만들었는데、관중과 안자도 오히려 부족하다는 것입니까?』 맹자께서 말씀하셨다。『제나라를 가지고 왕노릇하는 것은 손바닥을 뒤집는 것처럼 쉽다。』 공손추가 말하

가 曰以齊로 王이 由反手也니라 曰若是則弟子之惑이 滋甚하니이다 且以文王之德으로 百年而後崩하되 猶未洽於天下하여 武王周公이 繼之然後에 大行이어늘 今言王若易然하시니 則文王은 不足法與잇가 曰 文王을 何可當也리오 由湯으로 至於武丁이 聖賢之君六七이 作하여 天下歸殷이 久矣니 久則難變也라 武丁이 朝

•滋 : 불을 자。「더욱」이라는 부사로 사용됨
•崩 : 무너질 붕
•洽 : 젖을 흡

였다。『그렇다면 저의 의혹은 점점 더 심해집니다。문왕은 덕으로 백 년을 산 뒤에 죽었지만、오히려 그 덕화가 천하에 흡족하게 미치지 못하다가、무왕과 주공이 계승한 뒤에야 크게 행해졌습니다。그런데 지금 왕노릇하는 것을 쉽다고 말씀하시니 문왕을 본받기에 부족하다는 것입니까?』맹자께서 말씀하셨다。『문왕을 어찌 당할 수 있겠는가? 탕왕으로부터 무정에 이르기까지 어질고 성스러운 임금 6~7명이 나와 천하의 민심이 은나라로 돌아간 지 오래 되었으니、오래되면 바꾸기가 어렵다。무정이 제후를 조회하고 천하를 차지하되 마치 손바닥 위에서 움직이듯 하였다。

諸侯有天下하되 猶運之掌也하니 紂之去武丁이 未久也라 其故家遺俗과 流風善政이 猶有存者하며 又有微子微仲王子比干箕子膠鬲이 皆賢人也라 相與輔相之故로 久而後에 失之也하니 尺地도 莫非其有也며 一民도 莫非其臣也어늘 然而文王이 猶方百里起하니 是以難也니라 齊人이 有言曰 雖有智慧나 不如乘勢

주(紂)는 무정과의 거리가 오래지 않아 그 옛집·유속·유풍·선정이 아직 보존되어 있었고, 또 미자(微子)·미중(微仲)·왕자 비간(比干)·기자(箕子)·교격(膠鬲)이 있었는데 모두 현인이었다. 그들이 서로 도와주었기 때문에 오랜된 뒤에야 나라를 잃게 되었던 것이다. 한 자의 땅도 그의 소유가 아닌 것이 없었고, 한 사람의 백성도 그의 신하가 아님이 없었다. 그런데 문왕은 사방 백 리의 땅으로 일어났기 때문에 어려웠던 것이다. 제나라 사람의 말에 「비록 지혜가 있어도 시세에 편승하는 것만 못하며, 비록 김매는 농기구가 있으나 때를 기다리는 것만 못하다.」라고 했으니, 지

•膠：아교 교
•鬲：막을 격

며 雖有鎡基나 不如待時라하니 今時則易然也니라 夏后殷周之盛에 地未有過千里者也하니 而齊有其地矣며 鷄鳴狗吠相聞而達乎四境하니 而齊有其民矣니 地不改辟矣며 民不改聚矣라도 行仁政而王이면 莫之能禦也리라 且王者之不作이 未有疏於此時者也하며 民之憔悴於虐政이 未有甚於此時者也하니 飢者에

• 鎡 : 호미 자
• 吠 : 짖을 폐
• 禦 : 막을 어
• 憔悴 : 수척할 초。파리할 췌

금의 때가 바로 그렇게 하기 쉬운 때이다。하·은·주의 전성기에도 땅이 천 리를 넘는 자가 없었는데 제나라는 그만한 땅을 소유하고 있으며, 닭 우는 소리와 개 짖는 소리가 서로 들려 사방의 국경에 도달하고 있으니 제나라가 그렇게 많은 백성을 가지고 있으므로 땅을 더 개척하지 않고 백성을 더 모으지 않고서도 인정을 행하여 왕도정치를 행하면 아무도 막을 수 없을 것이다。또한 왕업을 이룬 자가 나타나지 않은 것이 이때보다 더 드물었던 적이 있지 않았으며, 백성들이 학정에 시달려 초췌해진 것이 이때보다 심한 적이 없었다。굶주린 자에게는 밥을 먹이기가 쉽고, 목

易爲食이며 渴者에 易爲飮이니라 孔子曰 德之流行이 速於置郵而傳命이라하시니 當今之時하여 萬乘之國이 行仁政이면 民之悅之 猶解倒懸也리니 故로 事半古之人이요 功必倍之는 惟此時爲然하니라。

② 公孫丑問曰 夫子加齊之卿相하사 得行道焉하시면 雖由此霸王이라도

●置 : 둘 치。여기서는 역(驛)을 말함
●郵 : 역참 우
●倒 : 넘어질 도
●懸 : 매달 현

마른 자에게는 물을 먹이기가 쉽다。공자께서 말씀하시기를、「덕이 유행하는 것은 파발마로 명령을 전달하는 것보다 빠르다」고 하셨다。지금과 같은 때를 당하여 만승(萬乘)의 나라가 어진 정치를 행하면 백성들이 마치 거꾸로 매단 것을 풀어준 것처럼 기뻐할 것이다。그러므로 일은 옛 사람의 반만 하고도 효과는 반드시 배가 되는 것은 오직 이때만이 그렇게 될 수 있었다。」

공손추가 물었다。『선생님께서 제나라의 경상(卿相)의 지위에 올라、도를 행할 수 있게 되시면、비록 이로 말미암아 패업을 하시든 왕업을 하시든 이상할 것은 없습니다。이와 같다면 마음이 동요되겠습니까、안되겠습

不異矣리니 如此則動心가 否乎잇가 孟子曰 否라 我는 四十에 不動心호라 曰 若是則夫子過孟賁이 遠矣로소이다 曰 是不難하니 告子도 先我不動心하니라 曰 不動心이 有道乎잇가 曰 有하니라 北宮黝之養勇也는 不膚撓하며 不目逃하여 思以一毫나 挫於人이어든 若撻之於市朝하여 不受於褐

●孟賁 : 용사(勇士)의 이름
●黝 : 검푸를 유
●撓 : 어지러울 요
●逃 : 달아날 도
●挫 : 꺾을 좌
●褐 : 베옷 갈

니까?』 맹자께서 대답하셨다。『아니다。나는 마흔 살부터 마음이 동요되지 않았다。』 공손추가 말하였다。『그렇다면 선생님께서는 맹분(孟賁)보다 훨씬 더 뛰어나십니다。』 맹자께서 말씀하셨다。『이것은 어려운 것이 아니다。고자도 나보다 먼저 마음이 동요되지 않았다。』 공손추가 말하였다。『마음이 동요되지 않도록 하는 데에 방법이 있습니까?』 맹자께서 대답하셨다。『있다。북궁유가 용기를 기르는 방법은、피부가 찔려도 움직이지 않으며、눈이 찔려도 피하지 않고서、털끝만큼이라도 남에게 욕을 당하면 시장이나 조정에서 매를 맞는 것처럼 생각하여、거칠고 헐렁한 옷을 입은 비천한 사람에게도 모욕을 받지 않

寬博하며 亦不受於萬乘之君하여 視刺萬乘之君하되 若刺褐夫하여 無嚴諸侯하여 惡聲이 至어든 必反之하니라

孟施舍之所養勇也는 曰 視不勝하되 猶勝也로니 量敵而後進하며 慮勝而後會하면 是는 畏三軍者也니 舍豈能爲必勝哉리오 能無懼而已矣라 하니라。

孟施舍는 似曾子하고 北宮黝는 似

•孟施舍 : 孟은 성이고、施는 발어사、舍는 이름

고、또한 만승의 임금에게도 모욕을 받지 않았다。만승의 임금을 죽이기를 마치 누추한 옷을 입은 사나이를 죽이는 것처럼 여겨 제후를 두려워하지 않으며、험담하는 소리가 들리면 반드시 보복하였다。맹시사가 용기를 기르는 방법은 그의 말에 의하면、「이기지 못하는 것을 보기를 이기는 것같이 하는데、적을 헤아려 본 뒤에 나아가고 이길 것을 생각한 뒤에 맞선다면、이것은 삼군을 두려워하는 자이다。내가 어찌 반드시 이긴다고 하겠는가? 두려움 없이 할 뿐이다。」

맹시사는 증자와 같고 북궁유는 자하와 같으니、두 사람의 용기 중에 누가 더 나은지는 모르겠지만 그러나 맹시사는 지킴에 요령이 있었다。옛

子夏하니 夫二子之勇이 未知其孰賢이어니와 然而孟施舍는 守約也니라

昔者에 曾子謂子襄曰 子好勇乎아 吾嘗聞大勇於夫子矣로니 自反而不縮이면 雖褐寬博이라도 吾不惴焉이어니와 自反而縮이면 雖千萬人이라도 吾往矣라하시니라 孟施舍之守는 氣라 又不如曾子之守約也니라 曰 敢問夫子之不動心과 與告子之不動

•縮：줄일 축。여기서는 정직하다는 뜻

•子襄：증자의 제자
•惴：두려워할 췌

날에 증자가 자양(子襄)에게 이르기를,「그대는 용기를 좋아하는가? 내가 일찍이 선생님[공자]에게 큰 용기에 대해 들었다。스스로 돌이켜 옳지 못하면 비록 거칠고 헐렁한 옷을 입은 사람이라도 두렵게 할 수 없지만, 스스로 돌이켜 옳다면 비록 천만 명이 있더라도 내가 가서 대적할 수 있다」라고 하셨다。맹시사가 지킨 것은 기(氣)이니 증자의 지킴에 요령이 있는 것만 못하다。』공손추가 말하였다。『감히 여쭈어 보겠습니다。선생님의 마음이 동요되지 않는 것과 고자의 마음이 동요되지 않는 것을 들을 수 있겠습니까?』맹자께서 대답하셨다。『고자는 말하기를「말에서 얻지 못하면 마음에서 구하지 말고, 마음에서

心을 可得聞與잇가 告子曰 不得於言이어든 勿求於心하며 不得於心이어든 勿求於氣라하니 不得於心이어든 勿求於氣는 可커니와 不得於言이어든 勿求於心은 不可하니 夫志는 氣之帥•也요 氣는 體之充也니 夫志至焉이요 氣次焉이라 故로 曰 持其志하고도 無暴其氣라하니라 既曰 志至焉이요 氣次焉이라하시고 又曰 持其志하고도 無

•帥 : 장수 수

얻지 못하면 기(氣)에서 구하지 말라」고 하였다。 마음에서 얻지 못하면 기에서 구하지 말라고 하는 말은 옳지만、 말에서 얻지 못하면 마음에서 구하지 말라는 것은 옳지 않다。 대저 의지는 기의 장수이고、 기는 몸에 꽉 차 있는 것이니、 의지가 최고이고 기는 그 다음이다。 그러므로 말하기를 「그 의지를 잡았더라도 그 기를 난폭하게 하지 말라」고 한 것이다。』 공손추가 물었다。『이미 의지가 최고이고 기는 그 다음이라 하시고 또 그 의지를 잡았더라도 그 기를 난폭하게 하지 말라고 하진 것은 무엇입니까?』 맹자께서 말씀하셨다。『의지가 한결같으면 기를 움직이고、 기가 한결같으면 의지를 움직인다。 지금 넘어지거나

暴其氣者는 何也잇고 曰志壹則動氣하고 氣壹則動志也니 今夫蹶者趨者是氣也而反動其心이니라。

(폭기기자 하야 왈지일즉동기 기일즉동지야 금부궐자추자시기야이반동기심)

敢問夫子는 惡乎長이시니잇고 曰我는 知言하며 我는 善養吾浩然之氣하노라 敢問何謂浩然之氣잇고 曰難言也니라 其爲氣也 至大至剛하니 以直養而無害면 則塞于天地之間이니라 其爲氣也 配義與道하니 無是면

(감문부자 오호장 왈아 지언 아 선양오호연지기 감문하위호연지기 왈난언야 기위기야 지대지강 이직양이무해 즉색우천지간 기위기야 배의여도 무시)

●惡 : 의문대명사。 발음은 「오」 ●蹶 : 넘어질 궐

달리는 것이 이 기이지만 도리어 그것이 마음을 움직인다。』

공손추가 물었다。『감히 여쭙겠습니다만 선생님께서는 무엇을 잘 하십니까?』 맹자께서 대답하셨다。『나는 남이 하는 말을 알고、나는 나의 호연지기를 잘 기른다。』 공손추가 물었다。『감히 여쭙겠습니다。무엇을 호연지기라고 합니까?』 맹자께서 대답하셨다。『말하기 어렵다。그 기란 지극히 크고 지극히 강하여서 곧게 길러서 해치지 않으면 천지 사이에 가득 차게 될 것이다。그 기는 의(義)와 도(道)에 짝이 되니、이것이 없으면 부족하게 된다。이것은 의(義)를 모아 생기는 것이요、의(義)가 엄습해서 얻어지는 것이 아니다。행동이 마음에

餒也니라 是集義所生者라 非義襲而取之也니 行有不慊於心則餒矣니 我故로 曰告子未嘗知義라하노니 以其外之也일새니라 必有事焉而勿正하여 心勿忘하며 勿助長也하여 無若宋人然이어다 宋人이 有閔其苗之不長而揠之者러니 芒芒然歸하여 謂其人曰今日에 病矣라 予助苗長矣

●餒 : 주릴 뇌
●襲 : 엄습할 습。 몰래 취하는 것
●慊 : 좋을 겸
●揠 : 뽑을 알
●芒芒 : 까끄라기 망。 무지한 모양

만족치 못함이 있으면 이 호연지기는 부족하게 된다。 나는 그러므로 「고자는 아직 의를 모른다」고 했는데、 그것은 고자가 의를 밖에 있는 것으로 여기기 때문이다。 반드시 일이 있으면 그 효과를 미리 기대하지 말아서、 마음에서 잊지 말며 조장하지 말라。 송나라 사람같이 해서는 안 된다。 송나라 사람 중에 자기 논의 모〔苗〕가 자라지 않는 것을 안타깝게 여겨 싹을 뽑은 사람이 있었다。 아무 것도 모르고 집에 돌아와 식구들에게 말하기를 「오늘은 피곤하다。 나는 오늘 모가 잘 자라도록 도와주었다」고 하자、 그 아들이 달려가 보니 모는 모두 말라버렸다。 천하에 모가 자라는 것을 도와주지 않는 사람은 적을 것이다。 쓸모

로라하여늘 其子趨而往視之하니 苗則槁矣러라 天下之不助苗長者寡矣니 以爲無益而舍之者는 不耘苗者也요 助之長者는 揠苗者也니 非徒無益이라 而又害之니라。

何謂知言이니잇고 曰 詖辭에 知其所蔽하며 淫辭에 知其所陷하며 邪辭에 知其所離하며 遁辭에 知其所窮이니 生於其心하여 害於其政하며 發於其

•詖 : 치우칠 피　•遁 : 달아날 둔

없다고 내버려두는 사람은 김을 매지 않는 사람이요, 싹이 자라게끔 도와주는 사람은 모를 뽑는 사람이니 무익할 뿐만 아니라 또한 해로울 것이다.』

공손추가 물었다. 『말을 안다는 것은 무슨 뜻입니까?』 맹자께서 말씀하셨다. 『편벽된 말을 들으면 그 사람이 무엇에 가려졌는지를 알며, 음란한 말을 들으면 그 사람이 어디에 빠졌는지를 알며, 사악한 말을 들으면 등을 돌릴 것을 알며, 회피하는 말을 들으면 어렵고 궁함 안다. 그러한 생각이 마음에 생겨나면 정치를 해치고, 그러한 생각이 정치에 드러나면 일을 해치니 성인이 다시 나온다고 해도 반드시 내 말에 따를 것이니

政하여 害於其事하나니 聖人이 復起라도 必從吾言矣리라 宰我子貢은 善爲說辭하고 冉牛閔子顏淵은 善言德行이러니 孔子兼之하사대 曰我於辭命則不能也로라하시니 然則夫子는 旣聖矣乎신저 曰惡라 是何言也오 昔者에 子貢이 問於孔子曰夫子는 聖矣乎신저 孔子曰 聖則吾不能이어니와 我는 學不厭而教不倦也

•復：다시 부
•夫子：맹자를 말함
•倦：게으를 권

라。』 공손추가 말하였다。『재아와 자공은 말을 잘 했고、염우·민자·안연은 덕행을 잘 말하였는데、공자께서는 그것들을 모두 겸하셨는데도 말씀하시기를、「나는 언사에 능하지 못합니다」고 하셨습니다。그렇다면 선생님께서는 이미 성인이십니다。』 맹자께서 말씀하셨다。『아、그게 무슨 말인가？ 옛날에 자공이 공자께 「선생님은 성인이십니까？」 하고 묻자、공자께서 「성인은 내가 불가능하지만 나는 배움을 싫어하지 않고、가르침을 게을리 하지 않노라」고 말씀하셨다。자공이 말하기를 「배움을 싫어하지 않는 것은 지혜로이고、가르침을 게을리 하지 않는 것은 어짊이니、인자하고 또 지혜로우니 선생님께서는

로라 子貢曰 學不厭은 智也요 教不倦은 仁也니 仁且智하시니 夫子는 旣聖矣신저하니 夫聖은 孔子도 不居하시니 是何言也오 昔者에 竊聞之하니 子夏子游子張은 皆有聖人之一體하고 冉牛閔子顏淵은 則具體而微라하니 敢問所安하노이다 曰 姑舍是하라。

曰 伯夷伊尹은 何如하니잇고 曰 不同道하니 非其君不事하며 非其民不使

●竊 : 훔칠 절。몰래 ●姑 : 시어미 고。잠시라는 뜻

이미 성인이십니다」라고 하셨다。대저 성인은 공자께서도 자처하지 않으셨는데, 이 무슨 말인가?』 공손추가 물었다。『옛날에 사사로이 들은 말이 있는데, 자하(子夏)·자유(子游)·자장(子張)은 모두 성인의 일면만 지녔고, 염우·민자·안연은 전체 모습을 갖추기는 했지만 아직 미약하다고 합니다。선생님께서 편안하게 여기는 곳을 감히 묻고 싶습니다。』 맹자께서 말씀하셨다。『이것은 잠시 그만 두자。』

공손추가 물었다。『백이와 이윤은 어떻습니까?』 맹자께서 말씀하셨다。『도(道)가 같지 않다。그 임금이 아니면 섬기지 않고, 그 백성이 아니면 부리지 않으며, 다스려지면 나아가고 혼

하여 治則進(치즉진)하고 亂則退(난즉퇴)는 伯夷也(백이야)요 何事非君(하사비군)이며 何使非民(하사비민)이리오하여 治(치)亦進(역진)하며 亂亦進(난역진)은 伊尹也(이윤야)요 可以(가이)仕則仕(사즉사)하며 可以止則止(가이지즉지)하며 可以久(가이구)則久(즉구)하며 可以速則速(가이속즉속)은 孔子也(공자야)시니 皆古聖人也(개고성인야)라 吾未能有行焉(오미능유행언)이어니와 乃所願則學孔子也(내소원즉학공자야)로라 伯夷伊(백이이)尹(윤)이 於孔子(어공자)에 若是班•乎(약시반호)잇가 曰否(왈부)라 自有生民而來(자유생민이래)로 未有孔子也(미유공자야)시니

• 班 : 나눌 반。 대등하다는 뜻

란해지면 물러가는 것은 백이이고, 어느 누구를 섬긴들 임금이 아니며 어느 누구를 부린들 백성이 아니겠는가 하고, 다스려져도 나아가고 혼란해도 나아가는 것은 이윤이고, 벼슬을 할 만하면 벼슬을 하고, 그만둘 만하면 그만두고 또 오래 있을 만하면 오래 있고, 빨리 떠나갈 만하면 빨리 떠난 것은 공자였는데, 모두 옛날의 성인이었다。 나는 그분들처럼 행하지 못하지만 내가 바라는 것은 공자를 배우는 것이다。』 공손추가 물었다。『백이와 이윤이 그렇게 공자와 대등합니까?』 맹자께서 말씀하셨다。『아닙니다。 인류가 생긴 이래 공자만한 분이 없었느니라。』 공손추가 또 물었다。『그러면 같

라

曰 然則有同與잇가 曰 有하니 得百里之地而君之면 皆能以朝諸侯有天下어니와 行一不義하며 殺一不辜•而得天下는 皆不爲也리니 是則同하니라 曰 敢問其所以異하노이다 曰 宰我子貢有若은 智足以知聖人이니 汚不至阿其所好니라 宰我曰 以予觀於夫子컨대 賢於堯舜이 遠矣로다 子貢曰 見其禮而知其政하며 聞其

• 辜 : 허물 고

은 점이 있습니까?』 맹자께서 대답하셨다. 『있다. 백 리의 땅을 얻어 임금이 된다면 다들 제후들에게 조회하게 하여 천하를 차지할 수 있었을 것이고, 한 가지라도 의롭지 못한 일을 행하고 한 사람이라도 죄 없는 사람을 죽여서 천하를 얻는 일은 다들 하지 않았을 것이니, 이것이 같은 점이다.』 공손추가 물었다. 『그분들이 서로 다른 점은 무엇인지 감히 여쭙겠습니다.』 맹자께서 대답하셨다. 『재아와 자공과 유약은 지혜가 족히 성인을 알아볼 만하니, 낮다고 하더라도 아첨에까지 이르지는 않았을 것이다. 그런데 재아는 「내가 우리 선생님을 보건대 요임금이나 순임금보다 훌륭하

樂而知其德이니 由百世之後하여 等百世之王컨대 莫之能違也니 自生民以來로 未有夫子也시니라 有若이曰 豈惟民哉리오 麒麟之於走獸와 鳳凰之於飛鳥와 太山之於丘垤과 河海之於行潦에 類也며 聖人之於民에 亦類也시니 出於其類하며 拔乎其萃나 自生民以來로 未有盛乎孔子也시니라。

● 垤 : 개밋둑 질
● 潦 : 큰비 료
● 拔 : 빼어날 발
● 萃 : 모일 췌

시다」고 말하였다。 그리고 자공은 「예를 보면 그 정치를 알 수 있고、음악을 들으면 그 덕을 알 수 있으니、백 대의 뒤에서 백 대의 왕들을 비교해 보면 여기에서 벗어나지 않는다。인류가 생긴 이래로 선생님 같은 분이 있지 않았다」고 말하였다。또 유약은 「어찌 오직 사람뿐이겠는가？ 기린이 달리는 짐승、봉황이 나는 새、태산이 개밋둑、바다가 길웅덩이의 물에 대한 것과 같으니 성인이 일반 사람들에 대한 것도 그와 같다。동류 중에서 뛰어나고、무리 중에서 빼어났으나、사람이 생겨난 이래 공자보다 더 훌륭한 분은 있지 않았다」고 말하였다。』

맹자께서 말씀하셨다。『힘으로 인을

③ 孟子曰 以力假仁者는 霸니 霸必有大國이오 以德行仁者는 王이니 王不待大라 湯이 以七十里하시고 文王이 以百里하시니라 以力服人者는 非心服也라 力不贍也요 以德服人者는 中心이 悅而誠服也니 如七十子之服孔子也라 詩云 自西自東하며 自南自北이 無思不服이라하니 此之謂也니라。

● 贍 : 넉넉할 섬

가장하는 것은 패도정치니, 패도정치를 하려면 반드시 큰 나라를 지니고 있어야 한다。덕으로 인을 행하는 것은 왕도정치니, 왕도정치를 펴는 데 큰 나라를 지니고 있을 필요는 없다。탕임금은 70리의 땅으로, 문왕은 100리의 땅으로 그 일을 하셨다。힘으로 남을 굴복시키는 사람은 마음으로 복종하는 것이 아니라 힘이 모자라서 복종하는 것이다。덕으로 남을 복종시키는 사람은 마음속으로부터 기뻐서 진심으로 복종하는 것이니, 70명의 제자가 공자에게 복종하는 것과 같은 것이다。『시경』에 이르기를 「서쪽에서, 동쪽에서, 남쪽에서, 북쪽에서 마음으로 복종하지 않는 사람이 없었다」고 하였으니, 이를 두고 한 말이다。』

④ 孟子曰 仁則榮하고 不仁則辱하나니 今에 惡辱而居不仁이 是猶惡濕而居下也니라 如惡之인댄 莫如貴德而尊士니 賢者在位하며 能者在職하여 國家閒暇어든 及是時하여 明其政刑이면 雖大國이라도 必畏之矣리라 詩云 迨天之未陰雨하여 徹彼桑土하여 綢繆牖戶면 今此下民이 或敢侮

- 濕 : 축축할 습
- 迨 : 미칠 태
- 徹 : 통할 철。여기서는 취하다는 뜻
- 桑土 : 상두。뽕나무 뿌리의 껍질
- 綢 : 얽을 주

맹자께서 말씀하셨다。『어질면 번영하고、어질지 않으면 치욕을 당하게 된다。이제 치욕 당하기를 싫어하면서 어질지 않은 것은 습한 것을 싫어하면서 낮은 곳에 있는 것과 같다。만일 치욕 당하기를 싫어한다면 덕을 귀중히 여기고 선비를 존중하는 것보다 나은 게 없으니、어진 이가 벼슬자리에 있고 유능한 이가 직책을 맡게 되면 국가는 한가하게 된다。이런 때를 당하여 정사와 형벌을 밝힌다면 비록 큰 나라일지라도 반드시 그 나라를 두려워할 것이다。『시경』에 이르기를「하늘에 구름이 끼고 비가 내리기 전에 뽕나무 뿌리를 가지고 창문을 얽어매면 지금 이 백성들이 혹시라도 감히 나를 업신여기랴」라고 하였는데、공자께서「이 시를 지

予(여)아하여늘 孔子(공자)曰(왈) 爲此詩者(위차시자) 其知道乎(기지도호)인저 能治其國家(능치기국가)면 誰敢侮之(수감모지)리오하시니라 今國家閒暇(금국가한가)어든 及是時(급시시)하여 般樂怠敖(반락태오)하나니 是(시)는 自求禍也(자구화야)니라 禍福(화복)이 無不自己求之者(무부자기구지자)니라 詩云(시운) 永言配命(영언배명)이 自求多福(자구다복)이라하며 太甲(태갑)에 曰(왈) 天作孼(천작얼)은 猶可違(유가위)어니와 自作孼(자작얼)은 不可活(불가활)이라하니 此之謂也(차지위야)니라。

⑤ 孟子曰(맹자왈) 尊賢使能(존현사능)하여 俊傑在位(준걸재위)

• 般：돌 반　• 孼：재앙 얼

은 사람은 도를 알고 있구나。그 나라를 잘 다스리면 누가 감히 업신여기겠는가?」하고 말씀하셨다。지금 나라들은 한가하면 이때를 틈타서 크게 즐기고 게으르고 거만을 피우니 이것은 스스로 화를 불러들이는 것이다。화와 복은 스스로 구하지 않음이 없는 것이다。『시경』에 이르기를 「하늘이 내려주신 천명에 합치되기를 길이 생각하여 스스로 많은 복을 구했다」고 하였고、「태갑」에 이르기를 「하늘이 지은 재앙은 그래도 피할 수 있지만 스스로 지은 재앙은 피해 살아날 수 없다」고 하였으니、이를 두고 한 말이다。』

맹자께서 말씀하셨다。『어진 이를 존경하고 유능한 이를 부려 준수하고 걸출한 사람이 벼슬자리에 있으면 천

면 則天下之士(즉천하지사) 皆悅而願立於其(개열이원립어기)朝矣(조의)리라 市(시)에 廛而不征(전이부정)하고 法而不廛(법이부전)이면 則天下之商(즉천하지상)이 皆悅而願藏於其市矣(개열이원장어기시의)리라 關(관)에 譏而不征(기이부정)이면 則天下之旅(즉천하지려) 皆悅而願出於其路矣(개열이원출어기로의)리라 耕者(경자)를 助而不稅(조이불세)면 則天下之農(즉천하지농)이 皆悅而願耕於其野矣(개열이원경어기야의)리라 廛(전)에 無夫里之布(무부리지포)면 則天下之民(즉천하지민)이 皆悅而願爲之氓矣(개열이원위지맹의)리라 信能行此五者(신능행차오자)

•廛 : 가게 전　•氓 : 백성 맹

하의 선비들이 모두 기뻐하여 그 조정에서 벼슬하기를 바랄 것이다。시장에서는 점포세만 받고 다른 세금을 받지 아니하며、법대로 하고 점포세도 받지 않는다면 천하의 상인들이 모두 기뻐하며 그 나라의 시장에다 상품을 두기를 바랄 것이다。관문에서는 감독만 하고 세를 받지 않으면 천하의 행인들이 모두 기뻐하며 그 나라의 길에 나서기를 바랄 것이다。밭가는 사람에게는 공전의 수확에 대해서만 세금을 받아가고 다른 세를 받지 않으면 천하의 농민들이 모두 기뻐하며 그 나라의 들에서 밭 갈기를 바랄 것이다。거주하는 주택에는 부포(夫布)와 이포(里布)를 세금으로 받지 않으면 천하의 백성들이 모두 기뻐하여 그 나라의 백성

면 則隣國之民이 仰之若父母矣리니 率其子弟하여 攻其父母는 自生民以來로 未有能濟者也니 如此則無敵於天下하리니 無敵於天下者는 天吏也니 然而不王者 未之有也니라。

⑥ 孟子曰 人皆有不忍人之心하니라 先王이 有不忍人之心하사 斯有不忍人之政矣시니 以不忍人之心으로 行不忍人之政이면 治天下는 可運於掌上이니라 所以謂人皆有不忍

이 되기를 바랄 것이다。 참으로 이 다섯 가지를 시행할 수 있다면 이웃나라의 백성들이 부모와 같이 우러러볼 것이니、 그 자제를 거느리고 그들의 부모를 공격하는 일은 이 세상에 사람이 생겨난 이래 성공한 예가 없다。 이와 같이 된다면 천하에 적이 없을 것이니、 천하에 적이 없는 사람은 하늘의 사자이다。 그러고도 왕자가 되지 못한 사람은 아직 있지 않다。』

맹자께서 말씀하셨다。『사람은 누구나 다 차마 남에게 하지 못하는 마음을 가지고 있다。 선왕은 차마 만에게 하지 못하는 마음이 있어서 이에 차마 남에게 하지 못하는 정치를 하였으니、 남에게 차마 하지 못하는 마음을 가지고 차마 남에게 하지 못하는 정치를 시행한다면 천하를 다스리기는 손

人之心者는 今人이 乍見孺子將入於井하고 皆有怵惕惻隱之心하나니 非所以內交於孺子之父母也며 非所以要譽於鄕黨朋友也며 非惡其聲而然也니라 由是觀之컨대 無惻隱之心이면 非人也며 無羞惡之心이면 非人也며 無辭讓之心이면 非人也며 無是非之心이면 非人也니라 惻隱之

●乍：갑자기 사
●孺：젖먹이 유
●內：들일 납。맺다는 뜻
●怵惕：두려워할 출。두려워할 척

바닥 위에서 물건을 움직이는 것처럼 쉬운 일이다。 사람이 누구나 다 차마 남에게 하지 못하는 마음이 있다고 말하는 까닭은 이러하다。 이제 사람들이 어린애가 장차 우물에 빠지려고 하는 것을 문득 보았다고 하면 다들 놀라고 측은한 마음을 가지니、 그것은 그 어린애의 부모와 교분을 맺으려는 것도 아니고、 동네 사람과 벗들에게 칭찬을 받으려는 것도 아니며、 구해주지 않았다는 소리를 듣기 싫어서 그런 것도 아니다。 이로 보건대 측은해 하는 마음이 없으면 사람이 아니요、 부끄러워하는 마음이 없으면 사람이 아니요、 사양하는 마음이 없으면 사람이 아니요、 시비를 가리는 마음이 없으면 사람이 아니다。 측은해 하는 마음은 인(仁)의 단서이고、 부끄러워하는 마음

心은 仁之端也요 羞惡之心은 義之端也요 辭讓之心은 禮之端也요 是非之心은 智之端也니라 人之有是四端也 猶其有四體也니 有是四端而自謂不能者는 自賊者也요 謂其君不能者는 賊其君者也니라 凡有四端於我者를 知皆擴而充之矣면 若火之始然하며 泉之始達이니 苟能充之면 足以保四海요 苟不充之면 不足以事父母니라。

은 의(義)의 단서이고, 사양하는 마음은 예(禮)의 단서이고, 시비를 가리는 마음은 지(智)의 단서이다。 사람이 이 네 가지 단서를 지니고 있는 것은 마치 사지를 지니고 있는 것과 같으니, 이 네 가지 단서를 지니고 있으면서 스스로 그 일을 못한다고 말하는 것은 스스로를 해치는 것이고, 자기 임금이 그 일을 못한다고 말하는 것은 자기 임금을 해치는 것이다。 대체로 네 가지 단서가 나에게 있다는 것을 알아서 확충해 나가면 불이 처음 타오르고 샘물이 처음 솟아나는 것과 같아서, 진실로 그것을 확충시킬 수만 있다면 충분히 천하를 보전할 수가 있고, 진실로 그것을 확충시키지 않는다면 부모를 섬기기에도 부족할 것이다。』

⑦ 孟子曰 矢人이 豈不仁於函人哉리오마는 矢人은 惟恐不傷人하고 函人은 惟恐傷人하나니 巫匠도 亦然하니 故로 術不可不愼也니라 孔子曰 里仁이 爲美하니 擇不處仁이면 焉得智리오하시니 夫仁은 天之尊爵也며 人之安宅也어늘 莫之禦而不仁하니 是는 不智也니라 不仁不智라 無禮無義면 人役也니 人役而恥爲役이 由弓

●函：함 함. 여기서는 갑옷 ●爵：벼슬 작

맹자께서 말씀하셨다. 『화살 만드는 사람이 어찌 갑옷 만드는 사람보다 불인(不仁)하다 하겠는가마는, 화살 만드는 사람은 오직 사람을 상하게 하지 못할까를 걱정하고 갑옷 만드는 사람은 오직 사람이 상할까를 걱정한다. 무당과 관 만드는 사람의 관계 또한 그렇다. 그러므로 기술을 택하는 데는 삼가지 않을 수 없을 것이다.

공자께서 말씀하시기를, 「마을에 인후한 풍속이 있는 것이 아름다우니, 가려서 어진 곳에 거처하지 않는다면 어떻게 지혜롭다고 하겠는가?」라고 말씀하셨다. 인(仁)은 하늘의 존귀한 벼슬이요, 사람의 편안한 집이다. 아무도 막지 않는데도 인을 하지 않으니 이것은 지혜롭지 못한 것이다. 어질지도 못하고 지혜롭지도 못하

人而恥爲弓하며 矢人而恥爲矢也니라 如恥之인댄 莫如爲仁이니라 仁者는 如射하니 射者는 正己而後에 發하여 發而不中이라도 不怨勝己者요 反求諸己而已矣니라.

⑧ 孟子曰 子路는 人이 告之以有過則喜하니라 禹는 聞善言則拜러시다 大舜은 有大焉하시니 善與人同하사 舍

●射: 쏠 사 ●怨: 원망할 원 ●過: 허물 과
●喜: 기쁠 희 ●舍: 버릴 사

며, 예의가 없고 의리가 없으면 남에게 부림을 받게 된다. 남에게 부림을 받으면서 부림 받는 것을 부끄러워하는 것은 활 만드는 사람이 활 만들기를 부끄러워하고, 화살 만드는 사람이 화살 만들기를 부끄러워하는 것과 같다. 만일 그것을 부끄러워한다면 인(仁)을 행하는 것보다 좋은 것은 없다. 인(仁)이라는 것은 활쏘기와 같다. 활 쏘는 사람은 몸을 바로 한 뒤에 쏜다. 쏘아서 적중하지 않아도 자기를 이긴 사람은 사람을 원망하지 않고 돌이켜 자신을 반성할 따름이다.』

맹자께서 말씀하셨다. 『자로는 남이 자기에게 허물이 있음을 알려 주면 기뻐했다. 우임금은 선한 말을 들으면 절을 하셨다. 위대한 순임금은 보다 대단한 바가 있었으니 선을 사

己從人(기종인)하시며 樂取於人(락취어인)하여 以爲善(이위선)이러시다 自耕稼陶漁(자경가도어)로 以至爲帝(이지위제)히 無非取於人者(무비취어인자)러시다 取諸人以爲善(취저인이위선)이 是與人爲善者也(시여인위선자야)라 故(고)로 君子(군자)는 莫大乎與人爲善(막대호여인위선)이니라。

⑨ 孟子曰(맹자왈) 伯夷(백이)는 非其君不事(비기군불사)하며 非其友不友(비기우불우)하며 不立於惡人之朝(불립어악인지조)하며 不與惡人言(불여악인언)하더니 立於惡人之朝(입어악인지조)와 與惡人言(여악인언)을 如以朝衣朝冠(여이조의조관)으로

● 耕稼：밭갈 경。심을 가 ● 與：허락할 여
● 陶：질그릇 도

람들과 같이 행하여 자신을 버리고 남을 따랐으며、남에게서 취하여 선을 행하기를 즐기셨다。농사짓고 질그릇 굽고 물고기 잡는 데서부터 황제가 되는데 이르기까지 남에게서 취하지 않은 것이 없었다。남에게서 취하여 선을 행하는 것은 곧 남이 선을 행하도록 도와주는 것이다。그러므로 군자는 남이 선을 행하도록 도와주는 것보다 더 중대한 일은 없느니라。』

맹자께서 말씀하셨다。『백이는 섬길 만한 임금이 아니면 섬기지 않고、사귈 만한 벗이 아니면 사귀지 않았으며、악한 사람의 조정에는 서지 않고、악한 사람과는 말도 하지 않았다。악한 사람의 조정에 서고 악한 사람과 이야기하는 것을 마치 조정에서

坐於塗炭(좌어도탄)하며 推惡惡之心(추오악지심)하여 思與(사여)鄕人立(향인립)에 其冠不正(기관부정)이어든 望望然去(망망연거)之(지)하여 若將浼焉(약장매언)하니 是故(시고)로 諸侯雖(제후수)有善其辭命而至者(유선기사명이지자)라도 不受也(불수야)하니 不受也者(불수야자)는 是亦不屑就已(시역불설취이)니라 柳(유)下惠(하혜)는 不羞汙君(불수오군)하며 不卑小官(불비소관)하여 進不隱賢(진불은현)하여 必以其道(필이기도)하며 遺佚而(유일이)不怨(불원)하며 阨窮而不憫(액궁이불민)하더니 故(고)로 曰(왈)

●塗：진흙 도
●炭：숯 탄
●望望：떠나가서 돌아보지 않는 모습
●浼：더럽힐 매
●屑：가루 설
●柳下惠：노나라의 대부
●羞：부끄러울 수
●汙：더러울 오
●阨：음은 액。곤궁하다는 뜻

입는 옷을 입고 조정에서 쓰는 관을 쓰고 진창과 숯 구덩이에 앉아 있는 것처럼 여겼다。악을 미워하는 마음을 미루어 생각해 보건대、고을 사람들과 함께 섰을 때 그 사람의 관이 바르지 않으면 뒤도 돌아보지 않고 떠나 버려 그것에 더럽혀지기나 할 듯이 여겼다。그러므로 제후들이 비록 초빙하는 글을 좋게 써와도 받지 않았으니、받지 않은 것은 역시 그 직책에 나가는 것을 깨끗하게 여기지 않았기 때문이다。유하혜는 더러운 임금을 부끄럽게 여기지 않고、작은 벼슬을 하찮게 여기지 않았으며、벼슬에 나아가서는 자기의 현명함을 숨기지 않고 반드시 도리에 맞게 했고、버림을 받아도 원망하지 않았으며、곤

爾爲爾(이위이)요 我爲我(아위아)니 雖(수)袒裼(단석)裸裎(라정)於(어)我側(아측)인들 爾焉能浼我哉(이언능매아재)리오하니 故(고)로 由由然與之偕而不自失焉(유유연여지해이부자실언)하여 援而止之而止(원이지지이지)하니 援而止之而止者(원이지지이지자)는 是亦不屑去已(시역불설거이)니라 孟子曰(맹자왈) 伯夷(백이)는 隘(애)하고 柳下惠(유하혜)는 不恭(불공)하니 隘與不恭(애여불공)은 君子不由也(군자불유야)니라。

• 袒裼 : 단석。팔뚝을 드러낸 것 • 裸裎 : 라정。몸을 드러낸 것

• 隘 : 좁을 애

궁에 빠져도 걱정하지 않았다。그래서「너는 너이고、나는 나다。비록 내 곁에서 팔을 드러내고 벌거벗은들 네가 어찌 나를 더럽히겠느냐」라고 말했던 것이다。그래서 태연하게 그들과 함께 있으면서도 스스로 올바름을 잃지 않았고、잡아당겨 멈추게 하면 멈추었으니、잡아당겨 멈추게 하면 멈춘 것은 또한 떠나감을 깨끗하게 여기지 않은 것이다。』맹자께서 말씀하셨다。『백이는 옹졸하고 유하혜는 거만하니 옹졸함과 거만함은 군자가 취하지 않는다。』

公孫丑章句下(공손추장구하)

① 孟子曰 天時不如地利요 地利不如人和니라 三里之城과 七里之郭을 環而攻之而不勝하나니 夫環而攻之에 必有得天時者矣언마는 然而不勝者는 是天時不如地利也니라 城非不高也며 池非不深也며 兵革非不堅利也며 米粟非不多也로되 委而

(맹자왈 천시불여지리요 지리불여인화니라 삼리지성과 칠리지곽을 환이공지이불승하나니 부환이공지에 필유득천시자의언마는 연이불승자는 시천시불여지리야니라 성비불고야며 지비불심야며 병혁비불견리야며 미속비부다야로되 위이)

• 郭 : 성곽 곽
• 環 : 고리 환
• 堅 : 굳을 견
• 委 : 버릴 위

맹자께서 말씀하셨다. 『하늘의 좋은 때를 얻는 것은 지형의 유리함을 얻는 것보다 못하고, 지형의 유리함을 얻는 것은 사람들의 조화로움보다 못하다. 3리의 성과 7리의 외성을 포위하여 공격해도 이기지 못하는 경우가 있는데, 포위하여 공격할 때 반드시 하늘의 좋은 때를 얻는 경우가 있겠지만 이기지 못하는 것은 하늘의 좋은 때를 얻는 것이 지형의 유리함을 얻는 것보다 못하기 때문이다. 성이 높지 않은 것도 아니며, 못이 깊지 않은 것도 아니며, 무기와 갑옷이 견고하고 예리하지 않은 것도 아니며, 곡식이 많지 않은 것도 아니지만 내버리고 달아나니,

去之하나니 是地利不如人和也니라 故曰 域民不以封疆之界하며 固國不以山谿之險하며 威天下不以兵革之利라 得道者多助하고 失道者寡助하나니 寡助之至에는 親戚畔之하고 多助之至에는 天下順之니라 以天下之所順으로 攻親戚之所畔이라 故君子有不戰이언정 戰必勝矣니라。

●疆：지경 강
●谿：시내 계
●畔：배반할 반

이것은 지형의 유리함이 사람들의 조화로움보다 못하기 때문이다。그러므로「백성을 한계짓되 국경의 경계를 가지고 하지 않으며、나라를 견고히 하되 산이나 골짜기의 험준한 것을 가지고 하지 않으며、천하에 위세를 떨치되 무기와 갑옷의 예리한 것을 가지고 하지 않는다」고 말하는 것이다。도를 얻은 사람은 도와주는 사람이 많고、도를 잃은 사람은 도와주는 사람이 적다。도와주는 사람이 지극히 적은 경우에는 친척도 배반하고、도와주는 사람이 지극히 많은 경우에는 천하가 순종한다。천하가 순종하는 사람을 가지고 친척도 배반하는 사람을 공격하기 때문에 군자는 싸우지 않을지언정 싸우면 반드시 이기는 것이니라。』

② 孟子將朝王이러시니 王이 使人來曰 寡人이 如就見者也러니 有寒疾이라 不可以風이로소니 朝將視朝하리니 不識케이다 可使寡人得見乎잇가 對曰 不幸而有疾이라 不能造朝로소이다 明日에 出吊於東郭氏어시늘 公孫丑曰 昔者辭以病하시고 今日吊 或者不可乎인저 曰 昔者疾이 今日愈어니 如之何不吊리오 王이 使人問

• 王: 제나라 왕
• 東郭氏: 제나라 대부
• 愈: 나을 유

맹자께서 왕에게 가보려 하던 차에 왕이 사람을 보내서 말하였다. 『과인이 나아가 뵈려 했는데 감기가 들어 바람을 쐴 수가 없습니다. 아침에 조회하려 하니, 선생님의 의중을 잘 모르겠지만 과인이 만나 뵐 수 있겠습니까?』 맹자께서 말씀하셨다. 『불행히 병이 나서 조회에 나갈 수 없습니다.』 다음날 동곽씨에게 문상을 하려 하니, 공손추가 말하였다. 『전날에는 병이 났다고 사양하셨는데 오늘 문상하시는 것은 혹 잘못된 것이 아니겠습니까?』 맹자께서 말씀하셨다. 『전날의 병이 오늘 나았으니, 어찌 문상을 하지 않겠는가?』 왕이 사람을 시켜 문병하게 하고 의원을 보내자 맹

疾하시고 醫來어늘 孟仲子對曰 昔者有王命이어시늘 有采薪之憂하사 不能造朝라가 今病少愈어시늘 趨造於朝러시니 我不識能至否乎아하고 使數人要於路曰 請必無歸而造於朝하소서 不得已而之景丑氏宿焉이러시니 景子曰 內則父子요 外則君臣은 人之大倫也니 父子主恩하

•采薪 : 나무를 하다는 뜻。채신지우는 병이 들어 나무를 할 수 없다는 뜻

•孟仲子 : 맹자의 종형제

•景丑氏 : 제나라 대부의 집안

중자가 대답하였다。『어제 왕명이 계셨는데 병이 나서 조회에 나가지 못하였습니다。이제 병이 조금 나아 조회에 달려갔는데 당도했는지는 제가 모르겠습니다。』몇 사람을 시켜 길목에서 지키게 하여 말하게 하였다。『집으로 돌아오지 마시고 조회에 꼭 나가십시오。』맹자께서 할 수 없이 경추씨에게 가서 묵었는데 경추씨가 말하였다。『안으로는 아버지와 아들、밖으로는 임금과 신하의 관계가 인륜 중에서 큰 것입니다。부자간에는 은혜를 위주로 하고、군신간에는 공경을 위주로 합니다。저는 왕이 선생님을 공경하는 것은 보았습니다만 선생님께서 왕을 공경하는 것은 보지 못했

고 君臣主敬하니 丑見王之敬子也요 未見所以敬王也케이다 曰惡●라 是何言也오 齊人이 無以仁義與王言者하니 豈以仁義爲不美也리오 其心曰是何足與言仁義也云爾니 則不敬이 莫大乎是하니 我非堯舜之道면 不敢以陳於王前하노니 故齊人이 莫如我敬王也니라 景子曰 否라 非此之謂也라 禮曰父召어시든 無諾하

●惡 : 음은 오。감탄사

습니다。』맹자께서 말씀하셨다。『아、그게 무슨 말이오? 제나라 사람들이 인의를 가지고 왕에게 말하는 사람이 없으니 어찌 인의를 좋지 않다고 여겨서 그렇겠소? 그들이 마음속으로 「어찌 임금과 더불어 인의를 이야기하리오」라고 생각하니 불경이 이보다 더 클 수가 없소。나는 요순의 도가 아니면 감히 왕 앞에서 말하지 않소。그러므로 제나라 사람들은 나만큼 왕을 공경하는 사람이 없소。』경추씨가 말하였다。『아닙니다。그것을 말하는 것이 아닙니다。예에 「아버지가 부르면 대답할 겨를이 없이 달려가고、임금이 명하여 부르면 수레를 기다리지 않고 달려간다。」고 하였는데、본래 왕

며 君命召(군명소)어시든 不俟駕(불사가)라하니 固將朝(고장조)也(야)라가 聞王命而遂不果(문왕명이수불과)하시니 宜與夫禮(의여부례)로 若不相似然(약불상사연)하이다。

曰 豈謂是與(왈 기위시여)리오 曾子曰 晉楚之富(증자왈 진초지부)를 不可及也(불가급야)나 彼以其富(피이기부)어든 我以吾仁(아이오인)하며 彼以其爵(피이기작)이어든 我以吾義(아이오의)니 吾何慊乎哉(오하겸호재)리오하시니 夫豈不義而曾子言之(부기불의이증자언지)시리오 是或一道也(시혹일도야)니라

●俟: 기다릴 사
●駕: 멍에 가
●慊: 흐뭇하지 않을 겸

을 뵈러 가시려다가 왕명을 듣고 마침내 가지 않으셨으니, 아마 예와 서로 맞지 않는 것 같습니다.』

맹자께서 말씀하셨다.『어찌 그것을 말하겠소。증자께서 말씀하시기를 「진나라와 초나라의 부유함은 따라갈 수 없으나, 그들이 부유함을 가지고 자랑하면 나는 나의 인(仁)을 가지고 상대할 것이며, 그들이 작위를 가지고 하면 나는 나의 의(義)를 가지고 하리니, 내 어찌 그보다 못하리오」하셨는데, 어찌 옳지 않은 것을 증자께서 말씀하셨겠소。이 말씀에는 한 가지 도리가 있을 것이오。천하에 보편적으로 존경받아야 할 것이 세 가지가 있는데, 작위가 그 하나이고, 나이

天下에 有達尊이 三에 爵一이요 齒一이요 德一이니 朝廷에는 莫如爵이요 鄕黨에는 莫如齒요 輔世長民에는 莫如德이니 惡得有其一하여 以慢其二哉리오 故將大有爲之君은 必有所不召之臣하여 欲有謀焉則就之하나니 其尊德樂道不如是면 不足與有爲也니라 故湯之於伊尹에 學焉而後臣之라 故不勞而王하시고 桓公之於

●爵: 벼슬 작 ●齒: 이 치。나이 ●輔: 도울 보 ●慢: 게으를 만

가 그 하나이고, 덕이 그 하나입니다。 조정에서는 작위보다 더 중요한 것이 없고, 향리에서는 나이보다 더 중요한 것이 없고, 세상을 돕고 백성들의 어른 노릇을 하는 데는 덕(德)보다 더 중요한 것이 없는데 어찌 그 중의 한 가지를 가지고 두 가지를 소홀하게 할 수 있겠소。 그러므로 장차 큰일을 하려는 임금은 반드시 마음대로 부르지 못하는 신하를 두어서 의논하고 싶은 일이 있으면 그에게 나아갔으니, 덕을 존중하고 도를 즐기기를 이와 같이 하지 않으면 더불어 일을 하지 못할 것이오。 그러므로 탕임금은 이윤에게서 배운 뒤에 신하로 삼았기 때문에 힘들이지 않고 왕노릇을 하였고, 환공은 관중에게서 배운 뒤에 신

管仲(관중)에 學焉而後臣之(학언이후신지)라 故不勞而(고불로이)霸(패)하시니라 今天下地醜德齊(금천하지추덕제)하여 莫能相尙(막능상상)은 無他(무타)라 好臣其所敎(호신기소교)요 而不好臣其所受敎(이불호신기소수교)일새니라 湯之於伊尹(탕지어이윤)과 桓公之於管仲(환공지어관중)에 則不敢召(즉불감소)러시니 管仲(관중)도 且猶不可召(차유불가소)어든 而況不爲管仲者乎(이황불위관중자호)아。

③ 陳臻(진진)이 問曰(문왈) 前日於齊(전일어제)에 王(왕)이 餽(궤)

• 醜 : 추할 추。여기서는 비슷하다는 뜻
• 尙 : 숭상할 상
• 陳臻 : 맹자의 제자
• 餽 : 보낼 궤

하로 삼았기 때문에 힘들이지 않고 패업을 이룩할 수 있었던 것이오。지금 천하의 제후들이 차지한 땅도 대개 비슷하고 덕도 비슷하여 서로 뛰어나지 못한 것은 다름이 아니라 자기가 가르칠 수 있는 사람을 신하로 삼기 좋아하고、자기가 가르침을 받을 수 있는 사람을 신하로 삼기를 좋아하지 않기 때문이오。탕임금이 이윤에 대해서나 환공이 관중에 대해서 감히 함부로 부르지 않았으니、관중도 오히려 부르지 않았는데 하물며 관중을 대수롭게 여기지 않는 사람이야 말할 것이 있겠소。』

진진이 물었다。『전날 제나라에서 왕이 값진 황금 백 일(百鎰)을 주었을 때는 받지 않고、송(宋)나라에서 70

兼金一百而不受하시고 於宋에 餽七十鎰而受하시며 於薛에 餽五十鎰而受하시니 前日之不受是면 則今日之受非也요 今日之受是면 則前日之不受非也니 夫子必居一於此矣로소이다 孟子曰 皆是也니라 當在宋也하얀 予將有遠行이라니 行者必以贐이라 辭曰餽贐이어니 予何爲不受

- 兼金：좋은 금
- 鎰：중량 일
- 薛：맑은대쑥 설
- 是：옳을 시
- 贐：노자 신

일을 주었을 때는 받으셨고, 설(薛)나라에서는 50일을 주었을 때도 받으셨으니, 전날 받지 않은 것이 옳다면 오늘 받은 것이 잘못이고, 오늘 받은 것이 옳다면 전날 받은 것이 잘못이니, 선생님께서는 반드시 이 가운데 한 가지 잘못이 있습니다.』맹자께서 말씀하셨다.『모두 옳으니라. 송나라에 있을 때는 내 장차 먼 길을 떠나려는 참이었는데, 길 떠나는 사람에게는 반드시 노자를 주는 것이다. 주며 말하기를「노자로 준다」하는데, 내 어찌 받지 않겠느냐? 설나라에 있을 때는 경계하는 마음이 있었는데, 주며 말하기를「신변을 경계하신다는 말을 들었기 때문에 군비를 위해서 주는 것이다」하는데, 내 어찌 받지 않

리오. 當在薛也하얀 予有戒心이라니 辭曰聞戒라 故爲兵餽之라하니 予何爲不受리오 若於齊則未有處也호니 無處而餽之면 是貨之也니 焉有君子를 而可以貨取乎리오。

④ 孟子之平陸하사 謂其大夫曰 子之持戟之士 一日而三失伍면 則去之否乎아 曰 不待三이리이다 然則子之失伍也亦多矣니 凶年饑歲에 子

● 戟：창 극
● 伍：대오 오
● 饑：주릴 기

겠느냐? 제나라에서의 경우는 돈을 쓸 곳이 없으니, 쓸 곳도 없는데 주면 재물로 유혹하는 것이다. 어찌 군자를 재물로써 취할 수 있겠는가?』

맹자께서 평륙에 가서 그곳 대부에게 말씀하셨다. 『당신의 창을 든 병사가 하루에 세 번이나 대오를 잃는다면 버리겠습니까, 그냥 두겠습니까?』 대부가 대답하였다. 『세 차례까지 기다리지 않겠습니다.』 맹자께서 말씀하셨다. 『그렇다면 당신이 대오를 잃는 것도 또한 많소. 흉년이나 기근이 든 해에 당신의 백성들이 노약자는 구렁텅이에서 뒹굴고 젊은이는 흩어져 사방으로 간 사람이 몇 천 명이나 되오.』 대부가 말하였다. 『이것

之民이 老羸轉於溝壑하고 壯者散而之四方者幾千人矣요 曰此非距心之所得爲也니이다 曰今有受人之牛羊而爲之牧之者인댄 則必爲之求牧與芻矣리니 求牧與芻而不得이면 則反諸其人乎아 抑亦立而視其死與아 曰此則距心之罪也로소이다 他日에 見於王曰 王之爲都者를 臣知五人焉이로니 知其罪者惟

•羸：여윌 리
•壑：골 학
•距心：대부의 이름
•芻：꼴 추

은 제가 할 수 있는 일이 아닙니다.』 맹자께서 말씀하셨다. 『지금 남의 소와 양을 맡아 기르는 사람이 있다면 반드시 소와 양을 위해 목장과 풀을 찾아야 할 것이니, 목장과 풀을 찾다가 얻지 못하면 그 사람에게 돌려주어야 하겠소, 그렇지 않으면 그대로 서서 죽는 것을 바라보아야 하겠소.』 대부가 말하였다. 『이것은 저의 죄입니다.』 훗날에 왕을 뵙고 『왕의 도읍을 다스리는 사람 중에 제가 다섯 사람을 알고 있는데, 자기 죄를 아는 사람은 오직 공거심 뿐입니다』라고 말씀하고, 왕을 위해 전날의 일을 이야기해 주니, 왕이 말하였다. 『이것은 과인의 죄입니다.』

孔距心이라하시고 爲王誦之하신대 王曰 此則寡人之罪也로소이다。

⑤ 孟子謂蚳鼃曰 子之辭靈丘而請士師 似也는 爲其可以言也니 今旣數月矣로되 未可以言與아 蚳鼃諫於王而不用이어시늘 致爲臣而去하다 齊人曰 所以爲蚳鼃則善矣어니와 所以自爲則吾不知也케라 公都子以告한대 曰 吾聞之也호니 有官

● 蚳鼃 : 개미알 지。개구리 와。蚳鼃는 제나라 대부
● 誦 : 여쭐 송
● 公都子 : 맹자의 제자

맹자께서 지와에게 말씀하셨다。『그대가 영구의 읍재를 사양하고 사사(士師)의 자리를 청한 것이 그럴듯함은 왕에게 간언을 하기 위한 것으로 생각했소。그런데 지금 그 자리에 있은 지 여러 달인데도 아직 간언을 할 수 없었던가요?』지와가 왕에게 간하였으나 받아들여지지 않자 신하로서의 벼슬자리를 그만두고 떠나가 버렸다。제나라 사람들이 말하였다。『맹자가 지와를 위해 말해 준 것은 좋았으나、자신이 하는 일은 과연 잘 하는 일인지 우리는 모르겠다。』공도자가 그 말을 맹자에게 고하니、맹자께서 말씀하셨다。『내가 들으니 벼슬자리에 있는 사람은 그 직책을 완수하

守者不得其職則去하고 有言責者不得其言則去라하니 我無官守하며 我無言責也니 則吾進退 豈不綽綽然有餘裕哉리오。

(수자부득기직즉거하고 유언책자부득기언즉거라하니 아무관수하며 아무언책야니 즉오진퇴 기부작작연유여유재리오。)

⑥ 孟子爲卿於齊하사 出吊於滕이어시늘 王이 使蓋大夫王驩爲輔行이러시니 王驩이 朝暮見호대 反齊滕之路토록 未嘗與之言行事也러시다 公孫

(맹자위경어제하사 출조어등이어시늘 왕이 사합대부왕환위보행이러시니 왕환이 조모현호대 반제등지로토록 미상여지언행사야러시다 공손)

●綽綽：너그러울 작。綽綽은 너그러운 모습 ●裕：넉넉할 유

●驩：기뻐할 환 ●暮：저물 모

지 못하면 떠나가고、간언할 책임을 가진 사람은 그 간언이 받아들여지지 않으면 떠나간다고 하였다。나는 벼슬자리도 없고 간언할 책임도 없으니、나아가고 물러감에 어찌 여유작작함이 없겠는가?』

맹자께서 제나라의 경이 되어 등나라로 조문을 가게 되자 왕이 합대부 왕환을 부사의 직책으로 따라가게 하였다。왕환이 아침저녁으로 맹자를 뵈었지만 제나라와 등나라의 길을 왕복하도록 함께 행사에 대한 말을 한 적이 없었다。공손추가 물었다。『제나라 경의 지위가 작지 않고 제나라와 등나라의 길이 가깝지 않은데、다 돌아오도록 한 번도 행사에 대해

丑曰 齊卿之位 不爲小矣며 齊滕之路 不爲近矣어늘 反之而未嘗與言行事는 何也잇고 曰夫旣或治之어니 予何言哉리오。

⑦ 孟子自齊葬於魯하시고 反於齊하사 止於嬴이러시니 充虞請曰 前日에 不知虞之不肖하사 使虞敦匠事어시늘 嚴하여 虞不敢請이라니 今願竊有請也하노니 木若以美然이러이다 曰 古

● 嬴 : 찰 영
● 充虞 : 맹자의 제자
● 嚴 : 급박할 엄

말씀하지 않으신 것은 무슨 까닭입니까?』 맹자께서 대답하셨다。『그 사람이 이미 잘 처리했는데 내가 무슨 말을 하겠는가?』

맹자께서 제나라에서 노나라로 가서 장사지내시고 제나라로 돌아오시다가 영읍에 머물렀는데、충우가 물었다。『전날에는 저의 불초함을 알지 못하시고 저에게 관곽을 짜는 목수 일을 맡게 하셨는데、그 당시에는 일이 다급해서 제가 감히 여쭈어 보지 못했습니다。이제 사사로이 여쭈어 보고 싶습니다。관목이 너무 좋았던 것 같습니다。』맹자께서 말씀하셨다。『옛날에는 관곽이 법도가 없었는데、중고(中古)에 관의 두께는 7촌(寸)이고、곽은

者에 棺槨無度러니 中古에 棺이 七寸이요 槨이 稱之케하여 自天子達於庶人하니 非直爲觀美也라 然後盡而人心이니라 不得이면 不可以爲悅이며 無財면 不可以爲悅이니 得之爲有財하얀 古之人이 皆用之하니 吾何爲獨不然이리오 且比化者하여 無使土親膚면 於人心에 獨無恔乎아 吾聞

•直: 다만 직
•比: 위하다는 뜻
•化者: 죽은 사람을 말함
•獨: 어찌 독
•恔: 유쾌할 교

그것에 맞추어 썼다。 천자로부터 서인에 이르기까지 단지 보기 좋게 하기 위해서만이 아니라 그렇게 한 뒤에야 사람으로서의 마음을 다하는 것이기 때문이다。 그렇게 할 수 없으면 마음에 흡족할 수 없고 또 재력이 없으면 마음에 흡족할 수 없는 것이다。 그렇게 할 수 있고、 그렇게 할 만한 재력이 있으면 옛 사람들이 다 그렇게 썼는데 내가 어찌 홀로 그렇게 하지 않겠느냐? 또 죽은 이를 위해서 흙이 살에 닿지 않게 하는 것이 사람의 마음에 좋지 않겠느냐? 내가 들으니 군자는 천하를 위해 부모상의 장례를 절약하지 않는다고 하였느니라。』

심동이 사사로이 물었다。『연나라

之也호니 君子는 不以天下儉其親이라하니라。

⑧ 沈同이 以其私問曰 燕可伐與잇가 孟子曰 可하니라 子噲不得與人燕이며 子之不得受燕於子噲니 有仕於此어든 而子悅之하여 不告於王而私與之吾子之祿爵이어든 夫士也도 亦無王命而私受之於子면 則可乎아 何以異於是리오 齊人이 伐燕이

●沈同：제나라 신하　●噲：목구멍 쾌

를 정벌해도 좋겠습니까?』 맹자께서 대답하셨다。『좋습니다。 자쾌도 남에게 연나라를 내줄 수 없었던 것이며、 자지도 자쾌에게서 연나라를 받을 수 없었던 것입니다。 여기 벼슬한 사람이 있는데、 당신이 그를 좋아하여 왕에게 고하지도 않고 사사로이 당신의 벼슬자리를 그 사람에게 주고、 그 사람 역시 왕의 명령 없이 사사로이 당신한테서 그것을 받는다면 옳겠습니까? 어찌 이것과 다르겠습니까?』 제나라 사람이 연나라를 정벌하자 어떤 사람이 물었다。『제나라 사람에게 연나라를 치도록 권하였다는데 그런 일이 있었습니까?』 맹자께서 말씀하셨다。『아닙니다。 심동이 「연나라

어늘 或(혹)이 問曰(문왈) 勸齊伐燕(권제벌연)이라하니 有(유)諸(저)잇가 曰(왈) 未也(미야)라 沈同(심동)이 問燕可伐(문연가벌)與(여)아하여늘 吾應之曰(오응지왈) 可(가)라하니 彼然而(피연이)伐之也(벌지야)로다 彼如曰(피여왈) 孰可以伐之(숙가이벌지)오하면 則將應之曰(즉장응지왈) 爲天吏則可以伐(위천리즉가이벌)之(지)라하리니 今有殺人者(금유살인자)어든 或問之曰(혹문지왈) 人可殺與(인가살여)아하면 則將應之曰(즉장응지왈) 可(가)라하고 彼如曰(피여왈) 孰可以殺之(숙가이살지)오하면 則將應(즉장응)之曰(지왈) 爲士師則可以殺之(위사사즉가이살지)라하리니 今(금)以燕伐燕(이연벌연)이어니 何爲勸之哉(하위권지재)리오。

를 정벌할 수 있습니까?」하고 묻기에 내가 「할 수 있습니다」라고 대답하였더니, 그가 그렇게 생각하고 정벌한 것입니다。 그가 만일 「누가 정벌할 수 있습니까?」하고 물었다면, 「하늘의 사자라면 칠 수 있을 것입니다」라고 대답했을 것입니다。 지금 살인자가 있는데 어떤 사람이 「사람을 죽일 수 있습니까?」라고 묻는다면, 「죽일 수 있습니다」라고 대답할 것입니다。 그가 만일 「누가 죽일 수 있습니까?」라고 묻는다면, 「사사(士師)라면 죽일 수 있을 것입니다」라고 대답할 것입니다。 지금 연나라로 연나라를 정벌한 것인데 무엇 때문에 그런 일을 권하였겠습니까?』

⑨ 燕人이 畔커늘 王曰 吾甚慙於孟子하노라 陳賈曰 王無患焉하소서 王이 自以爲與周公孰仁且智잇고 王曰 惡라 是何言也오 曰周公이 使管叔監殷이어시늘 管叔이 以殷畔하니 知而使之면 是不仁也요 不知而使之면 是不智也니 仁智를 周公도 未之盡也시곤 而況於王乎잇가 賈請見而解之하리이다 見孟子問曰 周公은 何人

연인 왕왈 오심참어맹 자 진가왈 왕무환언 왕 자이위여주공숙인차지 왕왈 오 시하언야 왈주공 사관숙 감은 관숙 이은반 지이 사지 시불인야 부지이사지 시부지야 인지 주공 미지진 야 이황어왕호 가청견이해 지 견맹자문왈 주공 하인

• 慙 : 부끄러울 참
• 陳賈 : 제나라 대부
• 管叔 : 무왕의 아우이며 주공의 형

연나라 사람들이 배반하자 왕이 말하였다. 『나는 맹자에게 매우 부끄럽소.』 진가가 말하였다. 『왕께서는 근심할 것 없습니다. 왕께서는 스스로 주공에 비해서 누가 더 인자하고 또 지혜롭다고 생각하십니까?』 왕이 말하였다. 『아, 그게 무슨 말이오?』 진가가 말하였다. 『주공이 관숙에게 은나라를 감독하게 하였는데, 관숙이 은나라 땅에서 반기를 들었습니다. 알고도 시켰다면 그는 인자하지 못한 것이고, 모르고 시켰다면 그는 지혜롭지 못한 것입니다. 인자함과 지혜로움은 주공도 충분하지 못했습니다. 하물며 왕께서 더 할 말이 있겠습니까? 제가 맹자를 뵙고 해명하겠

也시니잇고 曰 古聖人也시니라 曰 使管叔監殷이어시늘 管叔이 以殷畔也라하니 有諸잇가 曰 然하니라 曰 周公이 知其將畔而使之與잇가 曰 不知也시니라 然則聖人도 且有過與잇가 曰 周公은 弟也오 管叔은 兄也니 周公之過 不亦宜乎아 且古之君子는 過則改之러니 今之君子는 過則•順之로다 古之君子는 其過也如日月之食

•順 : 순할 순。 여기서는 밀고 나가다는 의미

습니다。』 진가가 맹자를 뵙고 물었다。『주공은 어떤 분입니까?』 맹자께서 대답하셨다。『옛날 성인입니다。』 진가가 물었다。『관숙에게 은나라를 감독하게 했는데、 관숙이 은나라 땅에서 반기를 들었다는데、 그런 일이 있었습니까?』 맹자께서 말씀하셨다。『있었습니다。』 진가가 말하였다。『주공은 그가 배반하리라는 것을 알고도 시켰습니까?』 맹자께서 말씀하셨다。『몰랐습니다。』 진가가 물었다。『그러면 성인도 그런 실수를 합니까?』 맹자께서 말씀하셨다。『주공은 동생이고 관숙은 형이니、 주공의 실수는 또한 마땅한 것이 아니겠소。 또 옛날의 군자는 허물이 있으면 고쳤는데、 오

하여 民皆見之(민개견지)라가 及其更也(급기경야)하여는 民(민)皆仰之(개앙지)러니 今之君子(금지군자)는 豈徒順之(기도순지)리오 又從而爲之辭(우종이위지사)로다。

⑩ 孟子致爲臣而歸(맹자치위신이귀)어시늘 王(왕)이 就見(취견)孟子曰(맹자왈) 前日(전일)에 願見而不可得(원견이불가득)이라가 得侍(득시)하여는 同朝甚喜(동조심희)하다소니 今又(금우)棄寡人而歸(기과인이귀)하시니 不識(불식)케이다 可以(가이)繼此而得見乎(계차이득견호)잇가 對曰不敢請耳(대왈불감청이)•언정 固所願也(고소원야)니이다 他日(타일)에 王謂時(왕위시)

• 時子: 제나라 신하

늘날의 군자는 허물이 있으면 그것을 밀고 나갑니다。옛날의 군자는 그 허물이 일식이나 월식과 같아서 백성들이 모두 그것을 볼 수 있었고、허물을 고치게 되면 백성들이 모두 우러러 보았는데、오늘날의 군자는 어찌 허물을 그대로 밀고 나갈 뿐 아니라 뒤따라 변명까지 합니다。』

맹자께서 신하 노릇하기를 그만두고 돌아가니、왕이 맹자에게 와서 만나보고 말하였다。『전날에는 만나 뵈려 해도 만날 수 없었는데、모시고 조정에 있을 수 있게 되어 대단히 기뻤습니다。지금 또 과인을 버리고 돌아가시니 차후에도 계속해서 만나 뵐 수 있을지 모르겠습니다。』맹자께서

子曰 我欲中國而授孟子室하고 養弟子以萬鍾하여 使諸大夫國人으로 皆有所矜式케하노니 子盍爲我言之오 時子因陳子而以告孟子어늘 陳子以時子之言告孟子한대 孟子曰 然이어니와 夫時子惡知其不可也리오 如使予欲富인댄 辭十萬而受萬이 是爲欲富乎아 季孫曰 異哉라 子叔疑여 使己爲政이라가 不用則亦已矣

•矜 : 공경할 긍 •式 : 본받을 식

말씀하셨다. 『감히 청할 수는 없지만 진실로 원하던 바입니다.』 다른 날에 왕이 시자에게 말하였다. 『나는 나라 가운데 맹자의 집을 마련해 주고 만 종의 녹을 지급하면서 제자를 기르게 하여 여러 대부와 국민들에게 다 맹자를 공경하고 본받을 수 있게 하려 하는데, 그대는 나를 위해 이야기해 주지 않겠는가?』 시자가 진자를 통해서 그 이야기를 맹자에게 고하게 하니, 진자가 시자의 말을 맹자에게 고했다. 맹자께서 말씀하셨다. 『그렇다, 시자가 어찌 내가 머무를 수 없는 것을 알겠느냐? 만일 내가 부유해지고 싶었다면 십만 종의 녹을 사양하고 만 종을 받는다면 이것이 부유해

어늘 又使其子弟爲卿하니 人亦孰不欲富貴리오마는 而獨於富貴之中에 有私龍斷焉이라하니라 古之爲市者는 以其所有로 易其所無者어든 有司者治之耳러니 有賤丈夫焉하니 必求龍斷而登之하여 以左右望而罔市利한대 人皆以爲賤이라 故從而征之하니 征商이 自此賤丈夫始矣니라。

•龍斷：언덕 롱。끊을 단。龍은 壟(언덕 롱)과 같음 •賤：천할 천

지려는 것이겠느냐? 계손이 말하기를「이상하다、자숙의여! 자기가 정치를 하다가 받아들여지지 않으면 그만둘 것이지 또 그 자제에게 경을 시키다니、사람들이 누구나 부귀를 바라지 않겠는가마는 홀로 부귀 안에서 사사로이 유리한 지점을 차지하고 있다。」고 하였다。옛날의 시장 거래는 있는 것을 가지고 없는 것을 바꾸는 것으로、유사(有司)는 그것을 다스릴 뿐이었다。그런데 한 천한 사나이가 있어 반드시 유리한 지점을 찾아 올라가서 좌우를 바라보며 시장의 이익을 그물질하니、사람들이 모두 그를 천하게 여겼다。그래서 그런 행위에 따라 세금을 징수하였으니、상인에게

⑪ 孟子去齊(맹자거제)하시고 宿於晝(숙어주)러시니 有欲爲王留行者(유욕위왕류행자) 坐而言(좌이언)이어늘 不應(불응)하시고 隱几而臥(은궤이와)하신대 客(객)이 不悅曰(불열왈) 弟子齊宿而後敢言(제자재숙이후감언)이라니 夫子臥而不聽(부자와이불청)하시니 請勿復敢見矣(청물부감견의)로소이다 曰(왈) 坐(좌)하라 我明語子(아명어자)하리라 昔者魯繆公(석자노목공)이 無人乎子思之側(무인호자사지측)이면 則不能安子思(즉불능안자사)하시고 泄柳申詳(설류신상)이 無人乎繆公(무인호목공)

•晝 : 제나라 서남쪽에 있는 고을
•隱 : 숨을 은。 여기서는 의지하다는 뜻
•魯繆公 : 노나라 목공。 시호로「繆」을 쓸 때는「穆」의 뜻
•泄柳 : 노나라 사람
•申詳 : 자장의 아들

세금을 징수한 것이 이 천한 사나이로부터 시작되었던 것이다。』

맹자께서 제나라를 떠나면서 주읍에 유숙하였다。왕을 위해 맹자가 떠나는 것을 만류하려는 사람이 앉아서 말하였으나 대꾸하지 않으시고 팔걸이에 기대어 누우셨다。객이 기뻐하지 않으며 말하였다。『소생은 목욕재계하고 하루를 묵은 뒤에 감히 말씀드리는데 선생님은 누워서 듣지 아니하시니 다시는 감히 뵙지 않겠습니다。』맹자께서 말씀하셨다。『앉으시오。내 그대에게 분명히 말하리라。옛날에 노나라 목공은 자사 곁에 사람이 없으면 자사를 편안하게 여기지 못했고、설류와 신상은 목공 곁에 사

之側이면 則不能安其身이러니라 子爲長者慮而不及子思하니 子絕長者乎아 長者絕子乎아。

⑫ 孟子去齊어시늘 尹士語人曰 不識王之不可以爲湯武면 則是不明也요 識其不可요 然且至면 則是干澤也며 千里而見王이라가 不遇故去하되 三宿而後出晝하니 是何濡滯也

●長者：맹자 자신을 말함
●尹士：제나라 사람
●干：구할 간
●濡滯：젖을 유。막힐 체。濡滯는 지체하는 것을 말함

람이 없으면 그들 자신이 편안하지 못했소。그대가 어른을 위해 염려하되 자사에게 미치지 못하니、그대가 나를 거절하는 것이오? 어른이 그대를 거절하는 것이오?』

맹자가 제나라를 떠날 때、윤사가 사람들에게 말하였다。『왕이 탕왕이나 무왕처럼 될 수 없다는 것을 몰랐다면 이는 현명하지 못한 것이고、될 수 없다는 것을 알면서도 왔다면 이는 은택을 구하려는 것이다。천리 길을 와서 왕을 만났다가 뜻이 맞지 않아서 떠나되 사흘씩이나 묵은 뒤에 주읍을 떠나니 어찌 그리 머뭇거리는가? 나는 이것이 마음에 들지 않는다。』고자가 이 말을 맹자께 고하

요

士則玆不悅(사즉자불열)하노라 高子以告(고자이고)한대

曰(왈) 夫尹士惡知予哉(부윤사오지여재)리오 千里而見(천리이견)

王(왕)은 是予所欲也(시여소욕야)어니와 不遇故去(불우고거)가

豈予所欲哉(기여소욕재)리오 予不得已也(여부득이야)니라 予(여)

三宿而出晝(삼숙이출주)하되 於予心(어여심)에 猶以爲(유이위)

速(속)하노니 王庶幾改之(왕서기개지)시리니 王如改(왕여개)

諸(저)시면 則必反予(즉필반여)시리라 夫出晝而王(부출주이왕)

不予追也(불여추야)실새 予然後浩然有歸志(여연후호연유귀지)

하니 予雖然豈舍王哉(여수연기사왕재)리오 王由足用(왕유족용)

• 高子：제나라 사람
• 遇：만날 우
• 浩然：물이 흘러 멈추지 않는 모양

니 맹자께서 말씀하셨다。『윤사가 어찌 나를 알겠는가? 천리 길을 가서 왕을 만난 것은 내가 원해서 한 것이지만、뜻이 맞지 않아 떠나가는 것이 어찌 내가 원하는 것이겠는가? 나도 부득이해서 그런 것이다。내가 사흘을 묵고 주읍을 떠나지만 내 마음에는 그래도 빠르게 여긴다。왕이 혹시 마음을 고치기를 바라니、왕이 만일 마음을 고친다면 반드시 나를 되돌아오게 할 것이다。주읍을 떠나는데 왕이 나를 쫓아오지 않으니 나도 그때서야 거리낌 없이 돌아갈 뜻을 갖게 되었다。내가 비록 그러나 어찌 왕을 버리겠는가? 왕은 그래도 착한 정치를 할 만하니、왕이 만일 나를 쓴다면

爲善이시리니 王如用予면 則豈徒齊民安이리오 天下之民이 擧安하리니 王庶幾改之를 予日望之하노라 予豈若是小丈夫然哉라 諫於其君而不受어든 則怒하여 悻悻然見於其面하고 去則窮日之力而後宿哉리오 尹士聞之曰 士誠小人也로다。

⑬ 孟子去齊에 充虞路問曰 夫子若有不豫色然하시이다 前日에 虞聞

•悻悻 : 성낼 행。悻悻은 성내는 뜻 •豫 : 기뻐할 예

어찌 제나라 백성들만 편안해지겠는가? 천하의 백성들이 모두 편안해질 것이니, 왕이 혹시 마음을 고치기를 나는 날마다 바라노라。내 어찌 그러한 소장부처럼 임금에게 간해서 받아들여지지 않으면 노하여 노기를 얼굴에 나타내고, 떠나게 되면 해가 질 때까지 힘을 다해 간 뒤에 묵겠는가?』 윤사가 이 말을 듣고 말하였다。『나는 참으로 소인이로다。』

맹자께서 제나라를 떠날 때 충우가 도중에서 물었다。『선생님께서는 유쾌하지 못한 것 같습니다。지난 날 제가 선생님께 들으니,「군자는 하늘을 원망하지 않고, 사람을 허물하지 않는다」고 하셨습니다。』맹자께서 말씀

諸夫子하니 曰 君子는 不怨天하며 不尤人이라하더시이다 曰 彼一時며 此一時也니라 五百年에 必有王者興이어시든 其間에 必有名世者니라 由周而來로 七百有餘世矣니 以其數則過矣며 以其時考之則可矣니라 夫天이 未欲平治天下也샷다 如欲平治天下인댄 當今之世하여 舍我其誰也리오 吾何爲不豫哉리오。

⑭ 孟子去齊居休러시니 公孫丑問

하셨다。『그때는 그 때고 지금은 지금이다。오백 년마다 반드시 왕이 일어났으니、그 사이에 반드시 세상에 이름을 떨치는 사람이 있다。주나라 이래로 칠백여 년이 되었으니、햇수로 보면 이미 지났고 시기로 살펴보면 일어날 때가 되었다。저 하늘이 아직 천하가 태평하게 다스려지기를 바라지 않기 때문이다。만일 천하가 태평하게 다스려지기를 바란다면 지금 세상에서 나를 버리고 그 누가 있겠는가? 내 어찌 유쾌하지 않겠는가?』

맹자께서 제나라를 떠나 휴 땅에 머물렀는데、공손추가 물었다。『벼슬하면서 녹을 받지 않는 것이 옛날의 도리입니까?』맹자께서 말씀하셨다。

曰仕而不受祿이 古之道乎잇가 曰非也라 於崇에 吾得見王하고 退而有去志하니 不欲變이라 故不受也호라 繼而有師命이라 不可以請이언정 久於齊非我志也니라。

『아니다。숭에서 내가 왕을 만났는데 물러나오면서 떠날 생각이었다。그 생각을 바꾸고 싶지 않았기 때문에 녹을 받지 않은 것이다。뒤 이어 군사를 일으키라는 명령이 내려졌다。그래서 떠나겠다고 청할 수 없었을 뿐이지 제나라에 오래 있었던 것은 내 뜻이 아니었다。』

滕文公章句上

① 滕文公이 爲世子에 將之楚하실새

등문공이 세자가 되어 장차 초나라로 가는 길에 송나라에 들러 맹자를 만났다。맹자께서 사람의 본성이 착

• 崇 : 지명

• 師 : 군대사

過宋而見孟子(과송이견맹자)하신대 孟子道性善(맹자도성선)하샤대 言必稱堯舜(언필칭요순)이러시다 世子自楚反(세자자초반)하샤 復見孟子(부견맹자)하신대 孟子曰(맹자왈) 世子疑吾言乎(세자의오언호)잇가 夫道(부도)는 一而已矣(일이이의)니이다 成覸(성간)이 謂齊景公曰(위제경공왈) 彼丈夫也(피장부야)며 我丈夫也(아장부야)니 吾何畏彼哉(오하외피재)리오하며 顔淵曰(안연왈) 舜何人也(순하인야)며 予何人也(여하인야)요 有爲者亦若是(유위자역약시)라하며 公明儀曰(공명의왈) 文王(문왕)이 我師也(아사야)라하시니 周公(주공)이 豈欺我哉(기기아재)시

● 道 : 말할 도
● 覸 : 엿볼 한, 섞일 간

하다는 말을 하면서, 말끝마다 반드시 요임금과 순임금을 일컬었다。세자가 초나라에서 돌아오면서 다시 맹자를 만났는데 맹자께서 말씀하셨다。『세자께서는 내 말을 의심하십니까? 도는 하나일 뿐입니다。성간이 제경공에게「그도 장부이고 나도 장부인데 내 어찌 그를 두려워하겠는가?」하고 말했으며、안연은「순임금은 어떤 사람이고 나는 어떤 사람인가? 하려는 의욕이 있는 사람이면 역시 이와 같다」고 말했으며、공명의는「문왕은 내 스승이라고 말한 주공이 어찌 나를 속이겠는가?」하고 말하였습니다。지금 등나라는 긴 데를 끊어 짧은 데를 보충하면 사방 50리 밖

리오하니이다 今滕이 絕長補短하면 將五十里也라 猶可以爲善國이니 書曰 若藥不瞑眩이면 厥疾不瘳라하니이다。

② 滕定公이 薨커시늘 世子謂然友曰 昔者孟子嘗與我言於宋이어시늘 放心終不忘이라니 今也不幸하여 至於大故하니 吾欲使子問於孟子하

● 瞑：어두울 명
● 眩：아찔할 현
● 瘳：나을 추
● 薨：죽을 훙
● 然友：세자의 스승

에 되지 않으나 그래도 좋은 나라를 만들 수 있습니다。『서경』에 이르기를 「만약에 약이 현기증이 날 정도가 되지 않으면 그 병은 낫지 않는다」라고 하였습니다。』

등나라 정공이 죽자 세자가 연우에게 말하였다。『전에 맹자가 나와 함께 송나라에서 이야기한 일이 있었는데、마음에 끝내 잊혀지지 않는다。지금 불행히 큰 변고를 당하게 되었는데、내가 그대로 하여금 맹자께 물어본 뒤에 장례 일을 치르고 싶다。』연우가 추나라에 가서 맹자께 물으니、맹자께서 말씀하셨다。『또한 좋은 일이 아니겠는가? 친상에는 본래 자기의 마음을 다하는 것이다。증자께서 「부모

여 然後行事하노라 然友之鄒하여 問於孟子한대 孟子曰 不亦善乎아 親喪은 固所自盡也니 曾子曰 生事之以禮하고 事葬之以禮하고 祭之以禮면 可謂孝矣라하시니 諸侯之禮는 吾未之學也어니와 雖然吾嘗聞之矣로니 三年之喪과 齊疏之服과 飦粥之食은 自天子達於庶人하여 三代共之하니라 然友反命이어늘 定爲三年

• 飦 : 죽 전

님이 살아계실 때는 예로써 섬기고、돌아가시면 예로써 장사지내고、예로써 제사지내면 효라 할 수 있다」고 말씀하셨다。제후의 예는 내가 아직 배우지 못했지만 전에 들은 말이 있는데 3년 상에 거친 상복을 입고 죽을 먹는 것은、천자에서 서인까지 3대가 공통이었다。』연우가 복명하여 3년 상을 정하자、부형과 백관이 모두 하지 않으려 하면서 말하였다。『우리 종주국인 노나라의 선군들도 그것을 행하지 않았고、우리 선군들도 역시 그것을 행하지 않았는데、그대의 몸에 이르러 뒤집는다는 것은 옳지 않습니다。또 기록에도 「상례와 제례는 선조를 따르라」고 하였으니 이것은

之喪하신대 父兄百官이 皆不欲曰 吾宗國魯先君도 莫之行하시며 吾先君도 亦莫之行也어시늘 至於子之身而反之 不可하이다 且志曰 喪祭는 從先祖라하니 曰 吾有所受之也니이다 謂然友曰 吾他日에 未嘗學問하고 好馳馬試劍이라니 今也父兄百官이 不我足也하니 恐其不能盡於大事하노니 子爲我問孟子하라 然友復

●志 : 기록할 지 ●馳 : 달릴 치

우리들이 전수받은 바가 있기 때문입니다。』 연우에게 말하였다。『내가 전날에 학문을 하지 않고 말달리고 칼쓰기를 좋아했기 때문에 지금에 와서 부형과 백관들이 나를 부족하게 생각하니 대사를 그르칠까 두렵다。그대는 나를 위해 맹자께 물어보라。』 연우가 다시 추나라에 가서 맹자에게 물으니、맹자께서 말씀하셨다。『그렇겠다。달리 방법을 구할 수는 없다。공자께서 말씀하시기를「임금이 돌아가시면 국정을 총재에게 듣는다。죽을 먹고 얼굴은 까맣게 되어 자리에 나아가 곡을 하면、백관과 유사들이 감히 슬퍼하지 않을 수 없는데、이것은 솔선수범하기 때문이다。위에서 좋아

之鄒하여 問孟子한대 孟子曰 然하다 不可以他求者也니 孔子曰 君薨커시든 聽於冢宰하고 歠粥하며 面深墨하여 卽位而哭이어든 百官有司莫敢不哀는 先之也니 上有好者면 下必有甚焉者矣니 君子之德은 風也요 小人之德은 草也니 草上之風이면 必偃이라하시니 是在世子하니라 然友反

• 冢宰 : 총재는 육경(六卿)의 장
• 歠 : 마실 철
• 卽 : 나아갈 즉
• 偃 : 쓰러질 언

하는 것이 있으면 아래서는 반드시 그보다 더 심한 것이 있다. 군자의 덕은 바람이고 소인의 덕은 풀이니, 풀 위에 바람이 불어오면 반드시 쓰러지는 것이다」하셨으니, 이것은 세자가 하기에 달려 있다.』 연우가 복명하니, 세자가 말하였다. 『그렇다. 이것은 정말로 나에게 달려 있다.』 그리고 5개월을 여막에서 거처하면서 명령이나 경계를 내리지 않았다. 그러자 백관과 친족들이 모두 예를 안다고 말하였다. 장사 때에 이르러서는 사방에서 와서 보았는데, 슬퍼하는 안색과 애통해하는 곡소리에 조문하는 사람들이 크게 기뻐하였다.

命한대 世子曰 然타 是誠在我라하시고 (명 세자왈 연 시성재아)
五月居廬하여 未有命戒어시늘 百官族人이 可謂曰 知라하며 及至葬에 四方이 來觀之러니 顏色之戚과 哭泣之哀에 弔者大悅하더라。 (오월거려 미유명계 백관족인 가위왈지 급지장 사방 내관지 안색지척 곡읍지애 조자대열)

③ 滕文公이 問爲國하신대 孟子曰 民事를 不可緩也니 詩云 晝爾于茅하고 宵爾索綯하여 亟其乘屋이오사 其 (등문공 문위국 맹자왈 민사 불가완야 시운 주이우모 소이삭도 극기승옥 기)

● 廬 : 오두막집 려
● 葬 : 장사지낼 장
● 于 : 갈 우。나가 취한다는 의미
● 緩 : 느릴 완
● 宵 : 밤 소
● 綯 : 새끼꼴 도
● 亟 : 빠를 극

등나라 문공이 나라를 다스리는 방법을 물으니, 맹자께서 말씀하셨다。『백성들의 일은 늦출 수가 없습니다。『시경』에 이르기를 「낮에는 나가 띠풀을 베어 오고, 밤에는 새끼를 꼬아서 빨리 그 지붕에 올라가 지붕을 이어야 그런 다음에 온갖 곡식을 뿌릴 수 있다」고 하였습니다。백성들이 사는 방법은 일정한 생업이 있는 사람은 일정한 마음을 지니는데, 일정한 생업이 없는 사람은 일정한 마음도 없습니다。만약 일정한 마음이 없으면 방탕·편벽·사악함·사치 등 못하는 짓이 없을 것입니다。죄를 저지른 다음에 쫓아가서 벌을 준다면 이것은 백성을 속이는 것이니, 어찌 인자한

始播百穀이라하니이다 民之爲道也有恒産者는 有恒心하고 無恒産者는無恒心이니 苟無恒心이면 放辟邪侈를 無不爲已리니 及陷乎罪하여 然後從而刑之면 是罔民也니 焉有仁人在位하여 罔民而可爲也리오 是故賢君은 必恭儉하여 禮下하며 取於民有制니이다 陽虎曰 爲富不仁矣요 爲仁不富矣라하니이다 夏后氏는 五十

• 播 : 뿌릴 파

• 陽虎 : 양화(陽貨)이니 노나라 계씨의 가신

사람이 지위에 있으면서 백성을 속이는 일을 할 수 있겠습니까? 그러므로 현명한 군주는 반드시 공손하고 검소하여 아랫사람을 예로 대하고, 백성들에게서 취하는 데도 제한이 있는 것입니다. 양호가 말하기를 「부자가 되려고 하면 어질지 못하고, 인을 행하면 부자가 되지 못한다」고 하였습니다. 하후씨는 50무로 공법을 실시하였고, 은나라 사람은 70무로 조법을 실시하였으며, 주나라 사람은 백 무로 철법을 실시하였는데, 실은 모두 10분의 1을 조세로 받는 제도입니다. 철이라는 것은 평균한다는 뜻이요, 조는 빌린다는 뜻입니다. 용자가 말하기를 「농지를 다스리는 것

而貢하고 殷人은 七十而助하고 周人은 百畝而徹하니 其實은 皆什一也니 徹者는 徹也요 助者는 藉也니이다 龍子曰 治地는 莫善於助요 莫不善於貢이니 貢者는 校數歲之中하여 以爲常이라하니 樂歲에 粒米狼戾하니 多取之而不爲虐이라도 則寡取之하고 凶年에 糞其田而不足이라도 則必取盈

• 徹: 통할 철
• 藉: 빌릴 자
• 龍子: 옛날의 현인
• 校: 비교할 교
• 狼戾: 낭자(狼籍)와 같음. 많다는 뜻
• 糞: 똥 분

은 조법보다 더 좋은 것이 없고, 공법보다 더 나쁜 것이 없다. 공법이란 수년 동안의 소출을 비교하여 일정한 세액을 정하는 것이다. 풍년에는 곡식이 풍부하여 많이 받아가도 포악한 것이 되지 않는데도 적게 받아가고, 흉년에는 그 밭에 거름을 하기에도 부족한데 반드시 다 받아간다. 백성의 부모가 되어서 백성들이 원망하듯이 바라보아 일년 내내 애써 농사지어서 그들의 부모조차 봉양할 수 없게 만들고, 또 모자라는 세액을 빌려준 것으로 계산해서 이자를 늘여나감으로써 늙은이나 어린것들을 구렁텅이에서 뒹굴게 한다면, 어찌 백성의 부모가 될 수 있겠는가?」라고 하

焉하나니 爲民父母하여 使民盻盻然將終歲勤動이라도 不得以養其父母요 又稱貸而益之하여 使老稚轉乎丘壑이면 惡在其爲民父母也리잇고 夫世祿은 滕固行之矣니이다 詩云 雨我公田하여 遂及我私라하니 惟助爲有公田이니 由此觀之컨댄 雖周亦助也니이다 設爲庠序學校以教之하

• 盻盻 : 흘겨볼 혜. 盻盻는 원망스럽게 보는 것
• 貸 : 빌릴 대
• 稚 : 어릴 치
• 庠 : 학교 상

였습니다. 대대로 봉록을 주는 것은 등나라가 본래부터 실시해 오던 것입니다. 『시경』에 이르기를, 「우리 공전에 비가 내려 마침내 우리 사전에도 미친다!」고 하였으니, 오직 조법에만 공전이 있는 것입니다. 이로 보건대 주나라도 역시 조법을 쓴 것입니다. 그리고 상·서·학·교를 설립하여 가르쳤으니 상은 봉양한다는 뜻이고, 교는 가르친다는 뜻이요, 서는 활을 쏜다는 뜻입니다. 하나라에서는 교라 하였고, 은나라에서는 서라 하였고, 주나라에서는 상이라 하였고, 학은 삼대가 다 같은 칭호를 사용하였으니, 모두 인륜을 밝히는 것입니다. 인륜이 위에서 밝아지면, 백성들

니 庠者는 養也요 校者는 教也요 序者는 射也니 夏曰教요 殷曰序요 周曰庠이요 學則三代共之하니 皆所以明人倫也니 人倫明於上이면 小民親於下니이다 有王者起면 必來取法하리니 是爲王者師也니이다。

詩云 周雖舊邦이나 其命維新이라하니 文王之謂也니 子力行之하시면 亦以新子之國하리이다 使畢戰問井地

• 子 : 문공을 말함

• 畢戰 : 등나라 신하

은 밑에서 친하게 됩니다。 왕자가 일어나면 반드시 와서 본받게 될 것이니、이렇게 되면 왕자의 스승이 되는 셈입니다。

『시경』에 이르기를、「주나라가 비록 오래된 나라이지만、부여받은 천명은 오직 새롭다」고 하였으니、문왕을 두고 한 말입니다。그대가 힘써 행한다면 또한 그대의 나라를 새롭게 할 수 있을 것입니다。』등나라 문공이 필전으로 하여금 정전법을 물으니、맹자께서 말씀하셨다。『그대의 군주가 장차 어진 정치를 행하려고 선택해서 그대를 보냈으니、그대는 반드시 노력해야겠소。어진 정치는 반드시 경계를 다스리는 데서부터 시작되는 것

하신대 孟子曰 子之君이 將行仁政하샤 選擇而使子로소니 子必勉之이다 夫仁政은 必自經界始니 經界不正하면 井地不均하며 穀祿不平하리니 是故暴君汚吏는 必慢其經界하나니 經界旣正이면 分田制祿을 可坐而定也니라 夫滕이 壤地褊小하나 將爲君子焉하며 將爲野人焉이니 無君子면 莫治野人이오 無野人이면 莫養

•勉: 힘쓸 면 •汚: 더러울 오 •壤: 흙 양 •褊: 좁을 편

이니、경계를 다스리는 일이 바르지 않으면 정지(井地)가 고르지 못하며 곡록도 공평하지 못하게 된다。그러므로 폭군과 나쁜 관리는 반드시 경계를 다스리는 일을 소홀히 한다。경계를 다스리는 일이 바르면 토지의 분배와 복록을 분배하는 일은 가만히 앉아서도 정할 수 있다。등나라는 국토가 좁고 작지만 장차 군자가 될 사람도 있고 장차 야인이 될 사람도 있다。군자가 없으면 야인을 다스리지 못하고、야인이 없으면 군자를 먹여 살릴 수가 없다。청컨대 교외의 농지에서는 9분의 1을 받는 조법을 실시하고、근교에서는 10분의 1의 조세를 제정하여 스스로 납부하게 하

君子니라 請野九一而助하고 國中什一하여 使自賦케하고 卿以下는 必有圭田이니 圭田은 五十畝니라 餘夫는 二十五畝니라 死徙無出鄕하며 鄕田同井이 出入相友하며 守望相助하며 疾病相扶持하면 則百姓이 親睦하나니라 方里而井이니 井九百畝니 其中이 爲公田이니 八家皆私百畝하여 同養公田하여 公事畢然後敢治私事

●賦 : 조세 부
●睦 : 화목할 목
●畢 : 마칠 필

라。경 이하는 반드시 규전을 주는데、규전은 50무이다。여부는 25무씩을 준다。이렇게 하면 죽어 장사지내고 이사하는데 고을을 떠날 일이 없으니、고을 토지에서 정전을 함께 하는 사람들이 드나드는데 서로 벗이 되고、마을을 지키고 망을 볼 때도 서로 돕고、질병이 들었을 때도 서로 의지하면、백성들이 서로 친밀해지고 화목해질 것이다。사방 1리가 한 정전이 되니、한 정전은 900무요、그 가운데가 공전이 된다。여덟 집이 다들 백 무씩 사유하여 함께 공전을 가꾸어、공전의 일을 끝낸 뒤에 감히 사전의 일을 하는데、이는 군자와 야인을 구별하기 위한 것이다。이것이 그

하나니 所以別野人也니라 此其大略也니 若夫潤澤之는 則在君與子矣니라。

④ 有爲神農之言者許行이 自楚之滕하여 踵門而告文公曰 遠方之人이 聞君行仁政하고 願受一廛而爲氓하노이다 文公이 與之處하시니 其徒數十人이 皆衣褐하고 捆屨織席하여

●踵：발뒤꿈치 종
●廛：가게 전。집터
●氓：백성 맹
●與：줄 여
●褐：털옷 갈
●捆：두드릴 곤。묶을 곤
●屨：신 구

대략이니 이것을 윤택하게 하는 일은 군주와 그대에게 달려있다。』

신농씨의 말을 하는 허행이 초나라에서 등나라로 가서 대궐 문에 이르러 문공에게 아뢰었다。『먼 곳에 사는 사람으로서 군주께서 어진 정치를 행하신다는 말을 들었습니다。집을 한 채 얻어 이 나라의 백성이 되기를 원합니다。』문공이 그에게 거처할 집을 주었다。그의 무리 수십 명이 모두 거친 털로 짠 옷을 입고、짚신을 삼고 돗자리를 짜서 먹고살았다。진량의 문도 진상이 그의 아우 신과 함께 쟁기와 보습을 짊어지고 송나라에서 등나라로 가서 말하였다。『군주께서 성인의 정치를 행한다는 말을 들었습

以爲食하더라 陳良之徒陳相이 與其弟辛으로 負耒耜而自宋之滕曰聞君行聖人之政하니 是亦聖人也니 願爲聖人氓하노니다 陳相이 見許行而大悅하여 盡棄其學而學焉이러니 陳相이 見孟子하여 道許行之言曰 滕君은 則誠賢君也어니와 雖然未聞道也러라 賢者는 與民竝耕而食하며

●陳良 : 초(楚)나라의 유자(儒者)
●耒 : 쟁기 뢰
●耜 : 보습 사

니다。 그런 분 또한 성인이시니 성인의 백성이 되고 싶습니다。』 진상이 허행을 만나보고 매우 기뻐하면서、 자기가 배운 학문을 모두 버리고 그에게 배웠다。 진상이 맹자를 만나 허행의 말을 하면서、『등나라 군주는 참으로 현명한 군주입니다。 비록 그렇지만 아직 도는 듣지 못했습니다。 현명한 이는 백성들과 함께 농사지어서 먹고、 아침저녁의 식사도 손수 지어먹으면서 나라를 다스립니다。 지금 등나라에는 양곡 창고와 재물 창고가 있습니다。 이것은 백성들을 괴롭힘으로써 자신을 부양하는 것이니、 어찌 현명하다고 할 수 있겠습니까?』하고 말하였다。 맹자께서 말씀

饔飧而治(옹손이치)어늘 今也滕有倉廩府庫(금야등유창름부고)하니 則是厲民而以自養也(즉시여민이이자양야)니 惡得賢(오득현)이리오하더이다 孟子曰 許子必種粟而後食乎(맹자왈 허자필종속이후식호)아 曰 然(왈 연)하이다 許子(허자)는 必織布而後衣乎(필직포이후의호)아 曰 否(왈 부)라 許子(허자)는 衣褐(의갈)이니이다 許子冠乎(허자관호)아 曰 冠(왈 관)이니이다 曰 奚冠(왈 해관)고 曰 冠素(왈 관소)니이다 曰 自織之與(왈 자직지여)아 曰 否(왈 부)라 以粟易之(이속역지)니이다 曰 許子奚爲不自織(왈 허자해위부자직)고 曰 害於耕(왈 해어경)이니이다 曰 許(왈 허)

●饔：아침밥 옹
●飧：저녁밥 손
●厲：괴로울 려
●褐：털옷 갈

하셨다. 『허자는 반드시 곡식을 심어서 먹는가?』 진상이 『그렇습니다』라고 하였다. 맹자께서 또 물었다. 『허자는 반드시 베를 짜서 옷을 만들어 입는가?』 진상이 『아닙니다. 허자는 털로 짠 누추한 옷을 입습니다』라고 하였다. 맹자께서 또 『허자는 관을 쓰는가?』라고 하자, 『관을 씁니다』라고 대답하였다. 맹자께서 『무슨 관을 쓰는가?』라고 묻자, 『흰 관입니다』라고 하였다. 맹자께서 『스스로 그것을 짜는가?』라고 하자, 진상이 『아닙니다. 곡식으로 바꿉니다』라고 하였다. 맹자께서 『허자는 왜 자기가 짜서 입지 않는가?』라고 하자, 『농사짓는데 방해가 되기 때문입니다』라고 하였다.

子以釜甑爨하며 以鐵耕乎아 曰然하이다 自爲之與아 曰否라 以粟易之니이다 以粟易械器者 不爲厲陶冶니 陶冶亦以其械器易粟者 豈爲厲農夫哉리오 且許子는 何不爲陶冶하여 舍皆取諸其宮中而用之하고 何爲紛紛然與百工交易고 何許子之

• 釜: 가마 부. 삶는 것을 말함
• 甑: 시루 증. 밥을 짓는 것을 말함
• 爨: 불땐 찬
• 鐵: 농기구 종류
• 械器: 도구 계. 그릇 기. 솥과 시루의 종류
• 厲: 괴롭힐 려
• 冶: 불릴 야

맹자께서 『허자는 솥과 시루로 밥을 짓고, 쟁기로 밭을 가는가?』라고 하자, 『그렇습니다』라고 하였고, 맹자께서 『자기가 만드는 것이오?』라고 하자, 『아닙니다. 곡식으로 바꿉니다』라고 하였다. 맹자께서 말씀하셨다. 『곡식과 기계를 바꾸는 것이 도공과 야공을 괴롭히는 것이 아닐진대, 도공과 야공 역시 솥이나 시루로 곡식을 바꾸는 것이 어찌 농부를 괴롭히는 것이 되겠는가. 그리고 허자는 왜 도공과 야공의 일을 해서 모든 것을 자기 집안에서 내다 쓰지 않고 무엇 때문에 귀찮게 장인들과 교역을 하는 거요? 왜 허자는 번거로운 일을 꺼리지 않는가?』 그러자 진상이 말하

不憚煩고 曰 百工之事를 固不可耕且爲也니이다。然則治天下는 獨可耕且爲與아 有大人之事하고 有小人之事하며 且一人之身而百工之所爲備하니 如必自爲而後用之인댄 是는 率天下而路也니 故曰 或勞心하며 或勞力하여 勞心者治人하고 勞力者治於人이니 治於人者食•人하고 治人者食於人

• 食 : 「먹이다」는 뜻으로 사용할 때는 「사」、「먹다」는 뜻으로 사용할 때는 「식」으로 발음함

였다。『여러 장인들의 일은 본래 농사 지으며 할 수 없는 것입니다。』

맹자께서 말씀하셨다。『그렇다면 천하를 다스리는 일은 농사를 지으면서 할 수 있다는 말인가? 대인이 할 일이 있고 소인이 할 일이 있다。또한 한 사람의 몸에 온갖 장인들이 만든 것이 다 갖추어져 있으니、만일 반드시 자기가 만들어서 쓴다면、이것은 온 천하 사람들을 끌어다가 노상에서 분주하게 오가게 만드는 것이다。그러므로 어떤 사람은 마음을 스고롭게 하며、어떤 사람은 힘을 수고롭게 하니、마음을 수고롭게 하는 사람은 남을 다스리고、힘을 수고롭게 하는 사람은 남에게 다스림을 받는다

이라하니 天下之通義也(천하지통의야)니라 當堯之時(당요지시)하여 天下猶未平(천하유미평)하여 洪水橫流(홍수횡류)하여 氾濫於天下(범람어천하)하며 草木暢茂(초목창무)하며 禽獸繁殖(금수번식)하고 五穀不登(오곡부등)하며 禽獸偪人(금수핍인)하여 獸蹄鳥跡之道(수제조적지도) 交於中國(교어중국)이어늘 堯獨憂之(요독우지)하사 擧舜而敷治焉(거순이부치언)하시니 舜使益掌火(순사익장화)하신대 益(익)이 烈山澤而焚(열산택이분)

- 氾濫 : 넘칠 범。퍼질 람
- 暢 : 펼 창
- 茂 : 우거질 무
- 登 : 익다、성숙하다는 뜻
- 偪 : 다가올 핍
- 蹄 : 굽 제
- 跡 : 자취 적
- 敷 : 펼 부
- 益 : 순임금의 신하

고 말하는 것이다。남에게 다스림을 받는 사람은 남을 먹여 주고、남을 다스리는 사람은 남한테 얻어먹는 것이 천하의 공통된 의리이다。요임금 때는 천하가 아직 태평하지 못하여 홍수가 마구 흘러내려 천하에 범람하고、초목이 울창하게 자라고、금수가 번식하였다。오곡은 익지 않고 금수가 사람에게 달려들고、짐승의 발자국과 새의 발자국이 난 길이 나라 한복판에 얽혀 있었다。요임금이 홀로 그것을 근심하여 순을 등용하여 다스리게 하였다。순이 익(益)으로 하여금 불을 맡아보게 하였는데、익이 산과 연못에 불을 질러 초목을 태워버리니 새와 짐승들이 도망쳐 숨어 버렸다。

之(지)하니 禽獸逃匿(금수도닉)이리라 禹疏九河(우소구하)하시며 瀹濟漯而注諸海(약제탑이주저해)하시며 決汝漢排淮泗而注之江(결여한배회사이주지강)하시니 然後中國(연후중국)이 可得而食也(가득이식야)니 當是時也(당시시야)하여 禹八年於外(우팔년어외)하샤 三過其門而不入(삼과기문이불입)하시니 雖欲耕(수욕경)인들 得乎(득호)아 后稷(후직)이 教民稼穡(교민가색)하여 樹藝五穀(수예오곡)하신대 五穀熟而民人育(오곡숙이민인육)

- 逃 : 달아날 도
- 匿 : 숨을 닉
- 疏 : 뚫을 소
- 瀹 : 다스릴 약。소통한다는 뜻
- 濟漯 : 濟와 漯은 모두 강 이름
- 汝漢淮泗 : 네 개 모두 강 이름
- 后稷 : 관직 이름
- 穡 : 거둘 색
- 藝 : 심을 예。번식한다는 뜻

우는 아홉 강물을 제대로 흐르게 하고, 제수와 탑수를 바다로 흐르게 했으며, 여수와 한수를 트고, 회수와 사수를 헤쳐내어 강으로 빠지게 하였다。그렇게 한 뒤에 중국이 먹고 살 수 있게 되었다。이때에 우는 8년을 밖에서 지내면서, 세 번이나 자기 집 문 앞을 지나가면서도 들어가지 못하였으니, 비록 농사를 짓고 싶어도 할 수가 있었겠는가? 후직은 백성들에게 농사일을 가르쳐 오곡을 심고 가꾸니, 오곡이 익어 백성들이 잘 길러지게 되었다。사람에게는 도리가 있는데, 배불리 먹고 따뜻하게 옷 입고, 편안하게 살기만 하고 가르침이 없으면 금수에 가까워진다。성인이 이를

하니 人之有道也(인지유도야)에 飽食煖衣(포식난의)하고 逸居而無敎(일거이무교)면 則近於禽獸(즉근어금수)일새 聖人有憂之(성인유우지)하샤 使契爲司徒(사설위사도)하여 敎以人倫(교이인륜)하시니 父子有親(부자유친)하며 君臣有義(군신유의)하며 夫婦有別(부부유별)하며 長幼有序(장유유서)하며 朋友有信(붕우유신)하니 放勳曰(방훈왈) 勞之來之(로지래지)하며 匡之直之(광지직지)하며 輔之翼之(보지익지)하여 使自得之(사자득지)하고 又從而振德之(우종이진덕지)라하시니 聖人之憂民(성인지우민)이 如此(여차)어시든 而暇耕乎(이가경호)아。

• 司徒：관직 이름
• 放勳：요임금의 호
• 翼：도울 익

근심하여 설에게 사도의 직책을 맡겨 인륜을 가르치게 하였으니, 부모와 자식 사이에는 친함이 있고, 임금과 신하 사이에는 의리가 있고, 남편과 아내 사이에는 분별이 있으며, 어른과 아이 사이에는 차례가 있고, 친구 사이에는 신의가 있는 것이다。요임금은「백성들을 위로해서 따라오게 만들고, 바로잡아 주어 곧게 만들고, 도와주고 북돋아 주어 그들 스스로 선한 본성을 얻게 하고, 다시 또 구원해 주고 은혜를 베풀어준다」고 말하였다。성인이 백성을 근심한 것이 이와 같은데 어느 겨를에 밭을 갈겠는가?

요는 순을 얻지 못할까 하는 것으

堯以不得舜爲己憂하시고 舜以不得禹皐陶爲己憂하시니 夫以百畝之不易爲己憂者는 農夫也니라 分人以財를 謂之惠요 敎人以善을 謂之忠이요 爲天下得人者를 謂之仁이니 是故以天下與人은 易하고 爲天下得人은 難어니라 孔子曰 大哉라 堯之爲君이여 惟天爲大어시늘 惟堯則之하시니 蕩蕩乎民無能名焉이로다

● 蕩蕩 : 쓸어버릴 탕. 광대한 모습 ● 則 : 법칙 칙

로 자기 걱정을 삼으셨고, 순은 우와 고요를 얻지 못할까 하는 것으로 자기 걱정을 삼으셨소. 백 무의 밭을 가꾸지 못하는 것을 가지고 자기의 걱정을 삼는 사람은 농부이다. 남에게 재물을 나누어 주는 것을 혜라 이르고, 남에게 선을 가르치는 것을 충이라 이르고, 천하를 위해 인재를 얻는 것을 인이라 이른다. 그러므로 천하를 남에게 주기는 쉽고, 천하를 위해 인재를 얻기란 어렵다. 공자께서 말씀하시기를 「위대하도다, 요임금의 임금됨이여. 오직 하늘이 위대한데 요임금이 그것을 본받으셨으니 덕이 넓고 커서 백성들이 형용할 수가 없도다. 임금답구나, 순임금이여. 덕이

君哉라 舜也여 巍巍乎有天下而不與焉이라하시니 堯舜之治天下 豈無所用心哉시리오 亦不用於耕耳시니라 吾聞用夏變夷者요 未聞變於夷者也케라 陳良은 楚產也니 悅周公仲尼之道하여 北學於中國한대 北方之學者 未能或之先也하니 彼所謂豪傑之士也어늘 子之兄弟事之數十年이라가 師死而遂倍之온여 昔者

• 巍巍：높을 외。높고 큰 모습

높고 커서 천하를 차지하고도 기뻐하지 않았도다」고 하셨으니、요순이 천하를 다스리는 데 어찌 그 마음을 쓰지 않았겠소마는、역시 밭가는 데에는 쓰지 않았다。나는 중국의 예교로 오랑캐의 풍속을 변화시켰다는 말은 들었어도、오랑캐의 풍속으로 중국의 예교가 변화되었다는 말은 듣지 못했다。진량은 초나라 출신으로 주공과 공자의 도를 즐겨、북방 중국에 가서 그 학문을 배웠는데 북방의 학자들이 그보다 앞서지 못했으니 그는 이른바 호걸지사라는 것이다。그대의 형제가 그를 수십 년 섬기다가 스승이 죽자 마침내 배반하는구나。옛날에 공자가 돌아가시자、3년 뒤에 제자들이 짐

孔子沒커시늘 三年之外에 門人이 治任將歸할새 入揖於子貢하고 相嚮而哭하여 皆失聲然後歸어늘 子貢은 反築室於場하여 獨居三年然後歸하니라 他日에 子夏子張子游 以有若似聖人이라하여 欲以所事孔子事之하여 彊曾子한대 曾子曰 不可하니 江漢以濯之며 秋陽以暴之라 皜皜乎不

●任：맡길 임. 여기서는 「짐」이라는 뜻
●嚮：향할 향
●濯：씻을 탁
●暴：쬘 폭
●皜皜：흴 호. 결백한 모습

을 꾸려 집으로 돌아갈 때에, 자공에게 들어가 인사하고 서로 마주보며 통곡하여 모두 목이 쉰 뒤에야 돌아갔다. 자공은 공자의 무덤에 돌아와 여막을 짓고 혼자서 3년을 더 지낸 뒤에 돌아갔다. 훗날에 자하·자장·자유는 유약이 성인을 닮았다고 해서 공자를 섬기던 것처럼 그를 섬기려고 하여 증자께 강요하였는데, 증자께서는 「안 된다. 공자의 덕은 마치 양자강이나 한수와 같은 맑고 풍부한 물에 씻어 가을의 뜨거운 햇볕에 바랜 것과 같이 결백하여서 그 이상 더할 수가 없다」라고 말씀하였다.

이제 남쪽 오랑캐의 왜가리같이 떠벌이는 사람의 말은 선왕의 도가 아

可尙已라하시니라。今也南蠻鴃舌之人이 非先王之道어늘 子倍子之師而學之하니 亦異於曾子矣로다 吾聞出於幽谷하여 遷于喬木者요 未聞下喬木而入於幽谷者케라 魯頌曰 戎狄是膺하니 荊舒是懲이라하니 周公은 方且膺之어시늘 子是之學하니 亦爲不善變矣로다 從

- 尙: 더할 상
- 鴃: 때까치 격
- 幽: 그윽할 유
- 喬: 높을 교
- 膺: 가슴 응。 여기서는 「공격하다」는 뜻

닌데, 당신이 그대는 그대의 스승을 배반하고 이를 배우니 또한 증자와 다르도다。 나는 깊은 계곡에서 나와서 높은 나무로 옮겨간다는 말은 들었어도 높은 나무에서 내려와 깊은 계곡으로 들어간다는 말은 듣지 못했다。『시경』「노송」에 「융적을 치니 초나라와 서나라가 다스려졌다」고 하였다。 주공이 바야흐로 이들을 치셨는데 그대는 이것을 배웠으니 또한 잘못 바꾼 것이다。』 진상이 말하였다。『허자의 도를 따르면 시장의 물가가 서로 일정하여 나라 안에 거짓이 없어서, 비록 오척 동자로 하여금 시장에 보내어도 그를 속이는 일이 없을 것입니다。 베와 비단은 길이가 같으면 값이

許子之道(허자지도)하면 則市賈不貳(즉시가불이)하며 國中(국중)無僞(무위)하여 雖使五尺之童適市(수사오척지동적시)라도 莫之或欺(막지혹기)하리니 布帛長短同(포백장단동)하면 則賈相若(즉가상약)하며 麻縷絲絮輕重同(마루사서경중동)하면 則賈相若(즉가상약)하며 五穀多寡同(오곡다과동)하면 則賈相若(즉가상약)하며 屨大小同(구대소동)하면 則賈相若(즉가상약)이리이다

曰(왈) 夫物之不齊(부물지부제)는 物之情也(물지정야)라 或相倍蓰(혹상배사)하며 或相什伯(혹상십백)하며 或相千萬(혹상천만)이어늘 子比而同之(자비이동지)하니 是(시)는 亂天下也(난천하야)

•懲: 혼날 징。 여기서는「다스리다」의 뜻 •絮: 솜 서 •蓰: 다섯 곱 사

서로 같고, 삼실과 명주실과 솜은 무게가 같으면 값이 같고, 오곡은 양이 같으면 값이 서로 같으며, 신은 크기가 같으면 값이 서로 같을 것입니다。』

맹자께서 말씀하셨다。『대체로 물건의 질이 같지 않은 것이 물건의 실정이니, 혹 서로 배가 되거나 다섯 배가 되고, 혹 서로 열 배나 백 배가 되고, 혹 서로 천 배나 만 배가 되는데, 당신은 양만 비교해 보고 값을 같게 하려 하니, 이것은 천하를 어지럽히는 것이다。 큰 신과 작은 신이 값이 같다면 사람들이 어찌 큰 신을 만들겠는가。 허자의 도를 따른다면 서로 끌고 다니면서 거짓을 하게 될 것이니, 어찌 국가를 다스릴 수 있겠소는가』

로다 巨屨小屨同賈면 人豈爲之哉리오 從許子之道하면 相率而爲僞者也니 惡能治國家리오。

⑤ 墨者夷之 因徐辟而求見孟子어늘 孟子曰 吾固願見이라니 今吾尙病이라 病愈어든 我且往見하리니 夷子不來하라 他日에 又求見孟子어늘 孟子曰 吾今則可以見矣어니와 不直則道不見하나니 我且直之하리라 吾

• 徐辟 : 맹자의 제자
• 愈 : 나을 유
• 見 : 드러날 현

묵자인 이지가 서벽을 통해 맹자를 만나고자 요청하자 맹자께서 말씀하셨다。『내가 진실로 만나고 싶었는데、지금은 병중에 있으니 병이 낫거든 내가 장차 가서 만나리라。그러니 이자는 올 것이 없다。』훗날에 또 맹자를 만나고자 요청하자 맹자께서 말씀하셨다。『내가 이제는 만나 볼 수 있는데 말을 바르게 하지 않으면 우리의 도가 나타나지 않을 것이니、내 또한 바르게 말하리라。내가 들으니 이자(夷子)는 묵가라고 하는데、묵자는 상을 치룰 때 검소함을 정도로 삼고 있다。이자는 그렇게 해서 천하의 풍속을 바꾸려고 하는데、어찌 옳지 않다고 해서 그들의 도를 존중하지 않

聞夷子는 墨者라하니 墨之治喪也는 以薄爲其道也어늘 夷子思以易天下하나니 豈以爲非是而不貴也리오마는 然而夷子 葬其親厚하니 則是는 以所賤事親也로다 徐子以告夷子한대 夷子曰 儒者之道에 古之人이 若保赤子•라하니 此言何謂也오 之則以爲愛無差等이오 施由親始라하노라 徐子以告孟子한대 孟子曰 夫夷子

• 若保赤子 : 서경에 나오는 말

겠는가? 그런데도 이자는 자기 어버이를 후하게 장사지냈으니, 이것은 천하게 여기는 것으로 어버이를 섬긴 셈이다.』 서자가 이 말을 이자에게 고하니 이자가 말하였다. 『유자의 도에, 「옛날 사람은 갓난아이 보살피듯이 한다」고 하는데, 이 말은 무엇을 말한 것입니까? 나는 그것이 사랑에 차등이 없으며, 사랑을 베푸는 데는 어버이로부터 시작한다는 뜻으로 생각한다.』 서자가 이 말을 맹자께 일러주니, 맹자께서 말씀하셨다. 『이자는 참으로 사람들이 자기 형의 아들을 사랑하는 것이 자기 이웃집 어린아이를 사랑하는 것과 같다고 한다는 말인가? 그 말은 따로 취하는 바가 있었

는 信以爲人之親其兄之子 爲若親其隣之赤子乎아 彼有取爾也니 赤子匍匐將入井이 非赤子之罪也니라 且天之生物也는 使之一本이어시늘 而夷子는 二本故也로다 蓋上世嘗有不葬其親者러니 其親死어든 則擧而委之於壑하고 他日過之할새 狐狸食之하며 蠅蚋姑嘬之어늘 其顙有

● 匍匐 : 길 포。길 복
● 委 : 버릴 위
● 蠅蚋 : 파리 승。파리 예
● 嘬 : 물 최

던 것이다。어린아이가 엄금엉금 기어서 우물에 빠지려고 하는 것은 어린아이의 잘못이 아니라고 말한 것이다。또한 하늘이 만물을 만들 때 근본은 한 가지였는데 이자는 근본을 두 가지로 생각하기 때문이다。상고시대에 일찍이 부모를 매장하지 않는 사람이 있었는데, 그 부모가 돌아가시자 시체를 들어다가 산골짜기에 버렸다。훗날 그곳을 지나다가 여우와 살쾡이가 뜯어먹고 파리와 모기가 빨아먹고 있는 것을 보고 이마에 진땀이 나서 곁눈질로만 볼 뿐 차마 바로 보지 못했다。진땀이 솟은 것은 다른 사람이 보기 때문이 아니라 자기 속마음이 면목에 나타난 것이다。그리하

泚하여 睨而不視하니 夫泚也는 非爲人泚라 中心達於面目이니 蓋歸하여 反虆梩而掩之하니 掩之誠是也인댄 則孝子仁人之掩其親이 亦必有道矣니라 徐子以告夷子한대 夷子憮然爲間曰命之矣셨다。

여 집으로 돌아와서 삼태기와 들것에 흙을 담아 덮어씌워 시신을 가렸다。시신을 가리는 것이 참으로 옳은 일이라면 효자와 어진 사람이 자기 부모를 가리는 데는 반드시 도리가 있을 것이다。』서자가 이 말을 이자에게 고하니、이자가 멍하니 한참 동안 있다가 말하였다。『맹자께서 나를 가르쳐 주셨도다。』

•泚：땀 날 차
•睨：흘겨볼 예
•反：돌이킬 반。여기서는 「덮는다」는 뜻
•虆梩：삼태기 라。삼태기 리(흙으로 만든 수레)
•是：옳을 시
•憮然：멍할 무。망연자실한 모양
•命：목숨 명。여기서는 「가르치다」의 뜻

滕文公章句下(등문공장구하)

① 陳代(진대)曰(왈) 不見諸侯(불견제후) 宜若小然(의약소연)하이다 今一見之(금일견지)면 大則以王(대즉이왕)이오 小則以覇(소즉이패)리니 且志曰(차지왈) 枉尺而直尋(왕척이직심)이라하니 宜若可爲也(의약가위야)로소이다 孟子曰(맹자왈) 昔(석)에 齊景公(제경공)이 田(전)에 招虞人以旌(초우인이정)한대 不至(부지)어늘 將殺之(장살지)러시니 志士(지사)는 不忘在(불망재)

- 陳代 : 맹자의 제자
- 尋 : 찾을 심。여덟자를 「심」이라고 함
- 直 : 펼 직
- 田 : 사냥할 전
- 虞人 : 동산을 지키는 관리

진대가 말하였다。『제후를 만나보지 않는 것은 아마도 작은 절개에 구애되는 것 같습니다。이제 한 번 만나보시면 크게는 왕도를 펼 수 있고、작게는 패업을 이룰 수 있을 것입니다。또 기록에도 「한 자를 굽혀 여덟 자를 편다。」고 하였으니 마땅히 해볼 만한 것 같습니다。』 맹자께서 말씀하셨다。『옛날에 제경공이 사냥을 나가서 깃발을 가지고 동산을 지키는 관리를 불렀는데 오지 않자 그를 죽이려 하였다。공자께서 「뜻있는 선비는 구렁텅이에 던져지는 것을 잊지 않고、용감한 선비는 목이 달아나는 것을 잊지 않는다。」하였으니、공자께서는 무엇

溝壑하고 勇士는 不忘喪其元이라하시니 孔子는 奚取焉고 取非其招不往也시니 如不待其招而往은 何哉리오 且夫枉尺而直尋者는 以利言也니 如以利則枉尋直尺而利라도 亦可爲與아 昔者趙簡子使王良與嬖奚乘한대 終日而不獲一禽하고 嬖奚反命曰 天下之賤工也라하여늘 或이 以告王良한대 良曰 請復之라하여 彊而

●元 : 으뜸 원。 여기서는「머리」라는 뜻
●趙簡子 : 진(晉)나라 대부
●王良 : 말을 잘 모는 사람

을 취하셨겠는가? 정당한 부름이 아니면 가지 않은 점을 취하신 것이다。 만일 정당하게 부르는 것을 기다리지 않고 간다면 어떻게 되겠는가? 또한 한 자를 굽혀서 여덟 자를 편다는 것은 이로움을 가지고 말한 것이니、만일 이로움을 가지고 말한다면 여덟 자를 굽혀서 한 자를 펴는 것도 이롭다면 역시 해야 하는가? 옛날에 조간자가 왕량으로 하여금 총애하는 신하 해와 더불어 수레를 타고 사냥을 하게 했는데、종일토록 한 마리의 짐승도 잡지 못했다。 그래서 해가 복명하기를「천하에 하찮은 수레꾼입니다」라고 하였다。 어떤 사람이 그 말을 왕량에게 고하니、왕량이 다시 한 번 수레를 몰게 해달라고 청했다。 억지로 청하여 겨우 승낙을 받았는데 하루아

後可어늘 一朝而獲十禽하니 嬖奚反命曰 天下之良工也러이다 簡子曰 我使掌與女乘이라하고 謂王良한대 良이 不可曰 吾爲之範我馳驅하니 終日不獲一하고 爲之詭遇하니 一朝而獲十하니 詩云 不失其馳어늘 舍矢如破라하니 我不貫與小人乘이로니 請辭하노이다 御者도 且羞與射者比하여 比而得禽獸 雖若丘陵이라도

•貫 : 꿸 관. 여기서는 「익히다」는 뜻 •比 : 서로 아부하는 무리

침에 열 마리의 짐승을 잡았다. 그러자 총애하는 신하인 해가 복명하기를 「천하에 훌륭한 수레꾼입니다.」라고 하였다. 간자가 「내가 왕량에게 너의 수레를 맡아서 몰게 하리라.」하고 왕량에게 그렇게 하도록 일렀다. 왕량은 응낙하지 않고 「제가 그를 위해 법도에 맞게 몰아주면 하루 종일 한 마리도 잡지 못하고, 그를 위해 속임수를 써서 새를 만나게 해주면 하루아침에 열 마리를 잡았습니다. 『시경』에 이르기를, 「마차를 모는 법도를 잃지 않으면 활을 쏘아 새를 맞혀 깨지듯이 명중한다고 하였습니다.」 저는 소인의 수레를 모는 것을 익히지 않았으니 사양하겠습니다.」하고 말하였다. 수레 모는 사람도 또한 활 쏘는 사람에게 아부하기를 부끄러워하여 아부해서

弗爲也하니 如枉道而從彼는 何也요 且子過矣로다 枉己者 未有能直人者也니라。

② 景春曰 公孫衍張儀는 豈不誠大丈夫哉리오 一怒而諸侯懼하고 安居而天下熄이니이다 孟子曰 是焉得爲大丈夫乎리오 子未學禮乎아 丈夫之冠也에는 父命之하고 女子之嫁也에도 母命之하나니 往送之門하여 戒之

• 熄 : 꺼질 식

• 嫁 : 시집갈 가

새와 짐승을 비록 산더미처럼 잡는다 하더라도 하지 않았는데, 만약 도를 굽혀 제후들을 따라간다면 어떻게 되겠는가? 또한 그대의 잘못이다。자기를 굽히는 사람이 남을 곧게 펴는 경우는 있을 수 없는 일이다。』

경춘이 말하였다。『공손연과 장의는 어찌 진정한 대장부가 아니겠습니까? 한 번 화를 내면 제후들이 두려워하고, 편안히 들어앉아 있으면 천하가 잠잠해집니다。』 맹자께서 말씀하셨다。『이 어찌 대장부라 할 수 있겠는가。당신은 예를 배우지 않았는가? 장부가 관례를 할 때는 아버지가 성인의 도리를 가르쳐 주고, 여자가 시집갈 때는 어머니가 시집가서의 도리를 가르쳐 주는 것이오。시집감에 문에서 전송할 때 훈계하기를,「남

曰(왈) 往之女家(왕지녀가)하여 必敬必戒(필경필계)하여 無違夫子(무위부자)라하니 以順爲正者(이순위정자)는 妾婦之道也(첩부지도야)니라 居天下之廣居(거천하지광거)하며 立天下之正位(입천하지정위)하며 行天下之大道(행천하지대도)하여 得志(득지)하얀 與民由之(여민유지)하고 不得志(부득지)하얀 獨行其道(독행기도)하여 富貴不能淫(부귀불능음)하며 貧賤不能移(빈천불능이)하며 威武不能屈(위무불능굴)이 此之謂大丈夫(차지위대장부)니라。

③ 周霄問曰(주소문왈) 古之君子仕乎(고지군자사호)잇가 孟(맹)

- 女家：남편의 집
- 夫子：남편을 말함
- 周霄：위(魏)나라 사람

편의 집에 가서 반드시 공경하고 조심하여 남편의 뜻을 어기지 말라。」고 하니、순종하는 것을 바른 도리로 삼는 것은 부녀자의 도리입니다。천하의 넓은 집에 살며、천하의 바른 자리에 서며、천하의 큰 도를 행하여 뜻을 얻으면 백성들과 함께 하고、뜻을 얻지 못하면 홀로 그 도를 행하여、부귀가 그 마음을 방탕하게 하지 못하고、빈천이 그의 절개를 변하게 하지 못하게 하며、위엄과 무력이 그의 지조를 꺾지 못하게 하는 것、이러한 사람을 일러 대장부라 말하는 것이오。』

주소가 『옛날 군자도 벼슬을 했습니까?』하고 물으니、맹자께서 말씀하셨다。『벼슬을 했소。전해 내려오는 글에、「공자는 석 달 동안 섬길 임금이 없으면 안타까워하여 국경을 나갈

子曰 仕니 傳曰 孔子三月無君하면 則皇皇如也하시며 出疆必載質라하고 公明儀曰 古之人이 三月無君則弔라하니라 三月無君則弔不以急乎잇가 曰 士之失位也 猶諸侯之失國家也니 禮曰 諸侯耕助하여 以供粢盛하며 夫人蠶繅하여 以爲衣服하나니 犧牲不成하며 粢盛不潔하며 衣服

• 皇皇 : 임금 황. 여기서는 추구하는 것이 있지만 얻지 못했다는 의미
• 質 : 폐백 지
• 粢 : 기장 자
• 蠶 : 누에 잠
• 繅 : 고치 켤 소

때는 반드시 폐백을 싣고 갔다」고 하였고, 공명의는 「옛 사람은 석 달 동안 섬길 임금이 없으면 위로해 준다」고 말하였소.』 주소가 물었다. 『석 달 동안 섬길 임금이 없으면 위로한다는 것은 너무 성급하지 않습니까?』 맹자께서 말씀하셨다. 『선비가 벼슬자리를 잃는 것은 제후가 국가를 잃는 것과 같소. 고례에 「제후가 경작을 하면 백성이 도와서 제사 음식을 제공하고, 부인은 누에를 치고 실을 뽑아서 의복을 만든다」고 하였으니 희생이 잘 자라지 않고, 제사 음식이 정결하지 않고, 의복이 갖추어지지 않으면 감히 제사를 지내지 못하고, 선비가 경작지가 없으면 또한 제사를 드리지 못하는 것이오. 희생과 그릇과 의복이 갖추어지지 않아서 감히 제사

不備면 不敢以祭하며 惟士無田이면 則亦不祭라하니 牲殺器皿衣服不備하여 不敢以祭면 則不敢以宴이니 亦不足弔乎아 出疆必載質는 何也잇고 曰 士之仕也 猶農夫之耕也니 農夫豈爲出疆하여 舍其耒耜哉리오 曰 晉國이 亦仕國也로되 未嘗聞仕 如此其急러이다 仕如此其急也로되 君子之難仕는 何也잇고 曰 丈夫生而願爲之有室하며 女子生而願爲之

를 드리지 못하면, 감히 제사 끝의 잔치도 베풀지 못할 것이니, 또한 위문할 만하지 않겠소?』 주소가 물었다. 『국경을 나갈 때 반드시 폐백을 싣고 간다는 것은 무엇 때문입니까?』 맹자께서 말씀하셨다. 『선비가 벼슬하는 것은 농부가 밭을 가는 것과 같소. 농부가 어찌 국경을 나가면서 쟁기와 보습을 버리겠소?』 주소가 말하였다. 『진나라도 벼슬살이를 할 만한 나라입니다만 벼슬살이가 그와 같이 다급한 일이라고는 들어보지 못했습니다. 벼슬살이가 그와 같이 다급한 일이라면 군자가 벼슬살이를 어렵게 여기는 것은 무엇 때문입니까?』 맹자께서 말씀하셨다. 『사나이가 태어나면 그를 위해 좋은 아내가 생기기를 바라며, 여자가 태어나면 그를 위해 좋은

有家는 父母之心에 人皆有之어니와 不待父母之命媒妁之言하여 鑽穴隙相窺하며 踰牆相從하면 則父母國人이 皆賤之하리니 古之人이 未嘗不欲仕也언마는 又惡不由其道하니 不由其道而往者는 與鑽穴隙之類也니라。

④ 彭更이 問曰 後車數十乘과 從者

- ●媒妁 : 중매 매。중매 작
- ●鑽 : 뚫을 찬
- ●隙 : 틈 극
- ●窺 : 엿볼 규
- ●踰 : 넘을 유
- ●彭更 : 맹자의 제자

남편이 생기기를 바라는 것은 부모의 마음이오。사람마다 모두 그런 마음을 가지고 있지만、부모의 명령과 중매쟁이의 말을 기다리지 않고 구멍을 뚫어 서로 들여다보고 담장을 넘어 서로 쫓아다닌다면、부모와 나라 사람들이 모두 천하게 여기는 것이오。옛 사람들이 벼슬살이를 원하지 않는 것은 아니지만、또한 정당한 도리에 따르지 않는 것을 싫어하셨소。정당한 도리에 따르지 않고 벼슬하러 나가는 것은 담장에 구멍을 뚫고 엿보는 부류와 같은 것이기 때문이오。』

팽갱이 물었다。『뒤에 따르는 수레가 수십 대이며、수행하는 종자가 수백 명인데 제후에게 전전하며 의식을 제공을 받는 것은 너무 지나치지 않습니까?』맹자께서 말씀하셨다。『정

數百人(수백인)으로 以傳食於諸侯(이전식어제후)하되 不以泰(불이태)乎(호)잇가 孟子曰(맹자왈) 非其道(비기도)인댄 則一簞食(즉일단사)라도 不可受於人(불가수어인)이어니와 如其道(여기도)인댄 則舜(즉순)이 受堯之天下(수요지천하)하사대 不以爲泰(불이위태)하시니 子以爲泰乎(자이위태호)아 曰否(왈부)라 士無事而食(사무사이식)이 不可也(불가야)니이다 曰子不通功易事(왈자불통공역사)하여 以羨補不足(이선보부족)이면 則農有餘粟(즉농유여속)하며 女有餘布(여유여포)어니와 子如通之(자여통지)인댄

●泰：클 태。분수에 넘치는 것을 말함
●簞：대광주리 단
●食：밥 사
●羨：남을 선

도가 아니면 한 대그릇의 밥도 남에게 받아서는 안 되지만, 만약 정도라면 순임금은 요임금의 천하를 받고도 지나치다고 여기지 않았다。그대는 이것을 지나치다고 생각하는가?』팽갱이 말하였다。『아닙니다。선비가 하는 일 없이 의식만 제공받는 것이 옳지 않다는 것입니다。』맹자께서 말씀하셨다。『그대가 공을 소통하고 일을 서로 바꾸어 남은 것으로 부족한 것을 보충해 주지 않는다면, 농부는 남아서 버리는 곡식이 생기고, 여인네는 남아서 버리는 옷감이 생길 것이니라。그러나 그대가 만일 서로 융통하게 한다면, 목수와 수레 만드는 사람도 모두 그대한테서 얻어먹게 될 것이다。여기 어떤 사람이 있는데, 집에 들어와서는 부모에게 효도하고 나가서는

則梓匠輪輿 皆得食於子하리니 於此有人焉하니 入則孝하고 出則悌하며 守先王之道하여 以待後之學者하며 而不得食於子로소니 子何尊梓匠輪輿하고 而輕爲仁義者哉오 曰梓匠輪輿는 其志將以求食也어니와 君子之爲道也도 其志亦將以求食與잇가 曰子何以其志爲哉오 其有功於子하여 可食而食之矣니라 且子는

• 梓匠：梓人과 匠人은 모두 목수 • 輪輿：輪人과 輿人은 모두 수레공

어른에게 공경하여 선왕의 도를 잘 지키고 후세의 학자를 기다리더라도 그대에게서 얻어먹지 못할 것이다。그대는 어찌 목수와 수레 만드는 사람은 존중하면서 인의를 행하는 사람은 가벼이 여긴단 말인가?』팽갱이 말하였다。『목수와 수레 만드는 사람은 그 뜻이 장차 먹을 것을 구하는 데 있지만、군자가 도를 행하는 것도 그 뜻이 또한 먹을 것을 구하려는 데 있습니까?』맹자께서 말씀하셨다。『그대는 왜 그 뜻을 가지고 따지는가? 그대에게 공이 있어 먹여 줄 만하면 먹여 주는 것이다。또 그대는 뜻을 보고 먹여 주는가、아니면 공을 보고 먹여 주는가?』팽갱이 말하였다。『뜻을 보고 먹여 줍니다。』맹자께서 말씀하셨다。『여기 어떤 사람이 있는데、기와를

食志乎(사지호)아 食功乎(사공호)아 曰(왈)食志(사지)니이다 曰(왈)有人於此(유인어차)하니 毁瓦畵墁(훼와화만)이요 其志將(기지장)以求食也(이구식야)인댄 則子食之乎(즉자사지호)아 曰否(왈부)이다 曰然則子非食志也(왈연즉자비사지야)라 食功也(사공야)로다。

⑤萬章(만장)이 問曰(문왈) 宋(송)은 小國也(소국야)니 今將(금장)行王政(행왕정)이어늘 齊楚惡而伐之(제초오이벌지)하나니 則(즉)如之何(여지하)리잇고 孟子曰(맹자왈) 湯(탕)이 居亳(거박)에 與(여)葛爲隣(갈위린)이러시니 葛伯(갈백)이 放而不祀(방이불사)어늘

●墁 : 흙손 만

●亳 : 땅이름 박

부수고 담장에 낙서를 하면서, 그 뜻이 장차 먹을 것을 구하는 데 있다면 그대는 그 사람을 먹여주겠는가?』 팽갱이 말하였다. 『아닙니다.』 맹자께서 말씀하셨다. 『그렇다면 그대는 뜻을 보고 먹여 주는 것이 아니라, 공을 보고 먹여 주는 것이니라.』

만장이 물었다. 『송나라는 작은 나라입니다. 지금 왕정을 행하려 하는데, 제나라와 초나라가 미워해서 그를 정벌하면 어찌합니까?』 맹자께서 말씀하셨다. 『탕임금이 박에 거처할 때 갈나라와 이웃하였는데, 갈백이 방탕하며 제사를 지내지 않자, 탕임금이 사람을 시켜 「왜 제사를 지내지 않소?」 하고 물으니, 「제사에 바칠 희생이 없어서 그렇습니다」라고 말하였다. 탕임금이 사람을 시켜 소와 양

湯이 使人問之曰 何爲不祀오 曰 無以供犧牲也로이다 湯이 使遣之牛羊하신대 葛伯이 食之하고 又不以祀어늘 湯이 又使人問之曰 何爲不祀오 曰 無以供粢盛也로이다 湯이 使亳衆往爲之耕하시니 老弱이 饋食어늘 葛伯이 帥其民하여 要其有酒食黍稻者奪之하되 不授者殺之리니 有童子以黍肉餉이어늘 殺而奪之하니 書曰 葛伯仇餉이

•仇 : 원수 구　•餉 : 건량 향

을 보내 주었는데, 갈백이 그것을 먹어 버리고 또 제사를 지내지 않았다。 탕임금이 또 사람을 시켜 「왜 제사를 지내지 않소?」라고 물으니 「제사에 바칠 음식이 없어서 그렇습니다」 하고 말하였다。 탕임금이 박의 백성들에게 갈나라에 가서 그들을 위해 농사를 지어 주게 하자 늙은이와 어린이들이 먹을 것을 날라다 주었다。 그러자 갈백이 자기 백성들을 거느리고 와서 술과 밥과 기장과 쌀을 가진 사람에게 강요하여 그것을 빼앗고, 주지 않는 사람은 죽였다。 한 아이가 기장과 고기를 가지고 와서 밥을 먹이자 갈백이 그 아이를 죽이고 빼앗아 갔다。『서경』에 이르기를, 「갈백이 밥을 먹여주는 사람을 원수로 보았다」고 하였는데, 이를 두고 한 말이다。

라하니 此之謂也니라 爲其殺是童子而征之하신대 四海之內皆曰 非富天下也라 爲匹夫匹婦復讐也라하니라 湯이 始征自葛載하사 十一征而無敵於天下하니 東面而征에 西夷怨하며 南面而征에 北狄이 怨하여 曰 奚爲後我오하여 民之望之 若大旱之望雨也하여 歸市者弗止하며 芸者不變이어늘 誅其君而弔其民하신대 如

● 載 : 실을 재。「시작하다」는 뜻

● 旱 : 가물 한

갈백이 그 아이를 죽였기 때문에 탕임금이 그를 정벌하자 사해 안의 사람들이 모두 「천하를 탐내서 그런 것이 아니라 필부와 필부를 위해서 원수를 갚아 주려고 한 것이다」라고 말하였다。 탕임금이 처음 정벌을 갈나라부터 시작하여 열한 나라를 정벌하셨는데、 천하에 대적할 이가 없었다。 동쪽으로 향하여 정벌하면 서쪽 오랑캐들이 원망하며、 남쪽을 향하여 정벌하면 북쪽 오랑캐들이 원망하여、「왜 우리를 뒤에 정벌하는가?」 하고 말하여 백성들이 탕임금의 정벌을 바라는 것을 마치 큰 가뭄에 비를 바라듯이 하였다。 시장에 가는 사람들이 발걸음을 멈추지 않았고、 김매는 사람은 일손을 멈추지 않았다。 탕임금이 그 임금을 죽이고 그 백성을 위로

時雨降(시우강)하여 民大悅(민대열)하니 書曰(서왈) 徯我后(혜아후)하노소니 后來其無罰(후래기무벌)가하니라 有攸不爲臣(유유불위신)이어늘 東征(동정)하사 綏厥士女(수궐사녀)하신대 匪厥玄黃(비궐현황)하여 紹我周王見休(소아주왕견휴)하여 惟臣附于大邑周(유신부우대읍주)라하니 其君子(기군자)는 實玄黃於匪(실현황어비)하여 以迎其君子(이영기군자)하고 其小人(기소인)은 簞食壺漿(단사호장)으로 以迎其小人(이영기소인)은 救民於水火之中(구민어수화지중)하여 取其殘而已(취기잔이이)

하니, 때맞추어 비가 내린 듯이 백성들이 크게 기뻐하였다。『서경』에 「우리 임금님을 기다리노니, 우리 임금님이 오시면 형벌이 없어지겠지」라고 하였느니라。『서경』에 「주나라의 신하가 되지 않는 자가 있자, 동쪽을 정벌하여 그 남자와 여자들을 편안하게 해주니, 그곳 사람들이 검고 누런 비단을 광주리에 담아 가지고 나와서 우리 주왕을 영접하고 아름답게 되어 큰 읍인 주나라에 복종한다」라고 하였다。군자들은 검고 누런 비단을 광주리에 가득 담아 가지고 와서 군자를 맞이하고, 소인들은 대그릇에 밥을 담고 호리병에 음료를 담아서 소인들을 맞이하였으니, 이것은 백성들을 물과 불의 재난 속에서 구원해 주고 잔학한 자를 제거해 주었을 뿐이

• 徯 : 기다릴 혜
• 綏 : 편안할 수
• 匪 : 대상자 비。篚와 같음
• 紹 : 이을 소
• 壺 : 병 호

矣(의)일새니라 太誓曰(태서왈) 我武惟揚(아무유양)하여 侵于之彊(침우지강)하여 則取于殘(즉취우잔)하여 殺伐用張(살벌용장)하면 于湯有光(우탕유광)이라하니라 不行王政云爾(불행왕정운이)니 苟行王政(구행왕정)이면 四海之內(사해지내) 皆擧首而望之(개거수이망지)하여 欲以爲君(욕이위군)하리니 齊楚雖大(제초수대)인들 何畏焉(하외언)이리오。

⑥ 孟子謂戴不勝曰(맹자위대불승●왈) 子欲子之王之善與(자욕자지왕지선여)아 我明告子(아명고자)하리라 有楚大夫於此(유초대부어차)하니 欲其子之齊語也(욕기자지제어야)인댄 則使

●戴不勝 : 송(宋)나라의 신하

었기 때문이다。『서경』「태서」에、「우리 무왕이 무력을 오직 드날려 저들의 국경을 침공하여 잔학한 자를 제거하고 정벌하는 공이 크게 베풀어지니 탕임금보다 빛나도다」라고 하였느니라。 송나라가 왕정을 행하지 않아서 그렇지 진실로 왕정을 행하면 천하가 다 고개를 들어 바라보면서 저의 임금으로 삼으려 할 것이니、제나라와 초나라가 비록 크지만 무엇이 두렵겠는가?』

맹자께서 대불승에게 말씀하셨다。『당신은 당신의 왕이 착해지기를 바랍니까? 내가 분명히 당신에게 말씀드리겠소。 여기에 초나라 대부가 있는데、그 아들이 제나라 언어를 사용하기 바란다면 제나라 사람을 시켜서 가르치겠소? 아니면 초나라 사람을

齊人傅諸아 使楚人傅諸아 曰 使齊人傅之니이다 曰一齊人이 傅之어든 衆楚人이 咻之면 雖日撻而求其齊也라도 不可得矣어니와 引而置之莊嶽之間數年이면 雖日撻而求其楚라도 亦不可得矣리라 子謂薛居州善士也라하여 使之居於王所하나니 在於王所者長幼卑尊이 皆薛居州也인댄 王誰與爲不善이시리오 在王所

●咻 : 떠들 휴

시켜서 가르치겠소?』그러자 대불승이 대답하였다.『제나라 사람에게 가르치게 하겠습니다.』맹자께서 말씀하셨다.『한 명의 제나라 사람이 가르치는데 여러 명의 초나라 사람이 떠들어대면, 비록 날마다 매를 들고 제나라 말을 하도록 요구하더라도 되지 않을 것이오. 그러나 그를 데려다가 제나라 장악이란 거리에 몇 년 동안 놓아둔다면, 비록 날마다 매를 들고 초나라 말을 하도록 요구해도 또한 되지 않을 것이오. 당신이 설거주를 선량한 선비라고 해서 그를 왕의 처소에 거처하게 했는데, 왕의 처소에 있는 사람들이 어른이나 어린이나, 낮은 사람이나 높은 사람이나 모두 설거주와 같은 선량한 사람이라면 왕이 누구와 더불어 착하지 않은 일

者長幼卑尊는 皆非薛居州也인댄 王誰與爲善이시리오 一薛居州獨如宋王에 何리오。

⑦ 公孫丑問曰 不見諸侯何義잇고 孟子曰 古者不爲臣이면 不見이러니라 段干木은 踰垣而辟之하고 泄柳는 閉門而不內하니 是皆已甚이니 迫이어든 斯可以見矣니라 陽貨欲見孔子

- 段干木 : 위(魏)나라 문후 때 사람
- 泄柳 : 노(魯)나라 목공(繆公) 때 사람
- 辟 : 피할 피
- 迫 : 닥칠 박

을 하겠소? 또 왕의 처소에 있는 사람들이 어른이나 어린이나, 낮은 사람이나 높은 사람이나 모두 설거주와 같은 선량한 사람이 아니라면, 왕이 누구와 더불어 착한 일을 하겠소? 한 명의 설거주가 혼자서 송나라 왕을 어떻게 하겠소?』

공손추가 물었다. 『제후를 만나지 않는 것은 무슨 뜻입니까?』 맹자께서 말씀하셨다. 『옛날에는 그 신하가 되지 않고서는 그 임금을 만나보지 않았느니라. 단간목은 담을 넘어 피하였고, 설류는 문을 닫고 들어오지 못하게 했는데, 이것은 너무 심한 처사였다. 만약 뜻이 간절하다면 만나보아도 좋을 것이다. 양화가 공자를 불러서 만나보고 싶었는데 사람들이 무례하다고 할까 싫었다. 그래서 대부가

而惡無禮하여 大夫有賜於士에 不得受於其家면 則往拜其門이라 陽貨瞯孔子之亡也하여 而饋孔子蒸豚하여늘 孔子亦瞯其亡也하여 而往拜之하시니 當是時하여 陽貨先이어니 豈得不見이시리오 曾子曰 脅肩諂笑病于夏畦라하시며 子路曰 未同而言을 觀其色컨대 赧赧然하나니 非由之

●瞯 : 엿볼 감
●蒸 : 찔 증
●諂 : 아첨할 첨
●畦 : 밭두둑 휴
●赧 : 얼굴붉힐 난

사(士)에게 물건을 하사할 경우, 자기 집에서 직접 받지 못했으면, 나중에 보내 온 대부의 문에 가서 절을 하는 예법이 있었다。양화는 공자께서 출타하신 틈을 엿보아 공자께 삶은 돼지고기를 보냈다。공자께서도 역시 양화가 없는 틈을 엿보아 찾아가서 그 문에 절을 하셨다。이때 양화가 먼저 예를 갖추어 찾아뵈었으면 어찌 공자께서 만나보지 않았겠는가? 증자께서 말씀하시기를,「어깨를 들썩거리고 억지로 웃는 것이 여름에 밭에서 일하는 것보다 힘들다」고 하셨고, 자로는 말하기를,「뜻이 일치하지 않은데 함께 말하는 사람은 그 표정을 살펴보면 무안해서 얼굴빛이 붉어진다。이런 것은 내 알 바가 아니다」라고 말하였다。이로 미루어 살펴보건대, 군자가

所知也(소지야)라하니 由是觀之(유시관지)컨대 則君子(즉군자)之所養(지소양)을可知已矣(가지이의)니라。

⑧戴盈之曰(대영지왈) 什一(십일)과 去關市之征(거관시지정)을 今茲未能(금자미능)이어니와 請輕之(청경지)하여 以(이)待來年然後已(대래년연후이)하노니 何如(하여)하니잇고 孟子曰(맹자왈) 今有人(금유인)이 日攘其隣之雞者(일양기린지계자)어늘 或(혹)이 告之曰(고지왈) 是非君子之道(시비군자지도)라한대 曰請損之(왈청손지)하여 月攘一雞(월양일계)하여 以待來年然後已(이대래년연후이)로다 如知其非義(여지기비의)인댄 斯速(사속)

•攘：훔칠 양
•損：줄일 손

기르는 것을 알 수 있다。』

대영지가 말하였다。『10분의 1을 받는 조세와 관세와 시장 영업세를 폐지하여 백성의 부담을 덜어주고 싶습니다만 지금 당장은 불가능합니다。청컨대 금년에는 세금을 줄여 주고 내년에 가서 폐지하면 어떻겠습니까?』맹자께서 말씀하셨다。『지금 어떤 사람이 매일 이웃집 닭을 훔치는데 누군가가 그에게、「그것은 군자의 도리가 아니오」하고 일러주었습니다。그러자「그러면 한 달에 한 마리씩 훔치다가 내년에 가서 그만두도록 하겠소」하고 말했다면 어떻겠습니까? 만일 이것이 의로운 일이 아님을 안다면 빨리 그만둘 것이지 어찌 내년까지 기다려야 하겠소?』

已矣니 何待來年이리오。

⑨ 公都子曰 外人이 皆稱夫子好辯이라하니 敢問何也잇고 孟子曰 予豈好辯哉리오 予不得已也니라 天下之生이 久矣라 一治一亂이니라 當堯之時하여 水逆行하여 氾濫於中國하여 蛇龍居之하니 民無所定하여 下者爲巢하고 上者爲營窟이러니 書曰 洚水警余라하니 洚水者는 洪水也니

•蛇:뱀 사
•窟:굴 굴
•洚:큰 홍수 강

공도자가 말하였다。『외부 사람들이 모두 선생님께서 변론을 좋아한다고 하는데, 감히 여쭈어 보겠습니다。왜 그렇습니까?』맹자께서 말씀하셨다。『내가 어찌 변론을 좋아하겠는가? 부득이해서 그러는 것이니라。천하에 사람이 살아온 지가 오래되었는데, 한 번 다스려지고 한 번 혼란했었다。요임금 때는 물이 역행하여 온 나라 안에 범람하게 되자 뱀과 용이 우글거려, 백성들이 정착할 데가 없어서 낮은 지역에 있는 사람은 둥지를 틀어 살았고, 높은 데 있는 사람은 굴을 파서 살았다。『서경』에 「강수가 나를 경각하게 했다」고 했는데, 강수는 홍수를 말하는 것이다。우왕으로

라 使禹治之(사우치지)어시늘 禹掘地而注之海(우굴지이주지해)하시고 驅蛇龍而放之菹(구사룡이방지저)하신대 水由地中行(수유지중행)하니 江淮河漢(강회하한)이 是也(시야)라 險阻旣遠(험조기원)하며 鳥獸之害人者消(조수지해인자소)하니 然後人得平土而居之(연후인득평토이거지)하니라 堯舜旣沒(요순기몰)에 聖人之道衰(성인지도쇠)하니 暴君代作(폭군대작)하여 壞宮室以爲汙池(괴궁실이위오지)하니 民無所安息(민무소안식)하며 棄田以爲園囿(기전이위원유)하여 使民不得衣食(사민부득의식)하고 邪說暴行(사설포행)이 又作(우작)하여 園囿汙池(원유오지)

●掘：팔 굴
●菹：풀이름 저
●險阻：험할 험。험할 조

하여금 홍수를 다스리게 하니、우왕이 땅을 파서 바다로 빠지게 하고、뱀과 용을 몰아내어 늪으로 쫓아 버렸다。물이 양 언덕 사이로 흘러 들어가니、장강과 회수와 황하와 한수가 그것이다。어려움이 이미 제거되고 새와 짐승이 사람을 해치는 일이 사라진 뒤에야 사람들이 평지를 얻어 살게 되었다。요임금과 순임금이 돌아가시니 성인의 도가 쇠퇴하여 폭군이 대대로 일어나 백성들의 집을 허물고 웅덩이와 연못을 만들어 백성들이 편안히 쉴 곳이 없었고、농지를 버려 동산을 만들자 백성들은 옷과 음식을 얻지 못하게 되었다。괴이한 학설과 포악한 행동이 생겨나고、동산

에 沛澤多而禽獸至하니 及紂之身하여 天下又大亂하니라 周公이 相武王하사 誅紂하시고 伐奄三年에 討其君하시고 驅飛廉於海隅而戮之하시며 滅國者五十이오 驅虎豹犀象而遠之하신대 天下大悅하니 書曰 丕顯哉라 文王謨여 丕承哉라 武王烈이여 佑啓我後人하사 咸以正無缺이라하니라 世

● 沛：늪 패
● 相：도울 상
● 奄：가릴 엄
● 犀：무소 서
● 飛廉：주(紂)가 총애하는 신하
● 丕：클 비

과 연못과 늪이 많아져 새와 짐승이 모이게 되었다。주왕의 몸에 이르러 천하가 또 다시 크게 어지러웠다。주공이 무왕을 도와 주왕을 죽이고、엄나라를 정벌한 지 3년 만에 그 임금을 죽이고、비렴을 바다 구석으로 몰아내어 죽이니 나라를 멸망시킨 것이 50여개 국에 이르렀고、범·표범·물소·코끼리를 몰아내어 멀리 쫓아버리니、온 천하가 크게 기뻐하였다。『서경』에 이르기를、「크게 빛나는구나、문왕의 계획이여。크게 계승하셨구나、무왕의 빛나는 공훈이여。우리 후인을 도와 계발시키되、모두 정도로써 하고 결함이 없게 하셨도다」라고 하였느니라。세상이 쇠퇴하고 정

衰道微하니 邪說暴行이 有作하여 臣弑其君者有之하며 子弑其父者有之하니라。

孔子懼하사 作春秋하시니 春秋는 天子之事也라 是故孔子曰 知我者도 其惟春秋乎며 罪我者도 其惟春秋乎인저하시니라 聖王不作에 諸侯放恣하며 處士橫議하여 楊朱墨翟之言이 盈天下하니 天下之言이 不歸楊則歸墨하나니 楊氏는 爲我하니 是無君

도가 미약해져서、괴이한 학설과 난폭한 행위가 일어나게 되어、신하가 자기 임금을 죽이는 자도 있고、자식이 자기 아비를 죽이는 자도 있었느니라。

공자께서 이러한 일을 두렵게 여겨『춘추』를 지으셨는데、춘추는 천자가 하는 일이다。그러므로 공자께서 말씀하시기를、「나를 알아주는 것도 오직 춘추일 것이며、나를 질책하는 것도 오직 춘추일 것이다」라고 하셨느니라。성왕이 나오지 아니하여 제후가 방자해지고、재야 학자들도 학설을 함부로 의논하여 양주와 묵적의 말이 천하에 가득해서、천하의 말이 양주에게로 돌아가지 않으면 묵적

也(야)오 墨氏(묵씨)는 兼愛(겸애)하니 是無父也(시무부야)니 無父無君(무부무군)이 是禽獸也(시금수야)니라 公明儀曰(공명의왈) 庖有肥肉(포유비육)하며 廏有肥馬(구유비마)하고 民有飢色(민유기색)하며 野有餓莩(야유아표)면 此率獸而食人也(차솔수이식인야)라하니 楊墨之道不息(양묵지도불식)하면 孔子之道不著(공자지도부저)하리니 是邪說誣民(시사설무민)하여 充塞仁義也(충색인의야)니 仁義充塞(인의충색)하면 則率獸食人(즉솔수식인)하며 人將相食(인장상식)하리라 吾爲此懼(오위차구)하여

●廏 : 마굿간 구
●莩 : 굶어죽은 시체 표
●誣 : 무고할 무

에게로 돌아간다。양씨는 자신만을 위하니 이것은 임금이 없는 것과 같고、묵씨는 모든 사람을 똑같이 사랑하니 이것은 부모가 없는 것과 같은 것이다。부모가 없고 임금이 없다면 이것은 짐승에 불과하다。공명의가 말하기를、「푸줏간에 살찐 고기가 있고 마굿간에 살찐 말이 있는데도、백성들은 굶주린 기색이 있고、들에 굶어 죽은 시체가 있다면、이것은 짐승을 몰아다가 사람을 잡아먹게 하는 것이다」라고 하였다。양주와 묵적의 도가 사라지지 않으면 공자의 도가 드러나지 않을 것이다。이것은 괴이한 말이 백성들을 속여서 인의를 꼭 막아 버리는 것이니、인의가 막히면 짐승을 몰

閑(한)先(선)聖(성)之(지)道(도)하여 距(거)楊(양)墨(묵)하여 放(방)淫(음)辭(사)하여 邪(사)說(설)者(자)不(부)得(득)作(작)케하노니 作(작)於(어)其(기)心(심)하여 害(해)於(어)其(기)事(사)하며 作(작)於(어)其(기)事(사)하여 害(해)於(어)其(기)政(정)하나니 聖(성)人(인)復(부)起(기)라도 不(불)易(역)吾(오)言(언)矣(의)시리라 昔(석)者(자)에 禹(우)抑(억)洪(홍)水(수)而(이)天(천)下(하)平(평)하고 周(주)公(공)이 兼(겸)夷(이)狄(적)驅(구)猛(맹)獸(수)而(이)百(백)姓(성)寧(녕)하고 孔(공)子(자)成(성)春(춘)秋(추)而(이)亂(난)臣(신)賊(적)子(자)懼(구)하니라 詩(시)云(운) 戎(융)狄(적)是(시)膺(응)하니 荊(형)舒(서)是(시)懲(징)하여 則(즉)莫(막)我(아)敢(감)承(승)이라하니 無(무)父(부)

• 閑 : 막을 한
• 距 : 떨어질 거
• 承 : 대적할 승

아다가 사람을 잡아먹게 하다가、이윽고는 사람이 서로 잡아먹게 될 것이니라。나는 이것을 두려워하여 선성의 도를 지키고 양주와 묵적을 배척하며、음란한 말을 몰아내서 괴이한 학설을 내세우는 자가 나오지 못하게 하려는 것이다。괴이한 사상이 마음에 일어나면 일에 해가 되고、그것이 일에서 일어나면 정사에 해가 미치게 되니 성인이 다시 나오셔도 내 말을 고치지 않을 것이다。옛날에 우왕이 홍수를 막자 천하가 태평해졌고、주공이 이적을 병합하고 맹수를 몰아내자 백성들이 편안해졌고、공자께서 『춘추』를 완성하자 난신적자들이 두려워하게 되었느니라。『시경』에 「융적을

無君은 是周公所膺也시니라 我亦欲正人心하여 息邪說하며 距詖行하며 放淫辭하여 以承三聖者로니 豈好辯哉리오 予不得已也니라 能言距楊墨者는 聖人之徒也니라。

⑩ 匡章曰 陳仲子는 豈不誠廉士哉리오 居於陵에 三日不食하니 耳無聞하며 目無見也러니 井上有李하되 螬食實者過半矣어늘 匍匐往將食之하

• 詖 : 치우칠 피
• 於陵 : 오릉은 지명
• 螬 : 굼벵이 조

치니 초나라와 서나라가 다스려져 나에게 감히 대적할 자가 없었다」고 하였거니와, 부모도 없고 임금도 없는 것은 주공도 징계한 것이다。 내가 또한 사람의 마음을 바로잡아 괴이한 학설을 종식시키며, 편벽된 행실을 막고, 음란한 말을 몰아내서 세 분 성인을 계승하려 하는데, 어찌 변론을 좋아하겠는가? 나는 부득이해서 하는 것이다。 양주와 묵적을 막는 것을 말하는 자는 성인의 무리다。』

광장이 말하였다。『진중자는 어찌 참으로 청렴한 선비가 아니겠습니까? 오릉에서 살 때 사흘을 먹지 못하여 귀가 들리지 않고 눈이 보이지 않았는데, 우물가에 굼벵이가 그 열

여 三咽然後耳有聞(삼인연후이유문)하며 目有見(목유견)하니이다 孟子曰(맹자왈) 於齊國之士(어제국지사)에 吾必以(오필이)仲子爲巨擘焉(중자위거벽언)이어니와 雖然仲子惡(수연중자오)能廉(능렴)이리오 充仲子之操(충중자지조)인댄 則蚓而(즉인이)後可者也(후가자야)니라 夫蚓(부인)은 上食槁壤(상식고양)하고 下飮黃泉(하음황천)하나니 仲子所居之室(중자소거지실)이 伯(백)夷之所築與(이지소축여)아 抑亦盜跖之所築與(억역도척지소축여)아 所食之粟(소식지속)은 伯夷之所樹與(백이지소수여)아 抑(억)

●巨擘 : 거벽은 큰 엄지손가락을 말함
●咽 : 목구멍 인
●蚓 : 지렁이 인

매를 반 이상이나 파먹은 오얏나무가 있어, 기어가서 장차 집어먹고 세 번 삼킨 뒤에야 귀가 들리고 눈이 보였습니다.』 맹자께서 말씀하셨다. 『제나라 선비 중에서 나는 반드시 중자를 으뜸으로 생각한다. 비록 그렇지만 중자를 어찌 청렴하다 할 수 있겠는가? 중자의 지조를 채우려면 지렁이가 된 뒤에야 가능할 것이다. 지렁이는 위로는 마른 흙을 먹고, 아래로는 흐린 물을 마신다. 중자가 거처하는 집은 백이가 지은 것인가, 아니면 도척이 지은 것인가? 그가 먹는 곡식은 백이가 심은 것인가, 아니면 도척이 심은 것인가? 그것을 알 수 없구나.』 광장이 말하였다. 『그게 무슨

亦盜跖之所樹與(역도척지소수여)아 是未可知也(시미가지야)로다 曰是何傷哉(왈시하상재)리잇고 彼身織屨(피신직구)하며 妻辟纑(처벽로)하여 以易之也(이역지야)니이다 曰仲子(왈중자)는 齊之世家也(제지세가야)니 兄戴蓋祿萬鍾(형대합록만종)이어늘 以兄之祿爲不義之祿而不食也(이형지록위불의지록이불식야)하며 以兄之室爲不義之室而不居也(이형지실위불의지실이불거야)하고 辟兄離母(피형리모)하여 處於於陵(처어오릉)이러니 他日歸(타일귀)하니 則有饋其兄生鵝者(즉유궤기형생아자)어늘 己頻顣曰(기빈축왈) 惡用是鶃鶃者爲哉(오용시얼얼자위재)리오하

●纑：실로

●鶃鶃：거위 우는소리 얼

상관입니까? 그는 몸소 신을 만들고 아내는 길쌈을 해서 다른 곡식과 바꾸어 먹고 있습니다。』 맹자께서 말씀하셨다。『중자는 제나라에서 대대로 벼슬하던 집안 사람이오。 형 대는 합고을에서 받는 녹이 만 종이었는데、 형의 녹이 의롭지 않은 녹이라고 해서 먹지 않았으며、 형의 집을 의롭지 않은 집이라고 해서 살지 않고、 형을 피하고 어머니를 떠나서 오릉에 살았던 것이오。 훗날 집에 돌아가자、 그의 형에게 살아있는 거위를 선물하는 사람이 있었는데、 그는 이맛살을 찌푸리며 「이 꽥꽥거리는 것을 어디에 쓰겠는가?」 하고 말하였소。 훗날에 그의 어머니가 이 거위를 잡아서 중자

더니 他日에 其母殺是鵝也하여 與之食之어늘 其兄이 自外至曰 是鶂鶂之肉也라한대 出而哇之하니라 以母則不食하고 以妻則食之하며 以兄之室則弗居하고 以於陵則居之하니 是尙爲能充其類也乎아 若仲子者는 蚓而後充其操者也니라。

●哇 : 토할 와

에게 먹였는데, 그의 형이 밖에서 들어와서 「그것은 꽥꽥거리는 짐승의 고기다」하고 말하자, 그는 밖으로 나가서 토해 버렸소。 어머니가 해주면 먹지 않고 아내가 해주면 먹으며, 형의 집에서는 살지 않고 오릉에서는 살았으니, 이런 것으로 그의 절조를 충족시킨다고 할 수 있겠는가? 중자 같은 사람은 지렁이가 된 뒤에야 그의 절조를 충족시킬 수 있을 것이오。』

離婁章句上

① 孟子曰 離婁之明과 公輸子之巧로도 不以規矩면 不能成方員이요 師曠之聰으로도 不以六律이면 不能正五音이요 堯舜之道로도 不以仁政이면 不能平治天下니라 今有仁心仁聞이로되 而民不被其澤하며 不可法

•婁：별이름 루。「이루」는 눈이 밝았던 자
•公輸子：노나라 기술자
•曠：밝을 광。「사광」은 진나라 악사인데 소리를 아는 자
•規矩：그림쇠 규(원형을 만드는 기구)、곱자 구(ㄱ자 모양의 자)
•被：미칠 피

맹자께서 말씀하셨다。『이루의 밝은 눈과 공수자의 교묘한 기술로도 그림쇠와 곱자를 사용하지 않으면 모난 것과 둥근 것을 만들 수 없고、사광의 밝은 귀로도 육률을 사용하지 않으면 다섯 가지 음을 바로 잡을 수 없고、요임금과 순임금의 도로도 어진 정사를 하지 않으면 천하를 화평하게 다스릴 수 없다。지금 인자한 마음과 인자하다는 평판이 있으면서도 백성들이 그 혜택을 입지 못하고、후세에 모범이 되지 못하는 것은 선왕의 도를 행하지 않기 때문이다。그

於後世者는 不行先王之道也일새니라 故曰徒善不足以爲政이며 徒法不能以自行이라하니라 詩云不愆不忘은 率由舊章이라하니 遵先王之法而過者未之有也니라 聖人이 旣竭目力焉하시고 繼之以規矩準繩하시니 以爲方員平直에 不可勝用也며 旣竭耳力焉하시고 繼之以六律하시

● 徒：한갓 도
● 愆：허물 건
● 率：따를 솔
● 章：글 장。여기서는 법전
● 遵：좇을 준
● 準：대패 준
● 繩：줄 승

러므로 선하기만 해서는 정치를 잘 할 수 없고, 법도만으로는 저절로 행해질 수 없다고 하는 것이다. 『시경』에 「잘못하지도 않고 잊지도 않는 것은 옛 법전을 따르기 때문이다」고 하였으니, 선왕의 법도를 따르고 잘못된 사람은 없다. 성인이 이미 시력을 다하고 이어 그림쇠와 곱자, 대패 먹줄을 사용했기 때문에 모나고 둥글고 평평하고 곧게 하는 데 이루 다 쓸 수 없게 되었으며, 이미 청력을 다하고, 이어 육률을 사용했기 때문에 다섯 가지 음을 바로잡는 데 이루 다 쓸 수 없게 되었다. 이미 마음과 생각을 다하고, 이어 남에게 차마하지 못하는 마음으로 정치를 행했기 때문

니 正五音(정오음)에 不可勝用也(불가승용야)며 旣竭心(기갈심)思焉(사언)하시고 繼之以不忍人之政(계지이불인인지정)하시니 而仁覆天下矣(이인부천하의)시니라 故曰爲高必因(고왈위고필인)丘陵(구릉)하며 爲下必因川澤(위하필인천택)이라하니 爲(위)政(정)하되 不因先王之道(불인선왕지도)면 可謂智乎(가위지호)아 是以惟仁者(시이유인자)아 宜在高位(의재고위)니 不仁而(불인이)在高位(재고위)면 是播其惡於衆也(시파기악어중야)니라 上(상)無道揆也(무도규야)하며 下無法守也(하무법수야)하여 朝不(조불)信道(신도)하며 工不信度(공불신도)하여 君子犯義(군자범의)하

- 覆：덮을 부
- 播：뿌릴 파
- 揆：헤아릴 규
- 工：관리를 말함

에 인자함이 천하에 덮였다。 그러므로 「높은 것을 만들 때는 반드시 언덕을 따라서 하고, 낮은 것을 만들려면 반드시 개울이나 연못을 따라서 한다」고 하였으니, 정치를 하는 데 선왕의 도를 따라서 하지 않는다면 어찌 지혜롭다고 하겠는가? 이러한 까닭에 어진 사람만이 높은 지위에 있어 마땅하다。 인자하지 못하고서 높은 지위에 있으면 이것은 많은 사람에 악을 뿌리는 것이다。 윗사람이 도로 헤아리지 않고 아랫사람이 법으로 지키지 않으며, 조정에서 도를 믿지 않고 관리들이 법을 믿지 않으며, 군자가 의를 범하고 소인이 형벌을 범하면 나라가 보존된다는 것은 요행이

고 小人犯刑이면 國之所存者幸也니라 故曰 城郭不完하며 兵甲不多 非國之災也며 田野不辟하며 貨財不聚 非國之害也라 上無禮하며 下無學이면 賊民興하여 喪無日矣라하니라

詩曰 天之方蹶시니 無然泄泄라하니 泄泄는 猶沓沓也니라 事君無義하며 進退無禮하고 言則非先王之道者

●泄泄 : 발음은 「예」。「泄泄」는 게으르고 느린 것을 기쁘게 쫓는 모습
●辟 : 개척하다는 뜻
●沓 : 유창할 답

다。그러므로 「성곽이 완전하지 못하고 병사와 무기가 많지 않은 것이 나라의 재앙이 아니며, 토지가 개간되지 않고 재화가 모이지 않는 것이 나라의 폐해가 아니다。윗사람이 예가 없고 아랫사람이 배움이 없으면 난폭한 백성이 일어나서 망하는 데 며칠 걸리지 않을 것이다」라고 하는 것이다。『시경』에 「하늘이 장차 너의 나라를 전복시키려 하니 태만하게 있지 말라。」라고 하였는데, 태만하다는 말은 머뭇거린다는 뜻이다。임금을 섬기는 데 의리가 없고, 나아가고 물러가는 데 예가 없으며, 말하면 선왕의 도를 비방하는 것이 답답함과 같은 것이다。그러므로 「어려운 일을 임금

猶沓沓也니라 故曰 責難於君을 謂之恭이요 陳善閉邪를 謂之敬이요 吾君不能을 謂之賊이라하니라。

② 孟子曰 規矩는 方圓之至也요 聖人은 人倫之至也니라 欲爲君인댄 盡君道요 欲爲臣인댄 盡臣道니 二者를 皆法堯舜而已矣라 不以舜之所以事堯事君이면 不敬其君者也요 不以堯之所以治民으로 治民이면 賊其

• 陳 : 늘어놓을 진

• 邪 : 간사할 사

에게 권하는 것을 공손이라 하고, 선한 것을 베풀고 사악한 것을 막는 것을 공경이라 하며, 우리 임금이 무능하다고 하는 것을 도적이라 한다」고 하는 것이다。』

맹자께서 말씀하셨다。『그림쇠와 곱자는 네모와 둥근 것을 만드는 표준이고, 성인은 인륜의 표준이다。임금이 되고자 한다면 임금의 도리를 다해야 하고, 신하가 되고자 한다면 신하의 도리를 다해야 할 것이니, 두 가지는 모두 요·순을 본받을 뿐이다。순이 요임금을 섬기던 도리로 임금을 섬기지 않으면 그 임금을 공경하지 않는 사람이고, 요임금이 백성을 다스리는 도리로 백성을 다스리지 않는

民者也니라 孔子曰 道二니 仁與不仁而已矣라하시니라 暴其民甚하면 則身弑國亡하고 不甚하면 則身危國削하나니 名之曰幽厲라하면 雖孝子慈孫이라도 百世不能改也니라 詩云 殷鑒不遠하여 在夏后之世라하니 此之謂也니라。

③ 孟子曰 三代之得天下也는 以仁이요 其失天下也는 以不仁이니 國之

• 幽：그윽할 유。어둡다는 뜻　　• 鑒：거울 감
• 厲：갈 려。학대한다는 뜻

다면 그 백성을 해치는 사람이다。공자께서 말씀하시기를「도는 둘이니、인과 불인뿐이다」라고 하셨다。백성들을 포학하게 다루는 것이 지나치면 자신은 시해당하고 나라는 멸망하며、지나치지 않다면 자신은 위태롭고 나라는 줄어들게 될 것이다。시호가 유나 여로 이름 지어지면、비록 효성 있는 자식이나 자애로운 손자라고 할지라도、백세토록 고칠 수 없는 것이다。『시경』에 이르기를、「은나라의 거울이 멀리 있지 않다。하후의 대에 있다」고 하였는데、이를 두고 한 말이니라。』

맹자께서 말씀하셨다。『삼대가 천하를 얻은 것은 어질었기 때문이요、천하를 잃은 것은 어질지 못했기 때문이

所以廢興存亡者亦然이니라 天子不仁이면 不保四海하고 諸侯不仁이면 不保社稷하고 卿大夫不仁이면 不保宗廟하고 士庶人不仁이면 不保四體니라 今惡死亡而樂不仁이 是猶惡醉而强酒니라。

④ 孟子曰 愛人不親이어든 反其仁하고 治人不治어든 反其智하고 禮人不答이어든 反其敬이니라 行有不得者어

●醉 : 취할 취

다。 나라가 무너지고 일어나며, 보존되고 멸망하는 것도 마찬가지다。 천자가 어질지 못하면 천하를 보전하지 못하고, 제후가 어질지 못하면 사직을 보전하지 못하며, 경대부가 어질지 못하면 종묘를 보전하지 못하고, 선비나 서민이 어질지 못하면 몸도 보전하지 못한다。 오늘날 죽거나 망하는 것을 싫어하면서 어질지 못한 것을 즐기는데, 이것은 취하기를 싫어하면서 억지로 술을 마시는 것과 같다。』

맹자께서 말씀하셨다。『다른 사람을 사랑해도 친해지지 않을 때는 자신의 인자함을 돌이켜 생각해 보고, 다른 사람을 다스려도 다스려지지 않을 때는 자기의 지혜를 돌이켜 생각

든 皆反求諸己(개반구저기)니 其身正而天下歸(기신정이천하귀)之(지)니라 詩云(시운) 永言配命(영언배명)이 自求多福(자구다복)이라하니라。

⑤ 孟子曰(맹자왈) 人有恒言(인유항언)하되 皆曰天下(개왈천하)國家(국가)라하나니 天下之本(천하지본)은 在國(재국)하고 國之本(국지본)은 在家(재가)하고 家之本(가지본)은 在身(재신)이니라。

⑥ 孟子曰(맹자왈) 爲政不難(위정불난)하니 不得罪於(부득죄어)巨室(거실)이니 巨室之所慕(거실지소모)를 一國慕之(일국모지)하

●配：아내 배
●恒：항상 항
●慕：사모할 모

해 보고、다른 사람에게 예를 다했는데 답례가 없으면 자기의 공경하는 태도를 돌이켜 생각해 봐야 한다。행해서 얻어지지 않는 것이 있으면 모두 자신에게 돌이켜 반성할 것이니、그 자신이 바르면 천하가 돌아올 것이다。『시경』에 「길이 천명에 부응하는 것이 스스로 많은 복을 구하는 것이다」라고 하였느니라。』

맹자께서 말씀하셨다。『사람들이 항상 말하면서 모두 「천하、나라、가정」이라고 하는데、천하의 근본은 나라에 있고、나라의 근본은 가정에 있고、가정의 근본은 자신에게 있는 것이다。』

맹자께서 말씀하셨다。『정치를 하는 것은 어렵지 않으니 큰 가문에게

고 一國所慕를 天下慕之하나니 故로 沛然德敎 溢乎四海니라。

⑦ 孟子曰 天下有道에는 小德이 役大德하며 小賢이 役大賢하고 天下無道에는 小役大하며 弱役强하나니 斯二者天也라 順天者는 存하고 逆天者는 亡이니라 齊景公曰 旣不能令이오 又不受命이면 是絕物也라하시고 涕出

• 沛然 : 성대하게 흘러가는 모습
• 物 : 여기서는「사람」이라는 뜻
• 溢 : 넘칠 일
• 涕 : 눈물 체

죄를 얻지 않으면 된다。큰 가문이 사모하는 것을 한 나라가 사모하고, 한 나라가 사모하는 것을 천하가 사모한다。그러므로 성대한 덕의 교화가 천하에 넘쳐흐르게 된다。』

맹자께서 말씀하셨다。『천하에 도가 있을 때엔 덕이 적은 사람은 덕이 큰 사람에게 부림을 받고, 조금 어진 사람은 크게 어진 사람에게 부림을 받는다。천하에 도가 없을 때엔 작은 자가 큰 자에게 부림을 받고, 약한 자가 강한 자에게 부림을 받는다。이 두 가지는 하늘의 뜻이니, 하늘의 뜻에 따르는 자는 보존되고, 하늘의 뜻에 거슬리는 자는 멸망하느니라。제나라 경공이 말하기를,「이미 명령을 내

而女於吳(이녀어오)하시다 今也小國(금야소국)이 師大國(사대국)하며 而恥受命焉(이치수명언)이면 是猶弟子而恥(시유제자이치)受命於先師也(수명어선사야)니라 如恥之(여치지)인댄 莫若(막약)師文王(사문왕)이니 師文王(사문왕)이면 大國五年(대국오년)이요 小國七年(소국칠년)에 必爲政於天下矣(필위정어천하의)리라 詩云(시운) 商之孫子(상지손자) 其麗不億(기려불억)이언마는 上帝旣命(상제기명)이라 侯于周服(후우주복)이로다 侯服(후복)于周(우주)하니 天命靡常(천명미상)이라 殷士膚敏(은사부민)이

● 麗：고울 려。여기서는 「숫자」라는 뜻
● 侯：과녁 후。여기서는 어조사
● 億：십만을 뜻함
● 靡：아닐 미
● 膚：살갗 부。여기서는 「크다」는 뜻

릴 수도 없고 또한 명령을 받지도 않는다면, 이것은 남과의 관계를 끊는 것이다」 하고 눈물을 흘리면서 오나라에 딸을 시집보냈다。 지금 작은 나라가 큰 나라를 스승으로 받들면서도 명령을 받기를 부끄러워한다면, 이것은 마치 제자가 스승에게 명령을 받기를 부끄러워하는 것과 같다。 만일 부끄러워하니 문왕을 스승으로 받드는 것보다 더 좋은 방법이 없다。 문왕을 스승으로 받들면 대국은 5년, 소국은 7년 만에 반드시 천하에 정치를 펴게 될 것이다。『시경』에 이르기를, 「상나라의 자손이 그 수가 십만에 그치지 않지만 상제께서 이미 명령을 내려 주나라에 복종하였도다。 주나라

裸將于京(관장우경)이라하여늘 孔子曰(공자왈) 仁不可(인불가)爲衆也(위중야)니 夫國君好仁(부국군호인)이면 天下無敵(천하무적)이라하시니라 今也(금야)에 欲無敵於天下(욕무적어천하)而不以仁(이불이인)이면 是猶執熱而不以濯也(시유집열이불이탁야)니 詩云(시운) 誰能執熱(수능집열)하여 逝不以濯(서불이탁)이리오하니라。

⑧ 孟子曰(맹자왈) 不仁者(불인자)는 可與言哉(가여언재)아 安其危而利其菑(안기위이리기재)하며 樂其所以亡者(락기소이망자)하

• 裸 : 강신제 관
• 濯 : 씻을 탁
• 逝 : 갈 서。여기서는 어조사
• 菑 : 재앙 재

에 복종하니 천명은 일정하지 않구나。은나라의 선비로서 크게 통달한 자들이 서울에서 강신주를 붓는구나」라고 하였는데, 공자께서 말씀하시기를, 「어진 사람에게는 많은 수효로도 대적하지 못하는 것이니, 나라의 임금이 어짊을 좋아하면 천하에 대적할 자가 없다」라고 하셨다。지금 천하에 대적할 사람이 없기를 바라면서도 인정으로 다스리지 않으니, 뜨거운 것을 잡고도 물에 적시지 않는 것과 같다。『시경』에 「누가 뜨거운 것을 잡고도 물에 적시지 않겠는가?」라고 하였느니라。』

맹자께서 말씀하셨다。『어질지 못한 사람과 함께 이야기할 수 있겠는

나니 不仁而可與言(불인이가여언)이면 則何亡國敗(즉하망국패)家之有(가지유)리오 有孺子歌曰(유유자가왈) 滄浪之水(창랑지수) 清兮(청혜)여 可以濯我纓(가이탁아영)이요 滄浪之水(창랑지수) 濁兮(탁혜)여 可以濯我足(가이탁아족)이라하여늘 孔子(공자)曰(왈) 小子(소자)아 聽之(청지)하라 清斯濁纓(청사탁영)이요 濯斯濯足矣(탁사탁족의)로소니 自取之也(자취지야)라하시니라

夫人必自侮然後人侮之(부인필자모연후인모지)하며 家必自毁而後人毁之(가필자훼이후인훼지)하며 國必自伐而(국필자벌이)

● 滄浪 : 물 이름
● 纓 : 갓끈 영
● 濁 : 흐릴 탁
● 侮 : 업신여길 모

가? 위태로움을 편안히 여기고 재앙을 이롭게 여겨 망하게 될 일을 즐기니、어질지 못한 사람과 함께 이야기할 수 있다면 어찌 나라를 망치고 집안을 패망시키는 일이 있겠는가? 어떤 아이가 노래하기를 「창랑의 물이 맑으면 내 갓끈을 씻을 것이오、창랑의 물이 흐리면 내 발을 씻을 것이다」라고 하였다。공자께서 말씀하시기를、「제자들아、들어보거라。맑으면 갓끈을 씻고 흐리면 발을 씻는다고 하였으니、스스로 초래한 것이다」라고 하셨다。대저 사람은 반드시 스스로 업신여긴 뒤에 남이 업신여기고、집안은 반드시 스스로 훼손된 뒤에 남이 훼손하고、나라는 반드시 스스로 정

後人伐之(후인벌지)하나니라 太甲(태갑)에 曰(왈) 天作孼(천작얼)은 猶可違(유가위)어니와 自作孼(자작얼)은 不可活(불가활)이라 하니 此之謂也(차지위야)니라。

⑨ 孟子曰(맹자왈) 桀紂之失天下也(걸주지실천하야)는 失其民也(실기민야)니 失其民者(실기민자)는 失其心也(실기심야)니라 得天下有道(득천하유도)하니 得其民(득기민)이면 斯得天下矣(사득천하의)요 得其民(득기민)이 有道(유도)하니 得其心(득기심)이면 斯得民矣(사득민의)요 得其心(득기심)이 有道(유도)하니 所欲(소욕)을 與之聚之(여지취지)하고 所惡(소오)를 勿施(물시)

• 孼 : 재앙 얼
• 聚 : 모일 취
• 惡 : 싫어할 오

벌한 뒤에 남이 정벌하는 것이니라。『상서』「태갑」에 「하늘이 만든 재앙은 오히려 피할 수 있지만, 스스로 만든 재앙은 살아남을 수가 없다」고 하였으니, 이것을 두고 한 말이니라。』

맹자께서 말씀하셨다。『걸·주가 천하를 잃은 것은 그 백성을 잃었기 때문이요, 백성을 잃은 것은 그 마음을 잃었기 때문이다。천하를 얻는 데 방법이 있으니 그 백성을 얻으면 천하를 얻게 된다。백성을 얻는 데도 방법이 있으니 그 마음을 얻으면 백성을 얻게 된다。마음을 얻는 데도 방법이 있으니 원하는 것을 모아 주고 싫어하는 것을 베풀지 않는 것이다。백성들이 인자한 데로 돌아오는 것은

爾也니라 民之歸仁也 猶水之就下
며 獸之走壙也니라 故爲淵敺魚者
는 獺也요 爲叢敺爵者는 鸇也요 爲
湯武敺民者는 桀與紂也니라 今天
下之君이 有好仁者면 則諸侯皆爲
之敺矣리니 雖欲無王이라도 不可得
已니라 今之欲王者는 猶七年之病에
求三年之艾也라 苟爲不畜이면 終

● 壙：들 광
● 敺：토할 구
● 獺：수달 달
● 鸇：새매 전
● 叢：모일 총。무성한 숲을 말함
● 艾：쑥 애

마치 물이 아래로 흘러 내려가고, 짐승이 넓은 들에서 달려가는 것과 같으니라。 그러므로 연못으로 물고기를 몰아넣는 것은 수달이고, 숲으로 새를 몰아넣는 것은 새매이고, 탕왕과 무왕에게 백성들을 몰아다 준 것은 걸왕과 주왕이다。 지금 천하의 임금 가운데 인을 좋아하는 사람이 있으면, 제후들이 모두 그를 위해 백성들을 몰아다 줄 것이니, 비록 왕자가 되지 않으려 해도 어찌 할 수 없을 것이다。 지금 왕자가 되려는 자들은 마치 7년 묵은 병에 3년 말린 쑥을 구하는 것과 같으니라。 진실로 쌓아두지 않는다면 종신토록 얻지 못할 것이다。 진실로 인에 뜻을 두지 않으면

身不得(신부득)하리니 苟不志於仁(구불지어인)이면 終身(종신)
憂辱(우욕)하여 以陷於死亡(이함어사망)하리라 詩云其(시운기)
何能淑(하능숙)고 載胥及溺(재서급닉)이라하니 此之謂(차지위)
也(야)니라。

⑩ 孟子曰(맹자왈) 自暴者(자포자)는 不可與有言也(불가여유언야)요
自棄者(자기자)는 不可與有爲也(불가여유위야)니 言非(언비)
禮義(례의)를 謂之自暴也(위지자포야)요 吾身不能(오신불능)
居仁由義(거인유의)를 謂之自棄也(위지자기야)니라 仁(인)은
人之安宅也(인지안택야)요 義(의)는 人之正路也(인지정로야)니

•載：「곧」이라는 뜻 •胥：서로 서

•暴：해칠 포 •棄：버릴 기

종신토록 근심하고 욕을 보다가 죽음에 빠지게 될 것이다。『시경』에 「어떻게 잘될 수 있겠는가? 곧 서로 멸망의 구렁텅이로 빠지게 될 텐데」라고 하였으니, 이를 두고 한 말이니라。』

맹자께서 말씀하셨다。『자기 자신을 해치는 사람과는 함께 말할 수 없고, 자기 자신을 버리는 사람과는 함께 일할 수 없다。말할 때 예의를 비방하는 것을 「자포」라 하고, 내 몸은 인에 머물거나 의에 따라가지 못한다고 하는 것을 「자기」라 한다。인은 사람의 편안한 집이고, 의는 사람의 바른 길이니 편안한 집을 비워두고 살지 않으며, 바른 길을 버리고 따라가지 않으니 슬픈 일이로다。』

•曠安宅而弗居하며 舍正路而不•由하나니 哀哉로다。

⑪ 孟子曰 道在爾而求諸遠하며 事在易而求諸難하나니 人人이 親其親長其長이면 而天下平하리라。

⑫ 孟子曰 居下位而不獲於上이면 民不可得而治也리니 獲於上이 有道하니 不信於友면 弗獲於上矣요 信於友有道하니 事親弗悅이면 弗

•曠 : 빌 광
•由 : 갈 행(行)과 같음

맹자께서 말씀하셨다。『도는 가까운 데 있는데도 멀리서 찾고、일은 쉬운 데 있는데도 어려운 데서 찾는다。사람들이 자기 부모를 친애하고、자기 어른을 어른으로 섬기면 천하는 화평해질 것이다。』

맹자께서 말씀하셨다。『아랫자리에 있으면서 윗사람에게 신임을 얻지 못하면 백성을 다스리지 못한다。윗사람에게 신임을 얻는 데 방법이 있는데 벗에게 믿음을 얻지 못하면 윗사람에게 신임을 얻지 못한다。벗에게 신임을 얻는 데도 방법이 있는데 부모를 섬길 때 기쁘게 해드리지 못하면 벗에게 신용을 얻지 못한다。부모를 기쁘게 해드리는 데도 방법이 있

信於友矣요 悅親이 有道하니 反身不誠이면 不悅於親矣요 誠身이 有道하니 不明乎善이면 不誠其身矣리라 是故誠者는 天之道也요 思誠者는 人之道也니라 至誠而不動者未之有也며 不誠이요 未有能動者也니라。

⑬ 孟子曰 伯夷辟紂하여 居北海之濱이러니 聞文王作興하고 曰盍歸乎

• 辟 : 피할 피　• 濱 : 물가 빈

는데 자신에게 돌이켜서 성실하지 못하면 부모를 기쁘게 해드리지 못한다。자신을 성실하게 하는 데도 방법이 있는데 선에 밝지 못하면 자신을 성실하게 할 수 없다。이런 까닭에 성실이란 것은 하늘의 도리이고、성실해지려고 생각하는 것은 사람의 도리이다。지극히 성실하면 감동되지 않는 것이 없으니 성실하지 않으면 남을 감동시킬 수 없느니라。』

맹자께서 말씀하셨다。『백이가 주왕을 피하여 북쪽 바닷가에 살았는데、문왕이 일어났다는 것을 듣고「어찌 돌아가지 않겠는가? 내 들으니 서백은 늙은이를 잘 봉양한다고 하더라。」하고 말하였다。태공은 주왕을 피

來리오 吾聞西伯•이 善養老者라하며 太公이 辟紂하여 居東海之濱이러니 聞文王作興하고 曰盍歸乎來리오 吾聞西伯이 善養老者라하니라 二老者는 天下之大老也而歸之하니 是天下之父歸之也니 天下之父歸之어니 其子焉往이리오 諸侯有行文王之政者면 七年之內에 必爲政於天下矣리라。

•西伯 : 문왕을 말함

하여 동쪽 바닷가에 살았는데, 문왕이 일어났다는 것을 듣고「어찌 돌아가지 않겠는가? 내 들으니 서백은 늙은이를 잘 봉양한다고 하더라。」하고 말하였다。두 노인은 천하의 훌륭한 노인들인데 문왕에게로 돌아갔으니, 이것은 천하의 아버지 되는 사람들이 문왕에게로 돌아온 것이다。천하의 아버지들이 돌아왔는데 그 자식들이 어디로 가겠는가? 제후 중에 문왕의 정치를 행하는 사람이 있으면 7년 안에 반드시 천하를 다스리게 될 것이다。』

맹자께서 말씀하셨다。『구가 계씨의 가신이 되어 그의 행실을 고쳐 주지 못하고 세금을 배로 늘리자 공자

⑭ 孟子曰 求也爲季氏宰하여 無能改於其德이오 而賦粟이 倍他日이어늘 孔子曰 求는 非我徒也로다 小子아 鳴鼓而攻之可也라하시니 由此觀之컨댄 君不行仁政而富之면 皆棄於孔子者也니 況於爲之强戰하여 爭地以戰에 殺人盈野하며 爭城以戰에 殺人盈城이온여 此所謂率土地而食人肉이라 罪不容於死니라 故善戰者

●求：공자의 제자 염구(冉求)를 말함 ●賦：구실 부。 여기서는 취한다는 뜻

께서 말씀하시기를, 「구는 우리 무리가 아니다。 제자들아, 북을 울려 그를 성토해도 좋다。」고 하셨다。 이로 미루어 보건대 임금이 인정을 행하지 않는데 그를 부유하게 해주면 모두 공자에게 버림을 받는 것이다。 하물며 임금을 위해 무리하게 전쟁을 하여, 땅을 다투는 싸움에서 사람을 죽여 들에 가득 차게 하고, 성을 쟁탈하는 싸움에 사람을 죽여 성에 가득 차게 하는 것이야 더 말할 것이 있겠는가? 이것은 이른바 토지 때문에 사람 고기를 먹게 하는 것이니 죄가 죽음을 면치 못할 것이다。 그러므로 전쟁을 잘 하는 자는 가장 무거운 형벌을 받아야 하고, 제후들을 연합시키는 자는 다음의 형벌을 받아야 하며,

는 服上刑(복상형)하고 連諸侯者(연제후자) 次之(차지)하고 辟(벽)草萊任土地者(초래임토지자) 次之(차지)니라。

⑮ 孟子曰(맹자왈) 存乎人者(존호인자) 莫良於眸子(막량어모자)하니 眸子不能掩其惡(모자불능엄기악)하나니 胸中正(흉중정)하면 則眸子瞭焉(즉모자료언)하고 胸中不正(흉중부정)하면 則眸子眊焉(즉모자모언)이니라 聽其言也(청기언야)요 觀其眸子(관기모자)면 人焉廋哉(인언수재)리오。

⑯ 孟子曰(맹자왈) 恭者(공자)는 不侮人(불모인)하고 儉者(검자)

●辟 : 「개간하다」는 뜻
●萊 : 묵정밭 래
●眸 : 눈동자 모。「眸子」는 「눈동자」를 말함
●掩 : 가릴 엄
●瞭 : 밝을 료
●眊 : 눈흐릴 모
●廋 : 숨길 수

황무지를 개간해서 토지를 떠맡기는 자는 다음의 형벌을 받아야 한다。』

맹자께서 말씀하셨다。『사람에게 있는 것 가운데 눈동자보다 선량한 것이 없다。눈동자는 그 사람의 악함을 감추지 못한다。마음속이 바르면 눈동자가 밝고、마음속이 바르지 못하면 눈동자가 흐리다。그 말을 듣고 그 눈동자를 보면 사람이 어찌 속일 수 있겠는가?』

맹자께서 말씀하셨다。『공손한 사람은 남을 업신여기지 않고、검소한 사람은 남의 것을 빼앗지 않는다。남을 업신여기고 남의 것을 빼앗는 임금은 오직 순종하지 않을까 두려워하는 것이니 어찌 공손하고 검소할 수 있겠는가? 공손함과 검소함을 어찌 목소리

는 不奪人하나니 侮奪人之君은 惟恐不順焉이어니 惡得爲恭儉이리오 恭儉을 豈可以聲音笑貌爲哉리오。

⑰ 淳于髡曰 男女授受不親이 禮與잇가 孟子曰 禮也니라 曰 嫂溺이어든 則援之以手乎잇가 曰 嫂溺不援이면 是豺狼也니 男女授受不親은 禮也요 嫂溺援之以手者는 權也니라 曰

- 淳于髡 : 제나라 변사。髡(머리깎을 곤)
- 嫂 : 형수 수
- 援 : 당길 원
- 豺狼 : 승냥이 시。이리 랑
- 權 : 저울추 권

와 웃는 모습으로 할 수 있겠는가?』

순우곤이 말하기를, 『남녀가 직접 주고받지 않는 것이 예의입니까?』하자, 맹자께서 말씀하시기를, 『예의이다。』라고 하셨다。순우곤이 『형수가 물에 빠지면 손으로 끌어당겨야 합니까?』하자, 맹자께서 『형수가 물에 빠졌는데 끌어당기지 않는다면 이것은 승냥이나 이리 같은 짐승이다。남녀가 직접 주고받지 않는 것은 예의이고, 형수가 물에 빠졌을 때 손으로 끌어당기는 것은 권도이다』라고 하셨다。순우곤이 말하였다。『지금 천하가 물에 빠졌는데 선생님께서 구원하지 않는 것은 어째서입니까?』맹자께서 말씀하셨다。『천하가 물에 빠졌으면 도로써 구원해 주고, 형수가 물에 빠졌으면 손으로 끌

今天下溺矣어늘 夫子之不援은 何也잇고 曰 天下溺이어든 援之以道요 嫂溺이어든 援之以手니 子는 欲手援天下乎아。

⑱ 公孫丑曰 君子之不教子는 何也잇고 孟子曰 勢不行也니 教者는 必以正하여 以正不行이어든 繼之以怒니 繼之以怒면 則反夷●矣요 夫子教我以正하사대 夫子도 未出於正也라

●夷 : 오랑캐 이。 여기서는 「상하게 하다」는 뜻

어당겨 구해주는 것인데, 그대는 손으로 천하를 구원하라는 말인가?』

공손추가 말하였다。『군자가 자식을 가르치지 않는 것은 어째서입니까?』 맹자께서 말씀하셨다。『형세상 행하지 못하기 때문이다。가르침은 반드시 바른 것을 가지고 하는데, 바른 것을 가르쳐도 행하지 못하면 이어서 화를 내게 된다。이어서 화를 내게 되면 도리어 자식과의 사이를 해치게 된다。아버지가 나를 정도로써 가르친다고 하면서 아버지도 정도로 하지 않는다고 생각한다면, 이것은 아버지와 자식이 서로 해치는 것이다。아버지와 자식이 서로 해치면 나쁜 것이다。그래서 옛날에는 자식을 바꾸어 가르쳤다。아버지와 자식 사

하면 則是父子相夷也니 父子相夷則惡矣니라 古者에 易子而教之리니라 父子之間은 不責善이니 責善則離하나니 離則不祥莫大焉이니라。

⑲ 孟子曰 事孰爲大요 事親爲大하고 守孰爲大요 守身爲大하니 不失其身而能事其親者를 吾聞之矣요 失其身而能事其親者를 吾未之聞也케라 孰不爲事리오마는 事親이 事之本也요 孰不爲守리오마는 守身이 守

이에는 착한 것을 하라고 꾸짖지 않는 것이니, 착한 것을 하라고 꾸짖으면 정이 떠나니, 정이 떠나면 상서롭지 못한 일이 더 큰 것이 없다.』

맹자께서 말씀하셨다.『섬기는 일 가운데 무엇이 중요한가? 부모를 섬기는 일이 중요하다. 지키는 일 가운데 무엇이 중요한가? 자신을 지키는 것이 중요하다. 자기 몸을 잃지 않고 부모를 섬길 수 있다는 말은 내가 들었지만, 자기 몸을 잃고서 부모를 섬길 수 있었다는 말은 내가 아직 듣지 못했다. 어느 일이나 섬기는 일이 아니겠는가만 부모를 섬기는 일이 섬기는 일의 근본이요, 어느 일이나 지키는 일이 아니겠는가만 몸을 지키는 일이 지키는 일의 근본이 된다. 증자

之本也니라 曾子養曾晳하시되 必有酒肉이러시니 將徹에 必請所與하여 問有餘어든 必曰有라하더시니 曾晳이 死커늘 曾元이 養曾子하되 必有酒肉이러니 將徹에 不請所與하며 問有餘어시든 曰亡矣라하니 將以復進也라 此所謂養口體者也니 若曾子는 則可謂養志也니라 事親을 若曾子者아 可也니라。

⑳ 孟子曰 人不足與適也며 政不足

●曾晳：증자의 아버지
●曾元：증자의 아들
●適：갈 적。여기서는「허물」이라는 뜻

가 증석을 봉양할 때 반드시 술과 고기를 갖추었는데, 상을 물릴 때는 반드시 남은 것을 누구에게 줄 것인가를 여쭈었으며, 더 남은 것이 있느냐고 물으면 반드시「있습니다。」라고 대답하였다。증석이 죽고 증원이 증자를 봉양할 때 반드시 술과 고기를 갖추었는데, 상을 물릴 때 남은 것을 누구에게 줄 것인가를 여쭙지 않았고, 더 남은 것이 있느냐고 물으면「없습니다。」라고 대답하였으니, 뒤에 다시 차려드리려는 것이었다。이것은 이른바 입과 몸을 봉양하는 것일 뿐이다。증자 같이 하는 것이 부모의 뜻을 받들었다고 할 수 있다。어버이를 섬기는 데는 증자처럼 하는 것이 좋다。』

맹자께서 말씀하셨다。『사람은 허

間也요 惟大人이야 爲能格君心之非니 君仁莫不仁하며 君義莫不義하며 君正莫不正이라 一正君而國定矣리라。

㉑ 孟子曰 有不虞之譽하며 有求全之毁하니라。

㉒ 孟子曰 人之易其言也는 無責耳矣일새니라。

㉓ 孟子曰 人之患은 在好爲人師니라。

•間 :「비난하다」는 뜻
•格 : 바로잡을 격
•虞 : 헤아릴 우

물할 것이 못되고, 정치는 비난할 것이 못된다. 오직 큰 인물만이 임금의 마음에 그릇된 점을 바로잡을 수 있다. 임금이 인자하면 인자하지 않을 사람이 없고, 임금이 의로우면 의롭지 않을 사람이 없고, 임금이 바르면 바르지 않을 사람이 없다. 한 번 임금을 바르게 하면 나라가 안정된다.』

맹자께서 말씀하셨다.『뜻하지 않게 칭찬을 받을 수가 있고, 온전하기를 바라다가 비방을 받는 수도 있다.』

맹자께서 말씀하셨다.『사람들이 말을 쉽게 하는 것은 질책을 당하지 않았기 때문이다.』

맹자께서 말씀하셨다.『사람의 병폐는 남의 스승 되기를 좋아하는 데 있다.』

㉔ 樂正子從於子敖요 之齊러니 樂正子見孟子한대 孟子曰 子亦來見我乎아 曰 先生은 何爲出此言也잇고 曰 子來幾日矣요 曰 昔者니이다 曰 昔者면 則我出此言也 不亦宜乎아 曰 舍館을 未定이러이다 曰 子聞之也아 舍館定然後求見長者乎아 曰 克이 有罪호이다。

㉕ 孟子謂樂正子曰 子之從於子

• 館 : 객사 관

악정자가 자오를 따라 제나라에 갔다。악정자가 맹자를 찾아뵈니、맹자께서 말씀하셨다。『자네도 역시 나를 만나러 왔는가?』악정자가 『선생님께서는 왜 그런 말씀을 하십니까?』라고 하자、『자네가 제나라에 온 지가 며칠 되었나?』하셨다。악정자가 『어제 왔습니다。』라고 하자、맹자께서 『어제 왔다면 내가 이런 말을 하는 것이 또한 마땅하지 않다는 말인가?』라고 하셨다。악정자가 『숙소를 정하지 못했기 때문입니다。』라고 하였다。맹자께서 말씀하셨다。『자네는 숙소를 정한 뒤에 어른을 찾아뵌다고 들었던가?』악정자가 말하였다。『제가 잘못했습니다。』

맹자께서 악정자에게 말씀하셨다。『그대가 자오를 따라 온 것은 한갓 먹

敎來는 徒餔啜也로다 我不意子學古之道而以餔啜也호라。

㉖ 孟子曰 不孝有三에 無後爲大하니 舜이 不告而娶는 爲無後也니 君子以爲猶告也라하니라。

㉗ 孟子曰 仁之實은 事親이 是也요 義之實은 從兄이 是也니라 智之實은 知斯二者弗去是也요 禮之實은 節文斯二者是也요 樂之實은 樂斯二者니 樂

●徒: 한갓 도
●餔: 먹을 포
●啜: 마실 철
●娶: 장가들 취

고 마시기 위한 것이로다。 나는 그대가 옛 성현의 도를 배워서 먹고 마시는 데 그칠 줄은 생각하지 못했다。』

맹자께서 말씀하셨다。『불효에는 세 가지가 있는데, 자손이 없는 것이 큰 불효다。 순임금이 부모에게 알리지 않고 아내를 맞이한 것은 자손이 끊어져질까 걱정했기 때문이다。 군자들은 그것을 알린 것과 마찬가지라고 하였느니라。』

맹자께서 말씀하셨다。『인의 실상은 부모를 섬기는 것이고, 의의 실상은 형을 따르는 것이다。 지의 실상은 이 두 가지를 알고서 떠나지 않는 데 있다。 예의 실상은 이 두 가지를 조절하고 가꾸어 꾸미는 것이다。 악의 실상은 이 두 가지를 즐기는 것이다。 즐거워하면

則生矣요 生則惡可已也리오 惡可已면 則不知足之蹈之手之舞之니라。

㉘ 孟子曰 天下大悅而將歸己어늘 視天下悅而歸己를 猶草芥也는 惟舜爲然하시니 不得乎親이면 不可以爲人이며 不順乎親이면 不可以爲子라하더이다 舜이 盡事親之道而瞽瞍底豫하니 瞽瞍底豫而天下化라 瞽瞍底豫而天下之爲父子者定하니

• 芥 : 겨자 개

마음이 생겨나고, 생겨나면 이런 행실을 어찌 그만 둘 수 있겠는가? 어찌 그만둘 수 없다면 자신도 모르게 발이 껑충거리고 손이 춤을 추게 된다.』

맹자께서 말씀하셨다. 『천하가 크게 기뻐하여 장차 자기에게 돌아오려 하는데, 천하가 기뻐하여 자기에게 돌아오려는 것 보기를 지푸라기처럼 여긴 것은 오직 순임금이 그러했다. 이것은 부모에게 인정받지 못하고는 인간이라 할 수가 없고, 부모에게 순종하지 못하고는 자식이라 할 수가 없기 때문이다. 순임금이 부모 섬기는 도리를 다하여 고수가 기뻐하기에 이르렀다. 고수가 기뻐하기에 이르자 천하가 감화되었고, 고수가 기뻐하기에 이르자 천하의 부모와 자식된 자

此(차)之(지)謂(위)大(대)孝(효)니라。

離(이)婁(루)章(장)句(구)下(하)

① 孟(맹)子(자)曰(왈) 舜(순)이 生(생)於(어)諸(저)馮(풍)하샤 遷(천)於(어)負(부)夏(하)하샤 卒(졸)於(어)鳴(명)條(조)하시니 東(동)夷(이)之(지)人(인)也(야)시고 文(문)王(왕)이 生(생)於(어)岐(기)周(주)하샤 卒(졸)於(어)畢(필)郢(영)하시니 西(서)夷(이)之(지)人(인)也(야)시니 地(지)之(지)相(상)去(거)也(야)千(천)有(유)餘(여)里(리)며 世(세)之(지)相(상)後(후)也(야)千(천)有(유)餘(여)歲(세)로되 得(득)志(지)行(행)乎(호)中(중)國(국)은

의 도리가 정해졌으니, 이것을 큰 효도라고 말한다.』

맹자께서 말씀하셨다. 『순임금은 저풍에서 태어나 부하로 옮겼다가 명조에서 돌아가셨으니 동이의 사람이다. 문왕은 기주에서 태어나 필영에서 돌아가셨으니 서이의 사람이다. 두 분이 살았던 땅의 거리가 천여 리요, 세대의 차이가 천여 년이나 뜻을 얻어 중국에서 행한 것은 부절을 합한 듯이 같았다. 앞의 성인과 뒤의 성

若合符節하니 先聖後聖이 其揆一也니라。

② 子產이 聽鄭國之政에 以其乘輿로 濟人於溱洧러니 孟子曰 惠而不知爲政이로다 歲十一月에 徒杠이 成하고 十二月에 輿梁이 成하면 民未病涉也니라 君子平其政인댄 行辟人이 可也니 焉得人人而濟之리오 故爲政

●符：부신 부
●揆：헤아릴 규
●輿：수레 여
●溱洧：진유。둘 다 물 이름
●杠：징검다리 강
●辟：치울 벽

인이 헤아린 것이 같았다。』

자산이 정나라의 정치에 참여할 때、자기가 타던 수레로 사람들을 태워 진수와 유수를 건너게 해주니 맹자께서 말씀하셨다。『은혜로운 사람이지만 정치를 모르는구나。11월에 도보로 건너는 다리를 만들고、12월에 수레가 건너는 다리를 만들면 백성들은 건너는 것을 어려워하지 않을 것이다。군자가 정치를 공평히 한다면 길을 갈 때 사람들을 물리치고 가도 좋다。어떻게 사람마다 일일이 건너게 해줄 수 있겠는가? 그러므로 정치를 하는 이가 만나는 사람마다 다 기쁘게 해주려면 날마다 그 일만 해도 모자랄 것이다。』

者每人而悅之(자매인이열지)면 日亦不足矣(일역부족의)리라。

③ 孟子告齊宣王曰(맹자고제선왕왈) 君之視臣(군지시신)이 如手足(여수족)하면 則臣視君(즉신시군)을 如腹心(여복심)하고 君之視臣(군지시신)이 如犬馬(여견마)하면 則臣視君(즉신시군)을 如國人(여국인)하고 君之視臣(군지시신)이 如土芥(여토개)하면 則臣視君(즉신시군)을 如寇讐(여구수)니이다 王曰(왕왈) 禮(예)에 爲舊君有服(위구군유복)하니 何如(하여)면 斯可爲服(사가위복)矣(의)리잇고 曰(왈) 諫行言聽(간행언청)하며 膏澤(고택)이 下(하)於民(어민)이오 有故而去(유고이거)어든 則君(즉군)이 使人(사인)

●寇：도둑 구 ●讐：원수 수

●膏：살찔 고 ●澤：윤택할 택

맹자께서 제나라 선왕에게 말씀하셨다。『임금이 신하 보기를 자기 손발같이 여기면 신하는 임금을 자기 배와 심장같이 여기고、임금이 신하 보기를 개나 말처럼 여기면 신하는 임금을 일반 백성같이 여기고、임금이 신하 보기를 흙이나 풀포기처럼 여기면 신하는 임금을 원수같이 여길 것입니다。』 제선왕이 말하였다。『예에는 옛 임금을 위해 복을 입는다고 하였는데、어떻게 해야 복을 입게 할 수 있습니까?』 맹자께서 말씀하셨다。『간한 것이 행해지고、말이 받아들여지며、혜택이 백성들에게 베풀어지며、이유가 있어 떠나게 되면 임금이 사람을 시켜 국경까지 바래다주

導之出疆하며 又先於其所往이오 去三年不反이라사 然後收其田里하면 此之謂三有禮焉이니 如此則爲服矣리이다 今也爲臣하야 諫則不行하며 言則不聽하야 膏澤이 不下於民이오 有故而去어든 則君이 搏執之하며 又極之於其所往이오 去之日에 遂收其田里하면 此之謂寇讎니 寇讎에 何服之有리잇고。

●極：다할 극。여기서는 「곤궁하다」는 뜻 ●搏：잡을 박

고、또 그가 가는 곳에 먼저 알리고、3년이 지나도록 돌아오지 않은 뒤에 토지와 거주지를 회수합니다。이것을 세 가지 예가 있다고 말하니 이렇게 하면 임금을 위해 복을 입을 것입니다。지금은 신하가 되어 간언해도 실행되지 않고、말이 받아들여지지 않아서、은혜가 백성들에게 베풀어지지 않으며、이유가 있어 떠나게 되면 붙잡아 놓고、또 그가 가는 곳에서 극도로 고통을 받게 하며、떠나는 날에 바로 그의 토지와 거주지를 회수해 버립니다。이것을 도적이나 원수라고 하는 것이니、원수의 상에 어찌 복을 입겠습니까?』

④ 孟子曰 無罪而殺士하면 則大夫可以去오 無罪而戮•民하면 則士可以徙니라。

맹자왈 무죄이살사하면 즉대부가이거오 무죄이륙민하면 즉사가이사니라

⑤ 孟子曰 君仁莫不仁이오 君義莫不義니라。

맹자왈 군인막불인이오 군의막불의니라

⑥ 孟子曰 非禮之禮와 非義之義를 大人弗爲니라。

맹자왈 비례지례와 비의지의를 대인불위니라

⑦ 孟子曰 中也養不中하며 才也養不才라 故人樂有賢父兄也니

맹자왈 중야양부중하며 재야양부재라 고인락유현부형야니

• 戮 : 죽일 륙

맹자께서 말씀하셨다. 『죄 없이 선비를 죽이면 대부가 그 나라를 떠나야 하고, 죄 없이 백성을 죽이면 선비가 옮겨가야 한다.』

맹자께서 말씀하셨다. 『임금이 인하면 인하지 않은 사람이 없고, 임금이 의로우면 의롭지 않은 사람이 없을 것이다.』

맹자께서 말씀하셨다. 『예가 아닌 예와, 의가 아닌 의를 대인은 행하지 않는다.』

맹자께서 말씀하셨다. 『중용의 덕을 갖춘 사람이 중용의 덕을 갖추지 못한 사람을 가르쳐 주고, 재능 있는 사람은 재능 없는 사람을 길러 주기 때문에 사람들은 어진 부형이 있는

如中也 棄不中하며 才也 棄不才면 則賢不肖之相去其間不能以寸이리라。

⑧ 孟子曰 人有不爲也而後可以有爲니라。

⑨ 孟子曰 言人之不善하다가 當如後患何오。

⑩ 孟子曰 仲尼는 不爲已甚者러시다。

⑪ 孟子曰 大人者는 言不必信하며

•已: 너무 이。지나치다는 의미 •必: 기필할 필。이루어내고자 한다는 의미

것을 즐거워한다。만일 중용의 덕을 갖춘 사람이 그렇지 못한 사람을 버리고、재능 있는 사람이 재능 없는 사람을 버린다면、잘난 사람과 못난 사람과의 차이는 그 간격이 한 치도 못 될 것이다。』

맹자께서 말씀하셨다。『사람은 하지 않는 것이 있은 뒤에야 할 수 있는 일이 있게 된다。』

맹자께서 말씀하셨다。『남의 불선을 말하다가 후환을 당하면 어떻게 하겠는가?』

맹자께서 말씀하셨다。『중니께서는 너무 심한 일은 하지 않으셨다。』

맹자께서 말씀하셨다。『대인은 말함에 반드시 믿어줄 것이라 기대하지

行不必果오 惟義所在니라。

⑫ 孟子曰 大人者는 不失其赤子之心者也니라。

⑬ 孟子曰 養生者는 不足以當大事오 惟送死아 可以當大事니라。

⑭ 孟子曰 君子深造之以道는 欲其自得之也니 自得之則居之安하고 居之安則資之深하고 資之深則取之左右에 逢其原이니 故君子는 欲

•資: 재물 자。 여기서는 「사용하다」는 뜻
•造: 나아갈 조
•逢: 만날 봉

않고、 행함에 반드시 결과가 있을 것이라 기대하지 않으며、 오직 의에 맞는지를 살필 뿐이다。』

맹자께서 말씀하셨다。『대인은 그 갓난아이 때의 마음을 잃지 않은 사람이다。』

맹자께서 말씀하셨다。『살아계실 때 봉양하는 것은 큰일에 해당될 수 없고、 오직 돌아가신 분을 보내는 일이어야 큰일에 해당된다。』

맹자께서 말씀하셨다。『군자가 도로써 깊이 나아가는 것은 스스로 터득하기 위한 것이다。 스스로 도를 터득하게 되면 거처하는 데 편안하고、 거처하는 데 편안하면 바탕이 깊어지고、 바탕이 깊어지면 왼쪽에서나 오른쪽

其自得之也니라。

⑮ 孟子曰 博學而詳說之는 將以反說約也니라。

⑯ 孟子曰 以善服人者는 未有能服人者也오 以善養人이리니 然後能服天下니 天下不心服而王者未之有也니라。

⑰ 孟子曰 言無實不祥하니 不祥之實은 蔽賢者當之니라。

• 詳 : 자세할 상

에서나 마음대로 취해 행동해도 도의 근원을 만나게 된다。 그러므로 군자는 스스로 터득하고자 하는 것이다。』

맹자께서 말씀하셨다。『널리 배우고 자세히 말하는 것은 장차 그것에 근거하여 도리어 집약된 부분을 말하려는 것이다。』

맹자께서 말씀하셨다。『선으로 남을 복종시키려는 사람 중에 남을 복종시킨 경우는 아직 없었다。 선으로 남을 길러 준 뒤에야 천하를 복종시킬 수가 있다。 온 천하가 마음으로 복종하지 않고서 왕업을 이룬 사람은 아직 없었다。』

맹자께서 말씀하셨다。『말에 진실이 없으면 상서롭지 못하니 상서롭지

⑱ 徐子曰 仲尼亟稱於水曰 水哉水哉여 하시니 何取於水也시니잇고 孟子曰 原泉混混하야 不舍晝夜하야 盈科而後進하야 放乎四海하나니 有本者如是라 是之取爾시니라 苟爲無本이면 七八月之間에 雨集하야 溝澮皆盈하다 其涸也를 可立而待也니 故聲聞過情을 君子恥之니라。

- 亟：자주 기
- 混混：물이 힘차게 샘솟는 모양
- 放：여기서는 「이르다」는 뜻
- 科：웅덩이 과
- 溝澮：봇도랑 구。봇도랑 회。「구회」는 논밭 사이의 도랑을 말함
- 涸：마를 학

못한 것의 실상은 어진 사람을 가리는 것이 이것에 해당한다。』

서자가 말하였다。『중니께서 자주 물을 일컬을 말씀하시며 「물이여！ 물이여！」라고 하셨는데、물에서 무엇을 취하신 것입니까？』 맹자께서 말씀하셨다。『근원이 있는 물은 샘솟아 오르기를 밤낮으로 쉬지 않고、구덩이를 채운 뒤에 앞으로 나아가 바다에까지 도달한다。근본이 있는 것은 이와 같으니、이 점을 취하신 것이다。진실로 근본이 없다면 7、8월 사이에 빗물이 모여 크고 작은 도랑을 모두 채우지만、그 물이 말라 버리는 것은 서서 기다릴 수 있을 정도이다。그러므로 명성이 실제보다 지나

⑲ 孟子曰(맹자왈) 人之所以異於禽獸者(인지소이이어금수자) 幾希(기희)하니 庶民去之(서민거지)하고 君子存之(군자존지)니라 舜(순)은 明於庶物(명어서물)하시며 察於人倫(찰어인륜)하시니 由仁義行(유인의행)이라 非行仁義也(비행인의야)시니라。

⑳ 孟子曰(맹자왈) 禹(우)는 惡旨酒而好善言(오지주이호선언)하시고 湯(탕)은 執中(집중)하시며 立賢無方(입현무방)하시고 文王(문왕)은 視民如傷(시민여상)하시며 望道而未之見(망도이미지견)하시고 武王(무왕)은 不泄邇(불설이)하시며 不忘遠(불망원)

• 旨 : 여기서는 「맛있다」는 의미로 사용
• 方 : 주자는 「類」의 의미로 설명함
• 泄 : 샐 설。 여기서는 「친압하다」는 뜻
• 邇 : 가까울 이

친 것을 군자는 부끄러워한다。』

맹자께서 말씀하셨다。『사람이 금수와 다른 점은 매우 적은데 일반 사람들은 그것을 버리고 군자는 그것을 보존한다。순임금은 사물의 이치에 밝고 인륜을 살피셨으니 인과 의에 따라 행한 것이지 인과 의를 의식해서 행한 것은 아니다。』

맹자께서 말씀하셨다。『우임금은 맛있는 술을 싫어하고 선한 말을 좋아하셨다。탕임금은 중용을 지키고、어진 이를 등용할 때 신분을 따지지 않으셨다。문왕은 백성 보기를 다친 사람 대하듯이 하였고、도를 바라보고도 보지 못한 듯이 하셨다。무왕은 가까이 있는 사람을 지나치게 친하게

하시고 周公은 思兼三王하야 以施四事하샤 其有不合者어든 仰而思之하샤되 夜以繼日하야 幸而得之어시든 坐以待旦러시다。

㉑ 孟子曰 王者之跡이 熄而詩亡하니 詩亡然後春秋作하니라 晉之乘과 楚之檮杌과 魯之春秋一也니라 其事則齊桓晉文이오 其文則史니 孔子曰其義則丘竊取之矣라하시니라。

• 杌：나무 그루터기 올。「도올」은 초나라의 역사책 • 檮：등걸 도

대하지 않으셨고, 먼 데 있는 사람을 잊지 않으셨다。 주공은 세 임금들의 미덕을 겸하여 위 네 가지 일을 시행하였는데, 그 중에 맞지 않는 것이 있으면 우러러 생각하기를 밤낮으로 하여, 다행히 터득하게 되면 앉아서 날이 새기를 기다리셨다。』

맹자께서 말씀하셨다。『왕도정치의 자취가 사라지자 시가 없어졌으며, 시가 없어진 뒤에 춘추가 지어졌다。 진나라의 승과 초나라의 도올과 노나라의 춘추는 모두 같은 것이다。 거기에 다룬 일은 제나라 환공과 진나라 문공에 관한 것이고, 그 글은 사관의 기록이다。 공자께서 「그 뜻을 내가 삼가 취했다」라고 말씀하셨느니라。』

㉒ 孟子曰 君子之澤이 五世而斬하며 小人之澤이 五世而斬이니라 予未得爲孔子徒也나 予私淑諸人也로라。

(맹자왈 군자지택 오세이참 소인지택 오세이참 여미득위공자도야 여사숙저인야)

㉓ 孟子曰 可以取며 可以無取에 取는 傷廉이오 可以與며 可以無與에 與면 傷惠오 可以死며 可以無死에 死면 傷勇이니라。

(맹자왈 가이취 가이무취 취 상렴 가이여 가이무여 여 상혜 가이사 가이무사 사 상용)

㉔ 逢蒙이 學射於羿하야 盡羿之道

(방몽 학사어예 진예지도)

- 私淑 : 직접 가르침을 받지는 않았으나 간접적으로 도(道)나 학문(學問)을 잘 배움
- 斬 : 벨 참. 「끊어지다」의 뜻
- 廉 : 청렴할 렴
- 逢 : 막을 방. 성(姓) 방
- 羿 : 사람이름 예

맹자께서 말씀하셨다. 『군자의 은택도 5대가 되면 끊어지고, 소인의 영향도 5대면 끊어진다. 내가 공자의 제자가 되지 못했지만 나는 공자의 말씀을 실천하는 이들을 통해 공자의 학문을 잘 배웠다.』

맹자께서 말씀하셨다. 『취해도 되고 취하지 않아도 되는데 취하면 청렴을 해치고, 줄 수도 있고 주지 않을 수도 있는데 준다면 은혜를 해치고, 죽을 수도 있고 죽지 않을 수도 있는데 죽는다면 용기를 해치는 것이다.』

방몽이 예에게서 활쏘기를 배웠는데, 방법을 다 배우고 천하에 오직 예만이 나보다 활을 잘 쏜다고 생각하고, 이에 예를 죽여 버렸다. 맹자께

하고 思天下惟羿爲愈己하야 於是殺羿하다 孟子曰 是亦羿有罪焉하니 公明儀曰 宜若無罪焉이라하나 曰 薄乎云爾언정 惡得無罪리오 鄭人이 使子濯孺子侵衛어늘 衛使庾公之斯追之러니 子濯孺子曰 今日에 我疾作이라 不可以執弓이로소니 吾死矣夫인저 問其僕曰 追我者誰也오 其僕曰 庾公之斯也로소이다 曰 吾生

•之 : 발어사
•僕 : 마부 복

서 말씀하셨다. 『이에 대해서는 예에게도 잘못이 있다.』 공명의가 『예에게는 거의 잘못이 없는 것 같다』고 말하였으나 맹자께서 말씀하셨다. 『방몽에 비해 그 죄가 가벼울 뿐이지, 어찌 잘못이 없다고 할 수 있겠는가? 정나라 사람이 자탁유자를 시켜 위나라를 침범하니, 위나라는 유공지사를 시켜 그를 추격하였다. 자탁유자가 「오늘은 내가 병이 나서 활을 잡을 수 없으니, 나는 죽었구나」하고, 그의 시종에게 「나를 쫓아오는 자가 누구냐?」하고 물었다. 시종이 「유공지사입니다」하고 말하자, 그는 「나는 살았다」고 말하였다. 그의 시종이 「유공지사는 위나라에서 활을 잘 쏘는 사람

矣(의)로다 其(기)僕(복)曰(왈) 庾(유)公(공)之(지)斯(사)는 衛(위)之(지)善(선)射(사)者(자)也(야)어늘 夫(부)子(자)曰(왈) 吾(오)生(생)은 何(하)謂(위)也(야)잇고 曰(왈) 庾(유)公(공)之(지)斯(사)는 學(학)射(사)於(어)尹(윤)公(공)之(지)他(타)하고 尹(윤)公(공)之(지)他(타)는 學(학)射(사)於(어)我(아)하니 夫(부)尹(윤)公(공)之(지)他(타)는 •端(단)人(인)也(야)라 其(기)取(취)友(우)必(필)端(단)矣(의)리라 庾(유)公(공)之(지)斯(사)至(지)曰(왈) 夫(부)子(자)何(하)爲(위)不(부)執(집)弓(궁)고 曰(왈) 今(금)日(일)에 我(아)疾(질)作(작)이라 不(불)可(가)以(이)執(집)弓(궁)이로다 曰(왈) 小(소)人(인)은 學(학)射(사)於(어)尹(윤)公(공)之(지)他(타)하고 尹(윤)公(공)之(지)他(타)는 學(학)射(사)於(어)夫(부)

•端 : 바를 단

인데, 선생님께서 나는 살았다고 말씀하시는 것은 무슨 까닭입니까?」라고 하자, 자탁유자는 「유공지사는 윤공지타에게서 활쏘기를 배웠고, 윤공지타는 나에게 활쏘기를 배웠다. 윤공지타는 단정한 사람이므로, 그가 취한 벗도 반드시 단정할 것이다」라고 말하였다. 유공지사가 뒤쫓아 와서 「선생님은 왜 활을 잡지 않으십니까?」라고 하니, 「오늘은 내가 병이 나서 활을 잡을 수가 없게 되었소」라고 하였다. 유공지사는 「저는 윤공지타에게서 활쏘기를 배웠고, 윤공지타는 선생님에게서 활쏘기를 배웠습니다. 저는 차마 선생님이 가르친 방법으로 선생님을 해칠 수 없습니다. 비

子(자)하니 我不忍以夫子之道(아불인이부자지도)로 反害(반해)夫子(부자)로다 雖然今日之事(수연금일지사)는 君事也(군사야)라 我不敢廢(아불감폐)라하고 抽矢扣輪(추시구륜)하야 去其金(거기금)하고 發乘矢而後反(발승시이후반)하니라。

㉕ 孟子曰(맹자왈) 西子蒙不潔(서자몽불결)하면 則人皆掩鼻而過之(즉인개엄비이과지)하고 雖有惡人(수유악인)이라도 齊戒沐浴(재계목욕)하면 則可以祀上帝(즉가이사상제)니라。

●抽：뺄 추
●扣：두드릴 구
●乘矢：乘은 원래 네 마리의 말이 끄는 수레를 말하는데 여기서는 넷이라는 의미로 쓰임。따라서 「승시」는 네 개의 화살이라는 뜻
●金：화살 끝에 있는 쇠붙이로 화살촉을 말함
●西子：미인으로 유명했던 西施를 가리킴
●蒙：입을 몽
●掩：가릴 엄

록 그렇지만 오늘의 일은 임금이 명하신 일이라, 제가 감히 그만둘 수는 없습니다」라고 하고 화살을 뽑아 수레바퀴에 두들겨 그 촉을 빼버리고, 화살 네 개를 쏘고 돌아갔다。』

맹자께서 말씀하셨다。『이름난 미인 서시라도 불결한 것을 뒤집어쓰면 사람들이 모두 코를 가리고 지나갈 것이고 비록 얼굴이 매우 못생긴 사람이라도 재계하고 목욕하면 상제에게 제사지낼 수 있는 것이다。』

㉖ 孟子曰 天下之言性也는 則故而已矣니 故者는 以利爲本이니라 所惡於智者는 爲其鑿也니 如智者 若禹之行水也면 則無惡於智矣리라 禹之行水也는 行其所無事也니 如智者 亦行其所無事면 則智亦大矣리라 天之高也와 星辰之遠也라도 苟求其故면 千歲之日至를 可坐而致也니라。

㉗ 公行子 有子之喪이어늘 右師往

● 鑿 : 뚫을 착
● 公行子 : 제나라 대부
● 右師 : 王驩(왕환)을 말함

맹자께서 말씀하셨다. 『천하 사람들이 인간의 본성을 말한 것은 이미 지나간 자취일 뿐이니, 지나간 자취는 이로움을 근본으로 삼는다. 지혜롭다는 사람을 미워하는 것은 그 천착하는 성향 때문이다. 만일 지혜로운 사람이 우임금이 홍수를 다스리듯 한다면 지혜로움을 미워할 일이 없다. 우임금이 홍수를 다스린 것은 일삼지 않음을 행한 것이니, 만일 지혜로운 사람이 일삼지 않는 태도를 실천한다면 그 지혜로움 또한 위대할 것이다. 하늘은 높고 별은 멀다지만 진실로 이미 지나간 자취를 구한다면, 천 년 동안의 일지[동지와 하지]를 앉아서도 알 수 있을 것이다.』

공행자가 아들의 상을 당하자 우

吊리니 入門에 有進而與右師言者하며 有就右師之位而與右師言者러라 孟子 不與右師言하신대 右師 不悅曰 諸君子皆與驩言이어늘 孟子獨不與驩言하시니 是簡驩也로다 孟子聞之曰 禮에 朝廷에 不歷位而相與言하며 不踰階而相揖也하나니 我欲行禮어늘 子敖以我爲簡하니 不亦異乎아。

•歷 : 지낼 력
•踰 : 넘을 유

사가 조문을 갔는데, 그가 문에 들어서자 쫓아 나와 이야기를 나누는 사람도 있었고, 우사의 자리로 가서 이야기하는 사람도 있었는데, 맹자께서는 우사와 말을 하지 않으시자 우사가 불쾌히 여기며 말하였다. 『여러 군자들이 모두 나와 이야기를 나누는데 맹자께서 유독 나와 이야기하지 않으니, 이것은 나를 소홀히 여기는 것이오.』 맹자께서 들으시고 말씀하셨다. 『예에 조정에서는 남의 자리를 지나가서 서로 이야기하지 않으며, 품계를 넘어서 서로 인사하지 않는다고 했다. 나는 예를 행하고자 했는데, 자오가 나보고 소홀히 여긴다고 하니 또한 이상한 일이 아닌가?』

㉘ 孟子曰 君子所以異於人者는 以其存心也니 君子는 以仁存心하며 以禮存心이니라 仁者는 愛人하고 有禮者는 敬人하나니 愛人者는 人恒愛之하고 敬人者는 人恒敬之니라 有人於此하되 其待我以橫逆이어든 則君子必自反也호되 我必不仁也며 必無禮也로다 此物이 奚宜至哉오하나니라 其自反而仁矣며 自反而有禮矣로되 其橫逆이 由是也어든 君子必自反

맹자께서 말씀하셨다。『군자가 보통 사람과 다른 까닭은 그 본심을 보존하기 때문이다。군자는 인으로써 본심을 보존하고、예로써 본심을 보존한다。인한 사람은 남을 사랑하고、예가 있는 사람은 남을 공경한다。남을 사랑하는 사람은 남도 항상 그를 사랑하고、남을 공경하는 사람은 남도 항상 그를 공경한다。여기에 어떤 사람이 있는데 나를 대하기를 무례하고 횡포하게 한다면、군자는 반드시 스스로 반성하여「내가 틀림없이 불인하고、틀림없이 무례한 탓이다。그렇지 않다면 이런 일이 어떻게 일어날 수 있는가」라고 할 것이다。스스로 반성해도 자신이 인하고、스스로 반성하여도 자신이 예의를 차렸는데도

也호되 我必不忠이로다하나니라 自反而忠矣로되 其橫逆이 由是也어든 君子曰 此亦妄人也已矣로다 如此면 則與禽獸奚擇哉리오 於禽獸又何難焉이리오하나니라 是故君子는 有終身之憂하고 無一朝之患也니 乃若所憂則有之하니 舜도 人也시며 我亦人也로되 舜은 爲法於天下하샤 可傳於後世어시늘 我는 由未免爲鄕人也라 是則可憂也니 憂之如何오 如舜而

무례함과 횡포함이 예전과 마찬가지라면、군자는 반드시 스스로 반성하여「내가 틀림없이 진실하지 못했을 것이다」라고 한다。스스로 반성해서 진실한데도 무례함과 횡포함이 예전과 같다면 군자는「이 사람은 역시 망녕된 사람일뿐이다。이와 같다면 짐승과 무엇이 다르겠는가? 짐승에 대해서 또 무엇을 비난하겠는가?」라고 할 것이다。그렇기 때문에 군자는 일생 동안 하는 근심은 있을지언정 한때의 걱정은 없다。만약 근심하는 바가 있다면、이런 것이 있다。순임금도 사람이고 나도 또한 사람인데 순임금은 천하에 모범이 되어서 후세에 전해지게 되었는데、나는 여전히 시골사람을 면하지 못하고 있으니、이것

已矣니라 若夫君子所患則亡矣니
非仁無爲也며 非禮無行也라 如有
一朝之患이라도 則君子不患矣니라。

㉙ 禹稷이 當平世하야 三過其門
而不入하신대 孔子賢之하시며 顏子
當亂世하야 居於陋巷하야 一簞食
一瓢飮을 人不堪其憂어늘 顏子不
改其樂한대 孔子賢之하시니라 孟子
曰 禹稷顏回同道하니 禹는 思天下

●陋 : 누추할 루
●食 : 밥 사
●瓢 : 박 표
●堪 : 견딜 감

이 근심할 만한 일이다。근심한다면 어떻게 할 것인가? 순임금과 같아지려고 할뿐이다。군자라면 걱정할 일이 없으니 인이 아니면 하지 않고、예가 아니면 행하지 않기 때문이다。하루 아침의 걱정은 있을지라도 군자는 걱정하지 않느니라。』

우와 직이 태평한 세상을 만나서 자기 집 문 앞을 세 번 지나면서도 들어가지 않았는데、공자께서 그들을 현자라고 칭찬하셨다。안자는 난세를 만나서 누추한 마을에 살면서 대그릇의 밥과 표주박의 물을 마시며 생활을 하였다。다른 사람들은 그 근심을 견디지 못하겠지만 안자는 그 즐거움을 고치지 않았으므로 공자께서 그를 어질다고 칭찬하셨다。맹자께서 말

有溺者하샤되 由己溺之也하시며 稷은 思天下有飢者하샤되 由己飢之也하시니 是以如是其急也시니라 禹稷顔子易地則皆然이리라 今有同室之人이 鬪者어든 救之호되 雖被髮纓冠而救之라도 可也어니와 鄕隣에 有鬪者어든 被髮纓冠而往救之면 則惑也니 雖閉戶라도 可也니라.

㉚ 公都子曰 匡章은 通國이 皆稱不

●匡章 : 제나라 사람

●鬪 : 싸움 투

●纓 : 갓끈 영

씀하셨다. 『우와 직과 안회가 지킨 도는 모두 같았다. 우는 천하에 물에 빠진 자가 있으면 마치 자기가 물에 빠진 것처럼 생각하였고, 직은 천하에 굶주리는 사람이 있으면 마치 자기가 굶주리는 것처럼 생각하였다. 그러므로 그렇게 급하게 여겼던 것이다. 우와 직과 안자는 입장이 바뀌면 모두 그렇게 했을 것이다. 지금 같은 집에 있는 사람이 서로 싸운다면, 비록 머리를 풀어헤친 채로 갓끈만 매고 싸움을 말리더라도 괜찮다. 그러나 마을이나 이웃에 싸우는 사람이 있을 때 머리를 풀어헤친 채로 갓끈만 매고서 싸움을 말리면 잘 정리할 수 없을 테니 문을 닫아 두어도 좋을 것이다.』

공도자가 말하였다. 『온 나라 사람

孝焉이어늘 夫子與之遊하시며 又從而禮貌之하시니 敢問何也잇고 孟子曰 世俗所謂不孝者五니 惰其四肢하야 不顧父母之養이 一不孝也오 博奕好飮酒하야 不顧父母之養이 二不孝也오 好貨財私妻子하야 不顧父母之養이 三不孝也오 從耳目之欲하야 以爲父母戮이 四不孝也오

● 惰: 게으를 타
● 顧: 돌아볼 고
● 博: 장기 박
● 奕: 바둑 혁

들이 모두 광장을 불효자라고 하는데, 선생님께서는 그와 더불어 교유하시고, 게다가 예의까지 차리시니, 감히 어찌된 일인지 여쭙겠습니다.』 맹자께서 말씀하셨다. 『세속에서 말하는 불효에 다섯 가지가 있다. 그 몸을 게을리 하여 부모의 봉양을 돌보지 않는 것이 첫 번째 불효요, 장기와 바둑을 두고 술 마시기를 좋아하여 부모의 봉양을 돌보지 않는 것이 두 번째 불효요, 재물을 좋아하고 처자에 빠져 부모의 봉양을 돌보지 않는 것이 세 번째 불효요, 육체적인 욕망을 쫓느라 부모를 욕되게 하는 것이 네 번째 불효요, 용맹함을 좋아하고 싸우고 난폭한 짓을 하여 부모를 위태롭게 하는 것이 다섯 번째 불효

好勇鬪狠하야 以危父母 五不孝也니 章子有一於是乎아 夫章子는 子父責善而不相遇也니라 責善은 朋友之道也니 父子責善이 賊恩之大者니라 夫章子豈不欲有夫妻子母之屬哉리오마는 爲得罪於父不得近하야 出妻屏子하야 終身不養焉하니 其設心에 以爲不若是면 是則罪之大者라하니 是則章子已矣니라。

●狠：싸우는 소리 한 ●遇：만날 우。「합치다」는 뜻

이다。그런데 장자가 이 가운데 하나라도 해당되는 것이 있는가? 장자는 자식과 아버지가 서로 선을 권하다가 의견이 맞지 않았던 것이다。선을 권하는 것은 친구들 사이에서 행하는 도리니、아버지와 아들이 선을 권하는 것은 크게 은혜를 해치는 일이다。광장인들 어찌 남편과 아내、어머니와 아들의 관계를 갖고 싶지 않았겠는가? 다만 아버지에게 죄를 얻어 가까이 할 수 없었기 때문에 아내를 내보내고 아들을 물리치고서、평생토록 그들의 봉양을 받지 않았다。이는 그 마음에 「이와 같이 하지 않고서는 죄가 더욱 커진다」고 여겼기 때문이니 이런 사람이 바로 광장일 뿐이다。』

㉛ 曾子居武城에 有越寇어늘 或曰 寇至하니 盍去諸리오하야늘 曰無寓人於我室하야 毁傷其薪木하라 寇退커늘 則曰 脩我牆屋하라 我將反이라하시고 寇退에 曾子反하신대 左右曰 待先生을 如此其忠且敬也어늘 寇至則先去하샤 以爲民望하시고 寇退則反하시니 殆於不可하이다 沈猶行曰 是非汝所知也니 昔에 沈猶有負芻

•寇：침략할 구
•沈猶行：맹자의 제자
•負芻：부추。사람이름

증자께서 무성에 계실 때 월나라가 쳐들어왔다。어떤 사람이 말하였다。『쳐들어오는데 왜 피하지 않습니까?』그러자 증자께서 『내가 없는 동안 사람을 내 집에 살게 하여 초목이 손상되지 않도록 하라』고 하셨고、침략군이 물러가자 『내 집 담과 건물을 수리하여라。내가 곧 돌아가리라』라고 하셨다。침략군이 물러가고 증자께서 돌아오시자、좌우 사람들이 말하기를 『무성 사람들이 선생님을 대우하는 것이 이렇게 충성스럽고 공경스러웠는데、침략군이 쳐들어오자 먼저 피하여 백성들이 그 본을 받게 하고、침략군이 물러가자 돌아오셨으니、아마도 옳지 못한 일이 아닌가 합니다』하자、심유행이 말하였다。『이

之禍어늘 從先生者七十人이 未有與焉하니라 子思居於衛에 有齊寇어늘 或曰寇至하니 盍去諸리오하야늘 子思曰 如伋去면 君誰與守시리오 孟子曰 曾子子思同道하니 曾子는 師也며 父兄也요 子思는 臣也며 微也니 曾子子思易地則皆然이리라。

㉜ 儲子•曰 王이 使人瞯夫子하시나니 果有異於人乎잇가 孟子曰 何以異

•儲子 : 제나라 사람

것은 그대들이 알 수 있는 일이 아니다。옛날에 우리 집안이 부추의 화를 당했는데、선생님을 따라다니던 제자 70명 중에서 그 환란에 참여한 사람이 없었다。』자사께서 위나라에 계실 때 제나라가 쳐들어 왔다。어떤 사람이 『침략군이 쳐들어왔는데 왜 피하지 않습니까?』하고 말하자、자사께서 말씀하셨다。『만일 내가 떠나간다면 임금은 누구와 함께 나라를 지키겠느냐?』맹자께서 말씀하셨다。『증자와 자사의 도는 같았다。증자께서는 스승이었고 부형이었으며、자사께서는 신하였고 미천한 신분이었으니、증자와 자사가 처지를 바꾼다면 모두 그렇게 하셨을 것이다。』

저자가 말하였다。『왕이 사람을 시

於人哉리오 堯舜與人同耳시니라。

㉝ 齊人이 有一妻一妾而處室者러니 其良人이 出하면 則必饜酒肉而後反이어늘 其妻問所與飲食者하니 則盡富貴也러라 其妻告其妾曰 良人이 出하면 則必饜酒肉而後反할새 問其與飲食者하니 盡富貴也로되 而未嘗有顯者來하니 吾將瞷良人之

●良人：남편을 말함 ●瞷：엿볼 간
●饜：물릴 염

켜 선생님을 엿보게 하셨는데、과연 선생님께서는 남과 다른 점이 있습니까?』맹자께서 말씀하셨다。『어찌 다른 사람과 다르겠소? 요순도 보통 사람과 같았을 뿐이오。』

제나라 사람 중에 아내와 첩을 거느리고 한 집에 사는 사람이 있었다。그 남편이 외출하면 언제나 술과 고기를 실컷 먹은 뒤에 집에 돌아오곤 하였다。그의 아내가 같이 먹고 마신 사람에 대해 물으면、모두 부귀한 사람들이었다。그 아내가 첩에게 말하였다。『남편이 나가면 반드시 술과 고기를 실컷 먹은 뒤에 돌아오는데、같이 먹고 마신 사람을 물으면 모두 부귀한 사람이라고 하지만、지금까지

所之也라하고 蚤起하야 施從良人之所之하니 徧國中호되 無與立談者오 卒之東郭墦間之祭者하야 乞其餘하야 不足이어든 又顧而之他하니 此其謂饜足之道也러라 其妻歸하야 告其妾曰 良人者는 所仰望而終身也어늘 今若此라하고 與其妾訕其良人하며 而相泣於中庭이어늘 而良人은 未

●蚤：일찍 조 ●墦：무덤 번
●施：옮길 이。「몰래 따라가다」는 뜻 ●訕：헐뜯을 산

이름난 사람이 찾아온 일이 없었다。나는 남편이 가는 곳을 몰래 쫓아가 보려네。』 그리고 일찍 일어나 남편이 가는 곳을 뒤따랐는데、온 도시를 두루 다녀도 함께 서서 이야기하는 사람이 없었다。마침내 동쪽 성 밖의 무덤 사이에서 제사지내는 사람한테로 가서、남은 제물을 구걸하고 부족하면 또 돌아보고 다른 곳으로 갔다。이것이 그가 실컷 먹고 돌아오는 방법이었다。그 아내가 돌아와서 첩에게 말해주었다。『남편은 우러러보고 평생을 살 사람인데、지금 이 모양이라네』하고、그의 첩과 함께 남편을 원망하면서 마당 가운데서 같이 울었다。그런데 남편은 그런 줄도 모르고 의

之知也하야 施施이 從外來하야 驕其妻妾하더라 由君子觀之컨대 則人之所以求富貴利達者 其妻妾이 不羞也而不相泣者 幾希矣리라。

萬章章句上

① 萬章이 問曰 舜이 往于田하사 號泣于旻天하시니 何爲其號泣也시니

• 施施：기뻐하는 모양。
• 旻：하늘 민

기양양하며 밖에서 돌아와 아내와 첩에게 교만하게 굴었다。 군자의 입장에서 볼 때 사람들이 부귀와 영달을 구하는 모습은 그들의 아내와 첩이 부끄러워하지 않고 같이 울지 않을 경우가 거의 없을 것이다。

만장이 물었다。『순임금께서는 밭에 나가서 하늘을 우러러 울부짖었다는데, 무엇 때문에 그렇게 울부짖었던 것입니까?』 맹자께서 말씀하셨다。『원망하고 사모했기 때문이다。』

잇고 孟子曰(맹자왈) 怨慕也(원모야)시니라 萬章曰(만장왈) 父母愛之(부모애지)어시든 喜而不忘(희이불망)하고 父母惡之(부모오지)어시든 勞而不怨(노이불원)이니 然則舜(연즉순)이 怨乎(원호)잇가 曰(왈) 長息(장식)이 問於公明高曰(문어공명고왈) 舜(순)이 往于田(왕우전)은 則吾既曰聞命矣(즉오기왈문명의)어니와 號泣于旻天(호읍우민천)과 于父母(우부모)는 則吾不知也(즉오부지야)케이다 公明高曰(공명고왈) 是(시)는 非爾所知也(비이소지야)라하니 夫公明高(부공명고) 以孝子之心(이효자지심)에 爲不若是恝(위불약시괄)이라하니 我竭力耕田(아갈력경전)하여

•長息 : 공명고의 제자
•公明高 : 증자의 제자
•恝 : 걱정없을 괄

만장이 말하였다。『부모가 사랑하면 기뻐하면서 잊지 않고、부모가 미워하면 애쓰면서도 원망하지 않는 것인데、그렇다면 순임금께서는 부모를 원망한 것입니까?』 맹자께서 말씀하셨다。『장식이 공명고에게 묻기를、「순임금께서 밭에 나갔다는 것은 제가 이미 들어서 알고 있습니다만、하늘을 우러러 부모에 대해 울부짖었다는 것에 대해서는 잘 알 수가 없습니다」하니、공명고가 말하기를、「이것은 네가 알 바 아니다」라고 했다。공명고는 효자의 마음이란 이같이 근심 없는 것이 아니라고 여긴 것이다。순임금의 마음은 나는 힘을 다하여 밭을 갈아 자식 된 직분을 다할 뿐인데 부모가 나를 사랑하지 않는 것은 나에

共爲子職而已矣로니 父母之不我愛는 於我何哉오하시니라 帝使其子九男二女하사 百官牛羊倉廩備하여 以事舜於畎畝之中이어시늘 天下之士多就之者리니 帝將胥天下而遷之焉이사대 爲不順於父母라 如窮人無所歸러시다 天下之士悅之는 人之所欲也로되 而不足而解憂하며 好色은 人之所欲이어늘 妻帝之二女하사되

●帝：요임금을 말함 ●胥：서로 서
●畎：밭도랑 견

게 무슨 잘못이 있기 때문인가 하고 근심한 것이다。요임금이 자기의 9남 2녀를 시켜 백관을 거느리고 소와 양과 창고를 갖추어 가지고 밭가운데서 일하는 순을 섬기게 하니、천하의 선비들이 그에게로 많이 따라갔다。요임금은 천하가 다스려지는 것을 보고 그에게 천자의 자리를 물려주려 하였다。그런데 순은 부모에게 사랑을 받지 못한 것 때문에 궁한 사람이 갈 곳이 없어 하는 것처럼 하였다。천하의 선비들이 기뻐하는 것은 사람들이 원하는 일이지만 그의 근심을 풀어주기에는 부족하였다。잘생긴 여색은 사람들이 원하는 일이지만、요임금의 두 딸을 아내로 삼고도 그의 근심을 풀어주기에는 부족하였

而不足而解憂(이부족이해우)하며 富(부)는 人之所欲(인지소욕)이어늘 富有天下(부유천하)하되 而不足而解憂(이부족이해우)하며 貴(귀)는 人之所欲(인지소욕)이어늘 貴爲天子(귀위천자)하여 而不足而解憂(이부족이해우)하니 人悅之(인열지)와 好色(호색)과 富貴無足而解憂者(부귀무족이해우자)요 惟順於父母(유순어부모)라야 可以解憂(가이해우)러라 人(인)이 少則慕父母(소즉모부모)하고 知好色則慕少艾(지호색즉모소애)하고 有妻子則慕妻子(유처자즉모처자)하고 仕則慕君(사즉모군)하고 不得於君則熱中(부득어군즉열중)이어늘 大孝(대효)는 終身慕父母(종신모부모)

● 艾 : 쑥 애. 아름답고 예쁜 모습

다. 부유함은 사람들이 원하는 것이지만, 부유함으로 온 천하를 차지하고도 그의 근심을 풀어주기에는 부족하였다. 귀함은 사람들이 원하는 것이지만, 귀함이 천자의 몸이 되었는데도 그의 근심을 풀어주기에는 부족하였다. 사람들이 기뻐하는 것도, 잘생긴 여색도, 부귀도 그의 근심을 풀어주기에는 충분하지 못했고, 오직 부모에게 사랑을 받는 것만이 그의 근심을 풀어 줄 수 있었었다. 사람이 어려서는 부모를 사모하고, 여색을 알게 되면 어여쁜 여색을 사모하고, 처자를 갖게 되면 처자를 사모하고, 벼슬을 하면 임금을 사모하고, 임금에게 신임을 얻지 못하면 속이 달아오른다. 큰 효자는 평생토록 부모를 사

하나니 五十而慕者를 予於大舜에 見之矣로라。

② 萬章이 問曰 詩云 娶妻如之何오 必告父母라하니 信斯言也인댄 宜莫如舜이어시니 舜之不告而娶는 何也잇고 孟子曰 告則不得娶하시리니 男女居室이 人之大倫也니 如告則廢人之大倫하여 以懟•父母라 是以不告也시니라 萬章曰 舜之不告而娶는

• 懟 : 원망할 대

모하는데, 50이 되어서도 부모를 사모하는 사람을 나는 위대한 순에게서 보았느니라.』

만장이 물었다. 『「시경」에 「아내를 얻는 데는 어떻게 할 것인가? 반드시 부모에게 고해야 한다」고 하였습니다. 진실로 이 말을 믿는다면 순(舜)처럼 해서는 안 될 일인데, 순이 고하지 않고 아내를 맞은 것은 어찌된 일입니까?』 맹자께서 말씀하셨다. 『고하면 아내를 맞을 수 없었기 때문이다. 남녀가 가정을 이루는 것은 인륜 중에서도 중대한 일인데, 만일 고한다면 인륜의 큰 일을 폐하게 되어, 결국 부모를 원망하게 된다. 이 때문에 고하지 않은 것이다.』 만장이 말하였다. 『순이 고하지 않고 아내를 맞은 이

則吾旣得聞命矣어니와 帝之妻舜而不告는 何也잇고 曰 帝亦知告焉이면 則不得妻也시니라。

萬章曰 父母使舜完廩捐階하고 瞽瞍焚廩하며 使浚井한대 出커시늘 從而揜之하고 象曰 謨蓋都君은 咸我績이니 牛羊父母하며 倉廩父母하고 干戈朕하며 琴朕하며 弤朕하며 二嫂란 使

●廩 : 곳집 름
●捐 : 버릴 연
●浚 : 치울 준
●揜 : 가릴 엄
●績 : 길쌈 적。여기서는「공(功)」의 뜻
●弤 : 활 저

유는 제가 이제 들어서 알겠습니다만, 요임금이 순에게 아내를 맞게 하면서도 순의 부모에게 알리지 않은 것은 무엇 때문입니까?』 맹자께서 말씀하셨다.『요임금 또한 순의 부모에게 알리면, 순이 아내를 맞을 수 없다는 것을 알고 있었기 때문이다.』

만장이 말하였다.『부모가 순에게 창고 지붕을 고치게 한 뒤, 사다리를 치워버리고 고수가 창고에 불을 질렀습니다。또 우물을 치게 하고, 나오려는 것을 그대로 묻어버렸습니다。그리고는 상이 말하기를,「도군을 덮어버릴 꾀를 낸 것은 다 내 공이다。소와 양은 부모의 것이고, 창고도 부모의 것이다。방패와 창은 내 것이고, 거문고도 내 것이고, 아로새긴 활도

治朕棲라하고 象이 往入舜宮한대 舜이 在牀琴이어시늘 象曰 鬱陶思君爾라하고 忸怩어늘 舜曰 惟玆臣庶를 汝其于予治라하시니 不識케이다 舜이 不知象之將殺己與잇가 曰 奚而不知也시리오마는 象憂亦憂하시고 象喜亦喜하시니라 曰 然則舜이 僞喜者與잇가 曰否라 昔者에 有饋生魚於鄭子

●棲 : 살 서
●牀 : 평상 상
●鬱 : 막힐 울
●忸怩 : 부끄러워할 육。부끄러워할 니
●僞 : 거짓 위

내 것이고、두 형수는 내 잠자리를 보게 하리라」하고、상이 순의 집에 들어가 보니、순은 평상에서 거문고를 타고 있었습니다。상이 「울적하여 형님 생각이 나서 왔습니다」하고 부끄러워하니、순이 말하기를、「이 많은 사람들을 너는 나를 위해서 돌봐주어라」고 하였다는데、저는 잘 모르겠습니다。순은 정말 상이 자기를 죽이려고 했다는 것을 몰랐습니까?』맹자께서 말씀하셨다。『왜 몰랐겠느냐? 상이 근심하면 따라 근심하고、상이 기뻐하면 따라 기뻐한 것이니라。』만장이 말하였다。『그렇다면 순은 거짓으로 기뻐한 것입니까?』맹자께서 말씀하셨다。『아니다。옛날에 어떤 사람이 정나라 자산에게 산 물고기를

產(산)이어늘 子產(자산)이 使校人畜之池(사교인휵지지)한대 校人(교인)이 烹之(팽지)하고 反命曰始舍之(반명왈시사지)하니 圉圉焉(어어언)이러니 少則洋洋焉(소즉양양언)하여 攸然而逝(유연이서)하더이다 子產曰得其所哉得其所哉(자산왈득기소재득기소재)인저 校人(교인)이 出曰孰謂子產智(출왈숙위자산지)오 予旣烹而食之(여기팽이식지)어늘 曰得其所哉得其所哉(왈득기소재득기소재)인저코하니 故君子可欺以其方(고군자가기이기방)이언정 難罔以非其道(난망이비기도)니 彼(피)

●校人: 연못 관리인
●烹: 삶을 팽
●圉圉: 마부 어。피곤해서 몸을 제대로 펴지 못하는 모습

선물했는데, 자산이 연못 관리인을 시켜 그것을 연못에다 기르게 하였다。그런데 연못 관리인이 그 물고기를 삶아 먹어 버리고는 복명하기를, 「처음 놓아주니 힘을 못 쓰더니, 조금 뒤에 점점 활기차게 유유히 가버렸습니다」하자, 자산이 「제 살 곳을 찾았구나! 제 살 곳을 찾았구나!」하였다。연못 관리인이 물러 나와서 말하기를, 「누가 자산을 지혜롭다고 했던가? 내가 벌써 삶아서 먹어 버렸는데, 제 살 곳을 찾았구나! 제 살 곳을 찾았구나! 하던데」하였다。그러므로 군자란 사리에 맞는 일을 가지고는 속일 수가 있지만, 올바른 일이 아닌 것을 가지고는 속이기 어려운 것이니라。상이 형을 사랑하는 도리

以愛兄之道來라 故誠信而喜之시니 奚僞焉이시리오。

③ 萬章이 問曰 象이 日以殺舜爲事어늘 立爲天子하산 則放之는 何也잇고 孟子曰 封之也어시늘 或曰 放焉이라하니라 萬章曰 舜이 流共工于幽州하시며 放驩兜于崇山하시며 殺三苗于三危하시며 殛鯀于羽山하

를 내세우고 왔기 때문에 정말로 믿고 기뻐한 것이지, 어찌 거짓으로 그랬겠느냐?』

만장이 물었다。『상은 매일같이 순을 죽일 것을 일삼았는데, 순이 천자가 되어서는 그를 내어 쫓기만 한 것은 어찌된 일입니까?』 맹자께서 말씀하셨다。『그를 임금에 봉해 주었는데, 어떤 사람은 내쫓았다고 말하는 것이다。』 만장이 말하였다。『순이 공공을 유주로 유배시키고, 환도를 숭산으로 내쫓고, 삼묘를 삼위에서 죽이고, 곤을 우산에서 목 베었습니다。이 네 죄인을 처벌함으로써 천하가 다 복종하게 된 것은 어질지 못한 자를 죽였기 때문입니다。그런데 상은 지극히 불인한 자인데도 유비에 봉해

• 驩 : 기뻐할 환。驩兜(환도)는 악인의 이름
• 三苗 : 나라 이름
• 殛 : 죽일 극
• 鯀 : 물고기이름 곤

사 四罪而天下咸服은 誅不仁也시니 象이 至不仁이어늘 封之有庳하시니 有庳之人은 奚罪焉고 仁人도 固如是乎아 在他人則誅之하고 在弟則封之온여 曰仁人之於弟也에 不藏怒焉하며 不宿怨焉이요 親愛之而已矣니 親之인댄 欲其貴也요 愛之인댄 欲其富也니 封之有庳는 富貴之也시니 身爲天子요 弟爲匹夫면 可謂親

•庳 : 집낮을 비

주었으니, 유비 사람들에게 무슨 죄가 있습니까? 인자한 사람도 본래 그럴 수 있습니까? 다른 사람일 때는 죽이고, 동생일 때는 임금으로 봉했으니 말입니다.』 맹자께서 말씀하셨다. 『인자한 사람은 동생에게 분노를 감춰 두지 않고, 원한을 묵혀 두지 않고 친애할 따름이니라. 친하면 귀하게 해주고 싶고, 사랑하면 부유하게 해주고 싶은 것이다. 상을 유비에 봉한 것은 그를 귀하고 부유하게 해주려는 것이었다. 자신이 천자가 되었는데도 동생이 평범한 사람이라면 친애한다고 하겠느냐?』 만장이 말하였다. 『감히 여쭙겠습니다. 어떤 사람들은 내쫓았다고 하는데, 무슨 말입니까?』 맹자께서 말씀하셨다. 『상

愛之乎아 敢問或曰 放者는 何謂也잇고 曰象이 不得有爲於其國이오 天子使吏 治其國而納其貢稅焉이라 故謂之放이라하니 豈得暴彼民哉리오 雖然欲常常而見之하사 故源源而來케하시니 不及貢하여 以政接于有庳라하니 此之謂也니라。

④ 咸丘蒙이 問曰 語云盛德之士는 君不得而臣하며 父不得而子라 舜

• 咸丘蒙 : 맹자의 제자

이 그 나라를 다스리지 못할 것이기 때문에, 천자가 관리를 시켜 그 나라를 다스리게 하고, 그 나라에서 징수한 조세를 상에게 주었던 것이다. 그래서 내쫓았다고 하는 것이다. 그러니 어찌 그 나라의 백성을 학대할 수 있었겠느냐? 비록 그렇지만 늘 만나고 싶었기 때문에 끊임없이 찾아오게 했던 것이다. 「조공할 때가 되지 않았는데도 정치적인 일로 유비의 임금을 만나보았다」고 한 것은 이것을 두고 하는 말이다.』

함구몽이 물었다. 『전해 내려오는 말에, 덕이 높은 선비는 임금이 그를 신하로 삼지 못하고, 아버지가 그를 아들로 삼지 못하는 것이다. 순임금이 남쪽을 향해서 서자 요임금은 제

이 南面而立이어시늘 堯帥諸侯하여 北面而朝之하시며 瞽瞍亦北面而朝之어늘 舜이 見瞽瞍하시고 其容有蹙이라하여늘 孔子曰 於斯時也에 天下殆哉岌岌乎라하시다하고 不識此語誠然乎哉잇가 孟子曰 否라 此非君子之言이라 齊東野人之語也니 堯老而舜攝也리시니 堯典曰 二十有八載에

• 帥：거느릴 솔
• 岌岌：높을 급。岌岌은 불안한 모습
• 蹙：찡그릴 축
• 攝：당길 섭
• 載：해 재

후들을 거느리고 북쪽을 향해서 조회를 했고、고수 또한 북쪽을 향해서 조회를 하니、순임금이 고수를 보고 그 얼굴에 불안한 빛이 감돌았다고 합니다。공자께서도 이 일을 평하시어「이 당시 천하는 위태로운 상태였다」고 말씀하셨다고 합니다。알 수 없습니다만 이 말이 정말입니까?』맹자께서 말씀하셨다。『아니다。이것은 군자의 말이 아니고 제나라 동쪽 시골 사람들의 말이다。요임금이 늙어서 순이 섭정을 한 것이다。「요전」에「28년 만에 방훈이 세상을 떠나자、백성들이 부모의 상을 당한 것처럼 3년의 복을 입었고、사해는 팔음을 그치고 조용히 하였다」고 하였고、공자께서도「하늘에 두 해가 없는 것처럼、백

放勳이 乃徂落커시늘 百姓은 如喪考妣三年하고 四海는 遏密八音이라하고 孔子曰 天無二日이요 民無二王이라하시니 舜이 既爲天子矣요 又帥天下諸侯하여 以爲堯三年喪하시면 是는 二天子矣니라 咸丘蒙曰 舜之不臣堯는 則吾既得聞命矣어니와 詩云 普天之下 莫非王土며 率土之濱이 莫非王臣이라하니 而舜既爲天子矣

● 徂 : 갈 조
● 遏 : 그칠 알
● 濱 : 물가 빈

성들에게도 두 임금이 없다」고 말씀하셨다。 순이 이미 천자가 되고、 또 천하의 제후를 거느리고 요임금의 3년상을 치렀다면、 이것은 두 천자가 있는 셈이 되느니라。』 함구몽이 말하였다。 『순이 요임금을 신하로 다루지 않았다는 것은 제가 이제 선생님께 들어 알겠습니다。 『시경』에 「넓은 천하가 왕의 땅 아닌 곳이 없고、 땅 끝까지 왕의 신하 아닌 사람이 없다」고 하였는데、 순이 이미 천자가 되었으니、 고수만이 신하가 아니라면 어떻게 되는 것인지 감히 여쭙겠습니다。』 맹자께서 말씀하셨다。 『이 시는 그런 뜻으로 한 말이 아니라、 국사에 힘쓰느라 부모를 봉양하지 못한다는 뜻이다。 그래서 「이 일이 모두 국사 아닌 것이

시니 敢問瞽瞍之非臣은 如何잇고 曰 是詩也는 非是之謂也라 勞於王事而不得養父母也하여 曰 此莫非王事이어늘 我獨賢勞也라하니 故說詩者不以文害辭하며 不以辭害志하고 以意逆志라사 是爲得之니 如以辭而已矣인댄 雲漢之詩曰 周餘黎民이 靡有孑•遺라하니 信斯言也인댄 是周無遺民也로다 孝子之至는 莫大

•孑 : 남을 혈

없는데, 오직 나 혼자만을 재능이 있다고 해서 특히 애쓰게 한다」고 말한 것이다。 그러므로 시를 말하는 사람은 글자로 말을 해쳐서는 안 되고, 말로 뜻을 해쳐서도 안 된다。 마음으로 시의 뜻을 받아 들여야 만이 올바로 이해할 수 있는 것이다。 만일 말만을 가지고 한다면, 운한시(雲漢詩)에 「주나라의 남은 백성은 단 한 사람도 남아 있지 않다」고 하였는데, 이 말을 그대로 믿는다면, 이것은 주나라에는 남은 백성이라고는 한 사람도 없었다는 것이 된다。 효자의 지극한 도리는 어버이를 높이는 것보다 더 중대한 것이 없고, 어버이를 높이는 지극한 도리는 천하를 가지고 봉양하는 것보다 더 중대한 것이 없다。 천자의 아버지

乎尊親이요 尊親之至는 莫大乎以天下養이니 爲天子父하니 尊之至也요 以天下養하시니 養之至也니 詩曰 永言孝思라 孝思維則이라 하니 此之謂也니라 書曰 祗載見瞽瞍하사되 夔夔齊栗하신대 瞽瞍亦允若이라 하니 是爲父不得而子也니라。

⑤ 萬章曰 堯以天下與舜이라하니 有諸잇가 孟子曰 否라 天子不能以天

• 夔夔：조심할 기。「夔夔」는 조심하는 모양 • 祗：공경할 지

가 되었으니 이것은 존경의 극치요、천하를 가지고 봉양하니 이것은 봉양의 극치이다。『시경』에 「오래토록 효도할 것을 생각하니、효도할 것을 생각하는 것이 법도가 되었다」고 하였으니、이를 두고 한 말이다。『서경』에 「일을 조심하며 고수 뵙기를 삼가고 두려운 듯이 하니 고수 또한 순을 믿고 따랐다」고 하였다。이것이 아버지라고 해서 아무렇게나 자식을 다룰 수가 없다고 말하는 것이다。』

만장이 말하였다。『요임금이 천하를 순에게 주었다는데 그런 일이 있습니까?』 맹자께서 말씀하셨다。『아니다。천자는 천하를 남에게 줄 수 없다。』 만장이 말하였다。『그렇다면 순이 천하를 차지한 것은 누가 준 것입니

下與人이니라 然則舜有天下也는 孰與之잇고 曰天與之시니라 天與之者는 諄諄然命之乎잇가 曰否라 天이 不言이요 以行與事示之而已矣시니라

曰以行與事示之者를 如之何잇가

曰天子能薦人於天이언정 不能使天與之天下며 諸侯能薦人於天子이언정 不能使天子與之諸侯며 大夫能薦人於諸侯이언정 不能使諸侯

• 諄諄 : 타이를 순。「諄諄」은 자세히 말하는 모습

까?』 맹자께서 말씀하셨다。『하늘이 준 것이다。』 만장이 말하였다。『하늘이 주었다는 것은 자세히 말을 하며 명령한 것입니까?』 맹자께서 말씀하셨다。『아니다。 하늘은 말을 하지 않는다。 행위와 사업을 가지고 보여 줄 뿐이다。』 만장이 말하였다。『행위와 사업을 가지고 보여 준다는 것은 어떻게 하는 것입니까?』 맹자께서 말씀하셨다。『천자가 사람을 하늘에 천거할 수는 있으나、 하늘로 하여금 그에게 천하를 주게 할 수는 없다。 제후는 사람을 천자에게 천거할 수는 있으나、 천자로 하여금 그에게 제후의 직위를 주게 할 수는 없다。 대부는 사람을 제후에게 천거할 수는 있으나、 제후로 하여금 그에게 대부의 직위를 주게

與之大夫니 昔者堯薦舜於天而天受之하시며 暴之於民而民受之하니 故曰 天不言이요 以行與事示之而已矣라하노라 曰 敢問薦之於天而天受之하시며 暴之於民而民受之를 如何잇고 曰 使之主祭而百神享之하니 是는 天受之요 使之主事而事治하여 百姓安之하니 是는 民受之也니 天與之하시며 人與之라 故曰 天子不

● 暴 : 드러낼 폭

할 수는 없다。옛날에 요임금이 순을 하늘에 천거하자 하늘이 그를 받아들였고、백성들에게 내 놓았는데 백성들이 받아들였다。그렇기 때문에 하늘은 말을 하지 않고、행위와 사업을 가지고 보여 줄 뿐이라고 하는 것이다。』 만장이 말하였다。『감히 여쭈어 보겠습니다。하늘에 천거하여 하늘이 받아들이고、백성에게 내놓아 백성들이 받아들였다고 하는 것은 무엇을 가리켜 말하는 것입니까?』 맹자께서 말씀하셨다。『그에게 제사를 주관하게 했는데 모든 신이 흠향하였으니 이것은 하늘이 받아들인 것이요、그에게 정사를 주관하게 했는데 국사가 다스려지고 백성들이 편안하였으니 이것은 백성들이 받아들인 것이다。하늘이

能以天下與人이라하노라 舜이 相堯二十有八載하시니 非人之所能爲也라 天也니 堯崩커시늘 三年之喪畢하고 舜이 避堯之子於南河之南이러시니 天下諸侯朝覲者 不之堯之子而之舜하며 訟獄者不之堯之子而之舜하며 謳歌者不謳歌堯之子而謳歌舜하니 故曰 天也라 夫然後에 之

- 崩 : 무너질 붕
- 畢 : 마칠 필
- 避 : 피할 피
- 覲 : 뵐 근
- 謳 : 노래할 구

주고 백성들이 주는 것이기 때문에、천자는 천하를 남에게 주지 못한다고 하는 것이다。순이 요임금을 28년 동안이나 도왔는데、이것은 사람의 힘으로 할 수 있는 것이 아니라 하늘이 시킨 것이다。요임금이 세상을 떠나자 3년 상을 마친 뒤에、순은 요임금의 아들을 피하여 남하(南河) 남쪽으로 가서 숨었는데、천하의 조근하는 제후들이 요임금의 아들한테로 가지 않고 순에게로 갔고、소송을 하는 사람들이 요임금의 아들한테로 가지 않고 순에게로 갔고、공덕을 칭송하는 사람들이 요임금의 아들을 칭송하지 않고 순을 칭송했다。그래서 하늘이 시킨 것이라 하는 것이다。그런 뒤에 중국으로 가서 천자의 위에 오른

中國하사 踐天子位焉하시니 而居堯之宮하여 逼堯之子면 是簒也라 非天與也니라 太誓曰 天視自我民視며 天聽自我民聽이라하니 此之謂也니라。

⑥ 萬章이 問曰 人이 有言하되 至於禹而德衰하여 不傳於賢而傳於子라하니 有諸잇가 孟子曰 否라 不然也라 天與賢則與賢하고 天與子則與

● 逼 : 닥칠 핍。협박할 핍　● 自 : ~로부터
● 簒 : 빼앗을 찬

것이다。만일 요임금이 있던 궁전에 거처하면서 요임금의 아들을 협박했다면, 이것은 찬탈이지 하늘이 준 것이 아니다。「태서(太誓)」에 「하늘이 보는 것은 우리 백성들을 통해서 보고、하늘이 듣는 것은 우리 백성들을 통해서 듣는다」고 하였으니、이것을 두고 한 말이다。』

만장이 물었다。『사람들이 말하기를 「우임금에 이르러 덕이 쇠해서、임금의 자리가 어진 사람에게 전해지지 못하고 아들에게 전해졌다」고 하였는데、그런 일이 있습니까?』 맹자께서 말씀하셨다。『아니다。그렇지 않다。하늘이 어진 사람에게 주려고 하면 어진 사람에게 주어지고、하늘이 아들에게 주려고 하면 아들에게 주어진다。

子니 昔者에 舜이 薦禹於天十有七年에 舜崩커시늘 三年之喪畢하고 禹避舜之子於陽城이러시니 天下之民이 從之를 若堯崩之後 不從堯之子而從舜也러라 禹薦益於天七年에 禹崩커시늘 三年之喪畢하고 益이 避禹之子於箕山之陰이러니 朝覲訟獄者 不之益而之啓 曰吾君之子也라하며 謳歌者 不謳歌益而謳歌啓 曰吾君之子也라하니라 丹朱之不

옛날에 순임금이 우를 하늘에 천거하고, 17년 만에 세상을 떠났다. 3년상을 끝마치고, 우가 순임금의 아들을 피해 양성으로 갔는데, 천하의 백성들이 그를 따랐다. 그것은 마치 요임금이 세상을 떠난 뒤에 요임금의 아들을 따르지 않고 순을 따른 것과 같았다. 우임금은 익(益)을 하늘에 천거하고, 7년 만에 세상을 떠났다. 3년 상을 마치고 익이 우임금의 아들을 피하여 기산 북쪽으로 갔는데, 조근하고 소송하는 사람들이 익에게 가지 않고 계에게로 가서 「우리 임금님의 아들이시다」고 말하였고, 공덕을 칭송하는 사람들은 익을 칭송하지 않고 계를 칭송하면서 「우리 임금님의 아들이시다」고 하였다. 단주가 현명하

肖에 舜之子亦不肖하며 舜之相堯와 禹之相舜也는 歷年多하여 施澤於民이 久하고 啓賢하여 能敬承繼禹之道하시며 益之相禹也는 歷年少하여 施澤於民이 未久하니 舜禹益相去久遠과 其子之賢不肖 皆天也라 非人之所能爲也니 莫之爲而爲者는 天也며 莫之致而至者는 命也니라 匹夫而有天下者는 德必若舜禹요 而又有天子薦之者라 故仲尼不有

지 못했고、 순임금의 아들 역시 현명하지 못했다。 순이 요임금을 도운 것과 우가 순임금을 도운 세월이 길어서 은택이 백성들에게 오래 베풀어졌다。 계는 현명하고 공경스럽게 우임금의 도를 계승할 수 있었으며、 익이 우임금을 도운 세월이 짧아서 은택이 백성들에게 오래 베풀어지지 못했다。 순임금과 우임금과 익은 서로간의 거리가 멀리 떨어졌고、 그 자식의 어질고 불초한 것은 모두 하늘의 뜻이요、 사람이 할 수 있는 일이 아니었다。 하려고 하지 않는데 저절로 되는 것은 하늘의 뜻이요、 하려고 하지 않는데 저절로 닥쳐오는 것은 운명이다。 필부로서 천하를 차지하게 되는 사람은 덕이 반드시 순임금이나 우임금 같아

天下(천하)하시니라。 繼世而有天下(계세이유천하)는 天之所廢必若桀紂者也(천지소폐필약걸주자야)니 故益伊尹周公(고익이윤주공)이 不有天下(불유천하)하시니라 伊尹(이윤)이 相湯(상탕)하여 以王於天下(이왕어천하)하니 湯崩(탕붕)커시늘 太丁(태정)은 未立(미립)하고 外丙(외병)은 二年(이년)이요 仲壬(중임)은 四年(사년)이러니 太甲(태갑)이 顚覆湯之典刑(전복탕지전형)이어늘 伊尹(이윤)이 放之於桐三年(방지어동삼년)한대 太甲(태갑)이 悔過(회과)하사 自怨自艾(자원자애)하사 於桐(어동)에 處仁遷義三年(처인천의삼년)에

•桐 : 오동나무 동。탕임금의 묘가 있는 곳 •艾 : 다스릴 애

야 하고, 또 그를 천거하는 천자가 있어야 한다。 그래서 중니께서 천하를 차지하지 못했던 것이다。

대를 이어 천하를 차지하였다가 하늘의 버림을 받은 것은 반드시 걸과 주 같아야 한다。 그래서 익과 이윤과 주공이 천하를 차지하지 못했던 것이다。 이윤이 탕임금을 도와서 천하에 왕노릇을 하게 했다。 탕임금이 세상을 떠나자 태정은 위에 오르기 전에 죽었고, 외병은 2년, 중임은 4년 왕위에 있었고, 태갑은 탕임금의 법도를 전복시켰다。 이윤이 태갑을 동으로 3년 동안 추방했는데, 태갑은 자기의 과오를 뉘우치고, 스스로 원망하고 스스로 허물을 고쳐, 동에 있는 동안 인자한 데 머물고 의로운 데로

以聽伊尹之訓己也하여 復歸于亳하니다 周公之不有天下猶益之於夏와 伊尹之於殷也니라 孔子曰 唐虞는 禪하고 夏后殷周는 繼하시니 其義一也라하시니라。

⑦ 萬章이 問曰 人有言하되 伊尹이 以割烹要湯이라하니 有諸잇가 孟子曰 否라 不然하다 伊尹이 耕於有莘之野하여 而樂堯舜之道焉하고 非其

●亳 : 땅이름 박
●烹 : 삶을 팽
●要 : 요구할 요

옮겨가기를 3년 동안 했다。그리하여 이윤이 자기를 교훈하는 말을 따르게 되어 박으로 다시 돌아왔다。주공이 천하를 차지하지 못한 것은 마치 익이 하나라에서의 경우와 이윤이 은나라에서의 경우와 같다。공자께서 「요임금과 순임금은 선양하고、하후와 은과 주는 아들이 계승했는데、그 뜻은 마찬가지다」라고 말씀하셨느니라。』

만장이 물었다。『사람들이 말하기를「이윤은 요리하는 솜씨를 가지고 탕임금에게 자기를 써달라고 요구했다」고 하는데、그런 일이 있습니까?』 맹자께서 말씀하셨다。『아니다。그렇지 않다。이윤은 유신씨의 들에서 농사지으면서 요순의 도를 즐겼다。의롭지 못하고 도리에 어긋난다면 천하

義也며 非其道也면 祿之以天下라도 弗顧也하며 繫馬千駟라도 弗視也하며 非其義也며 非其道也면 一介不以與人하며 一介不以取諸人이러니라 湯이 使人以幣聘之하신대 囂囂然曰 我何以湯之聘幣爲哉리오 我豈若處畎畝之中하여 由是以樂堯舜之道哉리오하더니 湯이 三使往聘之하신

- 駟 : 사마 사
- 介 : 끼일 개。여기서는 초개(草芥)와 같음
- 幣 : 비단 폐
- 囂囂 : 들렐 효。「囂囂」는 사욕없이 스스로 만족해 하는 모습

를 녹으로 준다고 해도 돌아보지 않았고, 말 4천 필을 준다 해도 거들떠보지도 않았다。또 의롭지 못하고 도리에 어긋난다면 한 오라기의 풀도 남에게 주지 않았고, 한 오라기의 풀도 남한테서 받으려 하지 않았다。탕임금이 사람을 시켜 예물을 보내 초빙했으나, 태연히 말하기를, 「내가 어찌 탕이 초빙을 위해 보내는 예물 때문에 벼슬을 하겠는가? 어찌 내가 밭 가운데 살면서 요순의 도를 즐기는 것과 같겠는가」하였다。탕임금이 세 차례나 사람을 보내어 그를 초빙하였다。그때서야 번연히 마음을 고쳐먹고 말하기를, 「내가 밭 가운데 살며 요순의 도를 즐기는 것이 어찌 이 임금으로 하여금 요순 같은 임금으로

대 旣而幡然改曰(기이번연개왈) 與我處畎畝之中(여아처견무지중)하여 由是以樂堯舜之道(유시이락요순지도)론 吾豈若使是君爲堯舜之君哉(오기약사시군위요순지군재)며 吾豈若使是民爲堯舜之民哉(오기약사시민위요순지민재)며 吾豈若於吾身(오기약어오신)에 親見之哉(친견지재)리오。

天之生此民也(천지생차민야) 使先知覺後知(사선지각후지)하며 使先覺覺後覺也(사선각각후각야)시니 予(여)는 天民之先覺者也(천민지선각자야)라 予將以斯道覺斯民也(여장이사도각사민야)니 非予覺之(비여각지)요 而誰也(이수야)리오 思天下(사천하)

● 幡 : 기 번。「幡然」은 변동하는 모습

만드는 것만이야 하겠는가? 어찌 이 백성으로 하여금 요순의 백성같이 만드는 것만이야 하겠는가? 어찌 내 자신이 요순 같은 세상을 직접 보는 것만이야 하겠는가?

하늘이 백성들을 이 세상에 내면서 선지자로 하여금 후지자를 일깨우게 하고, 선각자로 하여금 후각자를 일깨워 주게 하였다。 나는 하늘이 낸 백성들 가운데 선각자다。 나는 장차 이 도를 가지고 이 백성들을 일깨워 주어야 한다。 내가 일깨워 주지 않으면 누가 하겠는가?」라고 하였다。 그는 천하의 백성들 가운데 한 남자 한 여자라도 요순의 은택을 입지 못하는 사람이 있으면, 자기가 밀어서 개천에 빠지게 한 것처럼 생각했다。 그가 천하

之民匹夫匹婦有不被堯舜之澤者하되 若己推而內之溝中하니 其自任以天下之重이 如此라 故就湯而說之하여 以伐夏救民하니라 吾未聞枉己而正人者也로니 況•辱己以正天下者乎아 聖人之行이 不同也하여 或遠或近하며 或去或不去하니 歸潔其身而已矣니라 吾聞其以堯舜之道要湯이요 未聞以割烹也케라 伊訓

(지민필부필부유불피요순지택자 약기추이내지구중 기자임이천하지중 여차 고취탕이세지 이벌하구민 오미문왕기이정인자야 황욕기이정천하자호 성인지행 부동야 혹원혹근 혹거혹불거 귀결기신이이의 오문기이요순지도요탕 미문이할팽야 이훈)

•況 : 하물며 황

의 중대한 사명을 자임하고 나선 것이 이와 같았다。그러므로 탕임금에게로 가서 그를 권유하여、하나라를 쳐서 백성들을 구원해 주었던 것이다。나는 자신을 굽혀 남을 바로잡았다는 말을 듣지 못했다。하물며 자신을 욕되게 하면서 천하를 바로잡겠는가。성인의 행동은 같지 않아서 혹 멀리 물러나 있기도 하고 혹 가까이 섬기기도 하며、혹 떠나가 버리기도 하고 혹 떠나지 않고 견디기도 하나、그 근본으로 돌아가면 자기 자신을 깨끗이 하는 것일 뿐이다。나는 요순의 도를 가지고 탕임금에게 실천하도록 요구했다는 말은 들었어도 요리하는 솜씨를 가지고 그렇게 했다는 말은 듣지 못했다。『서경』「이훈」에 이르기를「천명에

曰(왈) 天誅造攻自牧宮(천주조공자목궁)은 朕載自亳(짐재자박)일새라하니라。

⑧ 萬章(만장)이 問曰(문왈) 或謂孔子於衛(혹위공자어위)에 主癰疽(주옹저)하시고 於齊(어제)에 主侍人瘠環(주시인척환)이라하니 有諸乎(유저호)잇가 孟子曰(맹자왈) 否(부)라 不然也(불연야)라 好事者爲之也(호사자위지야)니라 於衛(어위)에 主顔讎由(주안수유)러시니 彌子之妻與子路之妻兄弟也(미자지처여자로지처형제야)라 彌子謂子路曰(미자위자로왈) 孔子主我(공자주아)하시면 衛卿可得也(위경가득야)라하여늘 子路以告(자로이고)한

●癰:악창 옹 ●疽:등창 저 ●瘠:파리할 척

의해 걸을 주벌하기 시작한 것은 목궁으로부터요, 나는 박으로부터 이 일을 시작했다」고 하였느니라.』

만장이 물었다. 『어떤 사람이 말하기를 「공자께서 위나라에서는 종기 고치는 의원 집에 계셨고, 제나라에서는 내시인 척환의 집에 계셨다」고 하는데, 그런 일이 있었습니까?』 맹자께서 말씀하셨다. 『아니다. 그렇지 않다. 남의 말하기를 좋아하는 사람들이 지어낸 말이다. 위나라에서는 안수유의 집에 계셨다. 미자의 처는 자로의 처와 자매간이다. 미자가 자로에게 말하기를, 「공자께서 우리 집에 계신다면 위나라 경의 자리를 얻을 수 있을 것이오」하였다. 자로가 공자께 고하니 공자께서, 「천명이 있

대 孔子曰 有命이라하시니 孔子進以禮하시며 退以義하시고 得之不得에 曰 有命이라하시니 而主癰疽與侍人瘠環이면 是無義無命也니라 孔子不悅於魯衛에 遭宋桓司馬將要而殺之하여 微服而過宋이러시니 是時孔子當阨하시되 主司城貞子하시며 爲陳侯周臣하시니라 吾聞觀近臣하되 以其所爲主요 觀遠臣하되 以其所主라

• 桓司馬 : 宋나라 大夫 상퇴(向魋) • 司城貞子 : 송나라의 어진 대부

는 것이다」고 말씀하셨다。 공자께서는 나아가시는 데는 예로 하고, 물러나시는 데는 의로 하여, 벼슬을 하고 못하는 것은 천명에 있다고 말씀하셨다。 그런데 종기 고치는 의원이나 내시 척환의 집에 계셨다면, 이것은 의도 없고 천명도 없는 일이다。 공자께서는 노나라와 위나라를 좋아하지 않으셨고, 송나라 환사마가 길목에서 기다렸다가 죽이려고 한 일을 당하시어, 미복으로 변장하고 송나라를 지나가셨다。 그때 공자께서 횡액을 당하면서도 사성정자 집에 머물러 계셨는데, 이 사람은 진후 주(周)의 신하였다。 내가 듣기로는 임금의 근신을 살피는 데는 그의 집에 유숙하고 있는 사람을 가지고 살피고, 원신을 살

하니 若孔子主癰疽與侍人瘠環(약공자주옹저여시인척환)이면 何以爲孔子(하이위공자)시리오。

⑨ 萬章(만장)이 問曰(문왈) 或曰百里奚自鬻(혹왈백리해자육) 於秦養牲者五羊之皮(어진양생자오양지피)하여 食牛(식우)하여 以要秦穆公(이요진목공)이라하니 信乎(신호)잇가 孟子(맹자) 曰(왈) 否(부)라 不然(불연)하다 好事者爲之也(호사자위지야)니라 百里奚(백리해)는 虞人也(우인야)니 晉人(진인)이 以垂棘之璧(이수극지벽)과 與屈產之乘(여굴산지승)으로 假道於虞(가도어우)하여 以伐虢(이벌괵)이어늘 宮之奇(궁지기)는 諫(간)하고 百(백)

•百里奚 : 우(虞)나라의 어진 신하 •鬻 : 팔 륙 •虢 : 나라이름 괵

피는 데는 그가 유숙하고 있는 집 주인을 가지고 살핀다고 하는데, 만일 공자께서 종기 고치는 의원의 집과 내신 척환의 집에 머물러 계셨다면 어떻게 공자라 하겠는가?』

만장이 물었다. 『어떤 사람이 「백리해는 진나라의 희생을 기르는 사람에게 겨우 양가죽 다섯 장에 자신을 팔아, 소를 키우다가 진목공에게 등용해 줄 것을 요구했다」고 하는데 정말입니까?』 맹자께서 말씀하셨다. 『아니다. 그렇지 않다. 남의 말하기 좋아하는 사람들이 지어낸 말이다. 백리해는 우나라 사람이다. 진나라 사람들이 수극에서 난 벽옥과 굴 땅에서 난 말을 선사하며 우나라의 길을 빌려 괵나라를 쳤다. 그때 궁지기는 간

里奚(리해)는 不諫(불간)하니라 知虞公之不可諫(지우공지불가간)而去之秦(이거지진)하니 年已七十矣(년이칠십의)러라 曾不知以食牛干秦穆公之爲汚•也(증부지이식우간진목공지위오야)면 可謂智乎(가위지호)아 不可諫而不諫(불가간이불간)하니 可謂不智乎(가위부지호)아 知虞公之將亡而先去之(지우공지장망이선거지)하니 不可謂不智也(불가위부지야)니라 時擧於秦(시거어진)하여 知穆公之可與有行也而相之(지목공지가여유행야이상지)하니 可謂不智乎(가위부지호)아 相秦而顯其君於天下(상진이현기군어천하)하여 可傳於後世(가전어후세)하니 不賢而能之(불현이능지)

•汚 : 더러울 오

하고, 백리해는 간하지 않았다. 우공에게 간할 수 없음을 알고 우를 떠나 진나라로 갔는데, 그때 그의 나이가 벌써 70세였다. 소를 먹이는 기회를 타서 진목공에게 등용해 줄 것을 요구하는 것이 더러운 줄을 몰랐다면 지혜롭다고 말할 수 있겠느냐? 간할 수 없어서 간하지 않았으니 지혜롭지 않다고 말할 수 있겠느냐? 우공이 장차 멸망할 줄을 알고 먼저 떠났으니 지혜롭지 않다고 말할 수 없다. 당시에 진나라에 등용되어 목공이 더불어 행할만한 사람인줄 알고 도왔으니 지혜롭지 않다고 할 수 있겠는가? 진나라를 도와 그 임금을 천하에 드러나게 만들어 후세에까지 그 이름이 전해지게 하였으니 현자가 아니고서

乎(호)아 自鬻以成其君(자죽이성기군)을 鄕黨自好者(향당자호자)도 不爲(불위)어든 而謂賢者爲之乎(이위현자위지호)아。

萬章章句下(만장장구하)

① 孟子曰(맹자왈) 伯夷(백이)는 目不視惡色(목불시악색)하며 耳不聽惡聲(이불청악성)하며 非其君不事(비기군불사)하며 非其民不使(비기민불사)하여 治則進(치즉진)하고 亂則退(난즉퇴)하여 橫政之所出(횡정지소출)과 橫民之所止(횡민지소지)에 不忍居也(불인거야)하여 思與鄕人處(사여향인처)하되 如以朝(여이조)

그렇게 할 수 있겠는가? 자기 몸을 팔아서 그 임금을 성취시키는 일은 시골에서 자기 이름 내기를 좋아하는 사람조차도 하지 않는데, 현자가 그런 짓을 했다고 말할 수 있겠느냐?』

맹자께서 말씀하셨다. 『백이는 눈으로 나쁜 빛깔을 보지 않고, 귀로 나쁜 소리를 듣지 않고, 그 임금이 아니면 섬기지 않고, 그 백성이 아니면 부리지 않았다. 다스려지면 나가고, 어지러우면 물러가서 횡포한 정치가 행해지는 곳과 횡포한 백성들이 머물러 있는 곳에 차마 살지 못했다. 도리를 모르는 시골 사람과 함께 있는 것을,

衣朝冠으로 坐於塗炭也러니 當紂之時하여 居北海之濱하여 以待天下之淸也하니 故聞伯夷之風者는 頑夫廉하며 懦夫有立志하니라 伊尹曰 何事非君이며 何使非民이리오하여 治亦進하며 亂亦進하여 曰天之生斯民也使先知覺後知하며 使先覺覺後覺이시니 予는 天民之先覺者也라 予將以此道覺此民也라하고 思天下之民

●頑 : 완고할 완

●懦 : 나약할 나

마치 조복과 조관 차림으로 시궁창이나 숯 구덩이에 앉아 있는 것처럼 생각하였다。 주임금 때를 당하여 북해의 바닷가에 살면서 천하가 맑아지기를 기다렸다。 그러므로 백이의 인품을 들은 사람은 아둔한 사람은 사리분별을 하게 되고、 나약한 사람은 뜻을 세울 수 있게 된다。 이윤은 「누구를 섬긴들 임금이 아니며 누구를 부린들 백성이 아니겠는가?」하여、 다스려져도 나갔고 어지러워도 나갔다。 말하기를 「하늘이 이 백성을 내실 때 선지자를 시켜 후지자를 깨우쳐 주고、 선각자를 시켜 후각자를 깨우쳐 주게 하였다。 나는 하늘이 낸 백성 중의 선각자니、 내가 장차 이 도를 가지고 이 백성들을 깨우쳐 주리라」

匹夫匹婦(필부필부) 有不與被堯舜之澤者(유불여피요순지택자)하되 若己推而內之溝中(약기추이납지구중)하니 其自任以天下之重也(기자임이천하지중야)니라 柳下惠(유하혜)는 不羞汙君(불수오군)하며 不辭小官(불사소관)하며 進不隱賢(진불은현)하여 必以其道(필이기도)하며 遺佚而不怨(유일이불원)하며 阨窮而不憫(액궁이불민)하며 與鄉人處(여향인처)에 由由然不忍去也(유유연불인거야)하여 爾爲爾(이위이)며 我爲我(아위아)니 雖袒裼裸裎於我側(수단석라정어아측)인들 爾焉

●阨：막을 액
●憫：근심할 민
●裼裸：웃통벗을 단。웃통벗을 석
●裸裎：벌거벗을 라。벌거벗을 정

고 하였다。그는 천하의 백성 중에 필부필부라도 요순의 은택을 입지 못하는 사람이 있으면 마치 자기가 밀어서 도랑 속에 처넣은 것같이 여겼으니 천하의 중책을 자임했던 것이다。유하혜는 더러운 임금 섬기기를 부끄럽게 여기지 않았고、작은 벼슬을 사양하지 않았으며、나아가서는 자기의 현명함을 감추지 않고 반드시 바른 도로써 행하였고、버림을 받아도 원망하지 않았고、곤궁에 빠져도 걱정하지 않았다。시골 사람들과 함께 있어도 너그러운 태도로 차마 떠나가지 못했다。「너는 너고 나는 난데、내 곁에서 비록 팔을 걷어올리고 벌거벗은들 네가 어찌 나를 더럽힐 수 있겠는

能浼我哉(능매아재)리오하니 故聞柳下惠之風者(고문유하혜지풍자)는 鄙夫寬(비부관)하며 薄夫敦(박부돈)하니라 孔子之去齊(공자지거제)에 接淅而行(접석이행)하시고 去魯(거노)에 曰(왈) 遲遲吾行也(지지오행야)여하시니 去父母國之道也(거부모국지도야)라 可以速則速(가이속즉속)하시고 可以久則久(가이구즉구)하시고 可以處則處(가이처즉처)하시고 可以仕則仕(가이사즉사)는 孔子也(공자야)시니라。

孟子曰(맹자왈) 伯夷(백이)는 聖之清者也(성지청자야)요 伊尹(이윤)

●浼: 더럽힐 매 ●鄙: 인색할 비 ●薄: 엷을 박 ●敦: 도타울 돈 ●淅: 쌀일 석 ●遲: 더딜 지

가」라고 생각했다。그러므로 유하혜의 인품을 들은 사람은 비루한 사람은 너그러워지고, 각박한 사람은 인정이 두터워진다。공자께서 제나라를 떠나실 때에는 물에 불린 쌀을 건져가셨고, 노나라를 떠나실 때에는「더디다, 내 발걸음이여」라고 말씀하셨는데, 이것은 모국을 떠나는 도리였다。빨리 할 만하면 빨리 하고, 오래 있을 만하면 오래 있고, 숨어 있을 만하면 숨어 있고, 벼슬할 만하면 벼슬하시는 분이 공자였던 것이다。』

맹자께서 말씀하셨다。『백이는 성인으로서 청렴한 인물이고, 이윤은 성인으로서 천하의 중책을 자임한 분이며, 유하혜는 성인으로서 온화한

은 聖之任者也요 柳下惠는 聖之和者也요 孔子는 聖之時者也시니라 孔子之謂集大成이니 集大成也者는 金聲而玉振之也니 金聲也者는 始條理也요 玉振之也者는 終條理也니 始條理者는 智之事也요 終條理者는 聖之事也니라 智를 譬則巧也요 聖을 譬則力也니 由射於百步之外也니 其至는 爾力也어니와 其中은 非爾力也니라。

인물이고, 공자는 성인으로서 때에 맞게 하신 분이었다。공자를 일러 집대성했다고 하는 것이니, 집대성했다는 것은 쇠소리로 시작하여 옥소리로 거두는 것이다。쇠 소리로 시작한다는 것은 조리있게 시작한다는 뜻이고, 옥소리로 거둔다는 것은 조리있게 끝맺는다는 것이다。조리있게 시작하는 것은 지혜로운 사람의 일이고, 조리있게 끝맺는다는 것은 성스러운 사람이 하는 일이다。지혜는 비유하면 기교이고, 성스러움은 비유하면 힘이다。백 보 밖에서 활을 쏘는 것과 같으니, 화살이 거기까지 도달하는 것은 그대의 힘이지만, 적중시키는 것은 그대의 힘이 아니다。』

② 北宮錡問曰 周室班爵祿也는 如之何잇고 孟子曰 其詳은 不可得而聞也니 諸侯惡其害己也하여 而皆去其籍이어니와 然而軻也嘗聞其略也로다 天子一位요 公一位요 侯一位요 伯一位요 子男同一位니 凡五等也라 君一位요 卿一位요 大夫一位요 上士一位요 中士一位요 下士一位니 凡六等이라 天子之制는 地方千里

•北宮錡 : 위(衛)나라 사람

북궁의가 물었다. 『주나라 왕실에서 벼슬의 서열은 어떠하였습니까?』 맹자께서 말씀하셨다. 『자세한 것은 들을 수가 없습니다. 제후들이 그 제도가 자기네들을 해칠까 두려워서 모두 그 전적을 없애 버렸기 때문입니다. 그러나 내가 일찍이 그에 관한 대략을 들은 일이 있습니다. 천자가 한 계급, 공이 한 계급, 후가 한 계급, 백이 한 계급, 자와 남이 다 같이 한 계급이니 모두 다섯 등급입니다. 제후국에는 군(君)이 한 계급, 경이 한 계급, 대부가 한 계급, 상사가 한 계급, 중사가 한 계급, 하사가 한 계급이니 모두 여섯 등급입니다. 천자의 제도는 땅이 사방 천 리, 공과 후는 다 같이 사방 백 리, 백은 사방 70리, 자

요 公侯(공후)는 皆方百里(개방백리)요 伯(백)은 七十里(칠십리)요 子男(자남)은 五十里(오십리)니 凡四等(범사등)이라 不能(불능)五十里(오십리)는 不達於天子(부달어천자)하여 附於諸侯(부어제후)하니 曰附庸(왈부용)이니라 天子之卿(천자지경)은 受地視侯(수지시후)하고 大夫(대부)는 受地視伯(수지시백)하고 元士(원사)는 受地視子男(수지시자남)이니라 大國(대국)은 地方百里(지방백리)에 君(군)은 十卿祿(십경록)이요 卿祿(경록)은 四大夫(사대부)요 大夫(대부)는 倍上士(배상사)요 上士(상사)는 倍中士(배중사)요 中士(중사)는 倍下士(배하사)요 下士(하사)는 與庶人在官者同祿(여서인재관자동록)하니 祿足以代其耕(록족이대기경)

와 남은 사방 50리이니 모두 네 등급입니다. 50리가 되지 못하고, 천자에게 직접 조회하지 못하며, 제후에 부속된 작은 나라를 부용이라고 합니다. 천자의 경은 제후와 비등하게 땅을 받고, 대부는 백과 비등하게 땅을 받고, 원사는 자남과 비등하게 땅을 받습니다. 대국은 땅이 사방 백 리인데, 임금의 녹은 경의 10배, 경의 녹은 대부의 4배, 대부의 녹은 상사의 2배, 상사의 녹은 중사의 2배, 중사의 녹은 하사의 2배, 하사의 녹은 서인으로 관직에 있는 자와 같고, 그 녹은 그가 농사짓는 수확과 대등할 만합니다. 그 다음의 나라는 땅이 사방 70리인데, 군의 녹은 경의 10배, 경의 녹은 대부의 3배, 대

也(야)니라 次國(차국)은 地方七十里(지방칠십리)에 君(군)은 十卿祿(십경록)이요 卿祿(경록)은 三大夫(삼대부)요 大夫(대부)는 倍上士(배상사)요 上士(상사)는 倍中士(배중사)요 中士(중사)는 倍下士(배하사)요 下士(하사)는 與庶人在官者同祿(여서인재관자동록)하니 祿足以代其耕也(록족이대기경야)니라 小國(소국)은 地方五十里(지방오십리)에 君(군)은 十卿祿(십경록)이요 卿祿(경록)은 二大夫(이대부)요 大夫(대부)는 倍上士(배상사)요 上士(상사)는 倍中士(배중사)요 中士(중사)는 倍下士(배하사)요 下士(하사)는 與庶人在官者同祿(여서인재관자동록)하니 祿足以代其耕也(록족이대기경야)니라 耕者之所獲(경자지소획)은 一夫百(일부백)

부의 녹은 상사의 2배, 상사의 녹은 중사의 2배, 중사의 녹은 하사의 2배, 하사의 녹은 서인으로 관직에 있는 자와 같고, 그 녹은 그가 농사짓는 수확과 대등할 만합니다。 작은 나라는 땅이 사방 50리인데, 군의 녹은 경의 10배, 경의 녹은 대부의 2배, 대부의 녹은 상사의 2배, 상사의 녹은 중사의 2배, 중사의 녹은 하사의 2배, 하사의 녹은 서인으로 관직에 있는 자와 같고, 그 녹은 그가 농사짓는 수확과 대등할 만합니다。 농사짓는 사람의 소득은 한 사람에 백 무인데, 백 무를 잘 가꾸면 상농부는 아홉 식구를 먹이고, 상 다음가는 농부는 여덟 식구를 먹이고, 중농부는 일곱 식구를 먹이고, 중 다음가는 농부

畝니 百畝之糞에 上農夫는 食九人하고 上次는 食八人하고 中食七人하고 中次는 食六人하고 下는 食五人이니 庶人在官者其祿이 以是爲差니라。

③ 萬章이 問曰 敢問友하노이다 孟子曰 不挾長하며 不挾貴하며 不挾兄弟而友니 友也者는 友其德也라 不可以有挾也니라 孟獻子는 百乘之家也라 有友五人焉이러니 樂正裘

•挾 : 낄 협。가질 협

는 여섯 식구를 먹이고、하농부는 다섯 식구를 먹일 수 있습니다。서인으로 관직에 있는 자의 녹도 이러한 등급으로 차등을 매겼습니다。』

만장이 물었다。『감히 벗의 도리에 대해 여쭈어 보겠습니다。』 맹자께서 말씀하셨다。『나이를 가지고 잘난 체하지 않고、존귀한 것을 가지고 잘난 체하지 않고、자기 형제를 가지고 잘난 체하지 않고 벗을 사귀어야 한다。벗을 사귐은 그 사람의 덕을 벗삼는 것이므로 잘난 체하는 것이 있어서는 안 된다。맹헌자는 백 승의 큰 집안이었는데、다섯 사람의 벗이 있었다。악정구와 목중、그리고 나머지 세 사람은 내가 잊어버렸다。맹헌자가 이 다섯 사람을 벗으로 사귐은 자신의 가

牧仲이오 其三人은 則予忘之矣로라 獻子之與此五人者友也는 無獻子之家者也니 此五人者 亦有獻子之家면 則不與之友矣리라 非惟百乘之家爲然也라 雖小國之君이라도 亦有之하니 費惠公曰 吾於子思엔 則師之矣요 吾於顏般엔 則友之矣요 王順長息은 則事我者也라하니라 非惟小國之君爲然也라 雖大國之君이라도 亦有之하니 晉平公之於

문을 떠나서 교우한 것이다。 이 다섯 사람 역시 맹헌자의 가문을 안중에 두었다면 맹헌자도 그들을 벗으로 사귀지 않았을 것이다。 오직 백 승의 집안만이 그런 것이 아니라、 비록 작은 나라의 군주라도 또한 그러한 예가 있다。 비(費)나라의 혜공은 말하였다。「나는 자사에 대해서는 스승으로 섬기고、 안반에 대해서는 벗으로 사귀고、 왕순과 장식은 나를 섬기는 자들이다。」 작은 나라의 임금만이 그러한 것이 아니다。 큰 나라의 임금이라도 또한 그러한 예가 있다。 진평공은 해당에 대해서、 그가 들어오라고 하면 들어가고、 앉으라고 하면 앉고、 먹으라고 하면 먹어서、 비록 거친 밥과 나물국이라도 배불리 먹지 않은 적이

亥唐也(해당야)에 入云則入(입운즉입)하고 坐云則坐(좌운즉좌)하고 食云則食(식운즉식)하여 雖疏食菜羹(수소사채갱)이라도 未嘗不飽(미상불포)하시니 蓋不敢不飽也(개불감불포야)라 然終於此而已矣(연종어차이이의)요 弗與共天位也(불여공천위야)하며 弗與治天職也(불여치천직야)하며 弗與食天祿也(불여식천록야)하니 士之尊賢者也(사지존현자야)요 非王公之尊賢也(비왕공지존현야)라 舜(순)이 尚見帝(상견제)어시늘 帝館甥于貳室(제관생우이실)하시고 亦饗舜(역향순)하사 迭爲賓主(질위빈주)하시니

•亥唐：진(晉)나라의 어진 사람
•羹：국 갱
•甥：생질 생
•貳室：「副宮」을 말함
•饗：잔치 향
•迭：갈마들 질

없었으니, 감히 배불리 먹지 않을 수 없었던 것이다。 그러나 여기서 그쳤을 뿐, 그와 더불어 하늘에서 준 지위를 함께 누리지 않았고, 하늘에서 준 직분을 함께 수행하지 않았고, 하늘에서 내린 녹을 함께 먹지도 않았다。 이것은 선비가 현자를 공경하는 것이지, 왕공이 현자를 존경하는 것은 아니었다。 순이 올라가서 요임금을 알현했는데, 요임금은 사위를 별궁에 머물게 하고, 또 순을 위해 향연을 마련함에 서로 객이 되고 주인이 되었다。 이것은 천자가 필부를 벗으로 사귄 것이다。 아랫사람으로서 윗사람을 존중하는 것을 귀한 사람을 귀하게 여긴다고 하고, 윗사람으로서 아랫사람을 존경하는 것을 현자를 존경한다

是天子而友匹夫也시니라 用下敬上을 謂之貴貴요 用上敬下를 謂之尊賢이라 貴貴尊賢이 其義一也니라。

④ 萬章이 問曰 敢問交際는 何心也잇고 孟子曰 恭也니라 曰 却之却之爲不恭은 何哉잇고 曰 尊者賜之어든 曰其所取之者 義乎아 不義乎아 而後受之면 以是爲不恭이라 故弗却也니라 曰 請無以辭却之오 以心却之曰 其取諸民之不義也라하여 而

고 하는 것이니, 귀한 이를 귀하게 여기는 것과 현자를 존경하는 것은 그 의의가 똑같은 것이다.』

만장이 물었다. 『감히 여쭈어보겠습니다. 교제하는 데는 무슨 마음으로 해야 합니까?』 맹자께서 말씀하셨다. 『공경하는 마음으로 해야 하느니라.』 만장이 말하였다. 『물리치는 것을 공경스럽지 못하다고 하는 것은 무엇 때문입니까?』 맹자께서 말씀하셨다. 『존귀한 사람이 주는데 그것을 취하는 것이 의로운가 의롭지 않은가를 따진 뒤에 받는다면 불공한 것이 된다. 그러므로 물리치지 않는 것이다.』 만장이 말하였다. 『말로 물리치지 않고 마음속으로 물리치면서 「그것은 백성들한테서 취한 불의한 것이다」라고 생각하여, 다른 말을 하여 받

以他辭無受不可乎잇가 曰 其交也以道요 其接也以禮면 斯는 孔子受之矣시니라 萬章曰 今有禦人於國門之外者하되 其交也以道하며 其餽也以禮면 斯可受禦與잇가 曰 不可하니 康誥曰 殺越人于貨하여 閔不畏死를 凡民罔不譈라하니 是不待教而誅者也니 殷受夏周受殷 所不辭

●禦：막을 어
●餽：보낼 궤
●譈：원망할 대
●閔：『서경』에는 「暋(민)」으로 되어 있음

지 않으면 되지 않겠습니까?』 맹자께서 말씀하셨다。『도로써 사귀고 예로써 대우하면 그런 경우에는 공자께서도 받으셨다。』 만장이 말하였다。『지금 성문 밖에서 사람을 가로막고 재물을 강탈한 자가 있는데、도로써 사귀고 예로써 선물을 보내준다면、그런 경우에는 강탈한 것이라도 받을 수 있습니까?』 맹자께서 말씀하셨다。『안 된다。『서경』「강고(康誥)」에 「재물 때문에 사람을 죽이고도 감히 죽음을 두려워하지 않으면 모든 백성들이 원망하지 않음이 없다」고 하였으니、그런 자는 가르칠 것도 없이 죽일 자이다。(은나라가 하나라를 받고、주나라가 은나라를 받음이 사양하지 않는 바요 지금에도 맹렬하니) 어떻게 그런 물건을 받겠느냐?』 만장이 말

也於今爲烈• 如之何其受之리오 曰 今之諸侯 取之於民也 猶禦也어늘 苟善其禮際矣면 斯君子受之라하시니 敢問何說也잇고 曰 子以爲有王者作인댄 將比今之諸侯而誅之乎아 其敎之不改而後誅之乎아 夫謂非其有而取之者盜也는 充類至義之盡也니 孔子之仕於魯也에 魯人

• 殷受夏周受殷 所不辭也 於今爲烈：14글자는 착간이 있어 주자는 빼야한다고 했음

하였다。『지금의 제후들이 백성한테서 재물을 취하는 것은 강탈하는 것과 같습니다。진실로 예(禮)와 교제를 잘 하면 그런 경우에는 군자도 받는다고 하시니、감히 무슨 말씀인지 여쭈어 보겠습니다。』 맹자께서 말씀하셨다。『그대 생각에는 왕자(王者)가 일어난다면 장차 지금의 제후들을 모조리 죽이겠는가? 그들을 가르쳤는데도 고쳐지지 않은 뒤에 죽이겠는가? 자기의 소유가 아닌데 취하는 것을 도둑이라고 하는 것은 같은 부류를 미루어 본 의(義)의 지극한 표현이다。공자께서 노나라에서 벼슬하실 때、노나라 사람들이 엽각을 하면 공자께서도 엽각을 하셨다。엽각이 괜찮다면 하물며 제후가 내려 주는 것을 받는 것이야 무슨 문제가 되겠느냐?』

이 獵較(엽각)이어늘 孔子亦獵較(공자역엽각)하시니 獵較(엽각) 猶可(유가)어든 而況受其賜乎(이황수기사호)아 曰然則(왈연즉) 孔子之仕也(공자지사야) 非事道與(비사도여)잇가 曰事道(왈사도) 也(야)시니라 事道(사도)하되 奚獵較也(해엽각야)시니잇고 曰孔子先簿正祭器(왈공자선부정제기)하사 不以四方(불이사방) 之食供簿正(지식공부정)하시니라 曰奚不去也(왈해불거야)시니잇고 曰爲之兆也(왈위지조야)시니 兆足以行矣(조족이행의)로되 而不行而後去(이불행이후거)하시니 是以未嘗(시이미상)

• 獵較 : 사냥할 때 옆 사람이 사냥한 것을 서로 빼앗아 제물로 사용했던 노나라의 풍속

• 兆 : 조짐 조

만장이 말하였다. 『그렇다면 공자께서 벼슬한 것은 도를 행하려는 것이 아니었습니까?』 맹자께서 말씀하셨다. 『도를 행하려는 것이었다.』 만장이 말하였다. 『도를 행하려고 하셨다면 왜 엽각을 하셨습니까?』 맹자께서 말씀하셨다. 『공자께서는 먼저 장부에 의해서 제기를 바로잡아 사방의 진기한 음식으로 장부에 바로잡아 놓은 제기에 괴어 놓지 않으셨다.』 만장이 말하였다. 『그런데 왜 그만두고 떠나지 않으셨습니까?』 맹자께서 말씀하셨다. 『도가 행해질 징조가 있었기 때문이니, 그 징조가 충분히 실행될 것 같았는데 실행되지 않은 뒤에야 떠나셨다. 그렇기 때문에 일찍이 3년이 지날 때까지 한 나라에 머물러 계신 일이 없으셨던 것이다. 공자께서는 도가 행

有所終三年淹也러시다 孔子有見行可之仕하시며 有際可之仕하시며 有公養之仕하시니 於季桓子엔 見行可之仕也요 於衛靈公엔 際可之仕也요 於衛孝公엔 公養之仕也니라。

⑤ 孟子曰 仕非爲貧也로되 而有時乎爲貧하며 娶妻 非爲養也로되 而有時乎爲養이니라 爲貧者는 辭尊居卑하며 辭富居貧이니 辭尊居卑하며

• 淹 : 머무를 엄

해질 가능성이 있음을 보시고 벼슬을 하셨고, 예를 갖추어 대접해준 경우에 벼슬하셨고, 현자를 기르는 예를 다할 경우에 벼슬하셨다. 계환자에게는 도가 행해질 가능성이 있음을 보시고 벼슬하셨고, 위령공에게는 예로 대접해 주어서 벼슬하셨고, 위효공에게는 현자를 길러 주는 예를 다하자 벼슬을 하신 것이다.』

맹자께서 말씀하셨다. 『벼슬하는 것이 가난해서 하는 것은 아니지만 때로는 가난해서 하기도 하며, 아내를 맞는 것이 부모를 봉양하기 위한 것은 아니지만 때로는 부모의 봉양 때문에 하기도 한다. 가난해서 벼슬하는 사람은 높은 자리를 사양하고 낮은 자리에 있어야 하며, 부유함을 사양하고 가난함에 처해야 한다. 높

辭富居貧이 惡乎宜乎요 抱關擊柝이니라 孔子嘗爲委吏矣사 曰 會計를 當而已矣라하시며 嘗爲乘田矣사 曰 牛羊을 茁壯長而已矣라하시니라 位卑而言高罪也요 立乎人之本朝而道不行이 恥也니라。

⑥ 萬章曰 士之不託諸侯는 何也잇고 孟子曰 不敢也니 諸侯 失國而後

●擊：부딪칠 격
●柝：열 탁。야경꾼이 나무를 치는 것
●委吏：곡식 창고 관리
●乘田：목장에서 희생을 기르는 일을 주관하는 관리
●茁：자랄 촬

은 자리를 사양하고 낮은 자리에 있고 부유함을 사양하고 가난함에 처하려면 무슨 자리가 마땅한가？ 문지기나 야경꾼 정도가 알맞다。 공자께서 일찍이 위리를 지내셨는데 「회계를 합당하게 할뿐이다」라고 말씀하셨다。 또 승전을 지내셨는데 「소와 양을 잘 자라게 할뿐이다」라고 말씀하셨다。 지위가 낮으면서 높은 지위의 일을 말하는 것은 죄이고、 남의 조정에 서 있으면서 도가 행해지지 않는 것이 수치스런 일이다。』

만장이 말하였다。『선비가 제후에게 몸을 의지하지 않는 것은 무엇 때문입니까？』 맹자께서 말씀하셨다。『감히 그렇게 할 수 없기 때문이다。 제후가 나라를 잃은 뒤에 다른 제후에게 의지하는 것은 예이지만 선비가

託於諸侯는 禮也요 士之託於諸侯는 非禮也니라 萬章曰 君이 餽之粟하면 則受之乎잇가 曰 受之니라 受之는 何義也잇고 曰 君之於氓也에 固周之니라 曰 周之則受하고 賜之則不受는 何也잇고 曰 不敢也니라 曰 敢問其不敢은 何也잇고 曰 抱關擊柝者皆有常職하여 以食於上하나니 無常職而賜於上者를 以爲不恭也니

● 周：두루 주。여기서는 「구제하다」는 뜻 ● 氓：백성 맹

제후에게 의지하는 것은 예가 아니다。』 만장이 말하였다。『임금이 곡식을 보내 주면 받아도 됩니까?』 맹자께서 말씀하셨다。『받아도 된다。』 만장이 말하였다。『받아도 되는 것은 무슨 뜻입니까?』 맹자께서 말씀하셨다。『임금은 먼데서 온 백성에 대해서는 진실로 구제하는 것이다。』 만장이 말하였다。『구제해 주면 받고 하사하면 받지 않는 것은 무엇 때문입니까?』 맹자께서 말씀하셨다。『감히 그렇게 할 수 없기 때문이다。』 만장이 말하였다。『감히 여쭈어 보겠습니다。 감히 받지 못한다는 것은 무슨 이유 때문입니까?』 맹자께서 말씀하셨다。『문지기나 야경꾼도 모두 일정한 직책이 있어서 임금에게 녹을 받는데, 일정한 직책이 없이 임금에게 하

라 曰君이 餽之則受之인댄 不識可 (왈 군 궤지즉수지 불식가)
常繼乎잇가 曰繆公之於子思也에 (상계호 왈 목공지어자사야)
亟問하시며 亟餽鼎肉이어시늘 子思不 (기문 기궤정육 자사불)
悅하사 於卒也에 摽使者出諸大門 (열 어졸야 표사자출저대문)
之外하시고 北面稽首再拜而不受曰 (지외 북면계수재배이불수왈)
今而後知君之犬馬畜伋이라하시니 (금이후지군지견마휵급)
蓋自是臺無餽也하니 悅賢不能擧요 (개자시대무궤야 열현불능거)
又不能養也면 可謂悅賢乎아 曰敢 (우불능양야 가위열현호 왈감)
問國君이 欲養君子인댄 如何라사 斯 (문국군 욕양군자 여하 사)

● 摽 : 손짓할 표
● 稽 : 머무를 계
● 臺 : 돈대 대。임금의 명을 전달하는 자

사 받는 것은 공손하지 않기 때문이다。』 만장이 말하였다。『임금께서 보내주시면 받는다고 했는데、잘 모르겠습니다만 계속해서 받아도 괜찮습니까?』 맹자께서 말씀하셨다。『목공이 자사에게 자주 안부를 묻고 자주 익은 고기를 보내 주었다。 자사께서는 기뻐하지 않고 마침내는 보내온 사자에게 손짓하여 대문 밖으로 내보내고、북쪽을 향해 머리를 조아려 두 번 절하고 나서、임금이 보내준 것을 받지 않고 말하기를、「이제야 임금께서 나를 개나 말같이 기른다는 것을 알았다」라고 말하였다。 대개 그 뒤부터는 심부름꾼을 통해서 고기를 보내 주는 일이 없어졌다。 현자를 좋아하면서 등용하지 못하고 또 기르지도 못한다면、현자를 좋아한다고 할

可謂養矣(가위양의)리잇고 曰(왈) 以君命將之(이군명장지)하여 再拜稽首而受(재배계수이수)어든 其後廩人繼粟(기후름인계속)하며 庖人繼肉(포인계육)하되 不以君命將之(불이군명장지)니 子思以爲鼎肉(자사이위정육)이 使己僕僕爾亟拜也(사기복복이기배야) 非養君子之道也(비양군자지도야)라하시니라 堯之於舜也(요지어순야)에 使其子九男事之(사기자구남사지)하시며 二女女焉(이녀녀언)하시며 百官牛羊倉廩備(백관우양창름비)하여 以養舜於畎畝之中(이양순어견무지중)이라가 後擧而加諸上位(후거이가제상위)하시니 故曰 王公之尊賢者也(고왈왕공지존현자야)

● 僕僕 : 번거롭고 함부로 하는 모습
● 亟 : 자주 기
● 畎 : 밭도랑 견

수 있겠느냐?』 만장이 말하였다. 『감히 여쭈어 보겠습니다. 임금이 군자를 기르려면 어떻게 해야 기른다고 할 수 있겠습니까?』 맹자께서 말씀하셨다. 『임금의 명령으로 보내 주면 두 번 절하고 머리를 조아리며 받는 것이다. 그 후부터는 창고를 맡은 관원이 양곡을 계속해서 대주고, 고기를 맡은 관원이 고기를 대주는데 임금의 명령으로 보내지 않는다. 자사는 가마에 찐 고기를 보내서 자기를 귀찮게 자주 절하게 만드는 것은 군자를 기르는 도리가 아니라고 생각했던 것이다. 요임금은 순에 대해서 자기의 아홉 아들을 시켜서 순을 섬기게 하고, 두 딸을 그에게 시집보냈다. 또한 백관과 소와 양과 창고를 갖추어서 순을 밭 가운데서 섬기게 하였

라하노라。

⑦ 萬章曰 敢問不見諸侯 何義也잇고 孟子曰 在國曰市井之臣이오 在野曰草莽之臣이라 皆謂庶人이니 庶人이 不傳質爲臣하얀 不敢見於諸侯禮也니라 萬章曰 庶人이 召之役하면 則往役하고 君欲見之하여 召之하면 則不往見之는 何也잇고 曰 往役은 義也요 往見은 不義也니라 且君之

(만장왈 감문불견제후 하의야 맹자왈 재국왈시정지신 재야왈초망지신 개위서인 서인 부전질위신 불감견어제후 예야 만장왈 서인 소지역 즉왕역 군욕견지 소지 즉불왕견지 하야 왈 왕역 의야 왕견 불의야 차군지)

• 莽 : 우거질 망 • 質 : 폐백 지

다。 그런 뒤에 그를 등용하여 윗자리에 앉혔다。 그러므로 왕공이 현자를 존경한 것이라고 하는 것이다。』

만장이 말하였다。『감히 여쭈어 보겠습니다。 제후를 만나지 않는 것은 무슨 뜻입니까?』 맹자께서 말씀하셨다。『국도에 살고 있는 사람을 시정의 신하라 하고、초야에 사는 사람을 초망의 신하라 하는데、이들을 모두 서인이라고 한다。 서인은 예물을 드리고 신하가 되지 않고서는 감히 제후를 만나보지 못하는 것이 예이다。』 만장이 말하였다。『서인은 부역으로 부르면 가서 부역을 합니다。 그런데 임금이 그를 만나고 싶어서 부르는데 가서 만나지 않는 것은 어째서입니까?』 맹자께서 말씀하셨다。『가서 부역을 하는 것은 의이고、가서 만나는

欲見之也(욕견지야)는 何爲也哉(하위야재)오 曰(왈) 爲其多聞也(위기다문야)며 爲其賢也(위기현야)니이다 曰(왈) 爲其多聞也(위기다문야)인댄 則天子(즉천자)도 不召師(불소사)어든 而況諸侯乎(이황제후호)아 爲其賢也(위기현야)인댄 則吾未聞欲見賢而召之也(즉오미문욕견현이소지야)케라 繆公(목공)이 亟見於子思曰(기견어자사왈) 古千乘之國(고천승지국)이 以友士(이우사)라하니 何如(하여)하니잇고 子思不悅曰(자사불열왈) 古之人(고지인)이 有言曰(유언왈) 事之云乎(사지운호)니 豈曰友之云乎(기왈우지운호)리잇고하시니 子思之不悅也(자사지불열야)는 豈不曰以位則子(기불왈이위즉자)는 君也(군야)요 我(아)는 臣也(신야)

것은 의가 아니다。그런데 임금이 그를 만나보고 싶어하는 것은 무엇 때문이라고 생각하는가?』만장이 대답하였다。『그가 들어서 아는 것이 많고、현자이기 때문입니다。』맹자께서 말씀하셨다。『그가 들어서 아는 것이 많기 때문이라면 천자도 스승을 불러서 만나지 않는데 하물며 제후가 그렇게 할 수 있겠는가? 그가 현자이기 때문이라면 나는 아직껏 현자를 만나 보고 싶어서 그를 불렀다는 말을 듣지 못했다。목공이 자주 자사를 만나 보고、「옛날에 천승의 나라 임금이 선비를 벗으로 사귀었다는데 어떻습니까?」라고 했다。자사가 그 말을 불쾌하게 생각하고、「옛사람이 섬긴다고 말한 것이니、어찌 벗으로 사귄다고 말했겠습니까?」라고 하였다。자사가

니 何(하)敢(감)與(여)君(군)友(우)也(야)며 以(이)德(덕)則(즉)子(자)는 事(사)我(아)者(자)也(야)니 奚(해)可(가)以(이)與(여)我(아)友(우)리오하시리오 千(천)乘(승)之(지)君(군)이 求(구)與(여)之(지)友(우)라도 而(이)不(불)可(가)得(득)也(야)니어든 而(이)況(황)可(가)召(소)與(여)아。

齊(제)景(경)公(공)이 田(전)에 招(초)虞(우)人(인)以(이)旌(정)•한대 不(부)至(지)어늘 將(장)殺(살)之(지)러시니 志(지)士(사)는 不(불)忘(망)在(재)溝(구)壑(학)하고 勇(용)士(사)는 不(불)忘(망)喪(상)其(기)元(원)이라하시니 孔(공)子(자)는 奚(해)取(취)焉(언)고 取(취)非(비)其(기)招(초)不(불)往(왕)也(야)시니라 曰(왈) 敢(감)問(문)招(초)虞(우)人(인)何(하)以(이)리잇고

• 旌 : 깃발 정

좋아하지 않은 것은 「지위를 가지고 한다면 당신은 임금이고 나는 신하인데, 어찌 감히 신하가 임금과 벗이 되겠습니까? 덕으로 한다면 당신은 나를 섬겨야 할 텐데, 당신이 어찌 나하고 벗이 될 수 있겠습니까?」라는 것이 아니겠느냐? 천승의 임금이 그와 벗이 되기를 바랐으나 될 수 없었는데, 하물며 부를 수 있었겠는가?

제나라 경공이 사냥을 나가서 정기(旌旗)로 우인을 불렀는데 오지 않자 그를 죽이려고 했다。「뜻 있는 선비는 구렁텅이에 던져지기를 잊지 않고, 용기 있는 선비는 목이 달아나는 것을 잊지 않는다」고 하였는데, 공자께서 무엇을 취하셨겠느냐? 정당한 부름이 아니면 가지 않는 점을 취하신 것이다。』 만장이 말하였다。『감

曰以皮冠이니 庶人以旃이오 士以旂
(왈이피관 서인이전 사이기)

오 大夫以旌이니라 以大夫之招招虞
(대부이정 이대부지초초우)

人한대 虞人이 死不敢往이어든 以士
(인 우인 사불감왕 이사)

之招招庶人이면 庶人이 豈敢往哉리
(지초초서인 서인 기감왕재)

오 況乎以不賢人之招招賢人乎여
(황호이불현인지초초현인호)

欲見賢人하되 而不以其道면 猶欲
(욕견현인 이불이기도 유욕)

其入而閉之門也니 夫義는 路也요
(기입이폐지문야 부의 로야)

禮는 門也니 惟君子야 能由是路하며
(예 문야 유군자 능유시로)

出入是門也니 詩云 周道如底하니
(출입시문야 시운 주도여지)

● 旃 : 깃발 전
● 旂 : 깃발 기
● 底 : 숫돌 지

히 여쭈어 보겠습니다. 우인을 부르는 데는 무엇으로 합니까?』 맹자께서 말씀하셨다. 『피관으로 부르는 것이다. 서인을 부를 때는 전기로 하고, 사는 기기로 부르고, 대부는 정기로 부른다. 대부를 부르는 예절로 우인을 불렀으므로 우인은 죽어도 감히 가지 못했던 것이다. 사를 부르는 예절로 서인을 부른다면 서인이 어찌 감히 가겠는가? 하물며 어질지 않은 사람을 부르는 예절로 어진 이를 부르는 것이야 말할 것도 없다. 현명한 이를 만나고 싶어 하면서 정당한 방법으로 하지 않는다면 현인이 들어오기를 바라면서 문을 닫아 버리는 것과 같다. 의는 길이고, 예는 문과 같다. 오직 군자만이 이 길을 따라갈 수 있고, 이 문으로 출입할 수 있는 것이

其直如矢(기직여시)로다 君子所履(군자소리)요 小人所視(소인소시)라하니라 萬章曰(만장왈) 孔子(공자)는 君命召(군명소)어든 不俟駕而行(불사가이행)하시니 然則孔子非與(연즉공자비여)잇가 曰(왈) 孔子(공자)는 當仕有官職(당사유관직)이어시늘 而以其官召之也(이이기관소지야)일새니라。

⑧ 孟子謂萬章曰(맹자위만장왈) 一鄕之善士(일향지선사)라야 斯友一鄕之善士(사우일향지선사)요 一國之善士(일국지선사)라야 斯友一國之善士(사우일국지선사)요 天下之善士(천하지선사)라야 斯友天下之善士(사우천하지선사)니라 以友天下之善士爲未足(이우천하지선사위미족)하여 又尚論古之人(우상론고지인)하나니 頌(송)

다。『시경』에 「주나라의 길은 숫돌과 같고、곧기는 화살과 같다。군자가 실천하는 바요、소인이 본받는 바이다」라고 하였다。』만장이 말하였다。『공자께서는 임금이 명하여 부르면 수레를 기다리지 않고 떠나셨으니、그렇다면 공자께서 잘못하신 것입니까?』맹자께서 말씀하셨다。『공자께서는 벼슬을 하여 관직을 맡고 있었으므로 공적인 일로 불렀던 것이다。』

맹자께서 만장에게 말씀하셨다。『한 고을의 선한 선비라야 한 고을의 선한 선비를 벗으로 삼을 수 있고、한 나라의 선한 선비라야 한 나라의 선한 선비를 벗으로 삼을 수 있으며、천하의 선한 선비라야 천하의 선한 선비를 벗으로 삼을 수 있다。천하의 선한 선비를 벗으로 사귀고도 부족하

其詩(기시)하며 讀其書(독기서)하되 不知其人(부지기인)이 可乎(가호)아 是以論其世也(시이논기세야)니 是尚友也(시상우야)니라。

⑨ 齊宣王(제선왕)이 問卿(문경)하신대 孟子曰(맹자왈) 王(왕)은 何卿之問也(하경지문야)시니잇고 王曰(왕왈) 卿(경)이 不同乎(부동호)잇가 曰(왈) 不同(부동)하니 有貴戚之卿(유귀척지경)하며 有異姓之卿(유이성지경)하니이다 王曰(왕왈) 請問貴戚之卿(청문귀척지경)하노이다 曰(왈) 君有大過則諫(군유대과즉간)하여 反覆之而不聽(반복지이불청)하면 則易位(즉역위)하나니이다 王(왕)이 勃然變乎色(발연변호색)하신대 曰(왈) 王勿異(왕물이)

• 勃 : 갑자기 발

• 勃然 : 얼굴빛이 변하는 모습

여 또 위로 옛사람을 논하니、그 사람이 지은 시를 낭송하고、그 사람이 쓴 책을 읽고도 그의 사람됨을 모른다면 되겠는가? 그래서 그 사람이 살던 시대를 논하게 되는 것이니、이것이 위로 올라가서 벗을 사귀는 것이다。』

제나라 선왕이 경에 대해서 물으니、맹자께서 말씀하셨다。『왕께서는 어떤 경을 물으시는 것입니까?』 왕이 말하였다。『경이면 다 같지 않습니까?』 맹자께서 말씀하셨다。『같지 않습니다。친척의 경이 있고、성씨가 다른 경이 있습니다。』 왕이 말하였다。『친척의 경에 대해서 여쭈어 보고 싶습니다。』 맹자께서 말씀하셨다。『임금에게 큰 허물이 있으면 간언하고、되풀이해서 간언해도 듣지 않으면 임금의 지위를 바꿉니다。』 왕이 갑자기 놀

也(야)하소서 王(왕)이 問臣(문신)하실새 臣不敢不以(신불감불이)正對(정대)호이다 王(왕)이 色定然後請問異姓之卿(색정연후청문이성지경)하신대 曰(왈) 君有過則諫(군유과즉간)하여 反覆之而不聽(반복지이불청)하면 則去(즉거)하나니이다。

라면서 안색이 변했다。맹자께서 말씀하셨다。『왕께서는 이상하게 여기지 마십시오。왕께서 저에게 물으시는데、제가 감히 바른 말로 대답하지 않을 수 있겠습니까?』 왕은 안색을 바로 고친 뒤에 성씨가 다른 경에 대해서 물었다。맹자께서 말씀하셨다。『임금에게 허물이 있으면 간언하고、되풀이해서 간언해도 듣지 않으면 떠납니다。』

告子章句上(고자장구상)

① 告子曰(고자왈) 性(성)은 猶杞柳•也(유기류야)요 義(의)는 猶(유)

고자가 말하였다。『사람의 본성은 버들가지 같고 의는 그릇 같다。사람의 본성으로 인의를 행하는 것은 마

•杞柳 : 버드나무

桮棬•也니 以人性爲仁義는 猶以杞柳爲桮棬이니라 孟子曰 子能順杞柳之性而以爲桮棬乎아 將戕賊杞柳而後에 以爲桮棬也니 如將戕賊杞柳而以爲桮棬이면 則亦將戕賊人하여 以爲仁義與아 率天下之人而禍仁義者는 必子之言夫인저。

② 告子曰 性은 猶湍•水也라 決諸東方則東流하고 決諸西方則西流하

• 桮棬 : 술잔 배。 그릇 권 • 湍 : 여울 단

치 버들가지로 버들그릇을 만드는 것과 같다。』 맹자께서 말씀하셨다。『그대는 버들가지의 본성에 따라 버들그릇을 만들 수 있는가? 버들가지의 성질을 해치고 난 뒤에야 버들그릇을 만들 것이다。 만약에 버들가지의 성질을 해치고서야 버들그릇을 만드는 것이라면、 또한 사람을 해쳐서 인의를 행한다는 말인가? 천하의 사람을 이끌어다가 인의를 해치는 것은 반드시 그대의 말일 것이다。』

고자가 말하였다。『사람의 본성은 마치 소용돌이치는 물과 같다。 동쪽으로 터놓으면 동쪽으로 흐르고、 서쪽으로 터놓으면 서쪽으로 흘러간다。 사람의 본성에 선과 불선의 구별이

나니 人性之無分於善不善也(인성지무분어선불선야)는 猶水之無分於東西也(유수지무분어동서야)니라 孟子曰(맹자왈) 水信無分於東西(수신무분어동서)어니와 無分於上下乎(무분어상하호)아 人性之善也(인성지선야) 猶水之就下也(유수지취하야)니 人無有不善(인무유불선)하며 水無有不下(수무유불하)니라 今夫水(금부수)를 搏而躍之(박이약지)면 可使過顙(가사과상)이며 激而行之(격이행지)면 可使在山(가사재산)이어니와 是豈水之性哉(시기수지성재)리오 其勢則然也(기세즉연야)니 人之可使爲不善(인지가사위불선)이 其性(기성)이 亦猶是(역유시)

●搏：칠 박　●顙：이마 상

없음은 마치 물에 동서의 구분이 없는 것과 같다.』맹자께서 말씀하셨다. 『물은 진실로 동서의 구분이 없지만 상하의 구분도 없겠는가? 사람의 본성이 선한 것은 물이 아래로 내려가는 것과 같으니 사람은 선하지 않음이 없고, 물은 아래로 내려가지 않음이 없다. 이제 물을 손으로 쳐서 튀어오르게 하면 사람의 이마도 넘어가게 할 수 있고, 물을 막아 역류시키면 산에 있게도 할 수 있으나, 이것이 어찌 물의 본성이겠는가? 세가 그러한 것이다. 사람이 불선을 하게 만드는 것도 역시 이와 마찬가지다.』

고자가 말하였다. 『생(生)은 곧 본성이다.』맹자께서 말씀하셨다. 『생이 곧 본성이라고 하는 것은 흰 것을 하얗다고 하는 것과 같은가?』고자가

也야니라。

③ 告고子자曰왈 生생之지謂위性성이니라 孟맹子자曰왈 生생之지謂위性성也야는 猶유白백之지謂위白백與여아 曰왈 然연하다 白백羽우之지白백也야가 猶유白백雪설之지白백이며 白백雪설之지白백이 猶유白백玉옥之지白백與여아 曰왈 然연하다 然연則즉犬견之지性성이 猶유牛우之지性성이며 牛우之지性성이 猶유人인之지性성與여아。

④ 告고子자曰왈 食식色색이 性성也야니 仁인은 內내也야라 非비外외也야요 義의는 外외也야라 非비內내也야니라

• 生: 사람이 지각하고 운동하는 것

말하였다。『그렇다。』 맹자께서 말씀하셨다。『흰 깃털의 하얀 것은 흰 눈의 하얀 것과 같으며、흰 눈의 하얀 것은 흰 옥의 하얀 것과 같다는 말인가?』 고자가 말하였다。『그렇다。』 맹자께서 말씀하셨다。『그렇다면 개의 본성은 소의 본성과 같고、소의 본성과 사람의 본성이 같단 말인가?』

고자가 말하였다。『음식을 먹는 것과 색을 좋아하는 것이 바로 본성이다。인은 안에 있는 것이지 바깥에 있는 것이 아니며、의는 바깥에 있는 것이지 안에 있는 것이 아니다。』 맹자께서 말씀하셨다。『무엇 때문에 인은 안에 있고 의는 바깥에 있다고 말하는가?』 고자가 말하였다。『저 사람이 어른이기 때문에 내가 그를 어른으로 받드는 것이지、결코 나에게 어

孟子曰 何以謂仁內義外也요 曰彼長而我長之요 非有長於我也니 猶彼白而我白之라 從其白於外也라 故로 謂之外也라하노라 曰 異於白馬之白也는 無以異於白人之白也어니와 不識케라 長馬之長也 無以異於長人之長與아 且謂長者義乎아 長之者義乎아 曰 吾弟則愛之하고 秦人之弟則不愛也하나니 是는 以我爲悅者也라 故로 謂之內요 長楚人之

른이 있는 것이 아니다。그것은 마치 저것이 하얗기 때문에 내가 하얗다고 하는 것과 같다。밖에 나타난 하얀 것을 쫓아서 그렇게 여기는 것이다。그러므로 바깥에 있다고 하는 것이다。』

맹자께서 말씀하셨다。『백마의 흰 것이 백인의 흰 것과 다름이 없을지 모르나、나이 많은 말의 나이 많음이 나이 많은 사람의 나이 많음과 다름이 없다고 하겠는가? 또 나이 많은 것을 의(義)라고 하겠는가? 아니면 어른으로 받드는 것을 의라고 하겠는가?』고자가 말하였다。『내 동생은 사랑하고 진나라 사람의 동생은 사랑하지 않는데、이것은 나를 기쁨의 기준으로 삼기 때문이다。그러므로 인을 안에 있다고 하는 것이다。나이 많은 초나라 사람을 어른으로 받들고、

長(장)하며 亦長吾之長(역장오지장)하나니 是(시)는 以長(이장)爲悅者也(위열자야)라 故(고)로 謂之外也(위지외야)라하노라 曰(왈) 耆秦人之炙(기진인지자)가 無以異於耆吾炙(무이이어기오자)하니 夫物(부물)이 則亦有然者也(즉역유연자야)니 然則(연즉) 耆炙(기자)도 亦有外與(역유외여)아。

⑤ 孟季子問公都子曰(맹계자문공도자왈) 何以謂義內也(하이위의내야)요 曰(왈) 行吾敬(행오경) 故(고)로 謂之內也(위지내야)니라 鄉人(향인)이 長於伯兄一歲則誰敬(장어백형일세즉수경)고 曰(왈) 敬兄(경형)이니라 酌則誰先(작즉수선)고 曰(왈) 先酌(선작)

●耆：즐길 기 ●炙：구울 자

또 자기의 어른을 어른으로 받드는데, 이것은 나이 많음을 기쁨의 기준으로 삼기 때문이다. 그러므로 의를 바깥에 있다고 하는 것이다.』맹자께서 말씀하셨다.『진나라 사람이 구운 고기를 즐기는 것은 내가 구운 고기를 즐기는 것과 다를 것이 없으니 대체로 물건에는 그러한 것이 있다. 그렇다면 구운 고기를 즐기는 것도 또한 바깥에 있는 것인가?』

맹계자가 공도자에게 물었다.『무엇을 가지고 의가 안에 있는 것이라고 말하는가?』공도자가 말하였다.『내가 공경을 행하기 때문에 안에 있다고 말하는 것이다.』맹계자가 말하였다.『동네 사람이 자기 백형보다 한 살 더 많으면 누구를 공경하는가?』공도자가 말하였다.『형을 공경한다.』맹

鄕人(향인)이니라 所敬(소경)은 在此(재차)하고 所長(소장)은 在彼(재피)하니 果在外(과재외)라 非由內也(비유내야)로다 公都子(공도자) 不能答(불능답)하여 以告孟子(이고맹자)한대 孟子曰(맹자왈) 敬叔父乎(경숙부호)아 敬弟乎(경제호)아하면 彼將曰(피장왈) 敬叔父(경숙부)라하리라 曰(왈) 弟爲尸則(제위시즉) 誰敬(수경)고하면 彼將曰(피장왈) 敬弟(경제)라하리라 子曰(자왈) 惡在其敬叔父也(오재기경숙부야)오하면 彼將曰(피장왈) 在位故也(재위고야)라하리니 子亦曰(자역왈) 在位故也(재위고야)라하라 庸敬(용경)은 在兄(재형)하고 斯須之敬(사수지경)은 在鄕人(재향인)하니라 季子聞之(계자문지)하고 曰(왈) 敬叔父(경숙부)

계자가 말하였다. 『술을 따를 경우 누구에게 먼저 하는가?』 공도자가 말하였다. 『동네 사람에게 먼저 술을 따른다.』 맹계자가 말하였다. 『공경해야 할 대상은 여기[伯兄]에 있고, 어른으로 받들 대상은 저기[동네 사람]에 있으니, 과연 의는 바깥에 있지 안에서 나오는 것이 아니다.』 공도자가 대답하지 못하고 그 말을 맹자에게 고하자, 맹자께서 말씀하셨다. 『맹계자에게 「숙부를 공경하는가, 동생을 공경하는가?」 하고 물으면, 그는 「숙부를 공경한다」고 말할 것이다. 「만약에 동생이 시위(尸位)에 있다면 누구를 공경하겠는가?」 하고 물으면, 그는 「동생을 공경한다」고 말할 것이다. 그대가 「숙부를 공경함은 어디에 있는가?」 하고 물으면, 그는 「시동의 자리

則敬(즉경)하고 敬弟則敬(경제즉경)하니 果在外(과재외)라 非由內也(비유내야)로다 公都子曰(공도자왈) 冬日則飮湯(동일즉음탕)하고 夏日則飮水(하일즉음수)하나니 然則飮食(연즉음식)도 亦在外也(역재외야)로다。

⑥ 公都子曰(공도자왈) 告子曰(고자왈) 性(성)은 無善無不善也(무선무불선야)라하고 或曰(혹왈) 性(성)은 可以爲善(가이위선)이며 可以爲不善(가이위불선)이니 是故(시고)로 文武興(문무흥)하면 則民好善(즉민호선)하고 幽厲•興(유려흥)하면 則民好暴(즉민호포)라하고 或曰(혹왈) 有性善(유성선)하며 有性不善(유성불선)

•厲 : 사나울 려

에 있기 때문이다」라고 말할 것이니 그대 역시 「동네 사람이 빈위(賓位)에 있기 때문이다」라고 말하라。평소에 공경하는 마음은 백형에게 있고、임시로 공경하는 마음은 동네 사람에게 있는 것이다。』맹계자가 그 말을 듣고 말하였다。『숙부를 공경해야 할 경우에는 숙부를 공경하고、동생을 공경해야 할 경우에는 동생을 공경해야 하는 것이니、결국 의는 바깥에 있는 것이지 안에서 나오는 것이 아니다。』공도자가 말하였다。『겨울에는 뜨거운 물을 마시고 여름에는 냉수를 마시는데、그렇다면 마시고 먹고 하는 것도 또한 바깥에 있는 것이다。』

공도자가 말하였다。『고자는 「본성은 선한 것도 불선한 것도 없다」고 말하고、어떤 사람은 「본성은 선하다고

하니 是故로 以堯爲君而有象하며 以瞽瞍爲父而有舜하며 以紂爲兄之子오 且以爲君이로되 而有微子啓王子比干이라하나니 今曰 性善이라하시니 然則彼皆非與잇가 孟子曰 乃若其情則可以爲善矣니 乃所謂善也니라 若夫爲不善은 非才其罪也니라 惻隱之心을 人皆有之하며 羞惡之心을 人皆有之하며 恭敬之心을 人皆有之하며 是非之心을 人皆有之하니 惻

할 수도 있고、불선하다고 할 수도 있다。그렇기 때문에 문왕과 무왕이 일어나면 백성들이 선을 좋아하게 되고、유왕과 여왕이 일어나면 백성들이 포악함을 좋아하게 된다」고 말하고、어떤 사람은「본성이 선한 사람도 있고、본성이 불선한 사람도 있기 때문에 요를 임금으로 받들고도 상 같은 패륜아가 있었고、고수를 아비로 삼고도 순과 같은 효자가 있었으며、주를 형의 아들로 두고、또 임금으로 받들고도 미자계와 왕자 비간 같은 인물이 나왔다」라고 말합니다。그런데 지금 선생님께서는「본성은 선하다」고 하셨는데、그렇다면 저들은 모두 잘못된 것입니까?』맹자께서 말씀하셨다。『사람의 정(情)으로 말하면 선하다고 할 수 있으니 그래서 내가

隱之心(은지심)은 仁也(인야)요 羞惡之心(수오지심)은 義也(의야)요 恭敬之心(공경지심)은 禮也(예야)요 是非之心(시비지심)은 智也(지야)니 仁義禮智(인의예지) 非由外鑠我也(비유외삭아야)라 我固有之也(아고유지야)언마는 弗思耳矣(불사이의)니 故(고)로 曰(왈) 求則得之(구즉득지)하고 舍則失之(사즉실지)라하니 或(혹) 相倍蓰而無算者(상배사이무산자)는 不能盡其才者也(불능진기재자야)라 詩曰(시왈) 天生蒸民(천생증민)하시니 有物有則(유물유칙)이로다 民之秉夷(민지병이)라 好是懿德(호시의덕)이라하

- 鑠 : 녹일 삭
- 蓰 : 다섯곱 사
- 蒸 : 찔 증。본래 『시경』에는 「烝(증)」으로 되어 있는데 「많다」는 뜻
- 夷 : 본래 『시경』에는 「彝(떳떳할 이)」로 되어 있음
- 懿 : 아름다울 의

선하다고 말하는 것이다。불선을 하는 것은 재질의 죄가 아니다。측은해하는 마음은 사람이면 누구나 가지고 있고、부끄러워하는 마음은 사람이면 누구나 가지고 있으며、공경하는 마음은 사람이면 누구나 가지고 있고、시비를 가리는 마음은 사람이면 누구나 가지고 있다。측은해 하는 마음은 인이고、부끄러워하는 마음은 의이고、공경하는 마음은 예이고、시비를 가리는 마음은 지이다。인의예지는 밖에서부터 나를 녹여 들어오는 것이 아니다。내게 본래부터 있는 것이지만 생각하지 않을 뿐이다。그러므로 「구하면 얻고、버려두면 잃어버린다」고 말하는 것이니 혹 선악의 차이가 배가 되고、다섯 배가 되어、계산할 수 없는 것은 그 재질을 다하지 못하

여늘 孔子曰 爲此詩者여 其知道乎인저 故로 有物이면 必有則이니 民之秉夷也라 故로 好是懿德이라하시니라。

⑦ 孟子曰 富歲엔 子弟多賴하고 凶歲엔 子弟多暴하나니 非天之降才爾殊也라 其所以陷溺其心者然也니라 今夫麰麥을 播種而耰之하되 其地同하며 樹之時又同하면 勃然而生하여 至於日至之時하여 皆熟矣나니

●麰麥：보리 모。보리 맥 ●耰：덮을 우

기 때문이다。『시경』에 「하늘이 많은 백성을 내었으니 사물이 있으면 법칙이 있다。백성들은 변치 않는 본성을 지녀서、이 아름다운 덕을 좋아 한다」고 하였다。공자께서 「이 시를 지은 사람은 도를 알고 있다。그러므로 사물이 있으면 반드시 법칙이 있다고 한 것이다。또한 백성들이 변치 않는 본성을 지니고 있기 때문에 이 아름다운 덕을 좋아하는 것이다」고 말씀하셨던 것이다。』

맹자께서 말씀하셨다。『풍년에는 젊은이들이 의지할 것이 많고、흉년에는 젊은이들이 포악함이 많으니、이것은 하늘이 내려준 재질이 다르기 때문이 아니라、그들의 마음을 욕망에 빠지게 한 것이 그렇게 만드는 것

雖有不同(수유부동)이나 則地有肥磽(즉지유비교)하며 雨露之養(우로지양)과 人事之不齊也(인사지부제야)니라 故(고)로 凡同類者(범동류자) 擧相似也(거상사야)니 何獨至於人而疑之(하독지어인이의지)리오 聖人(성인)도 與我同類者(여아동류자)시니라 故(고)로 龍子曰(용자왈) 不知足而爲屨(부지족이위구)라도 我知其不爲蕢也(아지기불위궤야)라하니 屨之相似(구지상사)는 天下之足(천하지족)이 同也(동야)일새니라 口之於味(구지어미)에 有同耆也(유동기야)하니 易牙(역아)는 先得我口之所耆者也(선득아구지소기자야)라 如使口之於味也(여사구지어미야)에 其(기)

•磽：메마른 땅 교　•蕢：삼태기 궤

이다。이제 밀·보리를 파종하고 흙을 덮어주는데, 그 땅이 같고 심은 때가 같다면, 싹이 부쩍 돋아나서 성숙한 시기에 이르러 모두 잘 여물게 된다。비록 다른 점이 있으나 땅에 비옥하고 척박한 차이가 있으며, 비와 이슬을 받아들이는 것과, 사람이 손질하는 것이 다르기 때문이다。그러므로 같은 종류라면 모두 서로 비슷하다。유독 사람의 경우에만 다르다고 의심하겠는가? 성인도 나와 같은 종류의 사람이다。그러므로 용자는 「발의 크기를 모르고 신을 만들어도 나는 그것이 삼태기가 되지 않음을 안다」고 말했던 것이다。신이 서로 비슷한 것은 천하 사람의 발이 비슷하기 때문이다。입으로 맛보는 미각에도

性이 與人殊가 若犬馬之於我不同類也면 則天下何耆를 皆從易牙之於味也리오 至於味하여는 天下期於易牙하나니 是는 天下之口相似也일새니라 惟耳도 亦然하니 至於聲하여는 天下期於師曠하나니 是는 天下之耳相似也일새니라 惟目도 亦然하니 至於子都하여는 天下莫不知其姣也하나니 不知子都之姣者는 無目者也

•曠：밝을 광 •子都：고대의 미인 •姣：예쁠 교

누구나 좋아하는 것이 있다。역아는 우리의 입이 즐거워하는 것을 누구보다 먼저 안 사람이다。만약 입맛에서 그 본성이 사람마다 다른 것이 마치 개와 말이 우리와 다른 것과 같다면、천하의 사람들이 어찌 즐기기를 모두 역아의 맛을 따르듯이 하겠는가? 맛이 이르러서는 천하가 역아에게 기대하니 이것은 천하 사람들의 입이 비슷하기 때문이다。귀도 또한 그러하니、소리에 이르러서는 천하가 사광에게 기대하는데、이것은 천하 사람의 귀가 비슷하기 때문이다。눈도 또한 그러하니、자도에 이르러서는 천하가 그의 아름다움을 알지 못하는 이가 없으니、자도의 아름다움을 알

니라 故로 曰口之於味也에 有同耆焉하며 耳之於聲也에 有同聽焉하며 目之於色也에 有同美焉하니 至於心하여는 獨無所同然乎아 心之所同然者는 何也오 謂理也義也니 聖人은 先得我心之所同然耳시니 故로 理義之悅我心이 猶芻豢之悅我口니라。

●芻：꼴 추。초식동물(소와 양)을 말함 ●豢：기를 환。곡식을 먹는 짐승(개와 돼지)

지 못하는 자는 눈이 없는 자이다。그러므로 「입은 맛에 대해서 똑같이 좋아하는 것이 있고、귀는 소리에 대해서 똑같이 듣는 것이 있고、눈은 색에 대해서 똑같이 아름답게 여기는 것이 있다」고 하는 것이다。마음에 이르러서만 유독 똑같이 그러한 것이 없다고 하겠는가? 마음이 똑같이 그러하다고 하는 것은 무엇인가? 그것은 이(理)와 의(義)이다。성인은 우리 마음이 똑같이 그러함을 먼저 깨달았을 뿐이니、그러므로 이와 의가 우리 마음을 즐겁게 하는 것은 쇠고기나 돼지고기가 우리 입을 즐겁게 하는 것과 같다。』

⑧ 孟子曰 牛山之木이 嘗美矣러니 以其郊於大國也라 斧斤이 伐之어니 可以爲美乎아 是其日夜之所息과 雨雲之所潤에 非無萌蘖之生焉이언마는 牛羊이 又從而牧之라 是以로 若彼濯濯也하니 人見其濯濯也하고 以爲未嘗有材焉이라하나니 此豈山之性也哉리오 雖存乎人者인들 豈無仁義之心哉리오마는 其所以放其良

• 郊 : 성밖 교
• 蘖 : 그루터기 얼
• 濯濯 : 씻을 탁。빛나고 깨끗한 모습

맹자께서 말씀하셨다。『우산의 나무는 일찍이 아름다웠는데、큰 나라의 교외에 있었기 때문에 도끼에 찍혔으니 아름다워질 수 있겠는가? 밤낮으로 자라나고 비와 이슬이 적셔 싹이 돋아나지 않는 것은 아니지만、소와 양을 또 방목하여 뜯어먹게 하니、이 때문에 저렇게 벌거숭이가 되어버린 것이다。사람들은 벌거숭이가 된 산을 보고 본래부터 재목이 될 만한 나무가 있은 적이 없다고 하는데、이것이 어찌 산의 본성이겠는가? 비록 사람에게 보존된 것인들 어찌 인의의 마음이 없겠는가? 다만 양심을 놓아버림이 마치 도끼가 나무에 대해

心者亦猶斧斤之於木也에 旦旦而伐之어니 可以爲美乎아 其日夜之所息과 平旦之氣에 其好惡與人相近也者幾希어늘 則其旦晝之所爲有梏•亡之矣나니 梏之反覆이면 則其夜氣不足以存이요 夜氣不足以存이면 則其違禽獸不遠矣니 人見其禽獸也하고 而以爲未嘗有才焉者라하나니 是豈人之情也哉리오 故로 苟得

•梏：쇠고랑 곡

아침마다 찍어대는 것과 같으니 어찌 아름다워질 수가 있겠는가? 밤낮으로 자라나는 것과 새벽의 청명한 기운에 좋아하고 싫어함이 다른 사람과 서로 가까운 것이 드문데 낮에 하는 행위가 그것에 굴레를 씌워 없애버린다。 굴레 씌우기를 반복하게 되면 야기(夜氣)가 보존될 수 없고、야기가 보존될 수 없으면 짐승과 거리가 멀지 않게 된다。 사람들은 그 짐승 같은 것을 보고서 일찍이 재질이 있지 않았다고 하니 이것이 어찌 사람의 정(情)이겠는가? 그러므로 그 기름을 잘 얻게 되면 자라지 못하는 물건이 없게 되고、만약 그 기름을 잃게

其養이면 無物不長이요 苟失其養이면 無物不消니라 孔子曰 操則存하고 舍則亡하여 出入無時하여 莫知其鄕은 惟心之謂與인저하시니라。

⑨ 孟子曰 無或乎王之不智也로다 雖有天下易生之物也나 一日暴之요 十日寒之면 未有能生者也니 吾見이 亦罕矣요 吾退而寒之者至矣니 吾如有萌焉에 何哉리오 今夫奕

• 消 : 사그라질 소

• 罕 : 드물 한

되면 사라지지 않는 물건이 없게 된다。공자께서 말씀하셨다。「잡으면 보존되고 놓으면 잃어서、나가고 들어옴에 정해진 때가 없으며、그 방향을 알 수 없는 것은 오직 마음을 말한 것이다。」』

맹자께서 말씀하셨다。『임금의 지혜롭지 못함이 이상하지 않다。비록 천하에 잘 자라는 물건이 있더라도、하루 동안 햇볕을 쏘이고、열흘 동안 춥게 하면 잘 자랄 수가 없다。내가 임금을 만나는 것이 드물고、내가 물러나면 춥게 하는 자가 이르니 내가 싹이 있은들 어찌 하겠는가? 지금 바둑의 수가 작은 수이나 마음을

之爲數(지위수)가 小數也(소수야)나 不專心致志(부전심치지)면 則不得也(즉부득야)라 奕秋(혁추)는 通國之善奕者(통국지선혁자)也(야)니 使奕秋(사혁추)로 誨二人奕(회이인혁)이어든 其一人(기일인)은 專心致志(전심치지)하여 惟奕秋之爲聽(유혁추지위청)하고 一人(일인)은 雖聽之(수청지)나 一心(일심)에 以爲有鴻鵠將至(이위유홍곡장지)어든 思援弓繳而射之(사원궁격이사지)하면 雖與之俱學(수여지구학)이라도 弗若之矣(불약지의)나니 爲是其智弗若與(위시기지불약여)아 曰非然也(왈비연야)니라。

⑩ 孟子曰(맹자왈) 魚(어)도 我所欲也(아소욕야)며 熊掌(웅장)도

•鵠：고니 곡 •繳：줄 격

오로지하고 뜻을 다하지 않으면 터득하지 못한다。혁추(奕秋)는 나라 안에서 바둑을 잘 두는 자이다。혁추로 하여금 두 사람에게 바둑을 가르치는데 한 사람은 마음을 오로지하고 뜻을 다해서 혁추의 말을 잘 듣고、다른 한 사람은 비록 혁추의 말을 듣기는 하나 마음 한쪽으로는 기러기와 큰 새가 이르거든 활에 주살을 메겨서 쏠 것을 생각하면、비록 함께 배우더라도 그만 못할 것이니、이것은 그 지혜가 그만 못해서인가? 그렇지 않다。』

맹자께서 말씀하셨다。『생선도 내가 원하는 것이고、곰 발바닥도 내가 원하는 것이지만、두 가지를 다 얻을

亦我所欲也언마는 二者를 不可得兼인댄 舍魚而取熊掌者也로라 生亦我所欲也며 義亦我所欲也언마는 二者를 不可得兼인댄 舍生而取義者也로리라 生亦我所欲언마는 所欲이 有甚於生者라 故로 不爲苟得也하며 死亦我所惡언마는 所惡가 有甚於死者라 故로 患有所不辟也니라 如使人之所欲이 莫甚於生이면 則凡可以得生者를 何不用也며 使人之所惡

수 없다면 생선을 버리고 곰 발바닥을 취하겠다。삶도 내가 원하는 것이고、의(義)도 내가 원하는 것이지만、두 가지를 다 얻을 수 없다면 삶을 버리고 의를 취하겠다。삶 또한 내가 원하는 것이지만、원하는 것이 삶보다 더 심한 것이 있기 때문에 구차하게 삶을 얻으려 하지 않는 것이다。죽음 역시 내가 싫어하는 것이지만、싫어하는 것이 죽음보다 더 심한 것이 있기 때문에、구차하게 환난을 피하려 하지 않는 것이다。만약 사람이 원하는 것이 삶보다 더 심한 것이 없다면、삶을 얻을 수 있는 것이라면 무엇을 쓰지 않겠는가? 사람이 싫어하는 것

가 莫甚於死者면 則凡可以辟患者를 何不爲也리오 由是則生而有不用也하며 由是則可以辟患而有不爲也니라 是故로 所欲이 有甚於生者하며 所惡가 有甚於死者하니 非獨賢者有是心也라 人皆有之언마는 賢者는 能勿喪耳니라 一簞食와 一豆羹을 得之則生하고 弗得則死라

● 簞 : 대광주리 단　● 豆 : 나무그릇 두
● 食 : 밥 사　● 羹 : 국 갱

이 죽음보다 심한 것이 없다면, 환난을 피할 수 있는 것이라면 무엇을 쓰지 않겠는가? 이 때문에 살 수 있는데도 쓰지 않음이 있으며, 이 때문에 환난을 피할 수 있는데도 하지 않음이 있는 것이다。 그러므로 원하는 것이 삶보다 더 심한 것이 있고, 싫어하는 것이 죽음보다 더 심한 것이 있으니, 오직 현자만이 그런 마음을 가지고 있는 것이 아니다。 사람이면 누구나 다 가지고 있는 것인데, 현자는 그것을 잃지 않은 것뿐이다。 한 대그릇의 밥과 한 나무그릇의 국을 얻으면 살고, 얻지 못하면 죽는 경우라도 혀를 차고 꾸짖으며 주면 길 가던 사람

도 嘑爾而與之면 行道之人도 弗受하며 蹴爾而與之면 乞人도 不屑也니라 萬鍾則不辯禮義而受之하나니 萬鍾이 於我何加焉이리오 爲宮室之美와 妻妾之奉과 所識窮乏者得我與인저 鄕爲身엔 死而不受라가 今爲宮室之美하얀 爲之하며 鄕爲身엔 死而不受라가 今爲妻妾之奉하여 爲之하

●嘑：부르짖을 호。꾸짖으며 혀를 차는 모양 ●屑：가루 설。不屑은 달갑게 여기지 않음 ●蹴：찰 축 ●乏：가난할 핍

도 받지 않고、발로 차서 주면 거지도 좋게 여기지 않는다。만 종의 녹은 예의(禮義)를 분별하지 않고 받으니 만 종의 녹이 나에게 무슨 보탬이 되겠는가? 궁실(宮室)의 아름다움과 처첩의 받들어 줌、아는 것이 궁핍한 자가 나에게 고맙게 여김을 위해서일 것이다。전에는 자신을 위해 죽어도 받지 않다가 이제는 궁실의 아름다움을 위해서 그것을 받고、전에는 자신을 위해 죽어도 받지 않다가 이제는 처첩의 받들어 줌을 위해서 그것을 받고、전에는 자신을 위해서 죽어도 받지 않다가 이제는 아는 것이 궁핍한 자가 나에게 고맙게 여김을 위

며 鄕爲身엔 死而不受라가 今爲所識窮乏者得我而爲之하나니 是亦不可以已乎아 此之謂失其本心이니라。

⑪ 孟子曰 仁은 人心也오 義는 人路也니라 舍其路而不由하며 放其心而不知求하나니 哀哉라 人有鷄犬放이면 則知求之호대 有放心而不知求하나니 學問之道는 無他라 求其放心而已矣니라。

⑫ 孟子曰 今有無名之指屈而不

해서 그것을 받으니、역시 그만둘 수 없는 것이겠는가? 이것을 일러 「본심을 잃어버렸다」고 하는 것이다。』

맹자께서 말씀하셨다。『인(仁)은 사람의 마음이요、의(義)는 사람의 길이다。그 길을 버리고 따라가지 않으며 그 마음을 놓아 버리고 찾을 줄 모르니 슬프다。사람들이 닭이나 개를 잃어버리는 경우가 있으면 찾을 줄 알면서도 마음을 잃어버리고는 찾을 줄 모른다。학문의 길은 다른 것이 아니다。그 놓쳐버린 마음을 찾는 것일 뿐이다。』

맹자께서 말씀하셨다。『지금 무명지 손가락이 구부러져서 펴지지 않는

信이 非疾痛害事也언마는 如有能信之者면 則不遠秦楚之路하나니 爲指之不若人也니라 指不若人이면 則知惡之하되 心不若人이면 則不知惡하나니 此之謂不知類也니라。

⑬ 孟子曰 拱把之桐梓를 人苟欲生之인댄 皆知所以養之者로되 至於身하여는 而不知所以養之者하나니 豈

•信：펼 신(伸)과 같음
•不知類：가볍고 중요한 종류를 모른다는 뜻
•拱：두손맞잡을 공
•把：잡을 파

것이 아프거나 일하는데 지장이 있는 것은 아닌데、만약 그 손가락을 펴 줄 수 있는 사람이 있다면 진나라나 초나라의 길이라도 멀리 여기지 않고 찾아가니、그것은 손가락이 다른 사람과 같지 않기 때문이다。손가락이 다른 사람과 같지 않으면 그것을 싫어할 줄 알면서도、마음이 다른 사람과 같지 않으면 싫어할 줄 모르니、이런 것을 일러 유(類)를 알지 못한다고 하는 것이다。』

맹자께서 말씀하셨다。『한 아름 되거나 한 손아귀에 쥘 수 있는 오동나무나 가래나무를 사람이 그것을 살리려고 하면 모두 기르는 방법을 알기 마련이다。그런데 자기 자신에 이르

愛身(애신)이 不若桐梓哉(불약동재재)리오 弗思甚也(불사심야)일새니라。

⑭ 孟子曰(맹자왈) 人之於身也(인지어신야)에 兼所愛(겸소애)니 兼所愛則兼所養也(겸소애즉겸소양야)라 無尺寸之膚(무척촌지부)不愛焉(불애언)이면 則無尺寸之膚不養也(즉무척촌지부불양야)니 所以考其善不善者(소이고기선불선자)는 豈有他哉(기유타재)리오 於己(어기)에 取之而已矣(취지이이의)니라 體有貴賤(체유귀천)하며 有大小(유대소)하니 無以小害大(무이소해대)하며 無以賤害貴(무이천해귀)니 養其小者爲小人(양기소자위소인)이요 養其大者爲大人(양기대자위대인)이니라 今有場(금유장)

러서는 기르는 방법을 알지 못하니、어찌 자기 자신을 사랑하는 것이 오동나무나 가래나무보다 못하단 말인가? 생각하지 않음이 심한 것이다。』

맹자께서 말씀하셨다。『사람은 자기 자신에 대해서는 어느 부분이나 다 사랑한다。어느 부분이나 다 사랑하면 어느 부분이나 다 기르는 것이다。한 자 한 치의 살이라도 사랑하지 않음이 없다면、한 자 한 치의 살이라도 기르지 않음이 없는 것이다。잘 기르고 잘못 기르는 것을 살피는데 어찌 다른 방법이 있겠는가? 자기 자신에게서 취할 뿐이다。한 사람의 몸에는 귀하고 천한 것이 있고、작고 큰 것이 있으니、작은 것으로 큰 것을 해

師舍其梧檟하고 養其樲棘하면 則爲賤場師焉이니라 養其一指하고 而失其肩背而不知也면 則爲狼疾人也니라 飮食之人을 則人賤之矣나니 爲其養小以失大也니라 飮食之人이 無有失也면 則口腹이 豈適爲尺寸之膚哉리오。

⑮ 公都子問曰 鈞是人也로되 或爲

• 狼疾: 이리는 돌아보기를 잘하지만 병이 들면 잘 돌아보지 못하기 때문에 비유한 말

• 場師: 채마밭을 가꾸는 사람

• 樲: 멧대추나무 이

쳐서는 안 되고, 천한 것으로 귀한 것을 해쳐서는 안 된다。작은 것을 기르는 사람은 소인이 되고, 큰 것을 기르는 사람은 대인이 된다。이제 한 원예사가 오동나무나 가래나무를 버리고 신대추나무나 가시나무를 기른다면 천한 원예사가 되고 만다。손가락 하나만을 기르고 어깨나 등을 잃으면서도 알지 못한다면 낭질(狼疾)에 걸린 사람이 되고 만다。음식만을 생각하는 사람은 사람들이 천하게 여기나、그는 작은 것을 기르고 큰 것을 잃어버리기 때문이다。음식만을 생각하는 사람이라 할지라도 잃어버리는 것이 없다면、입과 배가 어찌 다만 한 자 한 치의 살이 될 뿐이겠는가?』

大人하며 或爲小人은 何也잇고 孟子曰 從其大體爲大人이요 從其小體爲小人이니라 曰 鈞是人也로되 或從其大體하며 或從其小體는 何也잇고 曰 耳目之官은 不思而蔽於物하나니 物交物이면 則引之而已矣요 心之官則思라 思則得之하고 不思則不得也니 此天之所與我者라 先立乎其大者면 則其小者不能奪也니 此

•大體 : 마음
•小體 : 눈과 귀 같은 기관
•物 : 여기서는 이목을 가리킴

공도자가 물었다。『똑같은 사람인데 어떤 사람은 대인이 되고、어떤 사람은 소인이 되는 것은 무엇 때문입니까?』맹자께서 말씀하셨다。『대체(大體)를 따르면 대인이 되고、소체(小體)를 따르면 소인이 된다。』공도자가 물었다。『똑같은 사람인데 어떤 사람은 대체를 따르고、어떤 사람은 소체를 따르는 것은 무엇 때문입니까?』맹자께서 말씀하셨다。『귀와 눈 같은 기관은 생각하는 일이 없기 때문에 사물에 가린다。사물과 사물이 사귀면 거기에 끌리고 말 뿐이다。그러나 마음 같은 기관은 생각을 한다。생각하면 얻고、생각하지 않으면 얻지 못하니、이것은 하늘이 나에게 부

爲大人而已矣니라。

⑯ 孟子曰 有天爵者하며 有人爵者하니 仁義忠信樂善不倦은 此天爵也요 公卿大夫는 此人爵也니라 古之人은 脩其天爵而人爵從之러니라 今之人은 脩其天爵하여 以要人爵하고 旣得人爵하여는 而棄其天爵하나니 則或之甚者也라 終亦必亡而已矣니라。

•爵 : 벼슬 작

•棄 : 버릴 기

여한 것이다。먼저 큰 것을 확립시켜 놓으면 작은 것이 빼앗지 못하니、이것이 대인이 되는 이유일 뿐이다。』

맹자께서 말씀하셨다。『천작(天爵)이 있고、인작(人爵)이 있는데、인(仁)·의(義)·충(忠)·신(信)을 행하고 선을 즐거워하여 게을리 하지 않는 것이 천작이고、공경(公卿)·대부(大夫) 같은 것이 인작이다。옛날 사람들은 천작을 닦아 수양함으로써 인작이 자연스럽게 따라왔다。지금 사람들은 천작을 닦아 인작을 구하고、인작을 얻고 나서는 천작을 버리니、이것은 미혹됨이 심한 것이다。결국에는 인작마저 반드시 잃어버리고 말 뿐이다。』

맹자께서 말씀하셨다。『귀하게 되

⑰ 孟子曰(맹자왈) 欲貴者(욕귀자)는 人之同心也(인지동심야)니라 人人(인인)이 有貴於己者(유귀어기자)언마는 弗思耳(불사이)니라 人之所貴者(인지소귀자)는 非良貴也(비량귀야)니 趙孟•之所貴(조맹지소귀)를 趙孟(조맹)이 能賤之(능천지)니라 詩云(시운) 旣醉以酒(기취이주)요 旣飽以德(기포이덕)이라하니 言飽乎仁義也(언포호인의야)라 所以不願人之膏粱之味也(소이불원인지고량지미야)며 令•聞廣譽施於身(령문광예시어신)이라 所以不願人之文繡•也(소이불원인지문수야)니라。

⑱ 孟子曰(맹자왈) 仁之勝不仁也(인지승불인야)는 猶水勝(유수승)

• 趙孟：진나라의 경(卿) • 繡：수 수
• 令：좋을 령

고 싶어함은 누구나 다 같은 마음이다。사람마다 자기 몸에 귀함을 지니고 있는데 생각하지 않을 뿐이다。다른 사람이 귀하게 해준 것은 본래의 귀함이 아니다。조맹이 귀하게 만든 것은 조맹이 천하게 만들 수 있다。『시경』에 「이미 술에 취했고、이미 덕에 배불렀다」하였으니、인의(仁義)에 충족했기 때문에 남의 고량진미를 원하지 않고、훌륭한 평판과 널리 알려진 명예가 자신에게 갖추어져 있기 때문에 다른 사람의 문채 있는 비단옷을 원하지 않음을 말한 것이다。』

맹자께서 말씀하셨다。『인이 불인을 이기는 이김은 마치 물이 불을 이기는 것과 같다。지금 인을 행하는 사

火하니 今之爲仁者는 猶以一杯水로 救一車薪之火也라 不熄이면 則謂之水不勝火라하나니 此又與於不仁之甚者也니라 亦終必亡而已矣니라。

⑲ 孟子曰 五穀者는 種之美者也나 苟爲不熟이면 不如荑稗니 夫仁도 亦在乎熟之而已矣니라。

⑳ 孟子曰 羿之教人射에 必志於彀

●與 : 더불 여。여기서는 「돕다」는 뜻
●荑稗 : 삘기 제。피 패
●羿 : 사람이름 예
●彀 : 당길 구

람들은 한 잔의 물로 수레 하나에 가득 실려 있는 땔나무에 붙은 불을 끄려고 하는 것과 같다。꺼지지 않으면 물이 불을 이기지 못한다고 하는데、이것은 또 불인을 도움이 심한 것이다。역시 결국에는 반드시 잃어버리고 말 뿐이다。』

맹자께서 말씀하셨다。『오곡은 종자 가운데 가장 좋은 것이지만 여물지 않으면 피만도 못하니、인도 역시 여물게 하는데 있을 뿐이다。』

맹자께서 말씀하셨다。『예가 남에게 활쏘기를 가르칠 때는 반드시 활시위를 당기는 정도에 뜻을 두도록 했으니、배우는 사람도 반드시 활시위를 당기는 정도에 뜻을 두어야 한

하나니 學者도 亦必志於彀니라 大匠이 誨人에 必以規矩하나니 學者도 亦必規矩니라。

告子章句下

① 任人이 有問屋廬子曰 禮與食이 孰重고 曰 禮重이니라 色與禮孰重고 曰 禮重이니라 曰 以禮食하면 則飢而

●匠 : 장인 장

●屋廬子 : 맹자의 제자

다。큰 목수가 남을 가르칠 때는 반드시 규구(規矩)를 가지고 가르쳤으니、배우는 사람도 또한 반드시 규구를 가지고 해야 한다。』

임나라 사람이 옥려자에게 물었다。『예와 먹는 일 가운데 어느 것이 더 중요한가?』 옥려자가 말하였다。『예가 중요하다。』 임나라 사람이 말하였다。『색과 예는 어느 것이 더 중요한가?』 옥려자가 말하였다。『예가 중요

死(사)하고 不以禮食(불이례식)이면 則得食(즉득식)이라도 必(필)以禮乎(이례호)아 親迎(친영)하면 則不得妻(즉부득처)하고 不(불)親迎(친영)이면 則得妻(즉득처)라도 必親迎乎(필친영호)아 屋(옥)廬子不能對(려자불능대)하여 明日之鄒(명일지추)하여 以告(이고)孟子(맹자)한대 孟子曰(맹자왈) 於答是也何有(어답시야하유)리오 不揣其本(불췌기본)이오 而齊其末(이제기말)이면 方寸之(방촌지)木(목)을 可使高於岑樓(가사고어잠루)니라 金重於羽(금중어우)者(자) 豈謂一鉤金與一輿羽之謂哉(기위일구금여일여우지위재)리오 取食之重者與禮之輕者而比之(취식지중자여예지경자이비지)

•揣 : 잴 췌

•鉤 : 갈고리 구

하다。』 임나라 사람이 말하였다。『예를 차려서 먹으면 굶어죽게 되고、예를 차리지 않는다면 먹을 수 있는데도 반드시 예를 지켜야 하는가? 친영을 하면 아내를 얻지 못하고、친영하지 않으면 아내를 얻는 데도 반드시 친영을 해야 하는가?』 옥려자가 대답하지 못하고、이튿날 추에 가서 맹자께 고하니、맹자께서 말씀하셨다。『이런 것을 대답하는데 무슨 어려움이 있겠느냐? 근본을 헤아리지 않고 끝을 가지런히 한려면 사방 한 치 밖에 안 되는 나무로도 누각보다 높게 할 수 있다。쇠붙이가 새털보다 무겁다고 하는 것이 어찌 어찌 한 갈고리의 금과 수레에 가득 실은 새털을

면 奚翅食重(해시식중)이며 取色之重者與禮(취색지중자여예)之輕者而比之(지경자이비지)면 奚翅色重(해시색중)이리오 往(왕)應之曰(응지왈) 紾兄之臂而奪之食(진형지비이탈지식)하면 則(즉)得食(득식)하고 不紾(부진)하면 則不得食(즉부득식)인댄 則(즉)將紾之乎(장진지호)아 踰東家牆而摟其處子(유동가장이루기처자)하면 則得妻(즉득처)하고 不摟(불루)하면 則不得妻(즉부득처)인댄 則將摟之乎(즉장루지호)아하라。

② 曹交問曰(조교문왈) 人皆可以爲堯舜(인개가이위요순)이라

●翅: 다만 시
●紾: 비틀 진
●臂: 팔 비
●踰: 넘을 유
●摟: 이끌 루

비교해서 한 말이겠느냐? 먹는 것의 중요한 문제와 예의 가벼운 문제를 비교한다면 어찌 먹는 것이 중요할 뿐이겠는가? 색의 중요한 문제와 예의 가벼운 문제를 비교한다면야 어찌 색이 중요할 뿐이겠는가? 가서 이렇게 대답하여라。「형의 팔을 비틀어서 먹을 것을 빼앗으면 먹을 것을 얻게 되고、비틀지 않으면 먹을 것을 얻지 못할지라도 형의 팔을 비틀겠는가? 동쪽 이웃집 담을 넘어가서 그 집의 처녀를 끌어오면 아내를 얻게 되고、끌어오지 않으면 아내를 얻지 못할지라도 끌어오겠는가?」라고 하라。』

조교가 물었다。『사람이 모두 요순이 될 수 있다고 하는데 그런 일이 있

하니 有諸(유저)잇가 孟子曰(맹자왈) 然(연)하니라 交聞(교문)文王十尺(문왕십척)이요 湯九尺(탕구척)이라하니 今交(금교)는 九尺四寸以長(구척사촌이장)이로대 食粟而已(식속이이)로니 何如則可(하여즉가)잇고 曰(왈) 奚有於是(해유어시)리오 亦爲之而已矣(역위지이이의)니라 有人於此(유인어차)하니 力不能勝一匹•雛•(역불능승일필추)면 則爲無力人矣(즉위무력인의)요 今曰擧百鈞(금왈거백균)이라하면 則爲有力人矣(즉위유력인의)니 然則擧烏獲•之任(연즉거오확지임)이면 是亦爲烏(시역위오)

•匹 : 본래 鴄(오리 필)로 되어 있음
•雛 : 병아리 추
•烏獲 : 음은 오확。옛날에 힘이 센 사람으로 천균을 들었다고 함

습니까?』 맹자께서 말씀하셨다。『그렇다。』 조교가 말하였다。『제가 듣기로는 문왕은 키가 10척이었고、탕임금은 9척이었다는데、지금 저는 9척 4촌이나 될 만큼 키가 크지만、곡식만 먹고 있을 뿐이니 어떻게 하면 좋겠습니까?』 맹자께서 말씀하셨다。『어찌 이런 것에 상관있겠는가? 또한 하기에 달려 있을 뿐이다。여기 어떤 사람이 있는데、힘이 오리새끼 한 마리도 이겨내지 못한다고 하면 그 사람은 힘이 없는 사람이고、이제 백 균을 들어 올린다고 하면 힘이 있는 사람이 된다。그렇다면 오확이 들어 올린 물건을 들어 올린다면 이 또한 오확이 될 따름이니 사람이 어찌 이기지 못하는 것을 근심으로 삼겠는

獲而已矣니 夫人이 豈以不勝爲患哉리오 弗爲耳니라 徐行後長者를 謂之弟요 •疾行先長者를 謂之不弟니 夫徐行者 豈人所不能哉리오 所不爲也니 堯舜之道는 弟孝而已矣니라 子服堯之服하며 誦堯之言하며 行堯之行이면 是는 堯而已矣요 子服桀之服하며 誦桀之言하며 行桀之行이면 是는 桀而已矣니라 曰交得見於

•疾 : 빠를 질

가? 하지 않는 것뿐이다。 천천히 걸어서 어른보다 조금 뒤에 걸어가는 것을 공손하다 하고、 빨리 걸어서 어른보다 앞서서 가는 것을 공손하지 않다고 하는데、 천천히 걸어가는 일이야 어찌 사람이 하지 못하는 것이겠는가? 하지 않는 것뿐이니、 요순의 도는 효도와 공손일 따름이다。 그대가 요임금의 옷을 입고、 요임금의 말을 외고、 요임금의 행위를 한다면 이것이 바로 요임금일 뿐이고、 그대가 걸의 옷을 입고、 걸의 말을 외며、 걸의 행위를 한다면 이것이 바로 걸일 뿐이다。』 조교가 말하였다。『제가 추나라 임금을 뵈면 숙소를 얻을 수 있으니、 원컨대 머물러 있으면서 선생님 문하에서 배우고 싶습니다。』 맹

鄒君(추군)이면 可以假館(가이가관)이니 願留而受業(원류이수업)於門(어문)하노이다 曰夫道若大路然(왈부도약대로연)하니 豈難知哉(기난지재)리오 人病不求耳(인병불구이)니 子歸(자귀)而求之(이구지)면 有餘師(유여사)리라。

③ 公孫丑問曰(공손추문왈) 高子曰(고자왈) 小弁•(소반)은 小人之詩也(소인지시야)라하더이다 孟子曰(맹자왈) 何以言之(하이언지)오 曰(왈) 怨(원)일새니이다 曰(왈) 固哉(고재)라 高叟之爲詩也(고수지위시야)여 有人於此(유인어차)하니 越人(월인)이 關弓而射之(관궁이사지)하면 則己談笑而道之(즉기담소이도지)

• 小弁 : 『시경』「소아」의 편명

자께서 말씀하셨다。『도는 큰 길과 같으니、어찌 알기 어렵겠는가? 사람들이 구하지 않는 것이 병통일 뿐이다。그대가 돌아가서 구한다면 다른 스승이 있을 것이다。』

공손추가 물었다。『고자는「소반」시를 소인의 시라고 했습니다。』맹자께서 말씀하셨다。『무엇을 가지고 말하는 것인가?』공손추가 말하였다。『원망하였기 때문입니다。』맹자께서 말씀하셨다。『완고하구나。고수가 시를 해석함이여! 어떤 사람이 여기에 있는데、월나라 사람이 활을 당겨 쏘면 그가 웃으면서 말하는 것은 다른 이유가 아니라 소원하기 때문이다。자기 형이 활을 당겨 쏘면 그가 눈물

는 無他라 疏之也요 其兄이 關弓而射之하면 則己垂涕泣而道之니 無他라 戚之也니 小弁之怨은 親親也라 親親이 仁也니 固矣夫라 高叟之爲詩也여 曰 凱風은 何以不怨이니잇고 曰 凱風은 親之過小者也요 小弁은 親之過大者也니 親之過大而不怨이면 是는 愈疏也요 親之過小而怨이면 是는 不可磯也니 愈疏도 不孝

● 磯 : 물가 기。물이 돌에 부딪침 ● 凱風 : 『시경』「패풍」의 편명

을 흘리면서 말하는 것은 다른 이유가 아니라 형과 가깝기 때문이다。소반시의 원망은 어버이를 어버이로 여긴 데서 나온 것이다。어버이를 어버이로 받드는 것은 인이니、완고하구나。고수가 시를 해석함이여!』 공손추가 말하였다。『「개풍」 시는 왜 원망하지 않았습니까?』 맹자께서 말씀하셨다。『「개풍」 시는 어버이의 허물이 적은 것이고、「소반」 시는 어버이의 허물이 큰 것이다。어버이의 허물이 큰데 원망하지 않으면 더욱 소원해지는 것이요、어버이의 허물이 적은데도 원망하면 이것은 다가가지 못하는 것이다。더욱 소원해지는 것도 불효요、다가가지 못하는 것도 불효이다。

也요 不可磯도 亦不孝也니라 孔子曰 舜은 其至孝矣신저 五十而慕라하시니라。

④ 宋牼이 將至楚어늘 孟子遇於石丘하시다 曰 先生은 將何之오 曰 吾聞秦楚構兵하니 我將見楚王하여 說而罷之하되 楚王不悅이어든 我將見秦王하여 說而罷之하리니 二王에 我將有所遇焉이니라 曰 軻也는 請無

● 牼 : 정강이뼈 경
● 說 : 달랠 세
● 罷 : 그칠 파

공자께서 「순은 참으로 지극한 효자셨다。오십이 되어도 어버이를 사모하였다」하고 말씀하셨느니라。」

송경이 장차 초나라로 가려고 하는데、맹자께서 석구에서 그를 만났다。맹자께서 말씀하셨다。『선생은 장차 어디로 가려고 하십니까?』송경이 말하였다。『저는 진나라와 초나라가 전쟁을 하려 한다는 소문을 들었습니다。제가 초나라 왕을 만나서 달래서 전쟁을 그만두게 하려고 합니다。초나라 왕이 기뻐하지 않으면 저는 장차 진나라 왕을 찾아가 그를 달래서 그만두게 하려고 합니다。두 왕중에 내 뜻에 맞는 분이 있을 것입니다。』맹자께서 말씀하셨다。『나는 자

問其詳(문기상)이오 願聞其指(원문기지)하노니 說之將(세지장)如何(여하)오 曰(왈) 我將言其不利也(아장언기불리야)하리라 曰(왈) 先生之志則大矣(선생지지즉대의)어니와 先生之號則不可(선생지호즉불가)하다 先生(선생)이 以利(이리)로 說秦楚之王(세진초지왕)이어든 秦楚之王(진초지왕)이 悅於利(열어리)하여 以罷三軍之師(이파삼군지사)하면 是(시)는 三軍之士樂罷而悅於利也(삼군지사락파이열어리야)니 爲人臣者懷利以事其君(위인신자회리이사기군)하며 爲人子者懷利以事其父(위인자자회리이사기부)하며 爲人弟者懷利以事其兄(위인제자회리이사기형)이면 是(시)는 君臣父子兄弟終去仁(군신부자형제종거인)

세한 내용을 묻지 않겠고 그 요지만 듣고 싶습니다. 어떻게 달래겠다는 것입니까?』 송경이 말하였다. 『저는 전쟁이 이롭지 못하다는 점을 말하려 합니다.』 맹자께서 말씀하셨다. 『선생의 뜻은 크지만 선생이 내세우는 구호는 가능하지 않을 것입니다. 선생이 이익을 가지고 진나라와 초나라 왕을 달래면 진나라와 초나라의 왕이 이익을 기뻐하며 삼군의 군사를 해산시킬 것입니다. 이것은 삼군의 군사를 해산하는 것을 즐거워하고 이익을 기뻐하는 것입니다. 신하된 자가 이익을 생각하여 임금을 섬기고, 자식된 자가 이익을 생각하여 아비를 섬기고, 동생된 자가 이익을 생각하여 형을 섬긴다면, 이것은 군신·부자·

義懷利以相接이니 然而不亡者未之有也니라 先生이 以仁義說秦楚之王이어든 秦楚之王이 悅於仁義하여 而罷三軍之師하면 是는 三軍之士樂罷而悅於仁義也니 爲人臣者懷仁義以事其君하며 爲人子者懷仁義以事其父하며 爲人弟者懷仁義以事其兄이면 是는 君臣父子兄弟去利懷仁義以相接也니 然而不王者未之有也니 何必曰利리오。

형제가 마침내 인의를 버리고 이익을 생각해서 서로 접하는 것이니 그렇게 하고도 망하지 않은 자는 없습니다。선생이 인의를 내세워 진나라와 초나라의 왕을 달래면、진나라와 초나라 왕이 인의를 기뻐하며 삼군의 군사를 해산시킬 것이니、이것은 삼군의 군사들이 해산하는 것을 즐거워하고 인의를 기뻐하는 것입니다。신하된 자가 인의를 생각하여 임금을 섬기고、자식된 자가 인의를 생각하여 아비를 섬기고、동생된 자가 인의를 생각하여 형을 섬긴다면、이것은 군신·부자·형제가 이익을 버리고 인의를 생각해서 서로 접하는 것이니 그렇게 하고서도 임금노릇을 하지 못한 사람이 있지 않을 것입니다。그런데 하필

⑤ 孟子居鄒에 季任이 爲任處守러니 以幣交어늘 受之而不報하시고 處於平陸에 儲子爲相이러니 以幣交어늘 受之而不報하시다 他日에 由鄒之任하사 見季子하시고 由平陸之齊하사 不見儲子하신대 屋廬子喜曰 連이 得間矣와라 問曰 夫子之任하사 見季子하시고 之齊하사 不見儲子하시니 爲其爲相與잇가 曰 非也라 書曰享

• 季任 : 임나라 군주의 아우 • 儲子 : 제나라 정승

이익을 말하려고 하십니까?』

맹자께서 추에 계실 때 계임이 임나라를 지키고 있었는데 폐백을 보내 교제를 청해 왔는데 폐백만 받고 답례를 하지 않았다。또 평륙에 계실 때에 저자가 재상으로 있으면서 폐백을 보내 교제를 청해왔는데 폐백만 받고 답례를 하지 않았다。다른 날에 맹자께서 추에서 임나라로 가셨을 때 계자를 보고、평륙에서 제나라로 가셨을 때는 저자를 보지 않으셨다。옥려자가 기뻐하며 말하였다。『내가 물어볼 틈이 생겼다。』옥려자가 물었다。『선생님께서는 임나라에 가셔서는 계자를 만나보시고、제나라에 가셔서는 저자를 만나보지 아니하시니、그가 재상이 되었기 때문입니까?』맹자께

은 多儀하니 儀不及物曰 不享이니 惟不役志于享이라하니 爲其不成享也니라 屋廬子悅이어늘 或이 問之한대 屋廬子曰 季子는 不得之鄒어니와 儲子는 得之平陸이니라。

⑥ 淳于髡曰 先名實者는 爲人也요 後名實者는 自爲也니 夫子在三卿之中하여 名實이 未加於上下而去之하시니 仁者도 固如此乎잇가 孟

●髡 : 머리깎을 곤

서 말씀하셨다。『아니다。『서경』에 「윗사람을 받드는 데는 의식이 많이 따르는데, 의식이 예물에 미치지 못하면 윗사람을 받드는 것이 아니다。윗사람을 받드는데 뜻을 다하지 않았기 때문이다」라고 하였으니, 어른을 받드는 것을 이루지 못했기 때문이었다。』옥려자가 그 말을 듣고 기뻐하자 어떤 사람이 그 일에 관해서 물었다。옥려자가 대답하였다。『계자는 추로 갈 수 없었고, 저자는 평륙으로 갈 수 있었기 때문이다。』

순우곤이 말하였다。『명예와 공적을 앞세우는 것은 남을 위한 것이고, 명예와 공적을 뒤로 돌리는 것은 자신을 위한 것입니다。선생님께서는 삼경의 한 분으로 계시면서 명예

子曰 居下位하여 不以賢事不肖者는 伯夷也요 五就湯하며 五就桀者는 伊尹也요 不惡汙君하며 不辭小官者는 柳下惠也니 三者不同道하나 其趨一也니 一者는 何也오 曰 仁也니라 君子亦仁而已矣니 何必同이리오

曰 魯繆公之時에 公儀子爲政하며 子柳子思爲臣하되 魯之削也滋甚

• 汙 : 더러울 오
• 趨 : 달릴 추。취향 또는 취지의 뜻
• 削 : 깎을 삭

와 공적이 위아래로 보탬이 되지 못한 채 떠나시니, 인한 사람도 진실로 이와 같습니까?』 맹자께서 말씀하셨다。『낮은 지위에 있으면서 현명함을 가지고 불초한 사람을 섬기지 않은 분은 백이이고, 다섯 차례 탕에게 나가고 다섯 차례 걸에게 나간 분은 이윤이고, 더러운 임금이라도 미워하지 않고 작은 벼슬자리라도 사양하지 않은 분은 유하혜이다。 이 세 분은 도가 같지 않지만 취지는 하나였다。 그 한 가지란 바로 「인」이다。 군자는 또한 인일 따름이니, 어찌 반드시 같아야만 하겠는가?』 순우곤이 말하였다。『노나라 목공 때, 공의자가 정사를 맡고 자류와 자사가 신하가 되었으나, 노나라의 국토가 줄어든 것이

하니 若是乎賢者之無益於國也(약시호현자지무익어국야)로다 曰虞不用百里奚而亡(왈우불용백리해이망)하고 秦穆公(진목공)이 用之而覇(용지이패)하니 不用賢則亡(불용현즉망)이리니 削(삭)을 何可得與(하가득여)리오 曰 昔者王豹處(왈석자왕표처)於淇(어기)에 而河西善謳(이하서선구)하며 綿駒處於(면구처어)高唐(고당)에 而齊右善歌(이제우선가)하며 華周杞梁(화주기량)之妻善哭其夫(지처선곡기부)에 而變國俗(이변국속)하니 有(유)諸內(저내)면 必形諸外(필형저외)라 爲其事而無其(위기사이무기)

•王豹 : 위(衛)나라 사람으로 노래를 잘함 •綿駒 : 제나라 사람으로 노래를 잘함
•謳 : 노래할 구

더욱 심했습니다. 이처럼 현자가 나라에 유익함이 없습니까?』 맹자께서 말씀하셨다. 『우나라는 백리해를 등용하지 않아서 망하였고, 진나라 목공은 그를 등용해서 패자가 되었다. 현자를 등용하지 않으면 망하는 법인데 국토가 줄어드는 정도로 그치겠는가?』 순우곤이 말하였다. 『옛날에 왕표가 기수 가에 거처하자 하서 지방 사람들이 노래를 잘했고, 면구가 고당에 거처하자 제나라 우측에 있던 지방 사람들이 노래를 잘 불렀고, 화주와 기량의 처가 남편의 죽음에 곡을 잘하자 나라의 풍속이 변했습니다. 모든 것이 안에 있으면 반드시 겉으로 나타납니다. 일을 하고 공적이 나타나지 않은 예를 저는 일찍이 본

功者를 髡未嘗睹之也로니 是故無賢者也언정 有則髡必識之니이다 曰 孔子爲魯司寇에 不用하고 從而祭에 燔肉不至어늘 不稅冕而行하시니 不知者는 以爲爲肉也라하고 其知者는 以爲爲無禮也라하나니 乃孔子는 則欲以微罪行하사 不欲爲苟去시니 君子之所爲를 衆人이 固不識也니라。

⑦ 孟子曰 五霸者는 三王之罪人也

• 燔 : 구울 번

• 稅 : 벗을 탈。「脫」과 같음

적이 없습니다。 그러므로 현자가 없다는 것입니다。 있다면 제가 반드시 알 것입니다。』 맹자께서 말씀하셨다。『공자께서 노나라의 사구가 되었는데 등용되지 않았다。 임금을 도와 제사를 지낸 뒤에 번육을 보내오지 않자 관을 벗지 않고 떠나 버리셨다。 알지 못하는 사람은 고기 때문에 떠났다고 말하고、 아는 사람은 무례했기 때문이라고 생각하였다。 공자께서는 작은 허물을 탓하여 떠나가려고 하신 것이지、 구차하게 가고자 하지 않으신 것이다。 군자가 하는 일을 보통 사람들은 진실로 알지 못하는 것이다。』

맹자께서 말씀하셨다。『오패는 삼왕의 죄인이고、 지금의 제후는 오패의 죄인이고、 지금의 대부는 오늘날

요 今之諸侯는 五霸之罪人也요 今之大夫는 今之諸侯之罪人也니라

天子適諸侯曰 巡狩요 諸侯朝於天子曰 述職이니 春省耕而補不足하며 秋省斂而助不給하나니 入其疆에 土地辟하며 田野治하며 養老尊賢하며 俊傑在位하면 則有慶이니 慶以地하고 入其疆에 土地荒蕪하며 遺老失賢하며 掊克在位하면 則有讓이라 一

• 巡 : 돌 순
• 狩 : 사냥 수
• 掊 : 모을 부
• 讓 : 「꾸짖다」의 뜻

제후의 죄인이다. 천자가 제후에게 가는 것을 순수라 하고, 제후가 천자에게 조회하는 것을 술직이라고 한다. 봄에 밭가는 것을 살펴 부족한 것을 보충해 주고, 가을에 거둬들이는 것을 살펴 모자라는 것을 도와준다. 그 영토에 들어가서 토지가 잘 개간되고, 논밭이 잘 정리되어 있고, 늙은이를 길러주고 현자를 존경하고, 뛰어난 인물들이 벼슬자리에 있으면 상을 주는데 상은 땅으로 준다. 그 영토에 들어가서 토지가 황폐하고, 늙은이를 내버려두고 현자를 대우하지 않고, 착취하는 자가 벼슬자리에 있으면 꾸짖음이 있다. 한 번 조회하지 않으면 그 작위를 깎아 내리고, 두 번 조회하지 않으면 그 토지의 일부를

不朝則貶其爵하고 再不朝則削其地하고 三不朝則六師移之하나니 是故天子는 討而不伐하고 諸侯는 伐而不討니 五霸者는 摟諸侯以伐諸侯者也라 故曰 五霸者는 三王之罪人也라하노라 五霸에 桓公이 爲盛하니 葵丘之會에 諸侯束牲載書而不歃血하고 初命曰 誅不孝하며 無易樹子하며 無以妾爲妻라하고 再命曰

• 歃：마실 삽。「歃血」은 서로 굳게 맹세할 때에 짐승의 피를 입가에 바르던 일

깎고、세 번 조회하지 않으면 천자가 거느리는 육군(六軍)을 그곳으로 이동시킨다。이런 까닭에 천자는 성토는 하되 정벌하지 않고、제후는 정벌은 하되 성토하지 않는 것이다。오패는 제후들을 끌어다가 다른 제후를 정벌하는 자이므로 「오패는 삼왕의 죄인이다」라고 하는 것이다。오패 중에 제나라 환공이 가장 세력이 컸는데、규구의 회맹에서 제후들은 희생을 묶어 놓고 그 위에 맹약을 쓴 것을 올려 놓았을 뿐、삽혈의 의식은 거행하지 않았다。첫째 조항은 「불효한 자를 죽이고、세자를 바꾸지 말고、첩을 정실로 삼지 말 것이다」하였고、둘째 조항은 「현자를 존중하고、인재를 육성하여 덕이 있는 사람을 표창하라」

尊賢育才(존현육재)하여 以彰有德(이창유덕)이라하고 三(삼)命曰(명왈) 敬老慈幼(경로자유)하며 無忘賓旅(무망빈려)라하고 四命曰(사명왈) 士無世官(사무세관)하며 官事無攝(관사무섭)하며 取士必得(취사필득)하며 無專殺大夫(무전살대부)라하고 五(오)命曰(명왈) 無曲防(무곡방)하며 無遏糴(무알적)●하며 無有(무유)封而不告(봉이불고)라하고 曰(왈) 凡我同盟之人(범아동맹지인)이 旣盟之後(기맹지후)에 言歸于好(언귀우호)라하니 今之諸(금지제)侯(후)는 皆犯此五禁(개범차오금)이라 故曰(고왈) 今之諸(금지제)侯(후)는 五霸之罪人也(오패지죄인야)라하노니 長君之(장군지)

● 糴 : 쌀 사들일 적

고 하였고, 셋째 조항은 「늙은이를 공경하고 어린이를 사랑하며, 손님과 여행자를 소홀히 하지 말라」고 하였고, 넷째 조항은 「선비에게는 관직을 세습시키지 말고, 벼슬은 겸직시키지 말고, 반드시 재능 있는 선비는 등용하고, 대부를 함부로 죽이지 말라」고 하였고, 다섯째 조항은 「제방을 굽어지게 쌓지 말고, 곡식의 이동을 막지 말고, 토지를 남에게 떼어 주고서 보고하지 않는 일을 하지 말라」고 하였다. 또 말하기를 「우리 동맹한 사람들은 맹약을 맺고 난 후에는 서로 우호적으로 지낼 것이다」라고 하였다. 오늘날의 제후들은 모두 이 다섯 가지 금지사항을 범하고 있기 때문에 지금의 제후는 오패의 죄인이라고 하는

惡은 其罪小하고 逢君之惡은 其罪大하니 今之大夫는 皆逢君之惡이나 故曰 今之大夫는 今之諸侯之罪人也라하노라。

⑧ 魯欲使愼子爲將軍이어늘 孟子曰 不教民而用之를 謂之殃民이니 殃民者는 不容於堯舜之世니라 一戰勝齊하여 遂有南陽이라도 然且不可하니라 愼子勃然不悅曰 此則滑釐

●滑：미끄러울 활。여기서는 「골」 ●釐：다스릴 리

것이다。임금의 악을 조장하는 것은 그 죄가 작고 임금의 악을 끌어내는 것은 그 죄가 크다。오늘날의 대부들은 모두 임금의 악을 끌어내고 있으니、지금의 대부는 지금의 제후의 죄인이라고 하는 것이다。』

노나라가 신자를 장군으로 삼으려 하자 맹자께서 말씀하셨다。『백성들을 가르치지 않고서 쓰는 것을 백성들에게 재앙을 끼치는 것이라고 말하니、백성들에게 재앙을 끼치는 자는 요순의 세상에서는 용납되지 않았다。한 차례의 싸움으로 제나라를 이겨、마침내 남양 땅을 차지한다고 하더라도 옳지 않다。』신자가 발끈하고 안색을 바꾸며 말하였다。『그것은 제가 알

所不識也(소불식야)로이다 曰(왈) 吾明告子(오명고자)하리라 天子之地(천자지지)는 方千里(방천리)니 不千里(불천리)면 不足以待諸侯(부족이대제후)요 諸侯之地(제후지지)는 方百里(방백리)니 不百里(불백리)면 不足以守宗廟之典籍(부족이수종묘지전적)이니라 周公之於封魯(주공지어봉노)에 爲方百里也(위방백리야)니 地非不足(지비부족)이로되 而儉於百里(이검어백리)하시며 太公之封於齊也(태공지봉어제야)에 亦爲方百里也(역위방백리야)니 地非不足也(지비부족야)로되 而儉於百里(이검어백리)하시니라 今魯方百里者五(금로방백리자오)니 子以爲有王者作(자이위유왕자작)인댄 則魯在所損乎(즉로재소손호)아 在所(재소)

바 아닙니다。』 맹자께서 말씀하셨다。『내가 분명히 그대에게 일러두겠다。천자의 땅은 사방 천 리인데、천 리가 안 되면 제후를 접대하지 못하고、제후의 땅은 사방 백 리인데、백 리가 안 되면 종묘의 전적을 지키지 못한다。주공이 노나라에 봉해질 때 땅이 사방 백리였는데、땅이 부족한 것이 아니지만 법에 따라 백리를 지나지 않게 하였다。태공이 제나라에 봉해질 때도 또한 사방 백리였는데、땅이 부족한 것이 아니지만 법에 따라 백리를 지나지 않게 하였다。지금 노나라는 사방 백리 되는 것이 다섯이나 되는데 그대는 왕자가 출현한다면 노나라의 땅을 줄일 것 같은가？ 늘

益乎아 徒取諸彼以與此라도 然且仁者不爲어든 況於殺人以求之乎아 君子事君也는 務引其君以當道하여 志於仁而已니라。

⑨ 孟子曰 今之事君者는 曰我能爲君하여 辟土地充府庫라하면 今之所謂良臣이오 古之所謂民賊也니 君不鄕•道하여 不志於仁이어든 而求富之면 是는 富桀也니라 我能爲君하여

● 鄕 : 향할 향(向)과 같음

일 것 같은가? 한갓 저기서 취하여 여기다 준다고 할지라도 어진 사람은 하지 않는데, 하물며 사람을 죽여 가며 땅을 차지한단 말인가? 군자가 임금을 섬기는 것은 힘써 그 임금을 인도하여 바른 길로 가게하고, 인에 뜻을 두게끔 할 따름이다.』

맹자께서 말씀하셨다. 『지금 임금을 섬기는 사람들은 말하기를 「나는 임금을 위해 토지를 개간하고 창고를 가득 채울 수 있다」고 하는데, 이러한 사람은 지금은 좋은 신하라고 말하지만 옛날에는 백성의 도적이라고 한다。 임금이 정도를 지향하지 않고 인에 뜻을 두지 않는데, 그를 부유하게 해주려고 하니 이것은 걸과 같은 폭군을 부유하

約與國戰必克이라하면 今之所謂良臣이오 古之所謂民賊也니 君不鄕道하여 不志於仁이어든 而求爲之强戰이면 是는 輔桀也니라 由今之道하여 無變今之俗이면 雖與之天下라도 不能一朝居也리라。

⑩ 白圭曰 吾欲二十而取一하노니 何如하니잇고 孟子曰 子之道는 貉道也로다 萬室之國에 一人陶면 則可

• 輔 : 도울 보

• 貉 : 오랑캐 맥

게 해주는 것이다。또「나는 임금을 위하여 다른 나라와 동맹을 맺어 전쟁을 하면 반드시 이길 수 있다」고 하는데, 이러한 사람은 지금은 좋은 신하라고 말하지만 옛날에는 백성의 도적이라고 한다。임금이 정도를 지향하지 않고 인에 뜻을 두지 않는데, 그를 위해 전쟁을 강행하려는 것은 걸을 돕는 것이다。지금의 도를 따라서 지금의 풍속을 고치지 않으면, 비록 천하를 준다 해도 하루아침도 그 자리를 지키고 있지 못할 것이다。』

백규가 말하였다。『나는 세율을 1/20로 하려고 하는데 어떻겠습니까?』맹자께서 말씀하셨다。『당신의 방법은 북방 오랑캐의 방법이다。

乎아 曰 不可하니 器不足用也리이다 曰 夫貉은 五穀不生하고 惟黍生之하나니 無城郭宮室宗廟祭祀之禮하며 無諸侯幣帛饔飧하며 無百官有司라 故二十取一而足也니라 今居中國하여 去人倫하며 無君子하면 如之何其可也리오 陶而寡라도 且不可以爲國이어든 況無君子乎아 欲輕之於堯舜之道者는 大貉에 小貉也요

• 饔 : 아침밥 옹
• 飧 : 저녁밥 손

만 가구나 되는 나라에서 한 사람이 도자기를 굽는다면 괜찮겠는가?』 백규가 말하였다。『안 되지요。그릇이 수요에 모자랄 것입니다。』 맹자께서 말씀하셨다。『북방 오랑캐의 땅에서는 오곡이 나지 않고 기장만 나오니 성곽·궁실·종묘·제사의 예가 행해지지 않고、제후가 예물을 가지고 빈객을 접대하는 일도 없으며、백관과 담당자가 없기 때문에 1/20을 받아도 충분하다。지금 중국에서 살면서 인륜을 버리고 군자도 없다면 어떻게 괜찮을 수 있겠는가? 도자기 굽는 사람이 적어도 또한 나라를 다스릴 수 없는데、하물며 군자가 없을 수 있겠는가? 요순의 방법보다 세율을 가

欲重之於堯舜之道者는 大桀에 小桀也니라。

⑪ 白圭曰 丹之治水也 愈於禹호이다 孟子曰 子過矣로다 禹之治水는 水之道也니라 是故禹는 以四海爲壑이어시늘 今吾子는 以隣國爲壑이로다 水逆行을 謂之洚水니 洚水者는 洪水也라 仁人之所惡也니 吾子過矣로다。

● 洚 : 내릴 강

볍게 하려는 자는 북방 오랑캐가 큰 오랑캐라면 작은 오랑캐이고, 요순의 방법보다 세율을 더 무겁게 하려는 자는 큰 걸에 대한 작은 걸이다.』

백규가 말하였다. 『제가 치수하는 실력은 우임금보다 낫습니다.』 맹자께서 말씀하셨다. 『그대는 지나치구나. 우임금이 물을 다스린 것은 물길을 따라 하였다. 그러므로 우임금은 사해를 골짜기로 삼는 것이고, 지금 그대는 이웃나라를 골짜기로 삼은 것이다. 물이 역행하는 것을 강수라 하는데 강수란 홍수를 말하는 것이다. 어진 사람이 미워하는 것이니, 그대는 지나치다.』

⑫ 孟子曰 君子不亮이면 惡乎執하리오。

⑬ 魯欲使樂正子爲政이어늘 孟子曰 吾聞之하고 喜而不寐호라 公孫丑曰 樂正子는 强乎잇가 曰否라 有知慮乎잇가 曰否라 多聞識乎잇가 曰否라 然則奚爲喜而不寐시니잇고 曰其爲人也好善이니라 好善이 足乎잇가 曰好善이 優於天下어든 而況魯國乎아 夫苟好善이면 則四海之內

맹자께서 말씀하셨다。『군자가 미덥지 않으면 어찌 잡겠는가?』

노나라가 악정자에게 정치를 맡아보게 하자 맹자께서 말씀하셨다。『나는 듣고 기뻐서 잠을 자지 못하였다。』 공손추가 말하였다。『악정자는 강합니까?』 맹자께서 말씀하셨다。『아니다。』 공손추가 말하였다。『지혜가 있습니까?』 맹자께서 말씀하셨다。『아니다。』 공손추가 말하였다。『듣고 아는 것이 많습니까?』 맹자께서 말씀하셨다。『아니다。』 공손추가 말하였다。『그렇다면 어찌하여 기뻐서 잠도 못 주무셨습니까?』 맹자께서 말씀하셨다。『그의 사람됨이 선을 좋아한다。』 공손추가 말하였다。『선을 좋아하는 것만으로 충분합니까?』 맹자께서 말씀하셨다。『선을 좋아하면 천하

皆將輕千里而來하여 告之以善하리라 夫苟不好善이면 則人將曰 訑訑를 予旣已知之矣로라하리니 訑訑之聲音顔色이 距人於千里之外하나니 士止於千里之外하면 則讒諂面諛之人이 至矣리니 與讒諂面諛之人居면 國欲治인들 可得乎아。

⑭ 陳子曰 古之君子 何如則仕니잇고 孟子曰 所就三이오 所去三이니라

• 訑 : 으쓱거릴 이
• 距 : 떨어질 거
• 讒 : 참소할 참
• 諛 : 아첨할 유

를 다스리고도 넉넉함이 있는데, 하물며 노나라 정도 다스리는데 무슨 문제가 되겠느냐? 진실로 선을 좋아하면 온 천하의 사람들이 천 리를 가볍게 여기고 찾아와서 선을 일러주게 될 것이다。 진실로 선을 좋아하지 않으면 사람들이 「저 사람의 아는 체하는 꼴을 나는 벌써 알고 있었다」고 말할 것이다。 아는 체하는 음성과 안색은 사람들을 천 리 밖으로 몰아낸다。 선비들이 천 리 밖에 떨어져 있으면 모함하고 아첨하며 겉으로만 아부하는 자들이 모여들게 될 것이니、 모함하고 아첨하고 겉으로만 아부하는 사람들과 함께 있으면、 나라를 다스리고 싶어도 다스릴 수가 있겠는가?』

진자가 말하였다。『옛날 군자는 어떠한 경우에 벼슬을 했습니까?』 맹

迎之致敬以有禮하며 言將行其言也어든 則就之하여 禮貌未衰나 言弗行也어든 則去之니라 其次는 雖未行其言也나 迎之致敬以有禮어든 則就之하여 禮貌衰커든 則去之니라 其下는 朝不食夕不食하여 飢餓不能出門戶어든 君이 聞之曰 吾大者론 不能行其道하며 又不能從其言也하고 使飢餓於我土地를 吾恥之라하고 周之어든 亦可受也니 免死而已矣

자께서 말씀하셨다. 『나아가는 경우가 셋 있고, 떠나가는 경우가 셋 있었다. 공경을 다하여 예로써 맞이하고, 말을 하면 장차 그 말을 행하려고 하는 경우는 나가서 벼슬을 하고, 예모가 아직 쇠하지 않았으나 자기의 말이 행해지지 않으면 떠나는 것이다. 그 다음은 비록 그 말을 실천하지 않더라도 공경을 다하여 예로써 맞이하면 벼슬길에 나아가고 임금의 예모가 쇠하면 떠나는 것이다. 그 다음에는 아침밥도 못 먹고 저녁밥도 못 먹어 배가 고파 문 밖을 나가지 못하는 지경에 이르렀을 때, 임금이 듣고서 「내가 크게는 그의 도를 행하지 못하고, 또 그의 말을 따르지는 못했지만, 내 영토 안에서 굶어죽게 한다면, 나는 이것을 부끄럽게 생각한다」고 하

니라。

⑮ 孟子曰(맹자왈) 舜(순)은 發於畎畝之中(발어견무지중)하시고 傅說(부열)은 擧於版築之間(거어판축지간)하고 膠鬲(교격)은 擧於魚鹽之中(거어어염지중)하고 管夷吾(관이오)는 擧於士(거어사)하고 孫叔敖(손숙오)는 擧於海(거어해)하고 百里奚(백리해)는 擧於市(거어시)하니라 故天將降大任於是人也(고천장강대임어시인야)신댄 必先苦其心志(필선고기심지)하며 勞其筋骨(로기근골)하며 餓其體膚(아기체부)하며 空乏其身(공핍기신)하며

● 畎: 밭도랑 견
● 膠: 아교 교
● 鬲: 막을 격。 솥 력
● 筋: 힘줄 근

며 구제해 준다면 또한 받을 수 있지만 죽음을 면할 따름이다。』

맹자께서 말씀하셨다。『순임금은 밭 가운데서 농사짓다가 기용되었고、부열은 성벽 쌓는 인부 가운데서 등용되었고、교격은 생선과 소금을 파는 데서 발견되어 등용되었고、관이오는 감옥에 갇혀 있다가 등용되었고、손숙오는 바닷가에 있다가 등용되었고、백리해는 시장에서 등용되었다。그러므로 하늘이 장차 어떤 사람에게 큰 임무를 내리려 할 때는 반드시 먼저 그 마음과 뜻을 괴롭게 하고、힘줄과 뼈를 수고롭게 하며、육체를 굶주리게 하고、그 몸을 아무것도 없게 하여서、그들이 하는 일을 어긋나게 만든다。그렇게 함으로써 그들의 마음을 분발하고 인내력을 키워 할

行拂•亂其所爲하나니 所以動心忍性하여 曾益其所不能이니라 人恒過然後能改하나니 困於心衡於慮然後作하며 徵於色發於聲而後喩니라 入則無法家拂士하고 出則無敵國外患者는 國恒亡이니라 然後知生於憂患하고 而死於安樂也로다。

⑯ 孟子曰 教亦多術矣니 予不屑之教誨也者是亦教誨之而已矣니라。

• 拂 : 떨 불

수 없었던 일을 더욱 하도록 하기 위한 것이다。사람은 항상 잘못한 다음에야 고칠 수 있으니 마음에 곤란을 당하고 생각대로 잘 안 된 뒤에야 분발하고、괴로움이 얼굴색과 목소리에까지 나타난 뒤에야 깨닫게 된다。들어와서는 법도 있는 가문과 보필하는 선비가 없고、나가서는 적국과 외환이 없는 자는 나라가 항상 망하게 된다。그런 뒤에 우환 속에서 살아나게 되고、안락한 가운데서 죽게 되는 것을 알 수 있다。』

맹자께서 말씀하셨다。『가르치는 데도 방법이 많으니 내가 달갑게 여겨 가르쳐 주지 않는 것도 역시 가르치는 것일 따름이다。』

盡心章句上(진심장구상)

① 孟子曰(맹자왈) 盡其心者(진기심자)는 知其性也(지기성야)니 知其性(지기성)이면 則知天矣(즉지천의)리라 存其心(존기심)하여 養其性(양기성)은 所以事天也(소이사천야)요 夭壽不貳(요수불이)하여 修身以俟之(수신이사지)는 所以立命也(소이립명야)니라。

② 孟子曰(맹자왈) 莫非命也(막비명야)나 順受其正(순수기정)이니라 是故知命者(시고지명자)는 不立乎巖墻之(불립호암장지)

•夭: 어릴 요

•巖: 바위 암

맹자께서 말씀하셨다。『자기의 마음을 다하는 사람은 자기의 본성을 알고、본성을 알면 하늘을 알게 된다。자기 마음을 보존하여 본성을 기르는 것은 하늘을 섬기는 것이요、인간 수명의 길고 짧음에 대해서 의심을 품지 않고、몸을 닦아서 천명을 기다리는 것은 천명을 온전히 하는 것이다。』

맹자께서 말씀하셨다。『모든 일이 천명 아닌 것이 없으나、사람은 그 올바른 명을 순리로 받아들여야 한다。그러므로 천명을 아는 사람은 위태로운 담장 밑에 서지 않는다。자기의 도리를

下(하)하나니라 盡其道而死者(진기도이사자)는 正命也(정명야)요 桎梏死者(질곡사자)는 非正命也(비정명야)니라。

③ 孟子曰(맹자왈) 求則得之(구즉득지)하고 舍則失之(사즉실지)는 是求有益於得也(시구유익어득야)니 求在我者也(구재아자야)일새요 求之有道(구지유도)하고 得之有命(득지유명)은 是求無益於得也(시구무익어득야)니 求在外者也(구재외자야)일새니라。

④ 孟子曰(맹자왈) 萬物皆備於我矣(만물개비어아의)니 反身而誠(반신이성)이면 樂莫大焉(락막대언)이니라 强恕而行(강서이행)하면 求仁莫近焉(구인막근언)이니라。

•桎 : 차꼬 질 •梏 : 쇠고랑 곡

다하고 죽는 사람은 정명(正命)이요、 형벌로 죽는 사람은 정명이 아니다。』

맹자께서 말씀하셨다。『구하면 얻고 버리면 잃게 되는데、이것을 구하는 것은 얻는데 유익하니 나에게 있는 것을 구하기 때문이다。구하는데 방법이 있고、얻는데 천명이 있는데、이것을 구하는 일은 얻는데 무익하니、나의 밖에 있는 것을 구하기 때문이다。』

맹자께서 말씀하셨다。『만물의 이치가 모두 나에게 갖추어져 있으니、자신을 반성해 보아 성실하면 즐거움이 이보다 더 큰 것이 없고、힘써 너그럽게 행하면 인을 구하는 길이 이보다 더 가까운 것이 없다。』

⑤ 孟子曰 行之而不著焉하며 習矣而不察焉이라 終身由之하되 而不知其道者衆也니라。

⑥ 孟子曰 人不可以無恥니 無恥之恥면 無恥矣리라。

⑦ 孟子曰 恥之於人에 大矣라 爲機•變之巧者는 無所用恥焉이니 不恥不若人이면 何若人有리오。

⑧ 孟子曰 古之賢王은 好善而忘勢

• 機 : 틀 기

맹자께서 말씀하셨다.『도를 행하면서도 확실히 알지 못하며, 익숙하면서도 자세히 알지 못하는 사람이 있다。죽을 때까지 따라하면서도 그 도리를 모르는 사람이 많다。』

맹자께서 말씀하셨다。『사람은 부끄러움이 없어서는 안 되니, 부끄러움이 없는 것을 부끄러워한다면 부끄러운 일이 없게 될 것이다。』

맹자께서 말씀하셨다。『부끄러워하는 마음은 사람에게 아주 중요한 것이다。임기응변의 잔재주를 행하는 사람은 부끄러워하는 마음을 쓸데가 없다。부끄러워하지 않는 것이 남과 다르다면 무엇이 남과 같겠는가?』

맹자께서 말씀하셨다。『옛날 어진 임금은 선을 좋아하고 권세를 잊어버

하더니 古之賢士인들 何獨不然이리오 樂其道而忘人之勢라 故王公이 不致敬盡禮하면 則不得亟見之하니 見且猶不得亟어든 而況得而臣之乎아。

⑨ 孟子謂宋句踐曰 子好遊乎아 吾語子遊하리라 人知之라도 亦囂囂하며 人不知라도 亦囂囂이니라 曰 何如라사 斯可以囂囂矣리잇고 曰 尊德樂

• 亟 : 자주 기
• 遊 : 유세할 유
• 囂 : 들렐 효。「囂囂」는 스스로 터득하여 욕심이 없는 모양

렸으니, 옛날 어진 선비인들 어찌 그렇지 않았겠는가? 자기의 도를 즐기고 남의 권세는 잊어버렸다。 그러므로 왕공이 공경을 다하고 예를 극진히 하지 않으면 그들을 자주 만나볼 수 없었다。 만나보는 것조차 자주 할 수 없었는데, 하물며 어떻게 그들을 신하로 삼을 수 있었겠는가?』

맹자께서 송구천에게 말씀하셨다。『당신이 유세하기를 좋아하는가? 내가 당신에게 유세에 대해서 말해 주겠소。 남이 알아주어도 태연해야 하고, 남이 알아주지 않아도 또한 태연해야 하오。』 송구천이 말하였다。『어떻게 해야 태연해질 수 있겠습니까?』 맹자께서 말씀하셨다。『덕을 존중하고 의리를 즐거워한다면 태연해

義하면 則可以囂囂矣니라 故士는 窮不失義하며 達不離道이라 窮不失義라 故士得己焉이요 達不離道라 故民不失望焉이니라 古之人이 得志하얀 澤加於民하고 不得志하얀 修身見於世하니 窮則獨善其身하고 達則兼善天下니라。

⑩ 孟子曰 待文王而後興者는 凡民也니 若夫豪傑之士는 雖無文王이나 獨興이니라。

질 수 있소。그러므로 선비는 궁해도 의리를 잃지 않고、영달해도 정도에서 벗어나지 않는 것이오。궁해도 의리를 잃지 않기 때문에 선비는 자기 자신을 보전할 수 있고、영달해도 정도에서 벗어나지 않기 때문에 백성들이 실망하지 않는 것이오。옛날 사람들이 뜻을 얻으면 은택이 백성들에게 미쳤고、뜻을 얻지 못하면 몸을 닦아 세상에 이름을 나타냈소。궁하면 혼자서 자기 몸을 선하게 해나갔고、영달하면 천하 사람들과 함께 선을 행하는 것이오。』

맹자께서 말씀하셨다。『문왕을 기다린 뒤에 흥기하는 것은 평민이다。걸출한 선비는 비록 문왕이 없더라도 흥기한다。』

⑪ 孟子曰 附之以韓魏之家라도 如其自視欿然이면 則過人이 遠矣니라。
(맹자왈 부지이한위지가 여기자시감연 즉과인 원의)

⑫ 孟子曰 以佚道使民이면 雖勞不怨하며 以生道殺民이면 雖死나 不怨殺者니라。
(맹자왈 이일도사민 수로불원 이생도살민 수사 불원살자)

⑬ 孟子曰 霸者之民은 驩虞如也요 王者之民은 皞皞如也니라 殺之而不怨하며 利之而不庸하며 民日遷善
(맹자왈 패자지민 환우여야 왕자지민 호호여야 살지이불원 리지이불용 민일천선)

●附：붙을 부。「더해준다」는 뜻
●欿：시름겨울 감。「欿然」은 스스로 만족하지 않는 뜻
●佚：편안할 일
●驩：기뻐할 환
●皞皞：밝을 호。「皞皞」는 광대하게 스스로 터득한 모양
●庸：공 용

맹자께서 말씀하셨다。『한씨(韓氏)와 위씨(魏氏)의 가산을 덧붙여 주더라도 담담하게 생각한다면 남보다 훨씬 뛰어난 사람이다。』

맹자께서 말씀하셨다。『편안히 살게 해줄 목적으로 백성을 부리면 비록 힘들어도 원망하지 않고、살려줄 목적으로 할 수 없이 백성들을 죽이면 비록 죽임을 당해도 죽이는 사람을 원망하지 않는다。』

맹자께서 말씀하셨다。『패자의 백성들은 기쁨에 차 있는 것 같고、왕자의 백성들은 의젓한 풍도가 있는 것 같다。죽여도 원망하지 않고、이롭게 해주어도 공으로 여기지 않으며、백성들이 날마다 선으로 옮겨가면서도 누가 그렇게 시키는지를 알지 못한다。군자

하되 而不知爲之者(이부지위지자)니라 夫君子(부군자)는 所過者化(소과자화)하며 所存者神(소존자신)하여 上下與天地同流(상하여천지동류)하나니 豈曰小補之哉(기왈소보지재)리오。

⑭ 孟子曰(맹자왈) 仁言(인언)이 不如仁聲之入人深也(불여인성지입인심야)요 善政(선정)이 不如善敎之得民也(불여선교지득민야)니 善政(선정)은 民畏之(민외지)하고 善敎(선교)는 民愛之(민애지)하나니 善政(선정)은 得民財(득민재)하고 善敎(선교)는 得民心(득민심)이니라。

⑮ 孟子曰(맹자왈) 人之所不學而能者(인지소불학이능자)는 其良能也(기양능야)요 所不慮而知者(소불려이지자)는 其良知(기양지)

가 지나가는 곳은 교화가 되고、머물러 있는 곳은 신성하게 되어 상하가 천지와 더불어 흐름을 같이 하는데、어찌 조금 보탬이 된다고 하겠는가?』

맹자께서 말씀하셨다。『인자한 말은 인자하다는 평판이 사람에게 깊이 파고드는 것보다 못하다。좋은 정치는 좋은 가르침으로 백성들의 마음을 얻는 것보다 못하다。좋은 정치는 백성들이 두려워하게 되고、좋은 가르침은 백성들이 사랑하게 된다。좋은 정치는 백성들의 재물을 얻고、좋은 가르침은 인심을 얻게 된다。』

맹자께서 말씀하셨다。『사람이 배우지 않고서도 할 수 있는 것을 양능이라 하고、생각하지 않고서도 알 수 있는 것을 양지라고 한다。어린아이

也(야)니 孩(해)提(제)之(지)童(동)이 無(무)不(부)知(지)愛(애)其(기)親(친)也(야)며 及(급)其(기)長(장)也(야)하여는 無(무)不(부)知(지)敬(경)其(기)兄(형)也(야)니라 親(친)親(친)은 仁(인)也(야)요 敬(경)長(장)은 義(의)也(야)니 無(무)他(타)라 達(달)之(지)天(천)下(하)也(야)니라。

⑯ 孟(맹)子(자)曰(왈) 舜(순)之(지)居(거)深(심)山(산)之(지)中(중)에 與(여)木(목)石(석)居(거)하시며 與(여)鹿(록)豕(시)遊(유)하시니 其(기)所(소)以(이)異(이)於(어)深(심)山(산)之(지)野(야)人(인)者(자)幾(기)希(희)로되 及(급)其(기)聞(문)一(일)善(선)言(언)하시며 見(견)一(일)善(선)行(행)하얀 若(약)決(결)江(강)河(하)하여 沛(패)然(연)을 莫(막)之(지)能(능)禦(어)也(야)러라。

- 孩: 어린아이 해
- 沛: 늪 패。성한 모양
- 豕: 돼지 시
- 禦: 막을 어

도 자기 어버이를 사랑할 줄 모르는 아이가 없고, 자라나게 되면 자기 형 공경할 줄 모르는 아이가 없다。어버이를 친애하는 것은 인(仁)이고, 어른을 공경하는 것은 의(義)이니, 인과 의는 다른 것이 아니라 온 천하에 공통되기 때문이다。』

맹자께서 말씀하셨다。『순임금이 깊은 산 속에 살고 있을 때에는, 나무와 돌과 함께 있었고, 사슴과 산돼지와 함께 놀았으니, 깊은 산 속에서 사는 야인과 거의 다를 것이 없었다。그가 선한 말 한 마디를 듣고, 선한 행실한 가지를 보게 되면, 그것을 행하는 것이 마치 양자강과 황하를 터놓은 것 같아, 세차게 흘러내리는 것을 막을 수가 없었다。』

⑰ 孟子曰 無爲其所不爲하며 無欲其所不欲이니 如此而已矣니라。

⑱ 孟子曰 人之有德慧術知者는 恒存乎疢疾이니 猶孤臣孼子其操心也危하며 其慮患也深 故達이니라。

⑲ 孟子曰 有事君人者니 事是君에 則爲容悅者也니라 有安社稷臣者하니 以安社稷爲悅者也니라 有天民者하니 達可行於天下而後行之者

● 疢: 열병 진。「疢疾」은 재앙이라는 뜻 ● 孼: 서자 얼

맹자께서 말씀하셨다。『해서 안 될 일은 하지 말고、욕심부려서는 안 될 일은 욕심부리지 말아야 할 것이니、군자의 도란 이와 같을 따름이다。』

맹자께서 말씀하셨다。『사람이 도덕적 지혜와 기술적 지식을 가진 이는 항상 재앙과 환란이 있게 된다。오직 외로운 신하와 서자는 그 마음을 쓰는 것이 조심스러우며、그 근심을 염려하는 것이 깊은 까닭에 통달하게 된다。』

맹자께서 말씀하셨다。『임금을 섬기는 사람이 있는데、그런 사람은 임금을 섬기게 되면 임금에게 아첨하여 기쁘게 해주는 자이다。또 사직을 안정시키는 신하가 있는데、그런 사람은 사직을 안정시키는 것을 자기의 기쁨으로 삼는 자이다。또 천리에 따르는 사람이 있는데、그런 사람은 자

也니라 有大人者하니 正己而物正者也니라。
(야니라 유대인자하니 정기이물정자야니라。)

⑳ 孟子曰 君子有三樂하되 而王天下不與存焉하니 父母俱存하며 兄弟無故 一樂也요 仰不愧於天하며 俯不怍於人이 二樂也요 得天下英才而教育之 三樂也니 君子有三樂하되 而王天下不與存焉이니라。
(맹자왈 군자유삼락하되 이왕천하불여존언하니 부모구존하며 형제무고 일락야요 앙불괴어천하며 부부작어인이 이락야요 득천하영재이교육지 삼락야니 군자유삼락하되 이왕천하불여존언이니라。)

㉑ 孟子曰 廣土衆民을 君子欲之나
(맹자왈 광토중민을 군자욕지나)

•俱: 함께 구 •俯: 숙일 부
•愧: 부끄러워할 괴 •怍: 부끄러워할 작

신이 영달하여 도를 천하에 행할 수 있게 된 뒤라야 비로소 그것을 행한다。 대인이 있는데、 이 사람은 자기 자신을 바르게 하여 사물을 바르게 하는 자이다。』

맹자께서 말씀하셨다。『군자에게 즐거움이 세 가지 있는데、 천하에 왕 노릇 하는 것은 그 속에 들지 않는다。 부모가 다 생존해 계시고、 형제들에게 아무 탈 없는 것이 첫째 즐거움이요、 우러러 하늘에 부끄럽지 않고 고개 숙여 땅을 보아도 사람들에게 부끄럽지 않은 것이 둘째 즐거움이요、 천하의 영재를 얻어 교육시키는 것이 셋째 즐거움이다。 군자에게 즐거움이 세 가지 있는데、 천하에 왕 노릇 하는 것은 그 속에 들지 않는다。』

맹자께서 말씀하셨다。『넓은 땅과

所樂은 不存焉하고 中天下而立하여 定四海之民을 君子樂之나 所性은 不存焉하니 君子所性은 雖大行不加焉하며 雖窮居不損焉이니 分定故也니라 君子所性은 仁義禮智根於心하여 其生色也睟然見於面하며 盎於背하며 施於四體하여 四體不言而喩니라。

㉒ 孟子曰 伯夷辟紂하여 居北海之

● 睟 : 맑을 수。「睟然」은 맑고 온화하며 윤택한 모습

● 盎 : 동이 앙。가득찰 앙

많은 백성을 차지하는 것을 군자도 원하기는 하지만, 즐거워하는 데까지는 가지 않는다。 천하의 중앙에 자리잡고 서서 사해의 백성들을 안정시켜 주는 일을 군자도 즐거워하기는 하지만, 본성으로 지니는 것은 아니다。 군자가 본성으로 지니는 것은, 비록 큰 도를 행하더라도 보탬이 되지 않고, 비록 궁하게 산다 하더라도 감소되지 않는데, 분수가 이미 정해져 있기 때문이다。 군자가 지니는 본성은 마음속에 뿌리박혀 있는 인·의·예·지다。 그것이 한 번 밖으로 나타나면 윤택한 모습이 얼굴에 나타나고, 풍만한 모습이 잔등에 넘쳐흐르고, 사체에 배어서 사체는 말하지 않아도 스스로 깨우쳐 행하게 된다。』

맹자께서 말씀하셨다。『백이는 난폭

濱이러니 聞文王作하고 興曰 盍歸乎來리오 吾聞西伯이 善養老者라하며 太公辟紂하여 居東海之濱이러니 聞文王作하고 興曰 盍歸乎來리오 吾聞西伯이 善養老者라하니 天下에 有善養老하면 則仁人이 以爲己歸矣리라 五畝之宅에 樹墻下以桑하고 匹婦蠶之면 則老者足以衣帛矣며 五母鷄二母彘를 無失其時면 老者足

● 盍 : 덮을 합。 어찌~하지 않느냐의 뜻

한 주(紂)를 피해 북해 변두리에 살고 있었는데, 문왕이 일어났다는 소문을 듣고 말하기를 「어찌 돌아가지 않겠는가? 나는 서백이 노인을 잘 봉양한다고 함을 들었다」고 하였다。 태공이 주를 피해 동해 변두리에 살고 있었는데, 문왕이 일어났다는 소문을 듣고 말하기를 「어찌 돌아가지 않겠는가? 나는 서백이 노인을 잘 봉양한다는 말을 들었다」고 하였다。 천하에 늙은이를 잘 봉양하는 사람이 있으면, 인자한 사람은 자기가 돌아갈 곳으로 생각한다。 다섯 이랑의 집 담장 밑에 뽕나무를 심어 한 여인이 누에를 치면, 노인이 명주옷을 입을 수 있고, 다섯 마리의 암탉과 두 마리의 암돼지를 제때를 놓치지 않고 기르면, 노인이 고기를 거르지 않을 것이고, 백 이랑의 밭

以無失肉矣며 百畝之田을 匹夫耕之면 八口之家可以無饑矣리라 所謂西伯善養老者는 制其田里하여 教之樹畜하고 導其妻子하여 使養其老니 五十에 非帛不煖하고 七十에 非肉不飽하나니 不煖不飽를 謂之凍餒니 文王之民이 無凍餒之老者라하니 此之謂也니라。

㉓ 孟子曰 易其田疇•하고 薄其稅斂

• 疇 : 밭두둑 주

을 한 사나이가 경작하면 여덟 식구의 가족이 굶주리지 않을 것이다。 이른바 서백이 노인을 잘 봉양한다는 것은、 백성들의 경지와 택지를 제대로 제정해 주어 거기에 뽕나무를 심고 가축을 기르게끔 가르쳐 주고、 그들이 처자를 잘 가르쳐 그들의 늙은이를 봉양하게 만드는 것이다。 사람은 50대가 되면 비단옷이 아니면 따뜻하지 않고、 70대의 노인은 고기가 아니면 배부르지 않는다。 따뜻하지 않고 배부르지 않은 것을 얼고 굶주린다고 한다。 문왕의 백성들 중에 얼고 굶주리는 노인이 없었다고 하는 것은、 이것을 두고 하는 말이다。』

맹자께서 말씀하셨다。『농사를 잘 짓게 하고、 조세를 덜어 주면 백성들을 잘 살게 할 수 있다。 제때에 먹

이면 民可使富也며 食之以時하며 用之以禮면 財不可勝也니 民非水火不生活이로되 昏暮叩人之門戶하여 求水火어든 無弗與者는 至足矣일새니 聖人治天下에 使有菽粟을 如水火니 菽粟如水火면 而民焉有不仁者乎리오。

㉔ 孟子曰 孔子登東山而小魯하시고 登太山而小天下하시니 故觀於海者

•叩 : 두드릴 고

고、예에 맞추어 절제해서 쓰면 재물을 이루 다 쓸 수 없게 될 것이다。백성들은 물과 불이 아니면 살지 못하지만、저녁에 남의 집 문을 두드리고 물과 불을 좀 빌려달라고 했을 때、빌려주지 않는 사람이 없는 것은 물과 불이 매우 충분하기 때문이다。성인이 천하를 다스리면 팥이나 조 같은 양곡을 물과 불같이 풍족하게 갖게 해 줄 것이니、팥이나 조 같은 양곡이 물과 불같이 풍족하게 된다면 백성들이 어찌 인하지 않을 사람이 있겠는가?』

맹자께서 말씀하셨다。『공자께서 동산에 올라가 돌아보시고 노나라를 작다고 생각하셨고、태산에 올라가서는 천하가 작다고 생각하셨다。그러므로 바다를 본 사람에게는 물 이

엔 難爲水요 遊於聖人之門者엔 難爲言이니라 觀水有術하니 必觀其瀾하고 日月有明하니 容光必照焉이니라 流水之爲物也 不盈科不行하나니 君子之志於道也에 不成章不達이니라。

㉕ 孟子曰 鷄鳴而起하여 孶孶爲善者는 舜之徒也요 鷄鳴而起하여 孶孶爲利者는 蹠之徒也니 欲知舜與蹠之分인댄 無他라 利與善之間也니라。

● 瀾 : 물결 란

● 孶 : 부지런할 자。「孶孶」는 근면하다는 뜻

야기를 하기가 어렵고, 성인의 문하에서 배운 사람에게는 말하기가 어려운 것이다。물을 보는 데도 방법이 있는데, 반드시 그 물결치는 급한 물여울을 보아야 한다。해와 달은 밝은 빛을 지니고 있어, 작은 틈바구니에까지 반드시 다 비친다。흐르는 물은 구덩이를 채우지 않고서는 뻗어가지 않고, 군자가 도에 뜻을 두면 문장을 이룩하지 않고서는 이상적인 경지에 도달하지 못한다。』

맹자께서 말씀하셨다。『닭이 울면 일어나서 부지런히 선을 하는 사람은 순(舜)의 무리요, 닭이 울면 일어나서 부지런히 이익을 도모하는 자는 도척(盜蹠)의 무리다。순과 도척을 구별하려면 다른 것이 없다。이(利)와 선(善)의 사이에 있을 뿐이다。』

㉖ 孟子曰(맹자왈) 楊子(양자)는 取爲我(취위아)하여 拔一毛(발일모)利而天下(리이천하)를 不爲也(불위야)하고 墨子(묵자)는 兼愛(겸애)하여 摩頂放踵(마정방종)이라도 利天下(이천하)인댄 爲之(위지)하고 子莫(자막)은 執中(집중)하니 執中(집중)이 爲近之(위근지)나 執中無權(집중무권)이 猶執一也(유집일야)니라 所惡執一(소오집일)者(자)는 爲其賊道也(위기적도야)니 擧一(거일)而廢百也(이폐백야)니라。

㉗ 孟子曰(맹자왈) 饑者甘食(기자감식)하고 渴者甘飮(갈자감음)

• 摩 : 갈 마
• 頂 : 정수리 정
• 踵 : 발꿈치 종
• 饑 : 주릴 기

맹자께서 말씀하셨다. 『양자는 위아설(爲我說)을 주장하여 한 오라기의 털을 뽑아서 천하를 이롭게 하더라도 하지 않는다. 묵자는 겸애설(兼愛說)을 주장하여 머리 꼭대기에서 발뒤꿈치까지 갈아 없어져도 천하를 이롭게 한다면 한다. 자막은 중간을 취하는데, 중간을 취하는 것이 정도에 가깝다고는 하겠지만, 중간을 취하면서 임기응변이 없으면 한 가지를 고집하는 것과 같다. 한 가지만을 고집하는 것을 미워하는 까닭은 그것이 정도를 해치고, 한 가지를 들어 주되 백 가지를 못 쓰게 만들기 때문이다.』

맹자께서 말씀하셨다. 『굶주린 사람은 달게 먹고, 목마른 사람은 달게 마신다. 그러나 음식의 진정한 맛은

하나니 是未得飮食之正也라 饑渴이 害之也니 豈惟口腹이 有饑渴之害리요 人心이 亦皆有害하니라 人能無以饑渴之害로 爲心害면 則不及人을 不爲憂矣리라。

㉘ 孟子曰 柳下惠는 不以三公易其介하니라。

㉙ 孟子曰 有爲者는 辟若掘●井하니 掘井九軔이라도 而不及泉하면 猶爲

●掘 : 팔 굴

모른다。 굶주림과 목마름이 그것을 해친 것이다。 어찌 입과 배에만 굶주림과 목마름의 해가 있겠는가? 사람의 마음도 역시 그러한 해가 있다。 사람이 굶주림과 목마름의 해로 인해서 마음이 손상되지 않는다면、 내가 지금 남에게 미치지 못하더라도 근심하지 않을 것이다。』

맹자께서 말씀하셨다。『유하혜는 삼공의 작위로도 지조를 바꾸지 않았다。』

맹자께서 말씀하셨다。『무언가 하려고 하는 사람은 비유하면 우물을 파는 것과도 같아서 우물을 아홉 길이나 파고도 샘이 솟는 데까지 이르지 못한다면、 그것은 우물을 포기하는 것이나 같다。』

맹자께서 말씀하셨다。『요순은 본

棄井也니라。

㉚ 孟子曰 堯舜은 性之也요 湯武는 身之也요 五覇는 假之也니라 久假而不歸하니 惡知其非有也리오。

㉛ 公孫丑曰 伊尹曰 予不狎于不順이라하고 放太甲于桐한대 民大悅하고 太甲賢이시어늘 又反之한대 民大悅하니 賢者之爲臣也에 其君不賢이면 則固可放與잇가 孟子曰 有伊尹之

● 簒 : 빼앗을 찬

성대로 행하였고, 탕왕과 무왕은 그것을 본받아 체득하였고, 오패는 그것을 빌려서 행했다。 오래토록 빌려 몸에 간직하고 돌려보내지 않는다면, 자기 본래의 것이 아니고 빌려온 것임을 어떻게 알겠는가?』

공손추가 말하였다。『이윤이 「나는 의리에 따르지 않는 것을 그냥 두고 볼 수 없다」하고 태갑을 동(桐)으로 쫓아냈는데 백성들이 크게 기뻐했고, 이후 태갑이 현명해지자 또 그를 돌아오게 했는데 백성들이 크게 기뻐했습니다。 현자는 남의 신하가 되었을 때, 임금이 어질지 못하면 본래 쫓아낼 수 있는 것입니까?』 맹자께서 말씀하셨다。『이윤과 같은 뜻이라면 괜찮지만, 이윤과 같은 뜻이 아니라면

志(지)면 則可(즉가)커니와 無伊尹之志(무이윤지지)면 則簒(즉찬)也(야)니라。

㉜ 公孫丑(공손추)曰(왈) 詩曰(시왈) 不素餐兮(불소찬혜)라하니 君子之不耕而食(군자지불경이식)은 何也(하야)잇고 孟子(맹자)曰(왈) 君子居是國也(군자거시국야)에 其君用之(기군용지)하면 則安富尊榮(즉안부존영)하고 其子弟從之(기자제종지)하면 則(즉)孝弟忠信(효제충신)하나니 不素餐兮(불소찬혜) 孰大於(숙대어)是(시)리오。

㉝ 王子墊(왕자점)이 問曰(문왈) 士(사)는 何事(하사)니잇고 孟(맹)

• 餐 : 먹을 찬。「素餐」은 공로가 없이 녹을 먹는 것을 뜻함

• 墊 : 빠질 점

찬탈이다。』

공손추가 말하였다。『「시경」에 「일하지 않고는 먹지 않는다」 했는데、군자가 농사짓지 않고서 먹고 사는 것은 무슨 까닭입니까？』 맹자께서 말씀하셨다。『군자가 한 나라에 살고 있을 때、그 임금이 그를 등용하면 편안하고 부유하고 존귀하고 영광스럽게 되며、그 나라의 자제들이 그를 따라가 배우면 효도하고 우애하고 충성하고 신용 있게 된다。일하지 않고는 먹지 않는다고 했지만 이보다 더 큰 공로가 어디 있겠는가？』

왕자 점(墊)이 물었다。『선비는 무슨 일을 하는 사람입니까？』 맹자께서 말씀하셨다。『뜻을 고상하게 가지는 사람이요。』 점이 말하였다。『뜻을 고상하게 갖는다는 것은 무엇을 말

子曰 尚志니라 曰 何謂尚志니잇고 曰 仁義而已矣니 殺一無罪非仁也요 非其有而取之非義也니 居惡在요 仁是也요 路惡在요 義是也라 居仁由義에 大人之事備矣니라。

㉞ 孟子曰 仲子不義與之齊國이라도 而弗受라 人皆信之어니와 是舍簞食豆羹之義也라 人莫大焉이어늘 亡親戚君臣上下하니 以其小者로 信其大者奚可哉리오。

하는 것입니까?』 맹자께서 말씀하셨다。『인(仁)과 의(義)를 지향할 따름입니다。 한 사람이라도 죄 없는 사람을 죽이는 것은 인이 아니요, 자기 소유가 아닌데 그것을 취하는 것은 의가 아닙니다。 선비로서 몸 둘 곳이 어디인고 하면, 바로 인(仁)인 것입니다。 또 선비가 갈 길이 어디 인고 하면 바로 의(義)인 것입니다。 인에 몸을 두고 의를 따라 행한다면, 대인의 일이 그 속에 갖추어진 것입니다。』

맹자께서 말씀하셨다。『중자는 의롭지 않으면 제나라를 주어도 받지 않는다는 것을 사람들이 모두 믿고 있지만, 이것은 한 그릇의 밥과 한 그릇의 국을 버리는 의(義)에 불과하다。 사람에게는 친척과 군신과 상하의 의리를 망각하는 것보다 더 큰 죄가 없

㉟ 桃應(도응)이 問曰(문왈) 舜爲天子(순위천자)요 皐陶爲士(고요위사)에 瞽瞍殺人(고수살인)이면 則如之何(즉여지하)잇고 孟子曰(맹자왈) 執之而已矣(집지이이의)니라 然則舜不禁與(연즉순불금여)잇가 曰(왈) 夫舜(부순)이 惡得而禁之(오득이금지)시리오 夫有所受之也(부유소수지야)시니라 然則舜(연즉순)이 如之何(여지하)잇고 曰(왈) 舜(순)이 視棄天下(시기천하)하사되 猶棄敝蹝也(유기폐사야)하사 竊負而逃(절부이도)하사 遵海濱而處(준해빈이처)하사 終身訢然樂而忘天下(종신흔연락이망천하)하시리라。

●桃應：맹자의 제자
●瞽：소경 고
●瞍：소경 수
●蹝：짚신 사
●訢：기뻐할 흔

으니 작은 것을 가지고 큰 것을 믿는다면 어찌 옳겠는가?』

도응(桃應)이 물었다。『순임금이 천자의 자리에 있고、고요가 옥관으로 있을 때、순임금의 아버지 고수가 사람을 죽였다면 어떻게 했겠습니까?』 맹자께서 말씀하셨다。『법대로 집행했을 것이다。』 도응이 말하였다。『그러면 순임금은 형 집행을 금하지 않았겠습니까?』 맹자께서 말씀하셨다。『순임금이 어떻게 금할 수 있었겠느냐? 고요가 전해 받은 법이 있는데。』 도응이 말하였다。『그러면 순임금은 어떻게 했겠습니까?』 맹자께서 말씀하셨다。『순임금은 천하를 버리기를 헌 짚신 버리듯이 하고 남몰래 자기 아버지를 업고 도망쳤을 것이다。 그리하여 멀리 바닷가에 가 살면서、죽

㊱ 孟子自范之齊하사 望見齊王之子하시고 喟然嘆曰 居移氣養移體하나니 大哉居乎여 夫非盡人之子與아 王子宮室車馬衣服이 多與人同이로되 而王子若彼者는 其居使之然也니 況居天下之廣居者乎여 魯君이 之宋하여 呼於垤澤之門이어늘 守者曰此非吾君也로되 何其聲之似我君也오하니 此無他라 居相似也일새니라。

을 때까지 기꺼이 즐거워하면서 천하를 잊어버렸을 것이다。』

맹자께서 범(范)에서 제나라로 가셨을 때, 제왕의 아들을 멀리서 바라보고 숨을 길게 내쉬며 감탄하여 말씀하셨다。『거처하는 환경이 그 사람의 기상을 달라지게 하고, 봉양하는 음식은 그 사람의 몸을 달라지게 한다。대단하다! 거처하는 환경이 사람의 기상을 변하게 하는 것은。누구나 다 사람의 자식이 아니겠는가마는, 왕자의 궁실과 거마와 의복은 대체로 남들과 같은데, 기상이 저토록 비범한 것은 그가 거처하는 환경이 그렇게 만든 것이다。하물며 천하의 넓은 집에 거처하는 사람이야 더 말할 나위가 있겠는가? 노나라의 임금이 송나라에 가서 질택(垤澤)의 성문

㊲ 孟子曰 食而弗愛면 豕交之也요 愛而不敬이면 獸畜之也니라 恭敬者는 幣之未將者也니 恭敬而無實이면 君子不可虛拘•니라。

㊳ 孟子曰 形色이 天性也니 惟聖人然後可以踐形이니라。

㊴ 齊宣王이 欲短喪이어시늘 公孫丑曰 爲朞之喪이 猶愈於已乎인저 孟

• 拘 : 잡을 구。여기서는 「머물다」의 뜻

을 열라고 소리쳤는데、문지기가 「이 사람은 우리 임금님이 아닌데 어쩌면 그 목소리가 우리 임금님과 닮았을까?」하고 말했다고 하니、이것은 다른 까닭이 아니라 거처하는 환경이 서로 비슷하기 때문이다。』

맹자께서 말씀하셨다。『단순히 먹여 살리기만 하고 사랑하지 않는다면 돼지처럼 여기는 것이요、사랑하면서도 공경하지 않는다면 짐승처럼 여기는 것이다。공경하는 마음은 예물을 보내기 전부터 갖는 마음이다。공경하면서 실상이 없다면 군자는 헛되이 머물러 있지 않는 것이다。』

맹자께서 말씀하셨다。『사람의 형체와 안색은 천성이니 오직 성인이 된 뒤라야 형체를 실천할 수 있다。』

제나라 선왕이 상기(喪期)를 단축하

子曰 是猶或紾其兄之臂어늘 子謂之姑徐徐云爾로소니 亦敎之孝弟而已矣니라 王子有其母死者어늘 其傅爲之請數月之喪하되 公孫丑曰 若此者는 何如也잇고 曰 是欲終之而不可得也라 雖加一日이나 愈於已하니 謂夫莫之禁而弗爲者也니라。

㊵ 孟子曰 君子之所以敎者五니

•紾 : 비틀 진 •臂 : 팔뚝 비

고 싶어 하자 공손추가 맹자께 말하였다. 『기년상을 하는 것이 그래도 그만두는 것보다는 낫지 않겠습니까?』 맹자께서 말씀하셨다. 『그것은 마치 어떤 사람이 자기 형의 팔을 비트는 것을 보고, 그대가 그에게 좀 천천히 비틀라고 말하는 것과 같다. 역시 그에게 효도와 우애를 가르쳐 줄 따름이다.』 왕자 중에 그의 어머니가 죽은 자가 있었는데, 그의 스승이 그를 위해 몇 달 동안의 복만이라도 입도록 부왕에게 청하자 공손추가 말하였다. 『이와 같은 경우는 어떻습니까?』 맹자께서 말씀하셨다. 『이것은 모친의 상기를 끝까지 지키고 싶지만 할 수 없는 경우이다. 비록 하루를 더 지킨다 해도 그만두는 것보다 낫다. 앞서 말한 것은 하지 못하게 금하지 않는데도 행

有如時雨化之者(유여시우화지자)하며 有成德者(유성덕자)하며 有達財者(유달재자)하며 有答問者(유답문자)하며 有私淑艾者(유사숙애자)하니 此五者(차오자) 君子之所以教也(군자지소이교야)니라。

㊶ 公孫丑曰(공손추왈) 道(도)는 則高矣美矣(즉고의미의)나 宜若似登天然(의약사등천연)이라 似不可及也(사불가급야)로소니 何不使彼爲可幾及而日孶孶(하불사피위가기급이일자자)야也잇고 孟子曰(맹자왈) 大匠(대장)이 不爲拙工(불위졸공)하여 改廢繩墨(개폐승묵)하며 羿不爲拙射(예불위졸사)하여 變其(변기)

•艾 : 다스릴 애

•拙 : 졸할 졸

하지 않는 경우를 말한 것이다。』

맹자께서 말씀하셨다。『군자가 사람들을 가르치는 방법에 다섯 가지가 있는데, 제때에 내리는 비가 초목을 자라나게 하는 것 같은 방법이 있고, 덕을 성취시켜 주는 방법이 있고, 재능을 발휘시켜 주는 방법이 있고, 물음에 대답해 주는 방법이 있고, 사사로이 착함으로 나아가도록 해주는 방법이 있다。이 다섯 가지는 군자가 사람들을 가르치는 방법이다。』

공손추가 말하였다。『도는 참으로 높고 아름답습니다。그러나 하늘에 오르는 것 같아서 도달할 수 없을 듯합니다。왜 도달할 수 있을 만큼 만들어서 매일같이 꾸준히 따라가게 하지 않습니까?』 맹자께서 말씀하셨다。『훌륭한 목수는 졸렬한 목수를 위

彀率(구율)이니라 君子引而不發(군자인이불발)하나 躍如也(약여야)하여 中道而立(중도이립)이어든 能者從之(능자종지)니라。

㊷ 孟子曰(맹자왈) 天下有道(천하유도)엔 以道殉身(이도순신)하고 天下無道(천하무도)엔 以身殉道(이신순도)니 未聞以道殉乎人者也(미문이도순호인자야)케라。

㊸ 公都子曰(공도자왈) 滕更之在門也(등갱지재문야)에 若在所禮(약재소례)로되 而不答(이부답)은 何也(하야)잇고 孟

•彀 : 당길 구
•殉 : 따라죽을 순
•滕更 : 등나라 임금의 아우

해 먹줄을 사용하는 방법을 고치거나 없애지 않고, 예(羿)는 졸렬한 사수를 위해 그의 활 당기는 방법을 바꾸지 않는다。 군자는 활시위를 당기기만 하고 쏘지는 않으나 마치 금방 튀어 나갈 듯한 자세로 똑바로 서 있는 것과 같다。 능력 있는 사람은 그것을 보고 따라오는 것이다。』

맹자께서 말씀하셨다。『천하에 도가 있을 때에는 도를 나의 몸에 따르게 하고、천하에 도가 없을 때에는 몸을 도에 따르게 하는 것이니、도를 가지고 남에게 따른다는 말은 듣지 못했다。』

공도자가 말하였다。『등갱이 선생님 문하에서 가르침을 받고자 하니 예로 대해 주실 만한데 그의 물음에 대답해 주지 않으신 것은 무엇 때문입니까?』 맹자께서 말씀하셨다。『신

子曰(자왈) 挾貴而問(협귀이문)하며 挾賢而問(협현이문)하며 挾長而問(협장이문)하며 挾有勳勞而問(협유훈로이문)하며 挾故而問(협고이문)이 皆所不答也(개소부답야)니 滕更(등갱)이 有二焉(유이언)하니라。

⑭ 孟子曰(맹자왈) 於不可已而已者(어불가이이이자)는 無所不已(무소불이)하며 於所厚者薄(어소후자박)이면 無所不薄也(무소불박야)니라 其進銳者(기진예자)는 其退速(기퇴속)이니라。

⑮ 孟子曰(맹자왈) 君子之於物也(군자지어물야)에 愛之(애지)

●挾 : 낄 협

●銳 : 날카로울 예

분이 귀한 것을 유세하며 묻거나、자기가 잘난 것을 유세하며 묻거나、연장자임을 유세하며 묻거나、공로가 있는 것을 유세하며 묻거나、안면이 있는 것을 유세하며 묻거나 한다면 모두 응답해 주지 않는 법이다。등갱은 그 중 두 가지를 가지고 있었다。』

맹자께서 말씀하셨다。『그만두어서는 안 될 일인데 그만두는 사람은 그만두지 않는 일이 없을 것이고、후하게 대해야 할 데에 박하게 대하는 사람은 박하게 대하지 않는 일이 없을 것이다。앞으로 나아가는 것이 빠른 사람은 뒤로 물러나는 것도 빠르다。』

맹자께서 말씀하셨다。『군자는 사물에 대해서는 사랑은 하지만 인(仁)으로 대하지는 않고、백성들에 대해서는 인덕을 베풀어주기는 하지만 친

而弗仁하고 於民也에 仁之而弗親이니 親親而仁民하고 仁民而愛物이니라。

㊻ 孟子曰 知者無不知也나 當務之爲急이요 仁者無不愛也나 急親賢之爲務니 堯舜之知로 而不偏物은 急先務也요 堯舜之仁으로 不偏愛人은 急親賢也니라 不能三年之喪이요 而緦●

●緦 : 시마복 시

애하지는 않는다。 어버이를 친애하는 마음으로 백성들을 인애하고、 백성들을 인애하는 마음으로 사물을 사랑하는 것이다。』

맹자께서 말씀하셨다。『지혜로운 사람은 알지 못하는 것이 없지만 마땅히 힘써야 할 일을 급하게 여기고、 인자한 사람은 사랑하지 않는 것이 없지만 어진 사람을 친하게 여기는 것을 힘쓴다。 요순의 지혜로도 온갖 사물을 두루 알지 못한 것은 먼저 할 급한 일을 서둘렀기 때문이요、 요순의 인자함으로도 두루 사람들을 사랑하지 못한 것은 현인을 친근하게 여기는 것을 급선무로 삼았기 때문이다。 가령 부모의 3년상은 제대로 지키지 못하면서、 시마와 소공은 자세히 살핀다든지、 밥을 크게 뜨고 국물을

小功之察(소공지찰)하며 放飯流歠(방반류철)하며 而問(이문)
無齒決(무치결)이 是之謂不知務(시지위부지무)니라。

盡心章句下(진심장구하)

① 孟子曰(맹자왈) 不仁哉(불인재)라 梁惠王也(양혜왕야)여 仁者(인자)는 以其所愛(이기소애)로 及其所不愛(급기소불애)하고 不仁者(불인자)는 以其所不愛(이기소불애)로 及其所愛(급기소애)니라 公孫丑曰(공손추왈) 何謂也(하위야)잇고 梁惠王(양혜왕)이

• 歠 : 마실 철

한꺼번에 들이키면서, 마른 고기포를 이빨로 끊어먹는 짓을 하지 말라고 한다면, 이것을 일러 모두 힘써야 할 일을 알지 못하는 것이라고 한다.』

맹자께서 말씀하셨다. 『어질지 못하구나, 양혜왕이여! 어진 사람은 사랑하는 사람을 대하는 마음으로 사랑하지 않는 사람에게까지 미루어 나가고, 어질지 못한 사람은 사랑하지 않는 사람을 대하는 마음으로 사랑하는 사람에게까지 미루어 나간다.』 공손추가 말하였다. 『무엇을 말씀하신 것입니까?』 맹자께서 말씀하셨다.

以土地之故(이토지지고)로 糜爛其民而戰之(미란기민이전지)라가 大敗(대패)하고 將復之(장부지)하되 恐不能勝(공불능승)이라 故驅其所愛子弟(고구기소애자제)하여 以殉之(이순지)하니 是之謂以其所不愛及其所愛也(시지위이기소불애급기소애야)니라。

② 孟子曰(맹자왈) 春秋(춘추)에 無義戰(무의전)하니 彼善於此則有之矣(피선어차즉유지의)니라 征者(정자)는 上伐下也(상벌하야)니 敵國(적국)은 不相征也(불상정야)니라。

③ 孟子曰(맹자왈) 盡信書(진신서)면 則不如無書(즉불여무서)니라 吾於武成(오어무성)에 取二三策而已矣(취이삼책이이의)

•糜：큰사슴 미。여기서는 「짓무르다」의 뜻　•爛：문드러질 란

『양혜왕은 땅을 빼앗기 위해 자기 백성들이 썩어 문드러지도록 전쟁을 하다가 대패하였고、다시 싸우려 했으나 이기지 못할까 두려워하여 사랑하는 자제들을 몰아다가 죽게 하였다。이런 것을 사랑하지 않는 사람을 대하는 마음으로 사랑하는 사람에게까지 미루어나간다고 하는 것이다。』

맹자께서 말씀하셨다。『『춘추』에는 정의로운 전쟁은 없었고 저 싸움이 이 싸움보다 나았다는 예는 있었다。정벌이라는 것은 위에서 아래를 토벌하는 것이다。적국 사이에는 서로 정벌하지 않는다。』

맹자께서 말씀하시기를、『『서경』을 다 믿는다면 『서경』이 없는 것보다 못하다。나는 「무성」편 같은 것에서는

맹자

로라 仁人은 無敵於天下니 以至仁伐至不仁이어든 而何其血之流杵•也리오。

④ 孟子曰 有人曰 我善爲陳하며 我善爲戰이라하면 大罪也니라 國君好仁이면 天下無敵焉이니 南面而征에 北狄怨하며 東面而征에 西夷怨하여 曰奚爲後我오하니라 武王之伐殷也에 革車三百兩이요 虎賁三千人이러

• 杵 : 공이 저

두서너 쪽만 취할 따름이다。어진 사람은 천하에 대적할 사람이 없다。지극히 어진 사람이 지극히 어질지 못한 사람을 토벌했는데、어찌 피가 절굿공이를 흐르게 하였겠는가?』

맹자께서 말씀하셨다。『어떤 사람이 「나는 진지를 잘 세우고 나는 전쟁을 잘 한다」고 말한다면 큰 죄악이다。임금이 인(仁)을 좋아하면 천하에 대적할 상대가 없다。남쪽을 정벌하면 북쪽 오랑캐가 원망하고、동쪽을 정벌하면 서쪽 오랑캐가 원망하면서 「왜 우리를 뒤로 돌리는가」하고 말했던 것이다。무왕이 은나라를 칠 때 전차가 3백 량이고 용사가 3천 명이었다。무왕은 「두려워하지 말라。너희들을 편안하게 해주려는 것이지 백성들

니 王曰 無畏하라 寧爾也요 非敵百姓也라하신대 若崩厥角하여 稽首하니라 征之爲言은 正也라 各欲正己也니 焉用戰이리오。

⑤ 孟子曰 梓匠輪輿 能與人規矩언정 不能使人巧니라。

⑥ 孟子曰 舜之飯糗茹草也에 若將終身焉이러시니 及其爲天子也앤 被袗衣鼓琴하시며 二女果를 若固

• 梓 : 가래나무 재
• 糗 : 마른밥 구
• 茹 : 먹을 여

과 싸우러 온 것이 아니다」라고 말하자, 마치 짐승들이 그 뿔을 땅에 처박는 것처럼 백성들이 머리를 조아렸다。정(征)이라는 말은 바로잡는다는 뜻이다。각기 자기 나라를 바로잡아 주려 하는데 어찌 전쟁을 하겠는가?」

맹자께서 말씀하셨다。『목공과 수레 만드는 사람은 남에게 그림쇠와 곱자같은 도구는 줄 수 있어도 사람의 기술을 좋아지게 할 수는 없다。』

맹자께서 말씀하셨다。『순임금이 마른 밥을 먹고 푸성귀를 먹을 때는 죽을 때까지 그럴 것 같더니, 천자가 되어서는 수놓은 옷을 입고 거문고를 타고 요임금의 두 딸이 모셨는데, 본래부터 그런 것들이 있었던 것처럼

有之(유지)러시니라。

⑦ 孟子曰(맹자왈) 吾今而後(오금이후)에 知殺人親之重也(지살인친지중야)와라 殺人之父(살인지부)하면 人亦殺其父(인역살기부)하고 殺人之兄(살인지형)하면 人亦殺其兄(인역살기형)하리니 然則非自殺之也(연즉비자살지야)나 一間耳(일간이)니라。

⑧ 孟子曰(맹자왈) 古之爲關也(고지위관야)는 將以禦暴(장이어포)리니 今之爲關也(금지위관야)는 將以爲暴(장이위포)로다。

⑨ 孟子曰(맹자왈) 身不行道(신불행도)면 不行於妻子(불행어처자)요 使人不以道(사인불이도)면 不能行於妻子(불능행어처자)니라。

하셨다。』

맹자께서 말씀하셨다。『나는 지금에야 남의 아비를 죽이는 것이 막중한 일임을 알았다。남의 아비를 죽이면、남도 내 아비를 죽이고、내가 남의 형을 죽이면、남도 내 형을 죽일 것이니、그러면 자기 스스로 죽이지 않았지만 뿐 큰 차이는 없는 것이다。』

맹자께서 말씀하셨다。『옛날에 관문을 만드는 것은 포악한 짓을 막기 위한 것이었는데、지금 관문을 만드는 것은 포악한 짓을 하기 위해서이다。』

맹자께서 말씀하셨다。『자신이 도를 행하지 않으면 처자에게도 행할 수 없고、남을 부리는 데 도로써 하지

⑩ 孟子曰(맹자왈) 周于利者(주우리자)는 凶年(흉년)이 不能殺(불능살)하고 周于德者(주우덕자)는 邪世不能亂(사세불능란)이니라。

⑪ 孟子曰(맹자왈) 好名之人(호명지인)이 能讓千乘之國(능양천승지국)이어니와 苟非其人(구비기인)이면 簞食豆羹(단사두갱)에 見於色(현어색)하나니라。

⑫ 孟子曰(맹자왈) 不信仁賢(불신인현)이면 則國空虛(즉국공허)하고 無禮義(무예의)면 則上下亂(즉상하란)하고 無政事(무정사)면 則財用不足(즉재용부족)이니라。

•周：두루 주。풍족하다는 뜻

않으면 천자에게도 행할 수 없다。』

맹자께서 말씀하셨다。『이익에 약삭빠른 사람은 흉년도 굶어죽게 할 수 없고、덕에 풍족한 사람은 간악한 세상도 어지럽히지 못한다。』

맹자께서 말씀하셨다。『명예를 좋아하는 사람은 천승의 나라도 사양할 수 있으나、진정 그러한 사람이 아니면 그릇의 밥과 그릇의 국에도 얼굴빛에 나타난다。』

맹자께서 말씀하셨다。『인자하고 현명한 사람을 신임하지 않으면 나라가 공허해지고、예의가 없으면 상하가 문란해지고、정사가 없으면 재정이 부족해진다。』

⑬ 孟子曰 不仁而得國者는 有之矣어니와 不仁而得天下는 未之有也니라。

⑭ 孟子曰 民爲貴하고 社稷次之하고 君爲輕이니라 是故得乎丘民이 而爲天子요 得乎天子爲諸侯요 得乎諸侯爲大夫니라 諸侯危社稷하면 則變置하나니라 犧牲旣成하며 粢盛旣潔하여 祭祀以時하되 然而旱乾水•溢하면

• 溢 : 넘칠 일

맹자께서 말씀하셨다。『어질지 않고서 나라를 얻는 자는 있었어도、어질지 않고서 천하를 얻은 경우는 아직 있지 않았다。』

맹자께서 말씀하셨다。『백성이 귀중하고、사직이 그 다음이며、임금은 가벼운 존재이다。그러므로 밭에서 일하는 백성들의 마음에 들어야 천자가 되고、천자의 마음에 들어야 제후가 되고、제후의 마음에 들어야 대부가 된다。제후가 사직을 위태롭게 하면 바꾸어 놓는다。희생의 제물이 이미 마련되고、제물이 이미 깨끗하게 마련되고、제사도 때를 맞춰 지내는데도 가뭄과 홍수가 날 경우에는 사직을 바꾸어 놓는다。』

則變置社稷하나니라。

⑮ 孟子曰 聖人은 百世之師也니 伯夷柳下惠是也라 故聞伯夷之風者는 頑夫廉하며 懦夫有立志하고 聞柳下惠之風者는 薄夫敦하며 鄙夫寬하나니 奮乎百世之上이어든 百世之下에 聞者莫不興起也니 非聖人이요 而能若是乎아 而況於親炙之者乎여。

• 頑：완고할 완
• 懦：나약할 나
• 炙：구울 자

맹자께서 말씀하셨다。『성인은 백대의 스승이니 백이와 유하혜가 그런 분들이다。그러므로 백이의 유풍을 들으면 욕심 많은 사람은 청렴해지고、겁이 많은 사람은 뜻을 세우게 된다。유하혜의 유풍을 들으면 야박한 사람은 후해지고、옹졸한 사람은 너그러워진다。백 대 이전에 분발한 일을 백 대 이후에 듣는 사람들이 모두 감동하게 되니、성인이 아니고서야 어찌 그렇게 될 수가 있겠는가? 하물며 가까이에소 직접 가르침을 받은 사람에 있어서랴?』

⑯ 孟子曰(맹자왈) 仁也者(인야자)는 人也(인야)니 合而言之(합이언지)인댄 道也(도야)니라。

⑰ 孟子曰(맹자왈) 孔子之去魯(공자지거노)에 曰遲•遲吾行也(왈지지오행야)여하시니 去父母國之道也(거부모국지도야)요 去齊(거제)에 接淅•而行(접석이행)하시니 去他國之道也(거타국지도야)니라。

⑱ 孟子曰(맹자왈) 君子之戹於陳蔡之間(군자지액어진채지간)은 無上下之交也(무상하지교야)러시다。

⑲ 貉稽曰(맥계왈) 稽大不理於口(계대불리어구)하이다 孟子曰(맹자왈) 無傷也(무상야)라 士憎茲多口(사증자다구)니라 詩(시)

• 遲 : 더딜 지

• 淅 : 쌀일 석

맹자께서 말씀하셨다。『인(仁)이란 사람다움이니 합해서 말하면 도이다。』

맹자께서 말씀하셨다。『공자께서 노나라를 떠나실 때에 「더디다、내 발걸음이여」하고 말씀하셨는데、이것은 모국을 떠나는 도리였다。제나라를 떠나실 때에는 물에 불린 쌀을 건져 가셨으니、다른 나라를 떠나는 도리이다。』

맹자께서 말씀하셨다。『공자께서 진나라와 채나라의 사이에서 곤욕을 당하신 것은 위와 아래에 사귄 사람이 없었기 때문이다。』

맥계가 말하였다。『저는 여러 사람의 구설을 듣고 있습니다。』맹자께서 말씀하셨다。『걱정할 것 없소。선비는

云憂心悄悄어늘 慍于群小라하니 孔子也시고 肆不殄厥慍하시니 亦不隕厥問이라하니 文王也시니라。

⑳ 孟子曰 賢者는 以其昭昭로 使人昭昭어늘 今에 以其昏昏으로 使人昭昭로다。

㉑ 孟子謂高子曰 山徑之蹊間이 介然用之而成路하고 爲間不用이면 則茅塞之矣나니 今茅塞子之心矣로다。

•殄 : 다할 진
•徑 : 지름길 경
•蹊 : 지름길 혜

구설이 많은 것이오。『시경』에 「괴로운 마음 근심에 차 있는데 많은 소인들에게 미움받는다」하였으니 공자의 경우가 그러했고 「드디어 그 노여움을 풀지는 못했으나 그 명성은 떨어지지 않았다」했으니 문왕의 경우가 그러했소。』

맹자께서 말씀하셨다。『현자는 자기의 밝은 덕으로 남을 밝게 해주는데、지금 사람들은 자기의 어두운 덕으로 남을 밝게 해주려 한다。』

맹자께서 고자에게 말씀하셨다。『산골짜기 오솔길에 잠깐이라도 다니면 길이 생기고、잠시 다니지 않으면 띠풀로 덮이고 만다。지금 너의 마음은 띠풀로 덮여있다。』

고자가 말하였다。『우임금의 음악

㉒ 高子曰 禹之聲이 尙文王之聲이로소이다 孟子曰 何以言之요 曰以追蠡니이다 曰 是奚足哉리요 城門之軌 兩馬之力與아。

㉓ 齊饑어늘 陳臻曰 國人皆以夫子로 將復爲發棠이라하나니 殆不可復로소이다 孟子曰 是爲馮婦也로다 晉人有馮婦者 善搏虎하더니 卒爲善士리니 則之野에 有衆逐虎한대 虎負嵎하

●臻 : 이를 진
●嵎 : 산모퉁이 우

이 문왕의 음악보다 훌륭했던 것 같습니다。』 맹자께서 말씀하셨다。 『무엇 때문에 그렇게 말하는 것인가?』 고자가 말하였다。 『종을 매단 끈이 닳았기 때문입니다。』 맹자께서 말씀하셨다。 『그것으로 어떻게 충분하겠는가? 성문의 수레바퀴 자국이 말 두 필의 힘 때문이겠는가?』

제나라에 기근이 들었는데, 진진이 말하였다。 『나라 사람들이 다들 선생님께서 또 당 고을의 창고를 열어서 구원해 주실 것으로 생각하고 있는데 아마 또 그런 일을 해서는 안 되겠지요?』 맹자께서 말씀하셨다。 『이것은 풍부같은 짓이다。 진나라 사람 중에 풍부라는 자가 있었는데, 그는 맨손으로 호랑이를 잘 때려잡더니 마침

니 莫之敢攖(막지감영)•하여 望見馮婦(망견풍부)하고 趨而(추이)迎之(영지)어늘 馮婦攘臂下車(풍부양비하거)하되 衆皆悅之(중개열지)하고 其爲士者笑之(기위사자소지)러라。

㉔ 孟子曰(맹자왈) 口之於味也(구지어미야)와 目之於色也(목지어색야)와 耳之於聲也(이지어성야)와 鼻之於臭也(비지어취야)와 四肢於安佚也(사지어안일야) 性也(성야)나 有命焉(유명언)이라 君子不謂性也(군자불위성야)니라 仁之於父子也(인지어부자야)와 義之於君臣也(의지어군신야)와 禮之於賓主也(예지어빈주야)와 智之於賢者也(지지어현자야)와 聖人之於天(성인지어천)

•攖 : 다가설 영

내 선량한 선비가 되었다。 어느 날 들에 나갔는데, 여러 사람들이 호랑이를 쫓다가 호랑이가 벼랑을 등졌는데 감히 달려드는 사람이 없었다。 마침 풍부가 오는 것을 바라보고는 달려와서 맞이하니, 풍부는 팔을 걷어 올리고 수레에서 내렸다。 이때 많은 사람들이 기뻐했으나 선비된 자는 그를 비웃었다。』

맹자께서 말씀하셨다。『입이 좋은 맛을 아는 것, 눈이 좋은 빛을 아는 것, 귀가 좋은 소리를 아는 것, 코가 좋은 냄새를 아는 것, 사지가 편안함을 바라는 것은 인간의 본성이기는 하지만 천명이 있기 때문에 군자는 본성이라고 하지 않는다。 부자간에 인을, 군신간에 의를, 빈객과 주인 사

道也命也나 有性焉이라 君子不謂命也니라。

㉕ 浩生不害問曰 樂正子는 何人也잇고 孟子曰 善人也며 信人也니라 何謂善이며 何謂信이니잇고 曰可欲之謂善이요 有諸己之謂信이요 充實之謂美요 充實而有光輝之謂大요 大而化之之謂聖이요 聖而不可知之之謂神이니 樂正子는 二之中四之下也니라。

이에 예를、현자가 지혜를、성인이 천도를 지키는 일은 천명이기는 하지만 인간의 본성이 개재되어 있다。그래서 군자는 천명이라고 하지 않는다。』

호생불해가 물었다。『악정자는 어떤 사람입니까?』 맹자께서 말씀하셨다。『선한 사람이고 믿음직한 사람이오。』 호생불해가 말하였다。『무엇을 선하다 하고、무엇을 믿음직하다고 하는 것입니까?』 맹자께서 말씀하셨다。『하고자 할 만한 것을 선하다 하고、선을 몸에 지니고 있는 것을 성실하다고 하고、선한 덕성이 충만하게 채워져 있는 것을 아름답다 하고、충만하게 채워져 있음으로써 빛나는 것을 위대하다고 하고、위대하면서 감화시키는 것을 성스럽다 하고、성스러우면서 알아낼 수 없는 것을 신령하다

㉖ 孟子曰(맹자왈) 逃墨必歸於楊(도묵필귀어양)이요 逃楊必歸於儒(도양필귀어유)니 歸斯受之而已矣(귀사수지이이의)니라 今之與楊墨辯者(금지여양묵변자) 如追放豚(여추방돈)하여 旣入其苙(기입기립)이어든 又從而招之(우종이초지)로다。

㉗ 孟子曰(맹자왈) 有布縷之征(유포루지정) 粟米之征(속미지정) 力役之征(역역지정)하니 君子用其一(군자용기일) 緩其二(완기이)니 用其二(용기이)면 而民有殍(이민유표)하고 用其三(용기삼)이면 而父子離(이부자리)하리라。

㉘ 孟子曰(맹자왈) 諸侯之寶三(제후지보삼)에 土地人(토지인)

•逃：달아날 도 •殍：주려죽을 표

하는 것이오。 악정자는 두 가지의 중간이고, 네 가지의 아래에 있소。』

맹자께서 말씀하셨다。『묵가에서 뛰쳐나오면 반드시 양주에게로 돌아가고, 양주에게서 뛰쳐나오면 반드시 유가로 돌아온다。 돌아왔으면 이에 받아들일 뿐이다。 그런데 지금 양주와 묵가와 논쟁하는 것을 마치 놓친 돼지를 쫓듯이 하여, 이미 우리 속에 들어왔는데도 또 쫓아가서 다리를 묶는구나。』

맹자께서 말씀하셨다。『세법에 베와 실을 징수하고, 곡식을 징수하고, 노동력을 징발하는 세 가지가 있는데, 군자는 그 중 한 가지를 적용하면 나머지 두 가지는 완화시켜 준다。 두 가지를 적용하면 백성들이 굶어죽는 일이 생기고, 세 가지를 적용하면 부모와 자식이 뿔뿔이 흩어진다。』

民政事니 寶珠玉者는 殃必及身이니라。

㉙ 盆成括이 仕於齊어늘 孟子曰 死矣로다 盆成括이여 盆成括이 見殺이어늘 門人이 問曰 夫子何以知其將見殺이시니잇고 曰 其爲人也小有才요 未聞君子之大道也하니 則足以殺其軀而已矣니라。

㉚ 孟子之滕하사 館於上宮이러시니

•括：묶을 괄 •軀：몸 구

맹자께서 말씀하셨다。『제후의 보배가 세 가지 있는데、토지와 인민과 정사이다。주옥을 보배로 삼는 자는 재앙이 반드시 몸에 미친다。』

분성괄이 제나라에서 벼슬을 하게 되자、맹자께서 말씀하셨다。『죽을 것이다。분성괄이여！』분성괄이 피살되자 문인이 물었다。『선생님께서는 어떻게 그가 장차 피살되리라는 것을 아셨습니까？』맹자께서 말씀하셨다。『그의 사람됨이 작은 재주는 있으나 군자의 대도를 모르므로 자기 몸을 죽이기에 충분했었다。』

맹자께서 등나라로 가서 상궁에 묵고 계셨다。짜던 신이 지게문 위에 놓여 있었는데、별궁지기가 찾아도 찾지 못했다。어떤 사람이 맹자에게 묻었다。『그럴 수가 있습니까？ 선생님을

有業屨於牖上이라가 館人이 求之弗得하다 或이 問之曰 若是乎從者之廋也여 曰 子以是爲竊屨來與아 曰 殆非也라 夫子之設科也를 往者不追하고 來者不拒하여 苟以是心至커든 斯受之而已矣니이다。

㉛ 孟子曰 人皆有所不忍하니 達之於其所忍이면 仁也요 人皆有所不爲하니 達之於其所爲면 義也니라 人能充無欲害人之心이면 而仁不可

따라온 사람이 감추었지요.』 맹자께서 말씀하셨다.『당신은 그 사람이 신 훔치러 왔다고 생각하시오?』 별궁지기가 말하였다.『그러리라고는 생각하지 않습니다. 선생님께서 마련한 과목을 보면, 가는 사람은 붙들지 않고, 오는 사람은 거절하지 않는다고 했습니다. 진실로 배우겠다는 마음을 가지고 오면 받아들여 주신 것뿐이겠지요.』

맹자께서 말씀하셨다.『사람은 누구나 차마 하지 못하는 마음이 있는데, 그러한 마음을 미루어나가서 자기가 모질게 다루는 대상에까지 이른다면 인(仁)이다. 사람은 누구나 하지 않는 것이 있는데, 그 마음을 하는 데까지 미루어나가면 의(義)이다. 사람이 남에게 해를 끼치고 싶지 않은 마음을 채워나갈 수 있다면 인을 다 쓸 수가

勝用也며 人能充無穿踰之心이면 而義不可勝用也니라 人能充無受爾汝之實이면 無所往而不爲義也니라 士未可以言而言이면 是以言餂之也요 可以言而不言이면 是以不言餂之也니 是皆穿踰之類也니라。

㉜ 孟子曰 言近而指遠者는 善言也요 守約而施博者는 善道也니 君子之言也는 不下帶而道存焉하고 君子

• 穿 : 뚫을 천
• 踰 : 넘을 유

없고, 사람이 남의 물건을 훔치지 않으려는 마음을 채워나갈 수 있다면 의를 다 쓸 수 없다。사람이 「애、재」하는 업신여김을 받지 않으려는 실력을 채워나갈 수 있다면 어디를 가나 의로운 일을 하지 못할 것이 없다。선비로서 말할 상황이 아닌데 말하는 것은、말을 함으로써 남의 의사를 떠보려는 것이고、말해야 할 경우에 말하지 않는 것도、말하지 않는 것을 가지고 남의 의사를 떠보려는 것이다。이런 것이 모두 남의 물건을 훔치는 종류이다。』

맹자께서 말씀하셨다。『말은 평범하면서도 뜻이 심원한 것이 좋은 말이다。지키기를 간략히 하면서도 베풀기를 넓게 하는 것이 좋은 도이다。군자의 말은 허리띠를 내려가지 않지만 도가 존재한

之守는 脩其身而天下平이니라 人病舍其田而芸人之田이니 所求於人者重이요 而所以自任者輕일새니라。

㉝ 孟子曰 堯舜은 性者也요 湯武는 反之也시니라 動容周旋中禮者는 盛德之至也니 哭死而哀 非爲生者也며 經德不回 非以干祿也며 言語必信이 非以正行也니라 君子는 行法以俟命而已矣니라。

•俟 : 기다릴 사

다。군자가 지켜나가는 방법은 자신을 수양함으로써 천하가 태평해지는 것에 있다。사람들 병통은 자기 밭을 버려두고 남의 밭에서 김매는 것이니、남에게 요구하는 것은 엄중하고 자기가 맡은 것은 소홀하게 다루기 때문이다。』

맹자께서 말씀하셨다。『요임금과 순임금은 본성대로 한 분이요、탕임금과 무왕은 본성을 회복한 분이다。몸가짐과 행동이 예에 맞는 사람은 훌륭한 덕이 지극한 것이다。죽은 사람을 위해 곡을 하고 슬퍼하는 것은 살아있는 사람을 위한 것이 아니다。떳떳한 덕을 굽히지 않음은 녹봉을 구하자는 것이 아니다。말을 반드시 믿게 함은 행동을 바르게 하려는 것이 아니다。군자는 법도대로 행하고、천명을 기다릴 뿐이다。』

㉞ 孟子曰 說大人이어든 則藐之하여 勿視其巍巍然이니라 堂高數仞과 榱題數尺을 我得志弗爲也하며 食前方丈과 侍妾數百人을 我得志弗爲也하며 般樂飮酒와 驅騁田獵과 後車千乘을 我得志弗爲也니 在彼者는 皆我所不爲也요 在我者는 皆古之制也니 吾何畏彼哉리요。

㉟ 孟子曰 養心이 莫善於寡欲하니

● 藐 : 가볍게 여길 모
● 榱 : 서까래 최

맹자께서 말씀하셨다。『대인에게 유세하려면 그를 가볍게 여겨서 그의 위세를 보지 말아야 한다。높이가 여러 길 되고 서까래가 여러 자 되는 집을 나는 뜻을 얻었다 하더라도 하지 않겠다。사방 열 자 되는 식탁에 음식을 차려먹는 것과 시중드는 첩은 수백 명씩 두는 것을 나는 뜻을 얻었다 하더라도 하지 않겠다。잘 즐기면서 술을 마시고、수레를 달려 사냥을 하고、천 승의 수레를 뒤따르게 하는 것을 나는 뜻을 얻었다 하더라도 하지 않겠다。저들에게 있는 것들은 모두 내가 원하는 것이 아니다。나에게 있는 것은 모두 옛날의 제도이니 내가 무엇 때문에 저들을 두려워하겠는가?』

맹자께서 말씀하셨다。『마음을 수양함에는 욕심을 적게 하는 것보다

其爲人也寡欲(기위인야과욕)이면 雖有不存焉者(수유불존언자)나 寡矣(과의)요 其爲人也多欲(기위인야다욕)이면 雖有存焉者(수유존언자)나 寡矣(과의)니라。

㊱ 曾晳(증석)이 嗜羊棗(기양조)러니 而曾子不忍食羊棗(이증자불인식양조)러시다 公孫丑問曰(공손추문왈) 膾炙與羊棗孰美(회자여양조숙미)니잇고 孟子曰(맹자왈) 膾炙哉(회자재)인저 公孫丑曰(공손추왈) 然則曾子何爲食膾炙而不食羊棗(연즉증자하위식회자이불식양조)시니잇고 曰(왈) 膾炙는 所同也(소동야)요 羊棗(양조)는 所獨也(소독야)니 諱名不諱姓(휘명불휘성)하나

•嗜 : 즐길 기

나은 것이 없다。사람됨이 욕심이 적으면 비록 본심을 보존하지 못하더라도 잃는 정도는 적을 것이다。사람됨이 욕심이 많으면 비록 본심을 보존하더라도 보존된 것이 적을 것이다。』

증자의 아버지 증석은 양조를 즐겨 먹었는데, 그가 죽자 증자는 차마 양조를 먹지 못했다。공손추가 물었다。『회와 구운 고기와 양조에서 무엇이 더 맛이 있겠습니까?』맹자께서 말씀하셨다。『회나 구운 고기가 더 맛있겠지。』공손추가 말하였다。『그렇다면 증자는 왜 회나 구운 고기는 먹으면서 양조는 먹지 않았습니까?』맹자께서 말씀하셨다。『회나 구운 고기는 같이 좋아하는 것이고, 양조는 증석 혼자만이 좋아했던 것이다。이름은 부르기를 꺼리지만 성은 부르기를 꺼리지 않는

니 姓(성)은 所同也(소동야)요 名(명)은 所獨也(소독야)니라。

㊲ 萬章(만장)이 問曰(문왈) 孔子在陳(공자재진)하사 曰(왈) 盍(합)歸乎來(귀호래)리요 吾黨之士狂簡(오당지사광간)하여 進取(진취)하되 不忘其初(불망기초)라하시니 孔子在陳(공자재진)하사 何思魯之狂士(하사로지광사)시니잇고 孟子曰(맹자왈) 孔子(공자) 不得中道而與之(부득중도이여지)어든 必也狂獧•乎(필야광견호)인저 狂者(광자)는 進取(진취)요 獧者(견자)는 有所不爲也(유소불위야)라하시니 孔子豈不欲中道哉(공자기불욕중도재)시리오마는 不可必得(불가필득)이라 故思其次也(고사기차야)시니

•獧 : 성급할 견

것은, 성은 다 같이 쓰는 것이고, 이름은 혼자만이 쓰는 것이기 때문이다.』

만장이 물었다. 『공자께서 진나라에 계실 때 「어찌 돌아가지 않겠는가? 내 고장의 선비들은 뜻이 크고 단순하여 진취적이면서도 초지(初志)를 잊지 않는다」하셨는데, 공자께서 진나라에 계실 때 어째서 노나라의 뜻이 높은 선비를 생각하셨을까요?』 맹자께서 말씀하셨다. 『공자께서는 「중도를 행하는 인물을 얻어서 함께 하지 못할 바엔 차라리 뜻이 높고 고집스러운 사람을 택할 수밖에 없다. 뜻이 높은 사람은 진취적이고, 고집스러운 사람은 하지 않는 일이 있다」라고 말씀하셨다. 공자께서 어찌 중도를 행하는 사람을 원하지 않으셨겠는가마는, 꼭 그런 사람을 얻을 수 없었기 때문

라 敢問何如면 斯可謂狂矣니잇고 曰 如琴張曾皙牧皮者 孔子之所謂狂矣니라 何以謂之狂也니잇고 曰 其志嘐嘐然曰 古之人古之人이여하되 夷考其行컨댄 而不掩焉者也니라 狂者를 又不可得이어든 欲得不屑不潔之士하여 而與之하시니 是獧也니 是又其次也니라 孔子曰 過我門而不入我室이라도 我不憾焉者는 其惟

• 嘐 : 닭울 교。「嘐嘐」는 뜻이 크고 말이 큰 것

에 그 다음 가는 사람을 생각하셨던 것이다。』 만장이 말하였다。『감히 여쭈어 보겠습니다。어떠해야 뜻이 높은 사람이라고 하는 것입니까?』 맹자께서 말씀하셨다。『금장(琴張)과 증석(曾皙)과 목피(牧皮) 같은 사람들이 공자께서 말씀하신 뜻이 높은 사람이다。』 만장이 말하였다。『무엇 때문에 뜻이 높다고 하셨습니까?』 맹자께서 말씀하셨다。『그들의 뜻은 엄청나게 커서、「옛날 누구는 어떻고、옛날 누구는 어떻고」하면서도、그들이 행한 것을 살펴보면 그 말대로 실천을 못하고 있다。뜻이 큰 사람을 언지 못할 경우에는、불의부정을 행하기를 싫어하는 선비를 얻어서 가르치려 했던 것이다。이것이 고집스런 사람이니、뜻이 높은 사람의 다음가는 사람이다。』 만장

鄕原乎인저 鄕原은 德之賊也라하시니 曰何如면 斯可謂之鄕原矣니잇고 曰何以是嘐嘐也하여 言不顧行하며 行不顧言하고 則曰古之人古之人이여하며 行何爲踽踽涼涼이리오 生斯世也란대 爲斯世也니 善斯可矣라하여 閹然媚於世也者는 是鄕原也니라 萬章曰 一鄕이 皆稱原人焉이면 無所往而不爲原人이어늘 孔子以爲德

• 踽 : 홀로갈 우。踽踽는 홀로 행하여 나가지 못하는 모양

이 말하였다。『공자께서 「우리 집 문앞을 지나가면서 내 집에 들어오지 않아도 내가 섭섭하지 않는 사람은 오직 향원일 뿐이다。향원은 덕을 해치는 자이다」라고 하셨는데、어떠해야 향원이라고 할 수 있습니까?』맹자께서 말씀하셨다。『어찌하여 뜻과 말이 커서 말이 행동을 따르지 못하고、행동이 말을 따르지 못하면서、걸핏하면 옛날 누구는 어떻고、옛날 누구는 어떻고 하고만 말할 뿐 하는 짓이 어찌 그렇게 고립적이고 냉랭한가。이 세상에 태어나서 이 세상 사람들과 사이좋게 지내면서 남들이 선하다고 하면 된다。그러면서 가만히 세상에 아부하는 자를 향원이라 한다。』만장이 말하였다。『한 고을 사람들이 다 원인(原人)이라고 부르면 어디를 가나 원인이 아

之賊(지적)은 何哉(하재)잇고 曰(왈) 非之無擧也(비지무거야)하며 刺之無刺也(자지무자야)하고 同乎流俗(동호류속)하며 合乎汙世(합호오세)하여 居之似忠信(거지사충신)하며 行之似廉潔(행지사렴결)하니 衆皆悅之(중개열지)어든 自以爲是(자이위시)하고 而不可與入堯舜之道(이불가여입요순지도)라 故曰德之賊也(고왈덕지적야)라하시니라 孔子曰 惡似而非者(공자왈 오사이비자)하나니 惡莠(오유)는 恐其亂苗也(공기란묘야)요 惡佞(오녕)은 恐其亂義也(공기란의야)요 惡利口(오리구)는 恐其亂信也(공기란신야)요 惡鄭聲(오정성)은 恐其亂樂也(공기란악야)요 惡紫(오자)는 恐其亂朱也(공기란주야)요 惡鄕原(오향원)은 恐其(공기)

니겠습니까? 그런데 공자께서는 왜 덕을 해친다고 하셨습니까?』 맹자께서 말씀하셨다。『비난하려 해도 드러난 것이 없고、책망하려 해도 책망할 점이 없는 사람이다。세상과 같이 하고、더러운 세상과 영합하여、가만히 있는 것을 보면 충직하고 신용있는 것 같고、행동하는 것을 보면 청렴결백한 것 같아 사람들이 다 그를 좋아하고 자기도 옳다고 여긴다。그러나 그런 사람과는 요순의 도에는 함께 들어갈 수 없기 때문에 덕을 해친다고 말씀하신 것이다。공자께서 말씀하시기를「나는 참된 것 같으면서 참되지 않은 사이비를 싫어한다。가령 강아지풀을 미워하는 것은 그것이 곡식의 싹과 혼동될까 두렵기 때문이고、말 재주 있는 인간을 미워하는 것은 의를

亂德也라하시니라 君子反經而已矣니 經正하면 則庶民興이니 庶民興하면 斯無邪慝矣리니라。

㊳ 孟子曰 由堯舜至於湯이 五百有餘歲니 若禹皐陶는 則見而知之하시고 若湯은 則聞而知之하시니라 由湯至於文王이 五百有餘歲니 若伊尹萊朱는 則見而知之하고 若文王은 則聞而知之하시니라 由文王至於孔

•萊 : 명아주 래

어지럽힐까 두렵기 때문이고, 말을 잘하는 인간을 미워하는 것은 신의를 어지럽힐까 두렵기 때문이고, 정나라의 음란한 음악을 미워하는 것은 아악을 어지럽힐까 두렵기 때문이고, 자주빛을 미워하는 것은 주홍빛을 어지럽힐까 두렵기 때문이고, 향원을 미워하는 것은 덕을 어지럽힐까 두렵기 때문이다.」라고 하셨다. 군자는 불변하는 상도(常道)로 돌아갈 뿐이다. 상도가 바로잡히면 백성들이 선에 흥하게 되고, 백성들이 흥하게 되면 그때에는 사악한 자가 없어지게 된다.』

맹자께서 말씀하셨다. 『요순에서 탕왕에 이르기까지 5백여 년인데, 우(禹)와 고요(皐陶) 같은 분은 직접 보고서 요순의 도를 알았고, 탕왕 같은 분은 전해 듣고서 알았다. 탕왕에

子五百有餘歲니 若太公望散宜生은 則見而知之하고 若孔子는 則聞而知之하시니라 由孔子而來로 至於今이 百有餘歲니 去聖人之世 若此其未遠也며 近聖人之居 若此其甚也로되 然而無有乎爾하니 則亦無有乎爾로다。

서 문왕까지가 5백여 년인데、이윤과 내주 같은 분은 직접 보고서 알았고、문왕 같은 분은 전해 듣고서 알았다。문왕부터 공자까지가 5백여 년인데、태공망과 산의생 같은 분은 직접 보고서 알았고、공자 같은 분은 전해 듣고서 알았다。공자 이래로 오늘에 이르기까지 백여 년이 경과했다。성인이 살던 세대와 그렇게 멀지 않고、성인이 살던 곳과 이렇게 가까운데、그러나 보고서 아는 이가 없으니、또한 듣고서 아는 이가 없을 것이다。』

中庸

第1章

天命之謂性이오 率性之謂道요 修道之謂教니라 道也者는 不可須臾離也니 可離면 非道也니라 是故君子는 戒愼乎其所不睹하며 恐懼乎其所不聞이니라 莫見乎隱하며 莫顯乎微하니 故君子는 愼其獨也니라 喜

●率：거느릴 솔
●須臾：잠시
●睹：볼 도
●見：나타날 현
●顯：나타날 현
●微：작을 미

천명을 본성이라 하고, 본성을 따르는 것을 도라 하고, 도를 연마하는 것을 가르침이라 한다. 도는 것은 잠시도 떠날 수 없는 것이니 떠날 수 있다면 도가 아니다. 그러므로 군자는 남들이 볼 수 없는 곳에서도 경계하고 삼가며, 들리지 않는 곳에서도 두려워한다. 어두운 곳보다 더 잘 보이는 것도 없으며, 작은 일보다 더 잘 드러나는 것이 없으니 그러므로 군자는 혼자 있을 때에도 삼간다. 희로애락의 감정이 아직 드러나지 않은 상태를 중(中)이라 하고, 나타나서 모두

怒哀樂之未發(로애락지미발)을 謂之中(위지중)이요 發而(발이)皆中節(개중절)을 謂之和(위지화)니 中也者(중야자)는 天下之大本也(천하지대본야)요 和也者(화야자)는 天下之達道也(천하지달도야)니라 致中和(치중화)면 天地位焉(천지위언)하며 萬物育焉(만물육언)이니라。

절도에 맞으면 화(和)라 이르니, 중이란 천하의 큰 근본이고, 화는 천하의 두루 통하는 도이다。 중과 화를 이루면 천지가 제자리를 잡고 만물이 제대로 길러진다。

第2章(제장)

仲尼•曰(중니왈) 君子(군자)는 中庸(중용)하고 小人(소인)은

중니께서 말씀하셨다。 『군자는 중용을 행하고 소인은 중용에 반한다。 군자의 중용이란 군자다우면서 때에

• 仲尼 : 공자의 자(字)

反中庸이니라 君子之中庸也는 君子而時中이요 小人之中庸也는 小人而無忌憚也니라。

第3章

子曰 中庸은 其至矣乎인저 民鮮能이 久矣니라。

•忌憚 : 꺼릴 기。꺼릴 탄

•鮮 : 드물 선

알맞게 하는 것이요、소인이 중용이라 일컫는 것은 소인으로서 거리낌이 없는 것이다。』

공자께서 말씀하셨다。『중용은 참으로 지극하도다。사람들 중에 중용을 실천할 수 있는 이가 적은 지 오래되었다。』

第4章(제4장)

子曰(자왈) 道之不行也(도지불행야)를 我知之矣(아지지의)니 知者(지자)는 過之(과지)하고 愚者(우자)는 不及也(불급야)오 道之不明也(도지불명야)를 我知之矣(아지지의)니 賢者(현자)는 過之(과지)하고 不肖者(불초자)는 不及也(불급야)니라 人莫不飲食也(인막불음식야)언마는 鮮能知味也(선능지미야)니라。

공자께서 말씀하셨다。『도가 행해지지 않는 이유를 내가 알겠으니 지혜로운 사람은 지나치고、어리석은 사람은 미치지 못하기 때문이다。도가 밝혀지지 못하는 이유를 내가 알겠으니 현명한 사람은 지나치고、어리석은 사람은 미치지 못하기 때문이다。사람이 먹고 마시지 않는 이가 없지만 그 맛을 알 수 있는 사람은 드물다。』

●愚：어리석을 우

●不肖者：부모님을 닮지 못했다는 뜻으로 못나고 어리석다는 의미로 쓰임

第5章 (제5장)

子曰 道其不行矣夫인저。

자왈 도기불행의부인저。

공자께서 말씀하셨다。『도가 행해지지 않겠구나!』

第6章 (제6장)

子曰 舜은 其大知也與신저 舜이 好問而好察邇言하샤 隱惡而揚善하시며 執其兩端하샤 用其中於民하시니

자왈 순은 기대지야여신저 순이 호문이호찰이언하샤 은악이양선하시며 집기양단하샤 용기중어민하시니

공자께서 말씀하셨다。『순임금은 크게 지혜로운 분이셨다。순임금은 묻기를 좋아하시고、평범한 말을 살피기 좋아하시며、악을 숨기고 선을 드러내시고、양쪽 끝을 잡아 백성들에게 그 중(中)을 쓰셨으니、그 때문에 순임금이 되셨다。』

- 邇 : 가까울 이
- 隱 : 숨길 은
- 揚 : 드러낼 양
- 執 : 잡을 집

其斯以爲舜乎신저。

第7章

子曰 人皆曰予知로대 驅而納諸罟擭陷阱之中而莫之知辟也하며 人皆曰予知로대 擇乎中庸而不能期月守也니라。

공자께서 말씀하셨다. 『사람들은 모두 「나는 지혜롭다」고 하지만, 몰아서 그물이나 덫이나 함정에 넣어도 피할 줄을 모르며, 사람들은 모두 「나는 지혜롭다」고 말하지만 중용을 택하여 한 달도 지키지 못한다.』

- 予：나 여
- 驅：몰 구
- 納：들일 납
- 罟：그물 고
- 擭：덫 확
- 陷阱：빠질 함。함정 정
- 辟：피할 피
- 擇：가릴 택

第8章 (제8장)

子曰 回之爲人也 擇乎中庸하여 得一善이면 則拳拳服膺而弗失之矣니라。

(자왈 회지위인야 택호중용하여 득일선이면 즉권권복응이불실지의니라。)

공자께서 말씀하셨다。『안회의 사람됨은 중용을 택하여 하나의 선을 얻으면 가슴속에 붙잡아 두고 잃지 않는다。』

第9章 (제9장)

子曰 天下國家를 可均也며 爵祿

(자왈 천하국가를 가균야며 작록)

공자께서 말씀하셨다。『천하와 국가를 고르게 다스릴 수 있으며, 벼슬과 녹을 사양할 수 있으며, 흰 칼날도 밟을 수 있지만 중용은 할 수 없다。』

- 拳拳 : 받들어 지키는 모습
- 服 : 著(착)과 같음。붙잡아 두다는 뜻
- 膺 : 가슴 응
- 爵 : 벼슬 작
- 祿 : 복 록。관리의 봉급

을 可辭(가사)也(야)며 白刃(백인)을 可蹈(가도)也(야)어니와 中庸(중용)은 不可能(불가능)也(야)니라。

第(제)10章(장)

子路(자로)問强(문강)한대 子曰(자왈) 南方之强(남방지강)與(여)아 北方之强(북방지강)與(여)아 抑而强(억이강)與(여)아 寬柔(관유)以敎(이교)하고 不報無道(불보무도)는 南方之强(남방지강)也(야)

●辭：사양할 사
●白刃：서슬이 시퍼런 칼날
●蹈：밟을 도
●子路：공자의 제자
●而：너 이。2인칭 대명사
●抑：어조사。「그렇지 않으면」의 뜻
●寬：너그러울 관
●柔：부드러울 유

자로가 강함에 대해 묻자 공자께서 말씀하셨다。『남방의 강함인가? 북방의 강함인가? 아니면 그대의 강함인가? 너그럽고 부드러움으로 가르치고、무도한 자에게 보복하지 않는 것은 남방의 강함이니 군자는 이것을 택한다。병기와 갑옷을 깔고 누워 죽어도 싫어하지 않는 것은 북방의 강

니 君子居之니라 衽金革하여 死而不厭은 北方之強也니 而強者居之니라 故君子는 和而不流하나니 強哉矯여 中立而不倚하나니 強哉矯여 國有道에 不變塞焉하나니 強哉矯여 國無道에 至死不變하나니 強哉矯여。

함이니 너의 강함은 이것을 택한다。그러므로 군자는 조화롭게 하되 한쪽으로 휩쓸리지 않으니 강하고 꿋꿋함이여! 가운데에 서서 기울어지지 않으니 강하고 꿋꿋함이여! 나라에 도가 있을 때에는 곤궁할 때 지키던 절조를 변치 않으니 강하고 꿋꿋함이여! 나라에 도가 없을 때에는 죽음에 이르러도 지조를 변치 않으니 강하고 꿋꿋함이여!』

- 衽：옷섶 임
- 金革：금혁。金은 병기 종류。革은 갑옷 종류
- 厭：싫을 염
- 矯：굳셀 교
- 倚：기댈 의
- 塞：막힐 색

第11章 (제11장)

子曰 素隱行怪를 後世有述焉이어니와 吾弗爲之矣로라 君子遵道而行이라도 半途而廢하나니 吾弗能已矣로라 君子는 依乎中庸하여 遯世不見知而不悔하나니 唯聖者能之니라。

공자께서 말씀하셨다。『은밀한 이치를 찾고 괴이한 것을 행하는 것을 후세에 칭술하는 사람이 있겠지만 나는 그러한 일을 하지 않겠다。군자가 도를 따라 행하다가 중도에서 그만두기도 하지만 나는 그만두지 않겠다。군자는 중용에 의거할 따름이라 세상에 은둔하여 알려지지 않더라도 후회하지 않으니 이는 오직 성인만이 할 수 있는 일이다。』

- 素：索(찾을 색)의 오자
- 遵：따를 준
- 廢：폐할 폐
- 已：그칠 이
- 遯：숨을 둔
- 悔：뉘우칠 회

第12章(제12장)

君子之道(군자지도)는 費而隱(비이은)이니라 夫婦之愚(부부지우)로 可以與知焉(가이여지언)이로대 及其至也(급기지야)하연 雖聖人(수성인)이라도 亦有所不知焉(역유소부지언)하며 夫婦之不肖(부부지불초)로 可以能行焉(가이능행언)이로대 及其至也(급기지야)하연 雖聖人(수성인)이라도 亦有所不能焉(역유소불능언)하며 天地之大也(천지지대야)로도 人猶有所(인유유소)

●費：클 비
●隱：은밀할 은
●愚：어리석을 우

군자의 도는 크고 넓으면서도 은미하다。부부의 어리석음으로도 참여하여 알 수 있지만 그 지극함에 미쳐서는 비록 성인이라도 알지 못하는 것이 있으며, 부부의 어리석음으로도 행할 수 있지만 그 지극함에 미쳐서는 비록 성인이라도 할 수 없는 것이 있다。천지가 크다 해도 사람이 오히려 유감으로 여기는 것이 있으니, 그러므로 군자가 큰 것을 말하면 천하도 실을 수 없고, 작은 것을 말하면 천하도 쪼갤 수 없다。『시경』에 이르기를, 『솔개는 날아서 하늘에 이르

憾이니 故君子語大인댄 天下莫能載焉하며 語小인댄 天下莫能破焉이니라 詩云 鳶飛戾天하고 魚躍于淵이라하니 言其上下察也니라 君子之道 造端乎夫婦하여 及其至也하연 察乎天地니라。

고、물고기는 연못에서 뛰논다』고 하니、위와 아래로 드러남을 말한 것이다。군자의 도는 실마리를 부부가 만들지만 그 지극함에 이르러서는 하늘과 땅에 나타난다。

- 憾：한할 감
- 載：실을 재
- 破：깨뜨릴 파
- 鳶：솔개 연
- 戾：이를 려
- 躍：뛸 약

第13章(제13장)

子曰(자왈) 道不遠人(도불원인)하니 人之爲道而(인지위도이) 遠人(원인)이면 不可以爲道(불가이위도)니라 詩云(시운) 伐柯(벌가) 伐柯(벌가)여 其則不遠(기칙불원)이라하니 執柯以伐柯(집가이벌가)하되 睨而視之(예이시지)하여 猶以爲遠(유이위원)하나니 故(고) 君子(군자)는 以人治人(이인치인)하다가 改而止(개이지)니라 忠恕違道不遠(충서위도불원)하니 施諸己而不願(시저기이불원)을 亦勿施於人(역물시어인)이니라 君子之道四(군자지도사)

●伐: 칠 벌
●柯: 자루 가
●則: 법칙 칙
●睨: 흘겨볼 예

공자께서 말씀하셨다. 『도는 사람에게서 멀지 않으니, 사람이 도를 행한다고 하면서 사람을 멀리한다면 그것을 도라고 할 수 없다. 『시경』에 이르기를, 「도끼자루를 베네, 도끼자루를 베네, 그 법이 멀지 않네」라 하니, 도끼자루를 잡고서 도끼자루를 베는데 흘겨보면서 오히려 그 법이 멀리 있다고 하는 것이다. 그러므로 군자는 사람으로 사람을 다스리다가 고쳐지면 그친다. 충(忠)과 서(恕)는 도와 멀지 않으니 자기에게 베풀어지기를 원하지 않는 것을 남에게 베풀지

에 丘未能一焉(구미능일언)이로니 所求乎子(소구호자)로 以(이)事父(사부)를 未能也(미능야)하며 所求乎臣(소구호신)으로 以(이)事君(사군)을 未能也(미능야)하며 所求乎弟(소구호제)로 以(이)事兄(사형)을 未能也(미능야)하며 所求乎朋友(소구호붕우)로 先施之(선시지)를 未能也(미능야)로니 庸德之行(용덕지행)하며 庸言之謹(용언지근)하여 有所不足(유소부족)이어든 不敢(불감)不勉(불면)하며 有餘(유여)어든 不敢盡(불감진)하여 言顧(언고)• 行(행)하며 行顧言(행고언)이면 君子胡不慥慥(군자호부조조)•爾(이)리오。

• 慥慥 : 독실할 조。「조조」는 독실한 모습
• 顧 : 돌아볼 고

않는 것이다。군자의 도는 네 가지인데 나는 그 중에 한 가지도 할 수 없다。자식에게 바라는 것으로써 부모를 섬기는 것을 할 수 없으며、신하에게 바라는 것으로써 임금을 섬기는 것을 할 수 없고、아우에게 바라는 것으로써 형을 섬기는 것을 할 수 없으며、친구에게 바라는 것을 내가 먼저 베푸는 것도 하지 못한다。일상적인 덕을 행하고 평상시의 말을 삼가는 데에 모자람이 있으면 감히 힘쓰지 않을 수 없고、남음이 있으면 감히 다하지 않아서 말은 행실을 돌아보고 행실은 말을 돌아보고 한다면 군자가 어찌 독실하지 않겠는가?』

第14章(제14장)

君子(군자)는 素其位而行(소기위이행)하고 不願乎其外(불원호기외)니라 素富貴(소부귀)하여 行乎富貴(행호부귀)하며 素貧賤(소빈천)하여 行乎貧賤(행호빈천)하며 素夷狄(소이적)하여 行乎夷狄(행호이적)하며 素患難(소환난)하여 行乎患難(행호환난)이니 君子(군자)는 無入而不自得焉(무입이부자득언)이니라 在上位(재상위)하여 不陵下(불능하)하며 在下位(재하위)하여 不援上(불원상)하고 正己而不求於人(정기이불구어인)이면 則(즉)

•夷狄 : 오랑캐
•陵 : 업신여길 릉
•援 : 당길 원

군자는 자신의 자리에 따라 행하고 그 밖의 것을 원하지 않는다。부귀에 처해서는 부귀에 마땅한 도를 행하며、빈천에 처해서는 빈천에 마땅한 도를 행하며、오랑캐 땅에 처해서는 오랑캐 땅에 마땅한 도를 행하며、환란에 처해서는 환난에 마땅한 도를 행하니、군자는 어디를 가더라도 스스로 얻지 못하는 경우가 없다。윗자리에 있어서는 아랫사람을 업신여기지 않고、아랫자리에 있어서는 윗사람을 끌어내리지 않으며、자기를 바르게 하고 남에게 요구하지 않으면

無怨이니 上不怨天하며 下不尤人이니라 故로 君子는 居易以俟命하고 小人은 行險以徼幸이니라 子曰 射有似乎君子하니 失諸正鵠이어든 反求諸其身이라하시니라。

尤：허물 우
俟：기다릴 사
險：험할 험
徼：구할 요

원망하는 사람이 없을 것이니、위로는 하늘을 원망하지 않고 아래로는 사람을 탓하지 않는다。그러므로 군자는 쉬운데 처하여 명을 기다리고、소인은 위험한 것을 행하여 요행을 바란다。공자께서 말씀하셨다。『활쏘기는 군자와 비슷한 면이 있으니 정곡을 맞추지 못하면 돌이켜 자신에게서 원인을 찾는다。』

第15章

君子之道는 辟如行遠必自邇하

正鵠：정곡。과녁의 한복판
辟：비유할 비
邇：가까울 이

군자의 도는 먼 곳에 가려면 반드시 가까운 데서부터 출발하는 것에 비유할 수 있으며、높은 곳에 오르려면 반드시 낮은 곳으로부터 시작해야

며 辟如登高必自卑(비여등고필자비)니라 詩曰(시왈) 妻子(처자)好合(호합)이 如鼓瑟琴(여고슬금)하며 兄弟旣翕(형제기흡)하여 和樂且耽(화락차탐)이로다 宜爾室家(의이실가)하며 樂爾(락이)妻帑(처노)라하여늘 子曰(자왈) 父母其順矣乎(부모기순의호)인저 하시니라。

第16章(제16장)

子曰(자왈) 鬼神之爲德(귀신지위덕)이 其盛矣乎(기성의호)

●卑 : 낮을 비
●翕 : 합할 흡
●耽 : 즐길 탐

하는 것에 비유할 수 있다。『시경』에서 『처자가 좋아하고 화합함이 비파와 거문고를 타는 듯하고、형제는 이미 화합하여 화락하고 기뻐하는구나。너의 집안을 훌륭하게 하고、너의 처자를 즐겁게 하는구나』라고 하였으니 공자께서 말씀하셨다。『부모께서는 순조로울 것이다。』

공자께서 말씀하셨다。『귀신의 덕이 성하구나! 보아도 보이지 않고 들어도 들리지 않지만 사물의 본체가 되어 빠뜨릴 수 없다。천하의 사람으

인저 視之而弗見(시지이불견)하며 聽之而弗聞(청지이불문)이
로대 體物而不可遺(체물이불가유)니라 使天下之(사천하지)
人(인)齊明盛服(재명성복)하여 以承祭祀(이승제사)하되 洋洋(양양)
乎(호)如在其上(여재기상)하며 如在其左右(여재기좌우)니라 詩(시)
曰(왈) 神之格思(신지격사) 不可度思(불가탁사)이온 矧可射(신가역)
思(사)아하니 夫微之顯(부미지현)이니 誠之不可揜(성지불가엄)
이 如此夫(여차부)인저。

- 孥：처자식 노
- 齊：재계할 재
- 洋洋：가득하다는 뜻
- 格：이를 격
- 思：어조사
- 度：헤아릴 탁
- 矧：하물며 신
- 射：싫어할 역
- 揜：가릴 엄

로 하여금 재계하여 깨끗이 하고, 의복을 잘 차려입고 제사를 받들게 하되 가득히 그 위에 있는 듯하며, 그 좌우에 있는 듯 하라。』『시경』에서는 「신이 이르는 것을 헤아릴 수 없는데, 하물며 싫어할 수 있겠는가?」라고 하였으니 은미한 것이 드러남이니 진실함을 가릴 수 없음이 이와 같구나。

第(제)17章(장)

子(자)曰(왈) 舜(순)은 其(기)大(대)孝(효)也(야)與(여)신저 德(덕)爲(위)聖(성)人(인)이시고 尊(존)爲(위)天(천)子(자)이시고 富(부)有(유)四(사)海(해)之(지)內(내)하사 宗(종)廟(묘)饗(향)之(지)하시며 子(자)孫(손)保(보)之(지)하니라 故(고)大(대)德(덕)은 必(필)得(득)其(기)位(위)하며 必(필)得(득)其(기)祿(록)하며 必(필)得(득)其(기)名(명)하며 必(필)得(득)其(기)壽(수)니라 故(고)天(천)之(지)生(생)物(물)이 必(필)因(인)其(기)材(재)而(이)篤(독)焉(언)하나니 故(고)栽(재)者(자)培(배)之(지)하고 傾(경)者(자)覆(복)之(지)

- 饗 : 잔치할 향
- 栽 : 심을 재
- 培 : 북돋을 배
- 傾 : 기울 경
- 覆 : 엎을 복

공자께서 말씀하셨다。『순임금은 큰 효자이셨도다! 덕으로는 성인이 되시고, 존귀함으로는 천자가 되시고, 부유함으로는 사해의 안을 모두 소유하시어, 종묘에서 제사지내셨으며 자손을 보전하였다。 그러므로 큰 덕을 가진 사람은 반드시 그에 합당한 지위를 얻으며, 반드시 그 봉록을 얻으며, 반드시 그 명성을 얻으며, 반드시 그 장수함을 얻는다。 그러므로 하늘이 만물을 만들어 낼 때에는 반드시 그 재질에 따라서 더 돈독하게 하니 가꾸는 것은 북돋워주고 기울

니라 詩曰(시왈) 嘉樂君子(가락군자)여 憲憲令德(헌헌령덕)이로다 宜民宜人(의민의인)이라 受祿于天(수록우천)이어늘 保佑命之(보우명지)하시고 自天申之(자천신지)라하니 故大德者(고대덕자)는 必受命(필수명)이니라。

어진 것은 엎어버린다。『시경』에서는 「아름답고 즐거운 군자여、훌륭한 덕이 드러났도다。백성들에게 마땅하게 하고、사람들에게 마땅하게 하여 하늘로부터 녹을 받았도다。하늘은 그를 보호하고 도와 천자의 자리에 명하시고、하늘로부터 그에게 명을 내려주는 것을 거듭하였다」라고 하였다。그러므로 큰 덕이 있는 사람은 반드시 명을 받는다。』

● 嘉 : 아름다울 가
● 憲憲 : 본래 시경에는「顯顯」으로 되어 있음。드러난다는 뜻
● 申 : 거듭 신

第18章

子曰 無憂者는 其惟文王乎신저 以王季爲父하시고 以武王爲子하시니 父作之어늘 子述之하시니라 武王이 纘大王王季文王之緖하사 壹戎衣而有天下하샤대 身不失天下之顯名하시며 尊爲天子시고 富有四海之內하샤 宗廟饗之하시며 子孫保之하시니라

• 王季 : 문왕의 아버지 季歷
• 纘 : 이을 찬
• 緖 : 실마리 서。일 서
• 戎衣 : 갑옷과 투구

공자께서 말씀하셨다。『걱정이 없는 사람은 오직 문왕일 것이다。왕계를 아버지로 하고、무왕을 아들로 두어서 아버지가 왕업을 일으키고 아들이 이를 계승하셨다。무왕이 태왕·왕계·문왕의 일을 계승하여、한번 군복을 입고 천하를 소유하셨으나 몸은 천하의 훌륭한 이름을 잃지 않으셨고、존귀하기로는 천자가 되시고、부유함은 사해의 안을 소유하셨다。종묘에서 제사를 받들고 자손을 보전하셨다。무왕이 말년에 천명(하늘의 부름)을 받자 주공이 문왕과 무왕의

武王이 末受命이어시늘 周公이 成文武之德하샤 追王大王王季하시고 上祀先公以天子之禮하시니 斯禮也達乎諸侯大夫及士庶人하니 父爲大夫요 子爲士면 葬以大夫코 祭以士하고 父爲士요 子爲大夫면 葬以士코 祭以大夫니 期之喪은 達乎大夫하고 三年之喪은 達乎天子하니 父母之喪은 無貴賤一也니라。

• 葬 : 장사지낼 장

• 期 : 기약할 기。 1년이라는 뜻

덕을 이루시어 태왕과 왕계를 왕으로 높이시고, 위로 선공을 천자의 예로써 제사지내니, 이 예는 제후와 대부 및 서민에게 모두 통용되었다。 아버지가 대부이고 아들이 사인 경우 장례는 대부의 예로써 지내고 제사는 사의 예로써 지낸다。 아버지가 사이고 아들이 대부인 경우에는 장례는 사의 예로써 지내고 제사는 대부의 예로써 지낸다。 1년상은 대부까지 통용되고 3년상은 천자까지 통용되니 부모의 상은 귀천의 구별 없이 다 같다。』

第19章(제19장)

子曰 武王周公은 其達孝矣乎이신저 夫孝者는 善繼人之志하며 善述人之事者也니라 春秋에 修其祖廟하며 陳其宗器하며 設其裳衣하며 薦其時食이니라 宗廟之禮는 所以序昭穆也요 序爵은 所以辨貴賤也요 序事는 所以辨賢也요 旅酬에 下爲上은

(자왈 무왕주공은 기달효의호이신저 부효자는 선계인지지하며 선술인지사자야니라 춘추에 수기조묘하며 진기종기하며 설기상의하며 천기시식이니라 종묘지례는 소이서소목야요 서작은 소이변귀천야요 서사는 소이변현야요 여수에 하위상은)

● 薦 : 올릴 천
● 旅 : 무리 려
● 酬 : 갚을 수. 마시도록 인도하는 것

공자께서 말씀하셨다. 『무왕과 주공은 두루 통하는 효를 실천하신 분이신저! 효는 부모의 뜻을 잘 이어받고, 부모의 일을 잘 계승하는 것이다. 봄과 가을에 선조의 사당을 수리하며, 종묘의 제기를 진열하고, 선조의 의상을 펴놓으며, 제철 음식을 올린다. 종묘의 예는 소목의 차례를 밝히는 것이고, 관작에 따라 차례를 정하는 것은 귀천을 분별하는 것이다. 일의 차례를 정하는 것은 어진 사람을 분별하는 것이요, 여럿이 술을 권할 때 아랫사람이 윗사람을 위하여 술을 올리는 것은 이렇게 하

所以逮賤也(소이체천야)요 燕毛(연모)는 所以序齒也(소이서치야)니라 踐其位(천기위)하여 行其禮(행기례)하며 奏其樂(주기악)하며 敬其所尊(경기소존)하며 愛其所親(애기소친)하며 事死如事生(사사여사생)하며 事亡如事存(사망여사존)이 孝之至也(효지지야)니라 郊社之禮(교사지례)는 所以事上帝也(소이사상제야)오 宗廟之禮(종묘지례)는 所以祀乎其先也(소이사호기선야)니 明乎郊社之禮(명호교사지례)와 禘嘗之義(체상지의)면 治國(치국)은 其如示諸掌乎(기여시저장호)인저。

•燕毛：연모。잔치할 때 모발의 색깔로 어른과 아이를 구별하는 것
•禘：종묘제사 이름 체
•郊社：교사。교는 하늘에、사는 땅에 제사지내는 것
•嘗：가을제사 상
•掌：손바닥 장

여 천한 사람에게까지 미치도록 하는 것이요、잔치를 할 때 머리털의 색깔대로 차례를 정하는 것은 나이별로 서열을 정하는 것이다。그 자리에 올라 그 예를 행하며、그 음악을 연주하며、그가 공경하던 바를 공경하고 그가 친애하던 바를 사랑하며、죽은 사람을 섬기기를 마치 산 사람 섬기듯이 하고、없는 사람을 섬기기를 마치 살아 있는 사람을 섬기듯이 하는 것이 효의 지극함이다。교제와 사제의 예는 상제(上帝)를 섬기는 것이요、종묘의 예는 조상에게 제사지내는 것이다。교제와 사제의 예와 체제·상제의 뜻에 밝으면、나라를 다스리는 것은 손바닥 위에 놓고 보는 것처럼 쉬운 일이다。』

第20章

哀公이 問政하신대 子曰 文武之政이 布在方策하니 其人存하면 則其政擧하고 其人亡하면 則其政息이니이다 人道는 敏政하고 地道는 敏樹하니 夫政也者는 蒲盧也니이다 故爲政在人하니 取人以身이오 修身以道요 修

- 哀公：노나라 임금
- 方：모 방。여기서는 판자를 뜻함
- 策：죽간을 뜻함
- 敏：빠를 민
- 蒲盧：포로。갈대를 뜻함

애공이 정치에 대해 묻자、공자께서 말씀하셨다。『문왕과 무왕의 정사가 목판과 죽간에 펼쳐져 있으니、적임자 있으면 그에 맞는 정치가 이루어지고、적임자 없으면 그에 맞는 정치가 멈추는 것입니다。사람의 도리는 정치에 민감하고、땅의 도리는 나무에 민감하게 나타나니、정치는 갈대와 같은 것입니다。그러므로 정치를 행하는 것은 사람에게 달려 있으니、사람을 취하는 것은 몸으로써 하고、몸을 닦는 것은 도로써 하며、도를 닦는 것은 인으로써 해야 합니다。

道以仁이니이다 仁者는 人也니 親親爲大하고 義者는 宜也니 尊賢爲大하니 親親之殺•와 尊賢之等은 禮所生也니이다 在下位不獲乎上民不可得而治矣• 故君子는 不可以不修身이니 思修身인댄 不可以不事親이오 思事親인댄 不可以不知人이오 思知人인댄 不可以不知天이니이다 天下之達道五에 所以行之者三이니 曰君

• 殺 : 덜 쇄. 차등의 뜻
• 在~矣 : 아래 나오는 문장인데 잘못되어 여기 중복되어 있다.

인이란 사람다움이니 어버이를 사랑하는 것이 으뜸이고, 의란 마땅함이니 어진 사람을 높이는 것이 으뜸입니다. 친족을 친하게 여기는 순서와 어진 사람을 높이는 것의 등급에서 예가 생겨난 것입니다. 그러므로 군자는 스스로를 단련하지 않을 수 없으니, 자신을 단련하고자 하면 어버이를 섬기지 않을 수 없고, 어버이를 섬기려면 사람을 알지 않을 수 없고, 사람을 알려면 하늘의 이치를 알지 못해서는 안 됩니다. 천하에서의 두루 통하는 도가 다섯 가지인데 이것을 행하는 방법으로는 세 가지가 있으니 군신·부자·부부·형제·붕우간의 사귐은 천하의 다섯 가지 두루

臣也와 父子也와 夫婦也와 昆弟也와 朋友之交也 五者는 天下之達道也오 知仁勇三者는 天下之達德也니 所以行之者는 一也니이다 或生而知之하고 或學而知之하고 或困而知之하나니 及其知之하얀 一也오 或安而行之하고 或利而行之하고 或勉強而行之하나니 及其成功하얀 一也니이다。

•昆弟：형 곤。아우 제。형제를 말함 •困：괴로울 곤 •勉：힘쓸 면

통하는 도요、지·인·용 세 가지는 천하의 두루 통하는 덕이니 이것을 행하는 것은 한 가지입니다。어떤 사람은 태어나면서부터 알고、어떤 사람은 배워서 알고、어떤 사람은 열심히 애를 써서 알지만、아는 것에 이르면 모두 같은 것입니다。어떤 사람은 편안하게 행하고、어떤 사람은 이롭게 여겨서 행하고、어떤 사람은 억지로 힘써서 행하지만、그 공을 이룸에 미쳐서는 다 같은 것입니다。』

공자께서 말씀하셨다。『학문을 좋아하는 것은 지혜에 가깝고、힘써 행하는 것은 인에 가까우며、부끄러움을 아는 것은 용기에 가깝다。』이 세 가지를 알면 스스로 단련하는 방법을 알

子曰 好學은 近乎知하고 力行은 近乎仁하고 知恥는 近乎勇이니라 知斯三者면 則知所以修身이요 知所以修身이면 則知所以治人이요 知所以治人이면 則知所以治天下國家矣리이다 凡爲天下國家有九經하니 曰 修身也와 尊賢也와 親親也와 敬大臣也와 體群臣也와 子庶民也와 來百工也와 柔遠人也와 懷諸侯也

• 恥 : 부끄러워할 치

며, 스스로 단련하는 방법을 알면 남을 다스리는 방법을 알 것이요, 남을 다스리는 방법을 알면 천하와 국가를 다스리는 방법을 알 것이다。 무릇 천하와 국가를 다스리는 데는 아홉 가지 떳떳한 법이 있으니, 스스로를 단련하는 것, 어진 이를 존경하는 것, 어버이를 사랑하는 것, 대신을 공경하는 것, 여러 신하들을 내 몸처럼 여기는 것, 백성들을 자식처럼 여기는 것, 모든 공인들을 오게 하는 것, 먼 지방의 사람들을 회유하는 것, 제후들을 따뜻하게 품어주는 것이다。 자신을 단련하면 도가 확립되고, 어진 사람을 존경하면 의혹되지 않고, 친족을 사랑하면 백부와 숙부와 형제들이 원망

니이다 修身(수신)하면 則道立(즉도립)하고 尊賢(존현)하면 則不惑(즉불혹)하고 親親(친친)하면 則諸父昆弟不怨(즉제부곤제불원)하고 敬大臣(경대신)하면 則不眩(즉불현)하고 體群臣(체군신)하면 則士之報禮重(즉사지보례중)하고 子庶民(자서민)하면 則百姓勸(즉백성권)하고 來百工(래백공)하면 則財用(즉재용)이 足(족)하고 柔遠人(유원인)하면 則四方歸之(즉사방귀지)하고 懷諸侯(회제후)하면 則天下畏之(즉천하외지)니라。

齊明盛服(재명성복)하여 非禮不動(비례부동)은 所以(소이) 修身也(수신야)오 去讒遠色(거참원색)하며 賤貨而貴(천화이귀)

●怨：원망할 원 ●眩：현혹할 현 ●讒：참소할 참

하지 않고、대신을 공경하면 현혹되지 않고、여러 신하들을 내 몸처럼 여기면 선비들이 보답하는 예가 중하게 되고、백성들을 자식처럼 여기면 백성들이 권면하게 되고、모든 공인들을 오게 하면 재물의 쓰임이 풍족하게 되고、먼 지방의 사람들을 회유하면 사방의 사람들이 돌아오고、제후를 품어주면 천하가 두려워하게 된다。

재계하여 깨끗이 하고 의복을 잘 차려입고서 예가 아니면 움직이지 않는 것은 자신을 단련하는 것이다。아첨하는 사람을 제거하고 여색을 멀리하며、재물을 천하게 생각하고 덕을 귀하게 여기는 것은 어진 이를 권면하는 것이다。지위를 높여주고 녹을 많이 주며

德(덕)은 所以勸賢也(소이권현야)오 尊其位(존기위)하며 重其祿(중기록)하며 同其好惡(동기호오)는 所以勸親親也(소이권친친야)오 官盛任使(관성임사)는 所以勸大臣也(소이권대신야)오 忠信重祿(충신중록)은 所以勸士也(소이권사야)오 時使薄斂(시사박렴)은 所以勸百姓也(소이권백성야)오 日省月試(일성월시)하여 旣稟稱事(희름칭사)는 所以勸百工也(소이권백공야)오 送往迎來(송왕영래)하며 嘉善而矜不能(가선이긍불능)은 所以柔遠人也(소이유원인야)오 繼絶世(계절세)하며 擧廢國(거폐국)하며 治亂持危(치란지위)하며 朝聘以時(조빙이시)하며 厚往而薄來(후왕이박래)는

• 薄：엷을 박
• 斂：거둘 렴
• 旣稟：희름。녹봉을 말함
• 聘：찾아갈 빙

좋아하고 싫어하는 것을 함께 하는 것은 친족과 가까이 함을 권면하는 것이다。관속을 많이 두어 일을 맡기고 부리도록 하는 것은 대신을 권면하는 것이다。충심으로 대하고 믿으며 녹을 많이 주는 것은 선비들을 권면하는 것이다。철에 맞게 부역을 부과하고 세금을 적게 거두는 것은 백성들을 권면하는 것이다。매일 살피고 매달 시험하여 일의 성과를 저울질해서 녹을 주는 것은 백공을 권면하는 것이다。가는 사람을 잘 전송하고 오는 사람을 잘 맞이하며、잘 하는 사람을 가상히 여기고 능하지 못한 사람을 가엾게 여기는 것은 먼 지방 사람을 부드럽게 감싸는 것이다。끊어진 대를 이어주고 망하는 나라를 일

所以懷諸侯也니이다。

凡爲天下國家 有九經하되 所以行之者 一也니라 凡事豫則立하고 不豫則廢하나니 言前定則不跲하며 事前定則不困하며 行前定則不疚하며 道前定則不窮이니이다 在下位하여 不獲乎上이면 民不可得而治矣리니 獲乎上이 有道하니 不信乎朋友면 不獲乎上矣오 信乎朋友 有道하니

•疚：오랜 병 구
•豫：미리 예
•跲：넘어질 겁

으켜 주며, 어지러움을 다스려 위태로운 나라를 붙들어 주며, 조회와 빙문을 때에 맞게 하며, 보내는 것을 후하게 하고 받는 것을 적게 하는 것은 제후들을 따뜻하게 품어주는 것이다。

무릇 천하와 국가를 다스리는 데에는 아홉 가지 떳떳한 법이 있으나, 그것을 행하는 것은 하나이다。 모든 일은 미리 준비하면 이루어지고, 미리 준비하지 않으면 어그러진다。 말을 미리 정해두면 착오가 생기지 않고, 일을 미리 정해두면 곤궁해지지 않고, 행동을 미리 정해두면 결함이 없고, 방법이 미리 정해지면 궁하지 않게 된다。 아랫자리에 있으면서 윗사람에게 신임을 얻지 못하면 백성을 다스

不順乎親이면 不信乎朋友矣오 順乎親이 有道하니 反諸身不誠이면 不順乎親矣오 誠身이 有道하니 不明乎善이면 不誠乎身矣니이다。

誠者는 天之道也오 誠之者는 人之道也니 誠者는 不勉而中하며 不思而得하여 從容中道하나니 聖人也오 誠之者는 擇善而固執之者也니이다 博學之하며 審問之하며 愼思之하

• 勉 : 힘쓸 면 • 審 : 살필 심

릴 수 없을 것이다。윗사람에게 신임을 얻는 데 방법이 있으니、벗들에게 신임을 받지 못하면 윗사람에게 신임을 얻지 못한다。벗들에게 신임을 받는데도 방법이 있으니、어버이를 잘 따르지 않으면 벗들에게도 신임을 얻지 못한다。어버이를 잘 따르는 데에도 방법이 있으니、자기 자신을 돌아보아 성실하지 못하면 어버이를 잘 따를 수 없다。자신을 성실하게 하는 데도 방법이 있으니、선에 밝지 않으면 자신을 성실하게 하지 못한다。

성실한 것은 하늘의 도요、성실하고자 하는 것은 사람의 도이다。성실한 사람은 힘쓰지 않아도 적중하며、생각하지 않아도 얻게 되며 저절로

며 明辨之(명변지)하며 篤行之(독행지)니이다 有弗學(유불학)이언정 學之(학지)인댄 弗能(불능)하얀 弗措也(불조야)하며 有弗問(유불문)이언정 問之(문지)인댄 弗知(불지)하얀 弗措也(불조야)하며 有弗思(유불사)언정 思之(사지)인댄 弗得(불득)하얀 弗措也(불조야)하며 有弗辨(유불변)이언정 辨之(변지)인댄 弗明(불명)하얀 弗措也(불조야)하며 有弗行(유불행)이언정 行之(행지)인댄 弗篤(불독)하얀 弗措也(불조야)하여 人一能之(인일능지)어든 己百之(기백지)하며 人十能之(인십능지)어든 己千之(기천지)니이다 果能此道矣(과능차도의)면 雖愚必明(수우필명)하며 雖(수)

• 辨 : 분별할 변 • 措 : 둘 조

도에 적중하니 이것은 성인이다。성실하고자 하는 사람은 선을 택하여 굳게 지키는 사람이다。널리 배우고、자세하게 묻고、신중히 생각하고、분명하게 분별하고、독실하게 행하여야 한다。배우지 않을지언정 배운다면 능해지지 않고는 그만두지 않는다。묻지 않을지언정 묻는다면 알지 않고는 그만두지 않는다。생각하지 않을지언정 생각하면 얻지 않고는 그만두지 않는다。분별하지 않을지언정 분별하면 분명하지 않거든 그만두지 않는다。행하지 않을지언정 행하면 독실하지 않고는 그만두지 않는다。다른 사람이 한 번에 그렇게 할 수 있다면 나는 백 번을 하며、다른 사람

柔(유)必(필)强(강)이리이다。

이 열 번에 그렇게 할 수 있다면 나는 천 번을 한다。과연 이 방법대로 할 수 있다면 비록 어리석더라도 반드시 밝아지며、비록 유약하더라도 반드시 강해질 것이다。

第(제)21章(장)

自(자)誠(성)明(명)을 謂(위)之(지)性(성)이요 自(자)明(명)誠(성)을 謂(위)之(지)教(교)니 誠(성)則(즉)明(명)矣(의)요 明(명)則(즉)誠(성)矣(의)니라。

성실함에 말미암아 밝아지는 것을 본성이라 하고、밝음에 말미암아 성실하게 되는 것을 가르침이라 하니、성실하면 밝아지고 밝아지면 성실해진다。

第(제)22章(장)

惟(유)天(천)下(하)至(지)誠(성)이야 爲(위)能(능)盡(진)其(기)性(성)이니

오직 천하에서 지극히 성실한 사람

能盡其性(능진기성)이면 則能盡人之性(즉능진인지성)이오 能盡人之性(능진인지성)이면 則能盡物之性(즉능진물지성)이오 能盡物之性(능진물지성)이면 則可以贊天地之化育(즉가이찬천지지화육)이오 可以贊天地之化育(가이찬천지지화육)이면 則可以與天地參矣(즉가이여천지참의)니라。

이라야 자기의 본성을 다할 수 있으니 자기의 본성을 다할 수 있으면 다른 사람의 본성을 다하게 할 수 있고, 다른 사람의 본성을 다하게 할 수 있으면 사물의 본성을 다하게 할 수 있으며, 사물의 본성을 다하게 할 수 있으면 천지의 화육을 도울 수 있다。 천지의 화육을 도울 수 있으면 곧 천지와 더불어 하나가 될 수 있다。

第23章(제23장)

其次(기차)는 致曲(치곡)이니 曲能有誠(곡능유성)이니 誠(성)

그 다음은 곡진함을 이루는 것이니、곡진하면 성실할 수 있다。 성실하면 나타나고、나타나면 더욱 드러나

●贊 : 도울 찬

●參 : 섞일 참

則形하고 形則著하고 著則明하고 明則動하고 動則變하고 變則化하니 唯天下至誠이야 爲能化니라。

第24章

至誠之道는 可以前知니 國家將興에 必有禎祥하고 國家將亡에 必

●著：드러날 저
●將：장차 장
●禎祥：정상。상서로울 정。상서로울 상

고、더욱 드러나면 밝아지고、밝아지면 움직이고、움직이면 변하고、변하면 화(化)하니、오직 천하에서 지극히 성실한 사람이라야 화할 수 있다。

지극히 성실한 도는 미리 알 수 있다。국가가 장차 흥하려면 반드시 상서로운 징조가 있으며、국가가 장차 망하려면 반드시 흉한 징조가 있어서 시초점과 거북점에 나타나며、몸에서 움직여진다。화와 복이 장차 이르려고 할 때에 선한 것도 반드시 먼저 알

有妖孼(유요얼)하며 見乎蓍龜(현호시귀)하며 動乎四體(동호사체)라 禍福將至(화복장지)에 善(선)을 必先知之(필선지지)하며 不善(불선)을 必先知之(필선지지)하나니 故至誠如神(고지성여신)이니라。

第25章(제25장)

誠者(성자)는 自成也(자성야)요 而道(이도)는 自道也(자도야)니라 誠者(성자)는 物之終始(물지종시)니 不誠無物(불성무물)이라 是故君子(시고군자)는 誠之爲貴(성지위귀)니라 誠者(성자)는

- ●妖: 괴이할 요
- ●孼: 서자 얼。 여기서는 재앙 얼
- ●蓍: 시초 시
- ●龜: 거북점 귀

며, 불선한 것도 반드시 먼저 알게 된다。 그러므로 지극한 성실함은 신(神)과 같다。

성(誠)은 저절로 이루어지는 것이요、도는 저절로 이끌어지는 것이다。 성은 사물의 끝과 시작이니 성실하지 않으면 사물도 없게 된다。 이런 까닭에 군자는 성을 귀하게 여긴다。 성은 스스로 자신을 완성할 뿐 아니라 사물을 완성시키는 것이다。 자기를 완

非自成己而已也라 所以成物也니 成己는 仁也요 成物은 知也니 性之德也라 合內外之道也니 故時措之宜也니라。

第26章

故至誠은 無息이니라 不息則久하고 久則徵하고 徵則悠遠하고 悠遠則

• 徵 : 부를 징。효험 징

• 悠 : 멀 유

성시키는 것은 인(仁)이요, 사물을 완성시키는 것은 지(知)이니, 본성에 내재된 덕으로 내외를 합하는 도이므로 때에 맞게 조처하는 마땅함이다。

그러므로 지극한 성은 쉼이 없다。쉬지 않으면 오래 지속되고, 오래 지속되면 효험이 나타나고, 효험이 나타나면 여유 있게 멀리 갈 수 있고, 여유 있게 멀리 갈 수 있으면 넓고 두

博厚하고 博厚則高明이니라 博厚는 所以載物也요 高明은 所以覆物也요 悠久는 所以成物也니라 博厚는 配地하고 高明은 配天하고 悠久는 無疆이니라 如此者는 不見而章하며 不動而變하며 無爲而成이니라 天地之道可一言而盡也니 其爲物不貳라 則其生物을 不測이니라 天地之道는 博也厚也高也明也悠也久也니라 今

- 覆 : 덮을 부
- 疆 : 지경 강
- 見 : 나타날 현
- 章 : 빛날 장

터워지며, 넓고 두터워지면 높고 밝게 된다. 넓고 두터움은 만물을 싣는 것이고, 높고 밝음은 만물을 덮는 것이요, 유구함은 사물을 완성시키는 것이다. 넓고 두터움은 땅과 짝이 되고, 높고 밝음은 하늘과 짝이 되며, 유구함은 끝이 없는 것이다. 이와 같은 것은 나타내지 않아도 빛나고, 움직이지 않아도 변하며, 애써서 하지 않아도 이루어진다. 천지의 도는 한 마디 말로 다할 수 있다. 그 존재의 됨됨이는 두 가지가 아니므로 만물을 생성하는 것을 헤아릴 수 없다. 천지의 도는 넓고 두터우며, 높고 밝으며 유원하고 오래 지속된다. 지금 하늘은 밝은 것이 많이 모여 이루어진 것

夫天(부천)이 斯昭昭之多(사소소지다)로되 及其無窮(급기무궁)也(야)하얀 日月星辰繫焉(일월성신계언)하며 萬物覆焉(만물부언)하고 今夫地(금부지)는 一撮土之多(일촬토지다)로되 及其(급기)廣厚(광후)하얀 載華嶽而不重(재화악이부중)하며 振河海(진하해)而不洩(이불설)하며 萬物載焉(만물재언)하고 今夫山(금부산)이 一拳石之多(일권석지다)로되 及其廣大(급기광대)하얀 草木(초목)生之(생지)하며 禽獸居之(금수거지)하며 寶藏興焉(보장흥언)하고 今夫水(금부수)는 一勺之多(일작지다)로되 及其不(급기불)

- 繫: 맬 계
- 撮: 취할 촬
- 嶽: 큰산 악
- 洩: 샐 설
- 勺: 잔 작

인데 끝이 없는데 이르면 해와 달과 별들이 거기에 매여 있고 만물을 덮고 있다。지금 땅은 한 줌의 흙이 많이 모인 것이나 넓고 두터움에 이르면 큰 산을 싣고 있으면서도 무겁게 여기지 않고、강과 바다를 수용하고 있으면서도 새지 않으며、만물을 싣고 있다。지금 산은 하나의 작은 돌들이 많이 모인 것이나 광대함에 이르면 초목이 거기에서 생장하고 동물이 살고 감춰진 보물이 나온다。지금 물은 한 잔이 많이 모인 것이나 광대함에 이르면 자라、악어、교룡、물고기가 살고 재화가 거기에서 불어난다。『시경』에서『오직 하늘의 명은 아! 깊고 멀어서 그침이 없다』고 하였으

測하얀 黿鼉蛟龍魚鼈 生焉하며 貨財殖焉이니라 詩云維天之命이 於穆不已라하니 蓋曰 天之所以爲天也요 於乎不顯가 文王之德之純이여하니 蓋曰 文王之所以爲文也 純亦不已이니라。

니, 이는 대개 하늘이 하늘이 된 까닭을 말한 것이고, 『아! 드러나지 않았는가? 문왕의 덕의 순일함이여!』라고 하였으니, 이것은 대개 문왕이 문이 된 까닭이 순일하고 또 그치지 아니함을 말한 것이다。

- 黿 : 자라 원
- 鼉 : 악어 타
- 蛟 : 교룡 교
- 鼈 : 자라 별
- 殖 : 번성할 식
- 於 : 감탄사 오
- 穆 : 화목할 목

第27章

大哉라 聖人之道여 洋洋乎發育萬物하여 峻極于天이로다 優優大哉라 禮儀三百이요 威儀三千이로다 待其人而後行이니 故曰苟不至德이면 至道不凝焉이라하니라 故君子는 尊德性而道問學이니 致廣大而盡精

• 洋洋 : 가득하고 풍부한 모양 • 優優 : 넉넉하여 남음이 있는 모양
• 凝 : 엉길 응. 모인다는 뜻

위대하구나. 성인의 도여! 왕성하게 만물을 발육하여 높음이 하늘에 닿았다. 넉넉히 크도다. 삼백 가지 예의와 삼천 가지 위의가 훌륭한 사람을 기다린 뒤에 행해진다. 그러므로 『진실로 지극한 덕이 아니면 지극한 도가 모이지 않는다』고 말한 것이다. 그러므로 군자는 덕성을 높이고 묻고 배움으로 말미암으며, 광대함을 이루어 정미함을 다하고, 높고 밝은 것을 극진히 하고 중용에 말미암으며, 옛 것을 익혀서 새로운 것을 알며, 두터움을 돈독히 하여 예를 높인다. 그러

微(미)하며 極高明而道中庸(극고명이도중용)하며 溫故而(온고이)
知新(지신)하며 敦厚以崇禮(돈후이숭례)니라 是故居(시고거)
上不驕(상불교)하며 爲下不倍(위하불배)하며 國有道(국유도)에
其言足以興(기언족이흥)하고 國無道(국무도)에 其默足(기묵족)
以容(이용)이니 詩曰(시왈) 旣明且哲(기명차철)하여 以保(이보)
其身(기신)이라하니 其此之謂與(기차지위여)인저。

므로 윗자리에 있어도 교만하지 않고、아랫자리에 있어도 배반하지 않는다。나라에 도가 있을 때에는 그 말이 일어날 수 있고、나라에 도가 없을 때에는 그 침묵이 용납될 수 있다。『시경』에서 『이미 밝고 또 지혜로워 그 몸을 보전한다』고 하였으니、이것을 말한 것이다。

•敦 : 도타울 돈

•驕 : 교만할 교

第28章(제28장)

子曰(자왈) 愚而好自用(우이호자용)하며 賤而好自專(천이호자전)하며 生乎今之世(생호금지세)하여 反古之道(반고지도)면 如此者(여차자)는 災及其身者也(재급기신자야)라하시니라 非天子(비천자)면 不議禮(불의례)하며 不制度(부제도)하며 不考文(불고문)이니라 今天下(금천하) 車同軌(거동궤)하며 書同文(서동문)하며 行同倫(행동륜)이니라 雖有其位(수유기위)나 苟無其德(구무기덕)이면 不敢作禮樂焉(불감작예악언)하며 雖有(수유)

● 賤 : 천할 천
● 專 : 오로지 전。마음대로 함
● 災 : 재앙 재
● 軌 : 궤도 궤

공자께서 말씀하셨다。『어리석으면서 스스로 쓰여지기를 좋아하며、천하면서 자기 마음대로 하기를 좋아하고、지금의 세상에 태어나서 옛 도로 돌아가고자 하면 이와 같은 자는 재앙이 그 몸에 미칠 것이다。』천자가 아니면 예에 대해서 논의하지 아니하고、법도를 만들지 아니하며、문자를 상고하여 정하지 않는 것이다。지금 천하에는 수레는 바퀴가 같으며、글은 문자가 같으며、행함에 있어서는 윤리가 같다。비록 그 지위를 갖고 있으나 진실로 그에 맞는 덕이 없으면

其德이나 苟無其位면 亦不敢作禮樂焉이니라 子曰 吾說夏禮나 杞不足徵也요 吾學殷禮하니 有宋存焉이어니와 吾學周禮하니 今用之라 吾從周하리라。

●杞 : 나라이름 기

감히 예악을 만들지 못한다。 비록 그에 맞는 덕이 있으나 진실로 그 지위가 없으면 또한 감히 예악을 만들지 못한다。 공자께서 말씀하셨다。『내가 하나라의 예에 대해서 말할 수 있지만 기나라가 충분히 증명해 주지 못하고、내가 은나라의 예를 배웠는데 그것이 송나라에 남아 있다。 나는 주나라의 예를 배웠는데 오늘날 그것을 사용하고 있으니、나는 주나라를 따르겠다。』

第29章(제29장)

王天下(왕천하) 有三重焉(유삼중언)하니 其寡過矣乎(기과과의호)인저 上焉者(상언자)는 雖善無徵(수선무징)이니 無徵(무징)이라 不信(불신)이요 不信(불신)이라 民弗從(민불종)하며 下焉者(하언자)는 雖善不尊(수선부존)이니 不尊(부존)이라 不信(불신)이요 不信(불신)이라 民弗從(민불종)이니라 故君子之道(고군자지도)는 本諸身(본저신)하여 徵諸庶民(징저서민)하며 考諸三王而不謬(고저삼왕이불류)하며 建諸天地而不悖(건저천지이불패)

● 寡 : 적을 과
● 過 : 허물 과
● 謬 : 잘못될 류

천하의 왕 노릇하는 데는 세 가지 중요한 것이 있는데、 그렇게 하면 허물이 적을 것이다。 윗 시대의 것은 비록 좋지만 증거가 없다。 증거가 없으니 믿을 수 없고、 믿을 수 없으니 백성들이 따르지 않는다。 아래 시대의 것은 비록 좋다고 하더라도 높여지지 않는다。 높여지지 않으니 믿을 수 없고、 믿을 수 없으니 백성들이 따르지 않는다。 그러므로 군자의 도는 자기 자신에 근본하여 여러 백성들에게 징험하며、 삼왕에게 상고해도 그릇되지 않으며、 천지에 세워도 어그러지지

하며 質諸鬼神而無疑하며 百世以俟聖人而不惑이니라 質諸鬼神而無疑는 知天也요 百世以俟聖人而不惑은 知人也니라 是故 君子는 動而世爲天下道니 行而世爲天下法이며 言而世爲天下則이라 遠之則有望하고 近之則不厭이니라 詩曰 在彼無惡하며 在此無射하여 庶幾夙夜하여 以永終

● 悖 : 어그러질 패
● 俟 : 기다릴 사
● 厭 : 싫어할 염
● 射 : 싫어할 역

않으며, 귀신에게 물어보아도 의심이 없으며, 백세를 지나 성인을 기다려 따져보아도 의혹되지 않는다. 귀신에게 물어보아도 의심이 없는 것은 하늘을 아는 것이요, 백세를 지나 성인을 기다려 따져보아도 의혹되지 않음은 사람을 아는 것이다. 그러므로 군자가 움직이면 대대로 천하의 도가 되니, 행동은 대대로 천하의 모범이 되며, 말은 대대로 천하의 준칙이 된다. 멀리 있으면 우러러 보고, 가까이 있으면 싫어하지 않는다. 『시경』에서 『저 쪽에서도 미워함이 없고, 이쪽에서도 싫어함이 없다. 바라건대 밤낮으로 힘써서 길이 명예롭게 마치기를!』이라 하였으니, 군자가 이렇게

譽(예)라하니 君子未有不如此而蚤有譽(군자미유불여차이조유예)於天下者也(어천하자야)니라。

第30章(제30장)

仲尼(중니)는 祖述堯舜(조술요순)하시고 憲章文武(헌장문무)하시며 上律天時(상률천시)하시고 下襲水土(하습수토)하시니라 辟如天地之無不持載(비여천지지무부지재)하며 無不覆幬(무불부도)하며 辟如四時之錯行(비여사시지착행)하며 如日(여일)

●譽 : 기릴 예
●蚤 : 일찍 조
●襲 : 엄습할 습
●幬 : 덮을 도
●錯 : 섞일 착

하지 않고서 일찍이 세상에서 명예를 얻은 일은 없었다。

중니께서는 요임금과 순임금을 으뜸으로 삼아 계승하시고、문왕과 무왕을 본받아서 밝히셨으며、위로는 천시를 따르고 아래로는 땅의 이치를 본받으셨다。비유하면 하늘과 땅이 붙들어 실어주지 않음이 없고、덮어서 감싸주지 않음이 없는 것과 같으며、비유하면 사시가 교대로 운행하는 것과 같으며、해와 달이 교대로 밝아지지

月之代明(월지대명)이니라 萬物竝育而不相害(만물병육이불상해)하며 道竝行而不相悖(도병행이불상패)하야 小德川流(소덕천류)하고 大德敦化(대덕돈화)하나니 此天地之所以爲大也(차천지지소이위대야)니라。

第31章(제31장)

唯天下至聖(유천하지성)이야 爲能聰明睿知(위능총명예지)가 足以有臨也(족이유임야)니 寬裕溫柔足以有(관유온유족이유)

• 睿 : 밝을 예
• 臨 : 임할 임
• 裕 : 넉넉할 유

는 것과 같은 것이다。 만물은 함께 길러져도 서로 해치지 않으며, 도는 함께 행하여져도 서로 어긋나지 않는다。 작은 덕은 냇물처럼 흐르고, 큰 덕은 조화를 두터이 하니, 이것이 천지가 위대하게 되는 까닭이다。

오직 천하의 지극한 성인이라야 총명예지(聰明叡知)하여 아래로 임할 수 있으며, 너그럽고 넉넉하고 따스하고 부드러워서 포용할 수 있으며, 분발하고 강하며 굳세고 꿋꿋하여 굳

容也며 發强剛毅 足以有執也며 齊莊中正이 足以有敬也며 文理密察이 足以有別也니라 溥博淵泉하여 而時出之니라 溥博은 如天하고 淵泉은 如淵하니 見而民莫不敬하며 言而民莫不信하며 行而民莫不說이니라 是以聲名이 洋溢乎中國하여 施及蠻貊하여 舟車所至와 人力所通과 天之所

● 毅：굳셀 의
● 溥：넓을 부
● 說：기쁠 열
● 溢：넘칠 일
● 施：뻗칠 이
● 蠻貊：만맥。오랑캐

게 잡을 수가 있으며, 재계하여 장중하며 중정하여 말을 하면 공경할 수 있으며, 조리가 있고 세밀하게 살펴서 분별할 수 있으니 두루 넓고 고요하고 깊어서 때에 맞게 나온다。두루 넓음은 하늘과 같고, 고요하고 깊은 것은 연못과 같다。나타나면 백성들이 공경하지 않는 사람이 없고, 말을 하면 백성들이 믿지 않는 사람이 없고, 행함에 백성들이 기뻐하지 않는 사람이 없다。이런 까닭으로 명성이 중국에 넘치고 퍼져서 오랑캐 지역에까지 미쳐서, 배와 수레가 이르는 곳과 사람의 힘이 통하는 곳과 하늘이 덮어주는 곳과 땅이 실어주는 곳과 해와 달이 비추는 곳과 서리와 이슬

覆부와 地지之지所소載재와 日일月월所소照조와 霜상露로 所소隊추에 凡범有유血혈氣기者자 莫막不부尊존親친하나니 故고曰왈 配배天천이라하니라。

이 내리는 곳에 무릇 혈기를 가지고 있는 것들이 높이고 친애하지 않음이 없다。그러므로 하늘과 짝을 이룬다고 말한 것이다。

第제 32 章장

唯유天천下하至지誠성이야 爲위能능經경綸륜天천下하之지大대經경하며 立립天천下하之지大대本본하며 知지天천地지之지化화育육이니 夫부焉언有유所소倚의리오

●隊: 떨어질 추 ●焉: 어찌 언

오직 천하의 지극히 성실한 사람이라야 능히 천하의 큰 법을 경륜할 수 있으며、천하의 큰 근본을 세울 수 있으며、천지의 화육을 알 수 있으니、대저 어디에 의지하는 바가 있겠는가。간곡하고 정성스러움은 인 그 자체이고、고요하고 깊음은 그 연못 자

肫肫其仁(준준기인)이며 淵淵其淵(연연기연)이며 浩浩其天(호호기천)이로다 苟不固聰明聖知達天德者(구불고총명성지달천덕자)면 其孰能知之(기숙능지지)리오。

체이며, 넓고 넓어 하늘 그 자체이다。진실로 총명하고 성스럽고 지혜로워 하늘의 덕에 통달한 자가 아니면 그 누가 이것을 알겠는가。

第33章(제33장)

詩曰(시왈) 衣錦尙絅(의금상경)이라하니 惡其文之著也(오기문지저야)니 故君子之道(고군자지도)는 闇然而日章(암연이일장)

●肫肫 : 정성스러울 준。「준준」은 그 모습
●淵淵 : 연연。고요하고 깊은 모습
●浩浩 : 넓고 큰 모습
●苟 : 진실로 구
●孰 : 누구 숙
●尙 : 더할 상
●絅 : 홑옷 경
●闇 : 어두울 암

『시경』에서 『비단옷을 입고 홑옷을 걸쳤다』라고 하였으니, 그 문채가 드러남을 싫어한 것이다。그러므로 군자의 도는 어둡지만 날로 드러나고, 소인의 도는 선명하지만 날로 사라지는 것이다。군자의 도는 담박하되 싫지 않으며, 간략하되 문채가 나며, 온

하고 小人之道는 的然而日亡하나니 君子之道는 淡而不厭하며 簡而文하며 溫而理니 知遠之近하며 知風之自하며 知微之顯이면 可與入德矣니라 詩云 潛雖伏矣나 亦孔之昭라하니 故君子는 內省不疚하여 無惡於志니 君子之所不可及者는 其唯人之所不見乎인저 詩云 相在爾室한대 尚

●章: 드러날 장 ●淡: 묽을 담 ●潛: 잠길 잠 ●疚: 오랜병 구 ●相: 볼 상

화하되 조리가 있으니, 먼 것이 가까운 데로부터 시작함을 알며, 바람이 불어오는 곳을 알며, 은미함이 드러남을 안다면 더불어 덕에 들어갈 수 있을 것이다. 『시경』에서 『잠겨 있어 비록 숨어있지만 또한 매우 밝게 드러난다』고 하였으니 군자는 안으로 살펴보아 잘못이 없으므로 마음에 부끄러워할 것이 없다. 그러하니 군자에게 미칠 수 없는 것은 오직 사람들이 보지 못하는 것이다. 『시경』에서 『그대가 홀로 집안에 있는 것을 살펴보니, 여기 구석진 방에서도 부끄러움이 없구나』라고 하였으니 군자는 움직이지 않아도 공경을 받으며, 말하지 않아도 믿음을 얻는다. 『시경』에

不愧于屋漏(불괴우옥루)라하니 故君子(고군자)는 不動而(부동이)敬(경)하며 不言而信(불언이신)이니라 詩曰(시왈) 奏假無(주격무)言(언)에 時靡有爭(시미유쟁)이라하니 是故君子(시고군자)는 不(불)賞而民勸(상이민권)하며 不怒而民威於鈇鉞(불노이민위어부월)이니라 詩曰(시왈) 不顯惟德(불현유덕)을 百辟其刑之(백벽기형지)라하니 是故君子(시고군자)는 篤恭而天下平(독공이천하평)이니라 詩云(시운) 予懷明德(여회명덕)의 不大聲以色(부대성이색)이

- 愧 : 부끄러울 괴
- 屋漏 : 옥루。방의 서남쪽 모퉁이
- 奏 : 나아갈 주
- 假 : 이를 격
- 靡 : 아닐 미
- 怒 : 성낼 노
- 鈇鉞 : 부월。도끼
- 辟 : 임금 벽。제후를 말함
- 刑 : 본받을 형
- 予 : 나 여

『신명의 앞에 나아가 감격할 때에 말을 하지 않으니, 이에 다툼이 없었다』고 하였으니 군자가 상을 주지 않아도 백성들이 힘쓰게 되며, 노하지 않아도 백성들이 부월보다 더 두려워한다。『시경』에 『드러나지 않는가 이 덕이여。모든 제후들이 그것을 본받는다』고 하였으니 군자는 공손함을 돈독히 하여 천하가 평안해진다。『시경』에 『명덕은 소리와 안색을 크게 여기지 않는다고 나는 생각한다』라고 하였다。공자께서 말씀하셨다。『음성과 얼굴빛은 백성들을 교화하는 방법으로는 말단이다。』『시경』에 『덕은 가볍기가 터럭과 같다』고 하였는데, 터럭도 오히려 비교할 만한 것이 있으니

라하여늘 子曰(자왈) 聲色之於以化民(성색지어이화민)에 末也(말야)라하시니 詩云(시운) 德輶如毛(덕유여모)라하니 毛猶有倫(모유유륜)이어니와 上天之載(상천지재) 無聲無臭(무성무취)아 至矣(지의)니라。

상천이 하는 일은 소리도 없고、냄새도 없다는 것이야말로 지극한 것이다。

●輶：가벼울 유

●倫：견줄 윤